思 齐 集

——梁占军史学文集

梁占军 著

人民出版社

目　　录

理论思考篇

专题研究篇

教研探究篇

追记恩师篇

理论思考篇

论国际冲突研究的文化视野

所谓国际冲突，是指国际社会中各行为主体因各自的利益选择、价值取向和行动目标的分歧而产生的跨国对立和对抗的状态，① 这是近代民族国家体系形成后人类不同群体互动过程中体现矛盾冲突的一种最常见的表现形式。有关国际冲突的研究在维护世界和平和国家安全方面有着重要的现实意义，历来是各国学者关注的热点问题之一。

国外学界相关的研究起步于 20 世纪 60 年代，在相当长的时间里，由于冷战的时代背景，学界对国际冲突的分析和解读主要围绕着政治、经济、军事、外交等领域展开，文化因素被忽视。直至 90 年代苏联解体冷战结束，全球文化的互动交流日益加强，文化因素在国际冲突中的影响越来越受到国外学者们的重视。目前，国外学者已有不少从文化视角探讨国际关系的成果问世，内容涉及个人、国家、国际体系等各个层次，甚至出现了不少理论流派。② 其中探讨国际冲突的理论著述与个案

---

① 目前学界关于国际冲突的定义有数百种，尚无定论。本文提出的定义是在归纳学界前辈意见的基础上提出的个人看法，其中所谓的行为主体主要包括主权国家、政府组织、非政府组织和跨国公司等。

② 美国学者麦克·摩查在 1996 年《华盛顿季刊》春季号发表《文化与国际关系》一文，其中将学术界有关文化与国际关系的研究观点概括为五类，即文化是生活的武装、文化是认识的过滤器、文化是社会经济的构架、文明冲突论、文化退化论等。参见楚树龙：《国际关系基本理论》，清华大学出版社 2003 年版，第 282—284 页。

研究也或多或少地开始涉及文化因素。① 在他们的研究中，文化俨然已经与政治、经济并列成为认识和分析该问题的三大维度之一。而与之相比，国内学界有关国际冲突的研究虽已展开，但从文化角度研究国际关系仍待深入。② 因此，本文拟在归纳和吸收前人已有研究成果的基础上，结合自己的一些体悟和思考，对于中国学者在研究国际冲突时所应具有的文化视野提出一些粗浅的看法，以就教于各位同行。

自 20 世纪 90 年代以来，从文化的角度考察国际关系和国际冲突成为各国学者关注的一个热点。但是如何揭示文化与国际关系的内在联系，如何从文化的视角考察和揭示国际冲突的内涵及特征是一个正在探索中的问题。本文所谓的国际冲突研究的文化视野，指的是在研究国际冲突的过程中应重视文化因素的存在和作用，并通过不同层次的文化视角来全面审视和分析历史上和现实中的国际冲突及其相关研究。笔者认为，国际冲突研究的文化视野大体可以从微观、中观和宏观三个层次展开。

---

① 国外学者相关的主要研究著作大多已译成中文：如肯尼思·N·华尔兹的《人、国家与战争：一种理论分析》，上海译文出版社 1991 年版；卡尔·多伊奇：《国家间是如何发生冲突的?》，《国际关系分析》，世界知识出版社 1992 年版；詹姆斯·多尔蒂：《争论中的国际关系理论》，世界知识出版社 2003 年版；肯尼思·W. 汤普森：《国际思想大师：20 世纪主要理论家与世界危机》，北京大学出版社 2004 年版；约翰·伯顿的《全球冲突：国际危机的国内根源》，上海人民出版社 2007 年版；威廉·奥尔森等著：《国际关系的理论与实践》，中国社会科学出版社 1987 年版；塞缪尔·亨廷顿：《文明的冲突与世界秩序的重建》，新华出版社 2002 年版、《文化的重要作用：价值观如何影响人类进步》，新华出版社 2010 年版；小约瑟夫·奈：《理解国际冲突：理论与历史》，上海人民出版社 2009 年版，等等。

② 我国学者关于国际冲突的专门研究起步较晚，近年才有少数著作问世，如蒲宁、陈晓东的《国际冲突研究》，时事出版社 2007 年版；牛仲君：《冲突预防》，世界知识出版社 2007 年版等。对于国际冲突中的文化因素的研究有张骥、刘中民等：《文化与当代国际政治》，人民出版社 2003 年版；辛旗的《诸神的争吵：国际冲突中的宗教根源》，华艺出版社 2007 年版；张战、李海军的《国际政治关系中的宗教问题研究》，中国社会科学出版社 2009 年版。对于文化与国际关系的研究成果有王义桅：《超越国际关系：国际关系理论的文化解读》，世界知识出版社 2008 年版；董秀丽：《美国外交的文化阐释》，知识产权出版社 2007 年版；邢悦：《文化如何影响外交政策：以美国为个案的研究》，北京大学出版社 2011 年版；俞新天：《强大的无形的力量：文化对当代国际关系的作用》，上海人民出版社 2007 年版，等等。

一、微观层次的文化视野

注重对国际冲突表象背后所蕴含的文化因素的探查与剖析，关注文化因素在国际冲突的发生、决策和平息等各个环节中的作用和影响，此为研究国际冲突所需要的文化视野的微观层次。

无论是历史上还是现实中，每一次国际冲突的背后无不渗透着文化的影响。这主要表现在参与国际冲突的行为主体——无论是主权国家，还是以主权国家为依托的各级政府、各类团体或组织或跨国企业——往往各自有着不同的文化背景和文化认同。众所周知，文化的定义虽然千差万别，但其核心不外乎价值观、意识形态、宗教信仰、历史传统、风俗习惯等内容。不同的文化差异明显，而且具有鲜明的民族性。因此，在多元文化并存的国际社会中，文化差异的客观存在，既可以促使异质文化在交流和互动中取长补短、相互完善，也可能使彼此相互排斥或抵制。事实表明，文化因素在各类国际冲突的引发、应对和平息等各个方面都具有影响。

首先，在国际冲突的发生方面，文化因素的影响主要体现在以下三个方面：第一，异质文化间的差异和矛盾在一定条件下可能是诱发国际冲突的导火索，其中以宗教和民族问题最为突出。① 当代许多国际冲突的背后都有宗教对立的背景，甚至有些冲突本身就是宗教纷争。如南亚印巴冲突反映出印度教与伊斯兰教的紧张关系；中东阿以冲突则是犹太教和伊斯兰教的直接对抗。一般而言，有宗教等文化背景的冲突常常难

---

① 需要说明的是，文化的差异并不必然导致文化的冲突。单纯把文化冲突的根源仅仅归结于"文化差异"是有问题的，文化的差异是由于地理环境、生活习惯和历史传统造成的，本身不会必然导致冲突，而是在文化互动中，异质文化特别是某种强势文化执意扩张的过程中，文化的冲突的概率才会增加。

以短期平息，且矛盾易激化。如 2000 年 9 月 28 日，为宣示犹太人与圣殿山的宗教关系，以色列总理沙龙对东耶路撒冷圣殿山阿克萨清真寺进行了访问，此举就激起了巴勒斯坦人的强烈不满和抗议活动，导致波动难平的阿以冲突再度升级。第二，异质文化交流互动的过程中，强势文化的扩张常常会导致文化冲突，进而升级为国际冲突。历史上，文化经常被作为工具应用于国际关系之中，即所谓文化外交。然而当某些强势文化借文化外交之名行文化扩张之实的时候，文化冲突就会激化，甚至导致国际冲突。如美国卡特总统任内极力推行所谓的人权外交，其实质就是推广美国的文化价值观。美国总统里根在 1986 年曾发表咨文，表示美国为捍卫人权，推进东欧各国变革，"将随时准备在这些国家及其他国家帮助实现民主"。① 在人权高于主权的幌子下，美国直接或间接地支持东欧各国反政府力量的活动，最终导致东欧剧变并连续不断的武装冲突。第三，不同文化背景下的民族心理、意识、感情等可能衍化出民族偏见、歧视或仇恨等情绪，这对于国际冲突的发生可能起到推波助澜的作用。不同文化体系的政治制度、价值观念、哲学思想、文学艺术、道德伦理、历史传统、民族特质等因素都各不相同，这种文化体系间的矛盾与歧异导致了不同文化观念的人对同一事物会得出不同的认识和理解，在文化交流互动过程中可能引发误解。

其次，在应对冲突的决策方面，文化因素作为影响国家对外政策制定以及危机处理行为的重要变量，其影响主要表现在以下三个方面：第一，文化因素往往是通过决策者来对决策施加影响的。国际冲突期间，当事国的决策者至关重要，因为他们的抉择直接关系着冲突的未来走向。各国决策者的文化传统会直接影响其应对危机和冲突的决策。正如有学者指出："这些活跃于国际舞台的人物是在特定的文化氛围中成长起来……在制定或执行政策过程中，必然有意或无意地把存在于他们意

---

① *New York Times*, March 15, 1986.

识深层中的文化价值体现出来，给本国的对外政策打上明显的烙印。"①事实上，各国的决策者都会注意考虑文化因素。美国历史学家弗兰克·宁柯维奇曾总结说："见识深远的政治家总是承认外交同样需要考虑文化价值观，由于这些价值观在形成外交理解力上起着至关重要的作用，所以较之意识形态、信仰或抽象的理念更具有意义。在 20 世纪，美国几乎所有的重要政治家都毫无例外地把文化因素考虑为外交处理的组成部分；的确，文化在他们的决策中起着明显的、常常是决定性的作用。"② 美国另一位学者 J. 斯帕尼尔甚至指出："我们的政治领袖反映了美国社会的价值观念，每当他们在执行国家的对外政策中似乎要漠视这些价值观时，他们总会受到政府行政部门、国会、反对派以及新闻界人士的批评。"③ 第二，文化因素能够直接影响危机决策的内容和目标。在现代民族国家中，文化是综合国力的一部分，它涉及国家的形象和声望，关乎民族凝聚力的强弱，并赋予国家对外交往鲜明的特色，是国家外交决策制订和实施的基础。因此，文化利益是国家利益的重要组成部分，在国家外交决策中的地位和作用不仅不容忽视，而且往往成为解释国家对外政策合理性的有效工具。现实中，世界上没有任何一个主权国家愿意放弃自己的社会制度、价值观念、传统文化和政治信念等，相反在遇到针对本国核心文化价值观的挑战时，无不奋起反击。这反映在应对国际冲突的过程中，当事国常常把捍卫自身文化利益的诉求作为危机决策的目标之一。显然，"任何政治领袖都必须在符合国家价值观念的前提下才能制定政策"。④ 美国外交史专家小塞西尔·V. 克拉布在谈到

① 王晓德：《美国文化与外交》，世界知识出版社 2000 年版，第 2—3 页。
② Frank Ninkovich, "Culture in US Foreign Policy since 1900", in Jongsuk Chay, ed., Culture and International Relations, New York, Praeger, 1990, p. 103.
③ J. 斯帕尼尔：《第二次世界大战前后的美国外交政策》，商务印书馆 1992 年版，第 445 页。
④ Earl H. Fry, America and Vincible: American Foreign Policy for the Twenty-first Century, New Jersey, 1994, p. 113.

美国民众对政府外交政策的态度时说："毋庸置疑，美国人民显然期望美国外交政策中的任何新方针都将符合美国社会根深蒂固的价值观、它的精神气质及其传统。在国外与在国内一样，国家政策应该符合美国对自由、公正、放任主义、民主和其他所珍惜的概念的信仰。"① 第三，文化因素对应对国际冲突的决策和实施手段都有制约作用。国际冲突期间，尽管时间紧迫，但各项应对政策的考虑和选择仍然逃不脱文化因素的制约，其最终的抉择只能在文化传统许可的范围内实施。如古巴导弹危机期间，美国决策者最终选择了武力封锁的对策就是文化因素发挥作用的典型例证。起初，美国决策层设想通过突然的空袭或军事打击摧毁古巴的导弹基地，但最终因意识到突然的空袭会伤及大量无辜平民，进而损害美国的道德声望，不符合美国的文化传统而放弃。当时的副国务卿鲍尔强调："我们不能对古巴发动一场突然袭击，因为那将损害我们的道义立场，与美国的传统格格不入，并因此而疏远我们的朋友和盟国。"② 他强调，"我们的行为方式代表着我们是一个什么样的国家这一大问题。"③ 罗伯特·肯尼迪也认为军事打击违背了美国的传统价值观，他事后回忆说：支持封锁最重要的原因是他个人"不能接受这样一种主意，即美国将大规模轰炸古巴，在一次突然袭击中杀害成千上万平民"。④ 显然，文化因素在美国应对古巴导弹危机的决策过程中发挥了作用。

---

① Cecil V. Crabb, Jr., *The Doctrines of American Foreign Policy: Their Meaning, Role and Future*, Louisiana State University Press, 1982, p. 67. 译文见王晓德：《美国文化与外交》，第 10 页。

② George W. Ball, *The Past Has Another Pattern: Memoirs*, New York: Norton, 1982, pp. 290-291；赵学功：《十月风云：古巴导弹危机研究》，天津人民出版社 2009 年版，第 223—224 页。

③ Sheldon Stern, *Averting the Final Failure: John F. Kennedy and the Secret Cuban Missile Crisis Meetings*, Stanford University Press, 2003, p. 104; Dominic Tierney, "Pearl Harbor in Reverse: Moral Analogies in the Cuban Missile Crisis", Journal of Cold War Studies, Vol. 9, No. 3, Summer 2007, pp. 64-65.

④ Robert F. Kennedy, *Thirteen Days: A Memoir of the Cuban Missile Crisis*, W. W. Norton & Company, 1999, pp. 37-38.

当然，在平息国际冲突方面，文化的差异在某些情况下可能会成为化解冲突的障碍。国际冲突在凸显政治、经济利益冲突的背后大多隐含着文化差异，而在某些条件下，文化差异有可能会加剧冲突。一般而言，在国际冲突发生的时候，文化在加强文化认同，分清敌我，聚合力量，舆论动员等方面作用十分明显。而在寻求解决冲突的阶段，冲突双方文化差异导致的原则性对立或误读则可能会增加冲突平息的难度，甚至会扮演阻碍冲突解决的角色。正如有学者比喻的："美国国务卿看待世界的眼光，会在性质上不同于伊朗国王看待世界的眼光"，其差异"部分地来自他们不同的个人偏好和意识形态，部分地来自他们各自扎根于几千年来不同的文明世界里"。① 由于参与国际冲突的各方都会根据自己的价值尺度和道德标准对面临的危机进行评判，并寻求符合自身价值认同的解决办法，从而使冲突中物质利益的争夺最终上升为文化利益的层面。这样，对当事方来说，任何让步都将会因违反自身传统和道义的底线而招致民众的抵制和抗议，进而难以选择妥协。其结果，就是极大地增加了通过磋商解决国际冲突的难度，客观上使冲突陷入久拖不绝的局面。例如，巴以冲突的核心问题之一是有关耶路撒冷归属的领土争端，但由于巴勒斯坦人绝大多数是穆斯林，而以色列人几乎全是犹太教徒，这场领土之争就染上了浓厚的宗教色彩。在宗教文化的影响下，耶路撒冷在冲突双方的心目中就变成了不可妥协的精神圣地之争，妥协的可能因文化的介入而消失，这导致了阿以冲突持续至今。美国学者麦哲把这种文化影响国际关系的现象称为多棱镜模式，即行为者透过由不同文化观念构成的多棱镜来看待问题和进行决策。他认为这种文化观念的不同在现实中成了国际间理解和协商的障碍。②

---

① Ali A. Mazrui, *Cultural Forces in World Politics*, New Hampshire, Heinemann, Educational Books Inc., 1990, p. 7.

② M. J. 麦哲：《文化与国际关系——基本原理述评》，《现代外国哲学社会科学文摘》1997 年第 4 期，第 14 页。

二、中观层次的文化视野

注重从文化的视角对国际冲突这一社会现象进行整体的认识和解读，揭示文化互动与国际冲突之间的辩证关系，这是国际冲突研究文化视野的中观层次。国际冲突是国际关系中常见的一种状态，其本质是国与国之间的互动。从广义上说，国际冲突也可视为一种文化互动或者是体现不同文明的特殊的互动。而国际冲突与文化互动之间的辩证关系基本体现在以下两个方面。

首先，文化互动在某些特殊的情况下以国际冲突的形式表现出来。国际冲突大多发生于不同民族的国家互动交往中。理论上讲，世界不同国家间的文化交往主要包括交流、交锋、交融、交织等四种形式。其中交锋就是不同文化发生碰撞、冲突的对立状态。鉴于文化有影无形的特点，文化冲突往往要附着物质载体完成。现实生活中，任何文化冲突都不能同政治经济利益冲突截然分开。历史上大多数的国际冲突是由于经济冲突、社会冲突和政治冲突导致的，文化差异和矛盾仅仅构成其中一个重要的变量。但历史表明，有相当多的国际冲突是因为强势文化的扩张引发的，是文化互动过程中矛盾激化升级的结果。如国际社会中强权政治的观念一直贯穿于世界近现代史。近代史上的欧洲文化扩张，基本上都是伴随着殖民扩张的脚步进行的。欧洲殖民者的生活理念和价值观伴随着殖民者的脚印扩散到全世界，所到之处引起当地文化的抵抗。强势文化扩张引起的文化冲突，最终可能会演变为国际冲突。例如，从文化的层面分析，中英鸦片战争的爆发就是东西方文化相互抵触、碰撞和排斥的结果。冷战期间，西方政治制度、宗教信仰、价值观念和生活方式等文化成为西方对抗社会主义阵营的主要工具。美国肯尼迪总统时期力推的和平队，卡特总统倡导的人权外交等都是西方对社会主义阵营实施和平演变的战略中的一部分，文化在冷战中作为一种斗争工具扮演过极为重要的角色。① 冷战结束后，随着相互对抗的两大政治军事集团对峙消失，以往长期被意识形态对立所压制的民族分离主义和宗教纷争等矛盾突然释放，地区性的冲突急剧增多。据统计，冷战结束后最初 10 年中的国际冲突平均每年高达 12 起，特别是 1990—1992 年这三年间的国际冲突最为典型，冲突总数达 55 起，平均每年 18 起，大大高于冷战期间平均每年 7 起的频率。进入 21 世纪以来，各种因素导致的地区纷争和国际冲突仍是频发不断，这为赢得冷战胜利后的美国等西方国家通过积极插手和干预世界各地冲突和纷争的处理，维护自身利益、构建符合西方价值观的国际秩序提供了机会。在此背景下，美国为首的西方国家在处理各地区性矛盾、争端和冲突期间频频提出所谓"人权高于主权"、"人权无国界"、"人道主义干涉无国界"等新的"干涉理论"，在国际关系中不断使用武力和武力威胁干涉别国内政，打击异己势力、复制西方民主模式。如 1994 年美国以"人道主义灾难"为由干涉波黑和科索沃问题；以"恢复民主秩序"为由干涉海地政变；以反对"萨达姆对伊拉克人民的暴政统治"为由，多次对伊拉克发动战争，直至推翻萨达姆政权等。据统计，自 1990 年至今，仅美国就借口执行联合国决议，参与维和，实施人道主义援助，反对独裁、侵略和保护美国公民生命财产安全等理由，先后出兵 40 多次。其中包括联合西方国家对阿富汗、伊拉克、利比亚和科索沃等主权国家和地区先后进行的 4 次大规模的军事打击和武力颠覆。

----

① 关于冷战期间英美等西方国家运用文化作为冷战工具的研究成果不少，可参见以下著作：Paul Lashmar and James Oliver, *Britain's Secret Propaganda War* 1948-1977, Stroud, UK: Sutton, 1998; Frances Stonor Saunders, *Who Paid the Piper? The CIA and the Cultural Cold War*, London: Granta Books, 1999; Scott Lucas, *Freedom's War: The U. S. Crusade Against the Soviet Union* 1945-1956, Manchester, UK: Manchester University Press, 1999; Falk, Andrew Justin, *Upstaging the Cold War: American Dissent and Cultural Diplomacy*, 1940-1960, Amherst: University of Massachusetts Press, 2010; 等等。

必须指出的是，冷战结束后全球化的进程日益加快，经济联系的加强使得过去仰仗炮舰的武力扩张已经受到极大的限制。随着世界多元文化的互动日趋深入，各国在注重经济政治、军事实力的同时，越来越清楚地意识到了文化的力量。在美国为首的西方国家眼中冷战期间文化的作用功不可没，因此，文化在国际关系中开始被作为一种国家的软实力而加以利用：人为地强制输出其意识形态或文化价值观，开始成为某些强势国家实现其外交政策的重要工具或有效途径。今天的文化因素不仅仅是国际冲突的背景，它更是作为一种软实力在国际关系的各个层面发生着影响。事实表明，外部势力卷入往往会导致地方性的冲突的复杂化、扩大化和升级为国际冲突。近年发生的国际冲突中，有相当一部分并非是国家间为了争夺领土、资源，或维护民族利益、宗教信仰爆发的，而是外部势力打着"自由"、"民主"与"人权"等旗号强行介入导致国家内部冲突国际化的结果。可以说，今天国际上发生的国家之间的冲突，已越来越表现为西方强势国家输出文化和社会价值观念所引发的冲突。近些年，西亚、北非发生的动荡和冲突背后，无不闪现美国等西方国家强行输出自己的文化和价值观的影子。冷战后西方文化价值观的强力输出，客观上对不少非西方国家的内部稳定和统治权威都直接构成了威胁，帝国主义的文化扩张已经成为当代国际冲突的主要根源之一。

其次，国际冲突的发生反过来也会对冲突方各自的文化产生影响。客观上，国际冲突中内含的文化冲突，对于不同文化的互动有着直接的促进作用。十字军东征结束了阿拉伯人和拜占庭人在地中海的统治地位，带动了欧、亚、非不同文化的交流。战争的残酷性，也迫使交战双方不得不认真地了解和认识对方的能力和智慧，并开始主动学习对方的长处。十字军东征结束后，东方运到欧洲的商品比以前增加十倍左右，推动西方开始走向开放的现代世界。再者，国际冲突对于对立的文化自身的发展，也有重要的作用。国际冲突的结果对相关文化的后续发展影响很大。一般来说，经历了国际冲突的文化归宿只有三种可能：被迫消亡、自我更新、彼此融合。事实上，文化的消亡并不多见，因为国际冲突的特殊环境能够激发对抗中的文化活力，增强其抵御外来文化侵入的能力与自保能力。更常见的是，国际冲突伴随的文化的碰撞为彼此相互采纳借鉴对方的文化优点提供了难得的机会。参与冲突的文化在碰撞中会自觉或不自觉地发现并了解其他文化的存在与独特性，进而反省并重新估价自己文化的价值与意义。总之，牵涉冲突之中的文化都会在不同程度上对原来的文化或多或少有所补充、修正或完善，获得更加成熟的文化适应能力。

总体上看，同质或同源文化由于其自身强大的文化凝聚力和向心力，在国际冲突中比较容易结成同盟或促成国际合作。而异质文化之间可能因国家利益的矛盾而导致国际冲突。但是，拥有异质文化的国家之间在发生碰撞冲突的特殊条件下，也会吸纳与借鉴对方的文化优点。这使得国际冲突这种特殊的文化互动也会为国际合作奠定基础。

三、宏观层次的文化视野

注重从理论层面对国际冲突研究进行整体把握和文化解读，特别是从文化视角对国际冲突研究这一文化现象的理论构建进行考察和分析。这是国际冲突研究文化视野的宏观层次。

国际冲突本身是一种社会现象，而国际冲突研究则是一种文化现象。把国际冲突研究作为一个文化现象来考察，我们会清楚地看到研究活动本身与文化的密切关系：其研究对象，研究主体，乃至研究理论和方法等基本构成因素与文化密不可分。如国际冲突研究的对象，无论是政治、经济、军事还是外交层面均富有文化的内涵；而国际冲突的研究者本身也是受文化熏陶的产物，且在特定的文化环境下进行研究的人；

更加值得注意的是研究者所利用的研究理论和方法也是人类文化成果的一部分。正如马克思指出的："人们自己创造历史，但是他们并不是随心所欲地创造，并不是在他们自己选定的条件下创造，而是在直接碰到的、既定的、从过去承继下来的条件下创造。"① 现实中各国学者针对国际冲突的研究无不如此。

作为既定条件的文化因素对国际冲突研究最直接的影响是：国际冲突研究在理论建构方面对文化成果的大量借鉴与运用。现有的国际冲突研究理论无不是借用了已有的文化成果。国际关系理论中充满着各种各样的概念和解释。但大部分都没有脱离已有的理论分析框架，甚至部分还直接搬用现有的文化成果。如国际关系理论中，有人受牛顿的机械平衡理论的启发，提出了势力均衡的理论；有人受达尔文的生物进化理论影响，提出国际关系的现实主义理论；等等。

客观地讲，历史上在国际关系理论方面取得突破，进而对国际关系研究带来突破的人物，全都是在继承和借鉴已有的文化成果的基础上实现的。其中最典型的例证是国际关系理论认知心理学派代表人物罗伯特·杰维斯。他鉴于前人对于国际关系研究总是因循于国家、国际体系而忽视人的作用的不足，独辟蹊径，从决策者的心理认知这一最微观的分析层次入手，利用20世纪六七十年代心理学界的重要研究成果——心理认知学的理论和实验结果，如图式理论、归因理论、自我知觉理论、认知相符理论等，对国际冲突中决策者的心理层面进行研究，完成了名著《国际政治中的知觉与错误知觉》，揭示了决策者由于心理机制和认知过程而难以避免的错误知觉产生的原因及其对外交决策的影响。杰维斯的研究开拓了国际冲突研究微观层次的新领域，是跨学科借鉴文化成果的知名代表。但是，令人遗憾的是，杰维斯的研究避开了文化和不同的社会背景对人的知觉的影响。他个人对此的解释是：如果相似的

---

① 马克思：《路易·波拿巴的雾月十八日》，《马克思恩格斯选集》，人民出版社1972年版，第603页。

文化背景中的个人相互之间都会发生错误知觉，不同文化背景之中的人必然会出现类似的错误，且其程度只能更加严重。但他没有意识到，由于文化差异，不同文化中的个人对于同一个事件可能会产生根本不同的知觉。因此，杰维斯的研究仅仅停留在心理知觉层面，而缺乏对文化影响的深入探讨。① 其开拓的微观层次研究理论仍有深入探讨的空间。

另一位把文化因素提升至国际关系理论构建核心地位的是美国学者塞缪尔·亨廷顿。他在冷战后潜心文化研究，1993 年在《外交》季刊发表了《文明的冲突?》一文，引起了学界的讨论。三年后他出版了专著《文明的冲突与世界秩序的重建》，引发了国际冲突研究领域的文化研究热。他借鉴了第一次世界大战结束以来西方学术界在人类文明史和比较文化研究等领域所取得的大量理论成果，诸如文明或文化史观、文明类型或文化形态的划分标准、文明或文化与宗教传统、文明或文化与身份认同等前人的文化成果，系统地构建和阐释了他的文明冲突理论，即未来的文明的差异将成为主导国际冲突的主要因素。他强调冷战后的世界是多种文明共存的世界，文化的共性和差异将会直接影响到国家的利益、对抗和联合。他甚至预言："未来的冲突将由文化因素而不是经济或意识形态引起，最危险的文化冲突是沿着文明的断层线发生那些冲突。"② 他夸大文明差异导致冲突的做法在学术界引发了不少批评之声。德国学者哈拉尔德·米勒的《文明的共存》和保加利亚学者亚历山大·利洛夫的《文明的对话》等著作都是对其论点的批驳性回应。③ 客观地讲，尽管亨廷顿提出的文明冲突论存在很多不足和漏洞，他的研究

---

① 罗伯特·杰维斯：《国际政治中的知觉与错误知觉》，世界知识出版社 2003 年版，第 21 页。

② 塞缪尔·亨廷顿：《文明的冲突与世界秩序的重建》，周琪等译，新华出版社 1998 年版，第 7 页。

③ 哈拉尔德·米勒：《文明的共存：对塞缪尔·亨廷顿"文明冲突论"的批判》，新华出版社 2002 年版；亚历山大·利洛夫：《文明的对话：世界地缘政治大趋势》，社会科学文献出版社 2007 年版。

毕竟是围绕文化对于国际关系的作用和影响所做的第一次比较系统的梳理，在一定程度上开阔了人们的学术视野。

总之，从文化层面宏观地考察以往国际冲突研究的文化特质及其理论构建，不仅可以帮助研究者更好地洞察国际冲突研究的文化维度，还可以帮助明确自身的文化定位和局限，进一步开拓研究的分析思路和文化视野，多角度、多层次地展开深入研究。

综上所述，由微观、中观和宏观三个层面对国际冲突研究所应具备的文化视野进行的初步分析，大体应能揭示出文化因素与国际关系和国际冲突的内在关联。文化视角为国际冲突研究提供了一个新的角度，它可以帮助我们考察国际关系中的非物质因素的作用，也可以帮助我们更好地认识国际冲突研究的内涵，有助于为我们全面、深刻地揭示国际关系。须指出的是，在运用文化视角开展国际冲突研究的时候应该注意以下几点：首先，文化因素并不单单是指某种文化本身，而是广泛包括了所有与文化相关的社会现象。文化为国际关系行为体的行为提供了原动力，但任何一种文化在这个世界上都不是孤立存在的。其次，运用文化视角研究国际冲突还要注意文化因素的局限，不要片面夸大文化的作用。客观地讲，价值观等文化因素与政治、经济、军事等因素同样，它只是参与国际关系的重要驱动力之一。在国际互动中，文化"很少单独发挥作用，几乎总是与其他变量一起发挥作用"。[1] 就国际冲突的研究而言，文化也只是影响危机决策的一个因素，而且远非决定因素，它只能和其他因素相结合才能发挥作用。从文化视角来研究和分析国际冲突期间各国的外交政策，只是为决策研究增加了一个视角，帮助我们理解决策者行事的方式、进而丰富对国际冲突的研究，并不能替代其他因素。此外，运用文化视角研究国际冲突代替不了实证研究。在分析国际冲突的过程中，文化分析只是对政治、经济、军事等分析的一种补充。

---

[1] David Elkins and Richard Simeon, "A Cause in Search of Its Effect, or What Does Political Culture Explain?", Comparative Politics, 11 (2), p.140.

因此，在强调文化因素的重要性的同时，我们要清醒地认识到其本身的局限，绝不能因此忽视或否定其他因素的作用。

但无论如何，在全球化逐步深入、文化互动不断增强、文化的作用日益凸显的时代背景下，面对国际冲突频发的现实，从文化的角度来观察和研究历史上和现实中的国际冲突，不仅是时代发展的需要，也是未来全面深化国际问题研究的方向。因此，充分考虑国际冲突研究的文化视野、加强对国际冲突多层次的文化分析和理论探讨是有其重要的学术意义和现实意义的，学界应给予足够的重视。

（原载《史学理论研究》2012 年第 4 期）

国际关系理论视角下的一战起源研究

　　第一次世界大战是 20 世纪初人类经历的一场空前的浩劫，对 20 世纪国际政治的形态和世界历史进程的走向均产生了巨大的影响。百年来，国内外史学界对于一战爆发的原因进行了持续不断的研究，成果数量庞大，涉及问题的方方面面，探讨的角度各有不同，但迄今依然没有学界公认的权威结论。① 值得注意的是，第一次世界大战后兴起的国际关系学科从一开始就把侧重从理论分析层面探讨战争爆发的原因作为重要的研究课题，对一战起源的具体案例同样进行了分析探讨，产生了不少极富启示的研究结果，形成了不少战争理论分析的流派。如均势理论、权力转移理论、联盟、经济帝国主义、军国主义、进攻性支配、军事教条、无意性战争以及知觉和错误知觉等理论都是以第一次世界大战

---

① 近百年来，国外学界关于一战起因的研究成果数量庞大，其中有两本专著专门从学术史的角度进行了总结和回顾：一本是英国学者安妮卡的《第一次世界大战的起源：争议与共识》，另一本是美国学者杰·温特的《历史上的大战：1914 至今的辩论与争议》。对于一战的起因，史学界大体公认是由多方面因素共同导致的，其研究也采用了包括新老帝国主义争霸、民族主义、军备竞赛、军事同盟、外交的决策失误、个人心理、危机决策等多维角度。其研究的深度和广度已经达到相当程度，以至于从国别的角度对于各主要参战国与一战起源的内在关系的研究已经齐备，如《英国与一战的起源》、《法国与一战的起源》、《德国与 1914 年战争的来临》、《俄国与一战的起源》、《意大利与第一次世界大战的来临》、《奥匈与一战的起源》、《奥斯曼通往 1914 年战争之路：奥斯曼帝国与一战的起源》等等。

为证据的。① 值此一战爆发百周年之际，从跨学科吸取养分的角度，对国际关系理论框架下有关一战起因的研究进行梳理，对于推动史学研究无疑是有裨益的。本文拟围绕西方国际关系理论中有关一战起源的不同研究进行归纳和梳理，以就教于大家。

根据笔者收集的资料，特别是近年来国内学界翻译引进的西方国际关系理论著作中，把第一次世界大战作为重点案例进行解释或立论基础的理论学说主要有以下五种：现实主义的层次分析理论、权力转移理论、动态差异理论、进攻防御理论和决策动机理论。这些理论建构分别从不同的角度对第一次世界大战爆发的原因进行了深入、具体的论证和解读。以下分别择要概述之。

一、层次分析理论（结构现实主义著作）

迄今为止，西方国际关系理论体系中关于战争原因的论述影响最广泛的就是现实主义的层次分析理论。该理论是第二次世界大战后创建

---

① 据学者统计，1980 年以来，国际学术界有关战争原因的理论探讨比较重要的著作包括：Francis A. Beer: *Peace Against War: the International Violence* (San Francisco: Freeman, 1981); Bruce Bueno de Mesquita, *The War Trap* (New Haven, CT: Yale University Press, 1981); Michael Howard, *The Causes of War*, (Cambridge, MA: Havard University Press, 1983); Robert G. Gilpin, *War and Change in World Politics* (Cambridge University Press, 1981); Seyum Brown, *The Causes and Prevention of War* (New York: St. Martin's, 1987); Geoffrey Blainey, *The Causes of War*, 3rded. (New York: Free Press, 1988); Melivin Small and J. David Singer eds., *International War: an anthology* (Chicago: Dorsey Press, 1989); Greg Cashman, *What Causes War? An Introduction to Theories of International Conflicts* (New York: Lexington Books, 1993); Lawrence Freedman, ed., *War* (New York: Oxford University Press, 1994); Robert A. Doughty and Ira D. Gruber, eds, *Warfare in the Western World*, (Lexington, MA: D. C. Heath, 1996); Stephen Van Evera, *Causes of War: Power and Roots of Conflict* (Cornell University Press, 1999); Richard ned Lebow, *A Cultural Theory of International Relations*, Cambridge University Press, 2008; and his second book *Why Nations Fight: Past and Future Motives for War*, Cambridge University Press, 2010。

的，其奠基者是美国著名的新现实主义的理论学家、加州大学伯克利分校政治学系教授肯尼思·华尔兹。他在 1959 年出版的《人、国家和战争》一书中，重点从人性、国家特性和国际体系性质等三个层次分析战争的起源问题，按第一个层次，战争源于人类的本性和行为；第二个层次是从国家的内部结构中寻找对战争原因的解释；第三个层次则强调国际社会无政府状态与战争爆发间的相互关系。他在书中指出：在国际社会无政府状态下，由于主权国家数量众多，且国家之间并不存在具有强制约束力的法律体系，因此，每一个国家在与另一个国家发生争端时，都必须努力实现自身的利益和目标，并且要根据自身的情况作出判断，采取行动，这就使得冲突（包括战争）的出现不可避免。① 在书中，华尔兹专门用一章的篇幅来论述第一次世界大战爆发前欧洲各国国内的社会主义团体等反战力量是如何改变立场最终支持战争的，由此来论述影响战争爆发的国家层次的内部因素的作用。该著作问世后，一举奠定了国际关系研究层次分析法的基础，被誉为结构现实主义理论的代表作。二十年后，华尔兹又出版了《国际政治理论》，② 全面升级了国际关系层次分析法，堪称结构现实主义的巅峰之作。

目前，华尔兹首先提出的国际关系研究的三个层次已经被学界广泛接受，并通常利用这三个层次来分析和解释各种战争爆发的原因。在为数众多的论著中，哈佛大学教授小约瑟夫·奈编著的国际关系教材《理解国际冲突：理论与历史》在世界范围内都拥有很大的影响。③ 特别值得一提的是，他在此书中借用层次分析法，从国际体系、国家和个人三个层次对于一战的起源进行了具体和深入的分析。他指出：第一次世界大战爆发的原因在国际体系层次上的表现是德国的崛起和同盟体系

---

① ［美］肯尼思·华尔兹：《人、国家和战争：一种理论分析》，上海人民出版社 1991 年版、2012 年再版，第 125—127 页。
② ［美］肯尼思·华尔兹著，信强译：《国际政治理论》，上海人民出版社 2003 年版。
③ ［美］小约瑟夫·奈：《理解国际冲突：理论与历史》，中国人民大学出版社 2005 年版、2009 年版、2012 年版。

的僵化，这是导致国际均势结构变迁的两大决定性因素，而国际体系中新旧力量的博弈是导致一战爆发的深层原因；相似地，在国家层次上，同样有两个重要因素对于战争的爆发有影响：一个是奥匈帝国内部的危机，另一个是德国内部的政治形势，即德国内部社会矛盾紧张导致其领导人过于急切地追求世界霸权。这两个因素使得民族主义兴起以及霸权转换迫在眉睫；而在个人层面，小约瑟夫·奈指出，一战前各国的军事领导人都普遍有迷信进攻的观念，偏爱快速动员和大规模决战，对战争的速战速决抱有不切实际的幻想，这加剧了事态向战争的演变。特别是作为主要决策者的奥匈皇帝和德国皇帝及其军政领导人的平庸导致其对形势的估计失误，最终使得战前外交沦于失败，大战一触即发。萨拉热窝刺杀事件只是一个导火索而已。① 小约瑟夫·奈的论述比较全面地勾勒了导致一战爆发的三个层次的因素，是运用层次分析法解读一战起源的完美代表。

二、权力转移理论（防御性现实主义理论）

权力转移理论是美国密歇根大学政治学教授奥根斯基在 1958 年出版的《世界政治》一书中提出的②。该理论继承了汉斯·摩根索的现实主义理论，即现实中的国际关系处于无政府状态，国家为了维护自身利益，总是在不断地追求权力。而国家对权力的追求就是不断地增强其政治、经济和军事实力，并以此为基础不断地扩大其在国际关系中的对外影响力。奥根斯基认为，国际社会体系较有秩序而非无政府形态。形象地描绘为金字塔状，等级分明。其中实力强大的支配性的大国位居塔

---

① ［美］小约瑟夫·奈：《理解国际冲突与合作：理论与历史》，上海世纪出版集团 2012 年版，第 110—119 页。

② A. F. K. Organski, *World Politics*, New York: Alfred A. Konpf, Inc., 1958.

顶，有能力控制体系内的其他国家行为。但是随着各国政治、经济、军事实力的发展变化，国际社会的权力分配也会随着发生变化，即所谓权力转移。根据这种理论，一旦体系内的国际实力发生变化，处于中层的崛起国有力量重塑国际等级时，该国就有可能成为破坏国际体系的进攻者。权力转移的过程必然会伴随着新兴国家的冲击和挑战，战争和冲突几乎不可避免。奥根斯基认为：在权力转换过程中，崛起国和主导国都有先发制人发动战争的动机。其原因是崛起国担心主导国利用权力优势遏制其进一步发展；而主导国担心崛起国实力增长后会颠覆现有国际体系。但主导国和崛起国的权力转换过程是否会引发战争，取决于两个条件：第一，崛起国与主导国的实力是否接近，第二，崛起国对既有国际体系是否满意。事实上，战争通常会在崛起国实力接近或超过主导国的时间段内发生。一战的爆发实际上就是这种权力转移过程中发生的暴力悲剧。

此后，权力转移理论的继承者、深受肯尼思·华尔兹影响的美国学者、普林斯顿大学国际关系学教授罗伯特·吉尔平把经济学和国际政治学结合，开创了国际政治经济学，形成了国际关系学的年轻的分支之一。他在自己的名著《世界政治中的战争与变革》中进一步回答了华尔兹没有回答的问题：① 国际体系的变革和演化。他认为战争是国际体系演变的主要动因。② 为此他将第一次世界大战作为权力转移理论的主要案例来进行论证。他指出第一次世界大战是属于霸权转移的战争，是大国反对挑战者的战争。这场战争涉及战后国际体系的重新划定，是大国扩大其控制力或制定自己的霸权秩序的典型战争。这无疑从宏观上加深了我们对于第一次世界大战爆发的深层次原因的认识。

① ［美］罗伯特·吉尔平：《世界政治中的战争与变革》，上海人民出版社 2007 年版。
② ［美］马里奥·泰洛：《国际关系理论：欧洲视角》，上海人民出版社 2011 年版，第61 页。

三、动态差异理论（权力转移
理论的最新成果）

作为权力转移理论的最新成果，美国弗吉尼亚大学政府和外交事务系副教授戴尔·科普兰在世纪之交出版的《大战的起源》一书中提出了所谓的动态差异理论，[①] 借以解释历史上大战的爆发。按作者的定义，所谓大战指的是具体大国参与、最高强度的全面冲突和战后体系重组等三个条件的战争。按照这个标准，欧洲历史上以往的 500 多次战争，只有 7 个符合标准。他在权力转移理论的基础上，将动态差异作为自变量吸收进来，并将权力一分为三：军事权力、经济权力和潜在权力，研究经济和潜在权力的衰落是如何对一个在军事上具有优势的国家的行为产生影响。他的理论要点是：当两个国家的实力对比出现消长时，战争最可能发生，而且往往是处于衰落中的国家更倾向于引发危机和战争。那些处于霸主地位但却正在衰退的国家最有可能发起大战，其目的是要避免国家出现衰退。大战往往是"正在衰退的国家为自己的未来而担忧而率先发动战争的。意识到可能失去霸权的国家才是战争的真正挑起者"。作为论证，他对第一次世界大战的起因进行了细致的考察，他通过对当时德国档案材料的详细解读，指出一战是德国担心俄国的崛起而发动的先发制人的战争。其根源是德国对俄国权力增长的担忧和对自身权力相对衰落的恐惧。科普兰的理论把大国兴衰与战争起源紧密联系了起来，进一步细化了权力转移理论的逻辑，为我们研究战争起源提出了一个新颖的理论视角。但该体系理论存在明显的缺陷，即把一战解释为德俄间力量消长的结果，忽略了英德之间的竞争和矛盾。同时

---

① ［美］戴尔·科普兰：《大战的起源》，北京大学出版社 2008 年版。

不能解释其他一些重要的战争，如二战的发生都是源自德、日等主动挑战现有国际秩序的法西斯国家，并非衰退中的霸权国家，这使得该理论的适用性受到局限。事实上，霸权国家拥有比新兴的崛起国多得多的非战争手段，它可以凭借各种优势打压、排挤崛起国，最终逼迫崛起国率先挑起战争（如日本的偷袭珍珠港就是典型的案例）。这是导致该理论建构与历史事实之间存在断层的根本原因。

四、进攻防御理论（结构现实主义理论的分支）

进攻防御理论的首倡者是美国马里兰大学政府与政策系教授乔治·H. 奎斯特，他在 1977 年出版的《国际体系中的进攻与防御》一书中系统探讨了自古希腊以来人类各个时期所呈现的攻防形态对战争与和平的重大影响，① 首次提出了国际体系中的进攻与防御问题。该书 1977 年出版后，先后于 1988、2003、2008 年多次再版，是攻防理论的重要代表作。次年，美国学者罗伯特·杰维斯发表的论文《安全困境下的合作》进一步提出攻防平衡理论，② 对国际关系防御性现实主义理论的发展起到了巨大的推动作用。在关于攻防理论的研究中，第一次世界大战一直是最重要的历史基础和实证案例之一，该理论的许多假设和结论都与这次战争相关。如乔治·H. 奎斯特在其书中就专门用一章的篇幅介绍了一战爆发的原因，其观点正如该章标题所写的一样明白无误："1914 年：整个世界都采取了攻势"。作者强调武器的技术发展对于战争的影响，他认为一战前的军事技术发展是有利于防御的，但欧洲大国

---

① ［美］乔治·H. 奎斯特：《国际体系中的进攻与防御》，上海人民出版社 2008 年版。
② Jervis Robert, *Cooperation Under The Security Dilemma*, World Politics, 40, No.1, 1978, pp. 167-214.

却误判为有利于进攻，因此它们均采取进攻性战略，这最终导致了一战的悲剧性爆发。

该理论的后继者，美国麻省理工学院政治系教授斯蒂芬·范·埃弗拉1998年在《国际安全》杂志春季版上发表了《进攻、防御与战争的原因》一文，提出了所谓"进攻崇拜"的观点。次年他在该文基础上出版《战争的原因：权力与冲突的根源》一书，① 进一步完善了攻防理论的建构。他认为一战前欧洲各国普遍流行进攻优于防御的信念，这使得各国政要对于打一场先发制人的战争盲目乐观乃至作出错误决策，这是导致一战爆发的重要原因。他把这种进攻占优的信念称为"进攻崇拜"，并依照这一思路，提出如下假设：当攻占比防守容易的时候，战争发生的可能会大得多。根据他的验证分析，有以下十种情况会导致战争的爆发：第一，国家采取机会主义的扩张，因为扩张企图成功的机会更多并获得更多收益；第二，面对不安全，国家会采取防御性的扩张，以加强边界扩张和防御的能力；第三，不安全感也会导致战争爆发；第四，抢先行动的利益变大时，大多引起先发制人的战争；第五，机会窗口和脆弱性窗口变大时，会引起预防性战争；第六，国家会更多地采纳既成事实的外交策略，从而引发战争；第七，国家间协商困难，谈判失败多时，战争容易来临；第八，国家的秘密外交和防务政策会引发误判；第九，国家对他国的错误反应迅速并好战，将使错误加剧；第十，军备竞赛加速且难以控制，将导致预防性战争的危险加大。该书把攻防理论进一步细化，其结论虽有些流于简单，但是其假设来源于前人对于第一次世界大战起因的分析，而且他尝试从心理学角度分析战争爆发的原因，涉及决策者的知觉与错误知觉，有一定的启示意义。

---

① ［美］斯蒂芬·范·埃弗拉：《战争的原因：权力与冲突的根源》，上海世纪出版集团2014年版。

五、决策动机理论（心理学的建构主义理论）

　　决策动机理论是近年来国际关系理论分析战争起因的最新研究成果。其代表人物是现任英国国王学院战争研究系国际政治理论教授、美国学者理查德·内德·勒博。他在 2008 年和 2010 年连续出版了《国际关系的文化理论》和《国家为何而战？过去与未来的战争动机》两部著作，对战争的原因进行深入分析，观点一反传统，学界反应热烈。他在第一部书中提出了决策动机理论的框架，在第二本书中进一步完善了其理论建构。他在《国家为何而战？过去与未来的战争动机》一书中他指出战争的深层原因可以归结为四个：安全、利益、地位和复仇。但历史上只有很少一部分战争是由安全或者物质利益所驱使的，相反绝大多数是对于地位、复仇——试图击败以前侵占自己领土的帝国以洗去耻辱——的追求。在《国际关系的文化理论》中，① 他引证了大量的具体史料对于第一次世界大战爆发的原因做出了扎实、详细的案例分析，进而对于一战爆发的起因给出了另类的结论。他指出：第一次世界大战经常性被描述为预防性战争。这一论断的基础是所谓德国对于俄国的恐惧，这一观点是长期受到争议的。事实上，历史上任何主要的战争都是具有多重和互补的原因。其中既有深层次的历史原因，也有现实的直接原因，甚至被视为导火索的偶然事件也是不可或缺重要的一环。如一战前发生的萨拉热窝刺杀事件，其结果不仅导致了奥匈主要的反战派弗朗茨·斐迪南的消失，而且激怒了奥匈和德国皇帝，使他们更倾向于采取强硬政策；换句话说，主张与俄国和好的斐迪南在政治舞台的消失，直

---

① ［美］理查德·内德·勒博：《国际关系的文化理论》，上海社会科学院出版社 2012 年版。

接增加了欧洲大战爆发的可能性。① 此外，他还考察了当时人们对战争抱有盲目乐观的现象。他把盲目乐观的现象与战争决策者结合考察，用具体的例证说明谁乐观、为什么乐观，以此将理论分析与具体史实紧密结合，使得其结论更加有说服力。最终，他从战争决策者的动机角度分析认为，"战争与和平完全取决于领导人的政策和决定"。他用一战的例证说明，当时奥匈、俄国和德国三国的决定的确直接事关战争与和平。如导致奥匈选择战争的主要人物是总参谋长康拉德。他个人是抑郁性人格，且一直热衷战争。奥匈皇储遇刺事件，他认为事关奥匈的荣誉，必须惩罚塞尔维亚人才能帮助奥匈找回大国的威信。② 而导致德国参战的主要原因是德国总参谋长小毛奇憎恨法国、希望惩罚法国，因此渴望发动战争。德国的军事实践表明毛奇的进攻性战略是不可能打败法国的，相反，一种好的防御政策却可以打败法俄的联合进攻。但是毛奇隐瞒了这一点，他夸大了德国对于在 1917 年前选择进攻性政策的必要性。而首相和德国皇帝之所以被说服采取亮剑政策，主要是出于荣耀和自我确认的原因。③

此外，澳大利亚的学者、墨尔本大学教授杰弗里·布莱内在他的著作《战争的原因》中也强调心理因素对于战争决策者的影响。④ 作者通过对 1700 年以来的大量战争实例来论证现有的关于战争理论解释的不足和自我矛盾之处。同时列出了十多条有关战争爆发的原因和战争模式等的新认识。他注重强调对决策者的心理层面分析，指出：事实上，导致战争的重要的常被忽视的因素是乐观的看法，即国家领导人怀抱对战争前景的乐观看法发动了大多数战争。作者用第一次世界大战来证实自

① ［美］理查德·内德·勒博：《国家为何而战？过去与未来的战争动机》，上海世纪出版集团、上海人民出版社 2014 年版，第 56 页。

② ［美］理查德·内德·勒博：《国际关系的文化理论》，第 277—280 页。

③ ［美］理查德·内德·勒博：《国家为何而战？过去与未来的战争动机》，第 37 页。

④ ［澳］杰弗里·布莱内：《战争的原因》，商务印书馆 2011 年版。

己提出的观点,指出一战是由两个国家间的战争引发的,同盟的存在是两国战争演变为世界大战的客观条件之一。但是建立同盟的原因来自双方对于自己打胜对手的不自信,而导致同盟各国纷纷快速加入战团的原因则是双方对于战争的短暂性的乐观预期。双方都相信战争通过一次决定性的战役将很快结束,因此都希望能够一举获胜。双方的判断都是乐观的,但都是错误的。总之,决策战争的人对于战争的未来前景抱有错误的乐观态度是导致一战爆发的重要原因之一。

与华尔兹的理论相比,上述侧重于心理动机分析的决策论对于战争原因的解释显得单一和单薄,缺少其他两个层次影响的分析。但是对于理解一战爆发的决策因素还是有指导意义的。

总　　结

本文前面论及的五种国际关系理论分属不同的理论流派,其中层次分析理论、权力转移理论、动态差异理论和进攻防御理论都是西方国际关系理论中的支配范式——传统的现实主义理论流派的分支,而动机决策理论属于后起的建构主义理论。它们对于第一次世界大战起源的分析和解读角度表面上差异很大:从微观考察决策者的动机到宏观分析国际体系中的权力分布和动态、从心理学的个案分析到军事攻防的抽象推断,但实际上内在联系紧密,都是建立在层次分析法的基础上的补充和深化。其观点无不条分缕析、见仁见智,对于深化和拓宽有关一战起源的认识和研究极具启示意义。

不过,在借鉴上述理论成果的同时,必须要看到这些成果的理论构建的局限。即它们对于第一次世界大战起源地的考察,都是为建构各自抽象的关于战争起源理论。因此,它们在论及一战爆发的原因时,都是先提出理论假设,然后进行验证,一战只是作为论证或检验其理论假设的实证案例来加以解读。这种科学主义的假设+验证的方法与史学的实证主义方法不同，人为选择史料对象的痕迹比较明显，甚至有些理论假设本身就有需要完善的地方，某些得出的结论与历史事实的复杂性相比显得过于简单化，并不足以说明所有战争的起源。比如层次分析理论是立足于把国际关系当作一个相对静态的对象来研究，认为战争的爆发受某种国际体系结构的制约，但忽略了国际体系的动态变化因素；权力转移理论和动态差异理论补充了层次分析理论的不足，但是过于侧重抽象的理论分析，缺乏对战争的微观解释，因此无法解释战争爆发的内在机制。换句话是只考虑外部国际体系的结构，忽视了国家行为的能动性。① 决策动机理论的分析属于层次体系的个人性格与心理学认知理论的结合，把国家决定的战争的原因归结为决策者的意愿，虽然有充分的证据支持，但是显得过于单一和简单化，且忽视了推动或制约国家进行战争的其他因素。②

历史是复杂的，战争的起因尤其如此。尽管世界历史上战争不断，但涉及战争爆发的原因，则几乎没有完全一样的具体案例。其原因在于战争与否在本质上是取决于人的选择，而不同的人在面对相同的现实时可能会选择不同的对策。战争从来不是单一原因导致的，在历史上无数的战争决策过程中，人的主观因素是与其可利用的条件等客观因素共同发挥作用的。它涉及政治学、经济学、军事学、外交学、社会学、地理学、生物学、心理学和伦理学等等，是一个多学科研究的课题。因此，研究战争的起因就成了一个漫长的进展过程。我们持续不断地研究战争的原因，目的在于要深刻地了解战争，进而为避免战争、控制战争、限制战争乃至消除战争寻找正确的途径。传统史学关于战争的起源多是侧重具体的战争分析，很难提炼出具有普遍意义的结论；而国际关系理论

① 林民旺：《选择战争：基于规避损失的战争决策理论》，世界知识出版社 2010 年版，第6 页。

② ［美］小约瑟夫·奈：《理解国际冲突：理论与历史》，上海人民出版社 2009 年版。

借鉴科学的研究方法，希望从抽象的理论层面给出答案，其路径虽然不同，但便于从具体史实中提炼抽象的结论。从这个角度来说，为更好地发挥史学鉴今功能，拓宽史学研究的思路和视角，关注和借鉴国际关系理论的相关成果显然大有必要。事实上，从理论上探讨战争的普遍原因能够加深我们对于具体战争的理解。值此第一次世界大战爆发一百周年之际，简单梳理西方国际关系理论学界有关一战起源的不同学说，希望借助多学科的探讨来深化和促进史学界关于第一次世界大战起源的研究，这是本文抛砖引玉的初衷。

（原载《历史教学问题》2014 年第 3 期）

第二次世界大战前后
国际战争观的转向与衍生

自古以来，战争就与人类的生产和生活朝夕相伴，如影随形。长期的战争经历使人们对战争的原因、本质、性质和历史作用等形成了各种各样的认识，并归纳成了不同的战争观。新战争观的形成往往与上一场战争的发生密切相关，而且对于日后的战争形态的改变有着深远影响。第二次世界大战是迄今为止人类历史上规模最大的国际战争，这场战争引发了战后国际战争观的转向，并衍生出了新的战争观，其影响至今犹存。值此第二次世界大战结束 70 周年之际，笔者拟重点围绕第二次世界大战前后国际社会主流战争观的变化以及二战结束后正义战争论等新战争观的形成及其原因谈点粗浅的认识。

战争观是人们对战争问题的总的看法。具体地讲，战争观的理论构架，包括对战争的性质、战争起因、战争的目的、战争的历史作用、对待战争的态度、控制战争的途径与方法等问题的基本观点。各国学者对此曾从不同的角度作出过长期深入的研究，其中不乏公认的力作①。按

---

① 围绕战争观的内涵学术界现存不同的观点，詹姆斯·多尔蒂和小罗伯特·普法尔茨格拉夫合著的《争论中的国际关系理论》从理论上对不同的战争认识进行了比较全面的概括和梳理。此外，新近比较重要的著作有大卫·巴拉什的《积极和平：和平与冲突研究》（南京出版社 2007 年）、小约瑟夫·奈的《理解国际冲突与合作：理论与历史》（上海人民出版社 2012 年）、理查德·内德·勒博的《国家为何而战？过去与未来的战争动机》（上海人民出版社 2014 年）、约翰·基根的《战争史》（商务印书馆 2010 年）、雷蒙·阿隆的《和平与战争：国际关系理论》（中央编译出版社 2013 年）等，它们分别从和平学、国际冲突研究、战争理论、战争史、国际关系理论等不同的角度提出了自己对战争的见解。

照西方国际关系理论流派的划分，20世纪影响比较大的战争观有传统的现实主义战争观、和平主义战争观以及正义战争观等。其中，现实主义的战争观一般都认为，惨烈的战争是一种实现目的的必要手段或工具，是同道德无关的活动。一旦开战，道义上的考虑将起不到任何作用。和平主义战争观的基本观念是任何战争都是不道德的，而不论战争的起因或是目的。在和平主义者看来，人的生命是无价的，而战争以夺走人的生命为代价，他们主张不能为追求任何其他的价值而牺牲人的生命，应该禁止战争。对于战争的存在大加质疑。正义战争论则是二战后新兴起的战争观的典型代表。它对于战争的理解是在整理前人见解的基础上另辟蹊径，将战争划分为正义的战争和非正式的战争，至今还有生命力。

一、二战前国际战争观的演进

20世纪初期，国际社会主流的战争观是以19世纪德国著名军事理论家卡尔·冯·克劳塞维茨的《战争论》为代表的战争工具论，即把战争看作一种政治工具。克劳塞维茨在其著作中明确地写道："战争无非是政治通过另一种手段的继续。由此可见，战争不仅是一种政治行为，而且是一种真正的政治工具，是政治交往的继续，是政治交往通过另一种手段的实现。"① 战争只是达到目的的手段，与道德无关，也就无所谓正义与否。这种观点自诞生以来逐步被欧洲各国统治者普遍接受，并奉为经典。第一次世界大战爆发前各国的军事领导人在面对可能

---

① 卡尔·冯·克劳塞维茨：《战争论》第1卷，解放军出版社2014年版，第26页。也有学者通过核对德文版指出英文译文不准确，其真实含义是"战争不是政策通过另一种手段的继续"，而是"政治交往混合以另一种手段的继续"。参见约翰·基根：《战争史》，商务印书馆2010年版，第3页。

引发战争的争端面前无不跃跃欲试，丝毫没有对战争后果的担忧，就是明证。当时《战争论》不仅在欧洲译本繁多，而且在 20 世纪初传到了亚洲：1903 年传入日本，被日军奉为军人圣经，日俄战争以后更是成为推动日本走上侵略道路的加速器；1911 年辛亥革命前期，该书还被保定陆军学校的士官们翻译介绍到了中国。这从一个侧面反映了克劳塞维茨的战争观是如何广泛地受到各国的推崇和重视，堪称一战前主流的国际战争观的力证。

然而，1914 年爆发的第一次世界大战成为现实主义战争观发展到顶点的标志。这场战争是工业化时代的总体战，破坏力远远超出了人们的想象。对于那些战前跃跃欲试的决策者而言，原计划的军事速决战，变成了全民参与的长期消耗战。据统计，一战期间双方的兵员死亡人数就接近 1000 万人，其中德国 180 万，奥匈帝国 170 万，俄国 130 万，法国 140 万，英国及英帝国 100 万，意大利 61.5 万；罗马尼亚、土耳其、保加利亚、塞尔维亚分别损失 33.5 万人、32.5 万人、9 万人和 5.5 万人；俄、奥、德、法、英等国共有 1860 多万人受伤[1]。1914 年 20 岁至 32 岁的法国男子，一半死于战争；在 1916 年的索姆河战役中，英军第一天的进攻就损失了 6 万人。战争给各国经济带来的巨大破坏以及庞大的人力和物力的损失引发了各国的反思。事实上，第一次世界大战的硝烟刚一消散，各国学界就开始纷纷成立研究机构来探讨战争的原因。1919 年巴黎和会期间，英美代表倡议在本国建立国际关系的学术研究机构。此后至 30 年代初，各种国际关系研究所、院系、课程率先在英国和美国出现，国际关系学科由此开始建立。战前居主导地位的传统的现实主义理论受到冷落；与此同时，美国总统威尔逊力推的以道德准

---

① 有关一战人员伤亡的统计数字并不相同。参见托马斯·帕特森：《美国外交政策》下册，中国社会科学出版社 1989 年版，第 418 页；马丁·吉尔伯特：《二十世纪世界史》第 1 卷下册，陕西师范大学出版社 2001 年版，第 587 页；帕尔默：《两次世界大战：西方的没落》，世界图书出版公司 2011 年版，第 17 页。

则、民主制度和国际组织为基石的富于理想主义的和平主义思潮兴起[1]，和平主义的基本观念是任何战争都是不道德的，而不论战争的起因或是目的。正如英国国联协会领导人谢波德的名言："任何战争，不管其原因如何，不仅是对基督教的一种否定，而且是对人类的一种犯罪。"[2] 在这种思潮的影响下，战争不再被顶礼膜拜，甚至成为人们害怕、厌恶的词汇。最典型的表现莫过于 1928 年 8 月 27 日签署的《非战公约》。该公约由法国和美国发起，正式名称是《关于废弃战争作为国家政策工具的一般条约》，其核心内容就是宣布在国家关系中"废弃以战争作为推行国家政策的工具"，强调"可能发生的一切争端或冲突，不论其性质或起因如何，只能用和平方法加以处理或解决"。起初签署条约的只有 15 个国家，但是很快在 1933 年达到了 63 个（包括但泽自由市）。尽管《非战公约》缺乏任何实质性的条约约束，但作为人类历史上第一次公开以缔约的方式宣布放弃战争手段、和平解决国际争端的声明，这充分反映了国际社会的战争观已经发生了根本性的变化，这种新的战争观带有浓厚的理想主义色彩，可谓是和平主义的非战观。

理想主义的战争观在 30 年代风行一时，人们希望能够通过裁减军备或和平谈判来解决争端并避免战争。甚至在德、意法西斯上台后，各国的和平主义者仍无视其潜在的威胁，天真固执地信守着废弃战争的承诺。1932 年春，在法国著名人士巴比塞和罗曼·罗兰的倡议下成立了国际反战委员会，并开始筹备国际反战大会，此举得到了各国和平主义者的热烈响应。当 1932 年 8 月国际反战大会在阿姆斯特丹召开时，已经有 35 个国家建立了反战委员会，此外还成立了 1000 多个地方委员

[1] 1889 年在巴黎召开的第一届国际议员大会和世界和平大会是大战前最重要的国际和平活动。其间奥匈帝国女作家、和平运动的先驱贝莎冯苏特纳的反战长篇小说《放下武器》出版，在世界上引起了很大反响，被称作是一部"值得景仰的杰作"。

[2] Martin Ceadel. *Pacifism in Britain*，1914-1945：*the Defining of a Faith*. London：Clarendon Press，1980，p. 171.

会。1934 年，牛津大学学生俱乐部组织了关于"国王与国家"的讨论，俱乐部以 275 票赞成、153 票反对通过了一项动议："决不为国王和国家战斗。"① 1935 年，当意大利法西斯入侵埃塞俄比亚的时候，英国的国际联盟协会等和平主义团体发起了一场"和平投票"活动，在参与投票的 1154 万人当中，90%以上的人都赞成通过集体安全体制来避免战争。在这种背景下，英国固执地推行绥靖政策，企图通过理性妥协来解决争端，实现和平。但是盲目的让步没有换来和平。1938 年慕尼黑危机期间，英国曾不惜牺牲捷克斯洛伐克的主权和正义与德国达成了妥协，此举曾被视为和平主义的一大胜利，但短短几个月后德国就撕毁了协议：1939 年 3 月德国出兵肢解了捷克斯洛伐克。6 个月后，随着德国对波兰的闪电入侵，新的一场世界战争再次爆发。这标志着和平至上的理想主义战争观彻底地破灭了。

二、二战后国际战争观的转向与衍生

反法西斯战争的现实需求催生了战后国际战争观的转向，同时衍生了新的战争观，其标志就是正义战争观的提出和兴起。

第二次世界大战作为人类历史上的一场规模最大的浩劫，不仅在物质财富上给人类带来了严重的损失，而且在思想上带来极大冲击。长达 6 年多的全球战争波及了 61 个国家的 17 亿人口，人员伤亡 5000 万以上，造成了财产损失近 4 万亿美元。在经历了这样一场人类浩劫后，特别是在了解了战争期间法西斯的疯狂侵略以及种族灭绝的非人道做法后，各国的有识之士都开始反思战前和平主义战争观的合理性。那些认为一切战争都是错误的，不应该以任何形式进行或参与战争的看法，在

① 特尔福德·泰勒：《慕尼黑：和平的代价》上，新华出版社 1984 年版，第 314—315 页。

事实面前被证明是过于绝对的，客观上它甚至起到了纵容战争的作用，这是和平主义者始料不及的；与此同时，当各国被迫起而反击法西斯侵略的时候，战争这个工具又不得不被重新拾起。战争结束后，特别是大量事实揭露出的法西斯的残暴统治和种族灭绝的非正义性，令人们不得不重新考虑原来对战争的认识：简单地否定战争并不能永久地保住和平；战争的定性将直接决定着战争这个工具是否可以被使用。用战后美国著名政治哲学家迈克尔·沃尔泽的话说就是："的确，战争非常恐怖，非常残酷，战争造成的破坏十分惊人，然而有时候战争却是正确的。"① 这种认识直接导致了国际战争观的又一次转向：国际关系学中和平主义的落寞与现实主义的卷土重来。同时，伴随着一种新的流派——正义战争论的衍生。

二战后异军突起的正义战争论是一种新的战争观。其代表人物是前文提到的迈克尔·沃尔泽。他是西方学界公认的正义战争论的奠基者。他在 1977 年出版了《正义与非正义战争：通过历史实例的道德论证》一书，系统阐释正义战争论的观点和主张，出版后在国际上影响甚大，被译成多种文字，并被许多大学指定为相关课程的必读书②。沃尔泽在该书第一版的序言中便旗帜鲜明地声称自己写作的目的就是要"在政治和道德理论收复研究正义战争理论的领地"③，其超越现实主义战争观与和平主义战争观的雄心呼之欲出。正义战争论的核心观点是可以把战争区分为正义的和非正义的两类。其所涉及的原则主要有两项，即所谓"开战正义"和"交战正义"。这些原则最初是由中世纪的大主教哲学家和法学家提出的，经后人补充发展而成为目前人们公认的正义战争论的两大核心内容。前者主要涉及在哪些特定的情况下使用暴力具有合

---

① 迈克尔·沃尔泽：《正义与非正义的战争：通过历史实例的道德论证》，江苏人民出版社 2008 年版，第 1—2 页。
② 该书 1977 年问世后，不断修订完善，分别在 1992 年、2000 年、2006 年出版了第 2、3 和第 4 版，中译本是根据 2006 年第 4 版译出的，江苏人民出版社 2008 年出版。
③ 迈克尔·沃尔泽：《正义与非正义的战争：通过历史实例的道德论证》，第 27 页。

理性的问题，后者主要涉及对这些合理使用的暴力应如何加以限制的问题。其中"开战正义"指的是当一个独立国家的领土完整和政治主权受到侵略时，有两类武力反应是正当的：一个是受害国的自卫战争，另一个则是受害国和国际社会的任何成员国进行的执法战争；"交战正义"则适用于战争开始后，强调战争有其特定的规则，即战争是战斗员之间的战斗，平民在战争中不能侵害，这是涉及对与错的普世观念。迈克尔·沃尔泽的著作系统地论述了正义战争与非正义战争的全部学说，从对战争认识的角度看，它所呈现的是一种全新的战争观，客观上奠定了正义战争论在学术界的地位。2004 年迈克尔·沃尔泽在他的新作《论战争》中进一步补充完善了他的正义战争观，他在"开战正义"和"交战正义"之外又提出了"战后正义"的主张，强调对战后政治重建过程中的武力的使用问题加以道德约束，这是正义战争观的最新进展①。

三、新战争观形成的原因

第二次世界大战后的国际战争观的转向与第一次世界大战后战争观的转向一样，都是在战争的直接影响下发生的。战后新的战争观的出现有三个方面的原因。

首先，第二次世界大战的爆发标志着两战之间盛行的和平主义战争观的破产。对于一战后热衷于废弃战争作为国家政策工具的和平主义者而言，战争的再度爆发是一个重大打击，迫使人们不得不对战争重新认识和反思。部分和平主义者在战争爆发后不久就意识到了自己原来的认识过于理想化或幼稚，纷纷表示退出和平主义组织。其中最有代表性的

---

① 迈克尔·沃尔泽：《论战争》，江苏人民出版社 2011 年版，第 4 页。

就是英国著名的哲学家、数学家和历史学家伯特兰·罗素了。作为 20 世纪英国最有影响的和平主义者，他在一战期间就是一个坚定的反战分子，由于反战活动，他还一度遭到囚禁。战后他加入了和平誓约同盟，积极参与和平主义的宣传活动。然而，法国败降在即，英军狼狈地从敦刻尔克撤退回国的时候，他改变了自己的立场。1940 年 6 月，他在写给一位朋友的信中解释了自己放弃和平主义立场的原因，他写道："总的说来，我相信不抵抗便不能保全纳粹企图摧毁的任何美好的东西。他们办事彻底，极富效率，技术上也很精明，因此落入他们之手的任何国家，不但在技术上被征服，在精神上也会被征服。因此我们别无选择，只能以暴抗暴。这是一个残酷的结论，而且与我内心深处的某些信念是相冲突的；但我必须强迫自己接受它。"[1] 罗素的变换立场是个典型的例子，它说明随着第二次世界大战的爆发，在一战后高涨的和平主义思潮受到了残酷现实的打压，已经失去了吸引力，传统的现实主义思潮开始回潮。

其次，法西斯的残暴罪行以及抵抗法西斯侵略的正义性需求使得人们认识到战前对战争的整体定性存在局限。这为区分战争的不同性质留下了空间。二战结束后，盟军对于德、意、日法西斯的暴行进行了客观的揭露，如美军在解放德国集中营后要求当地的德国居民来参观这座密封的人间监狱，通过纽伦堡审判和东京审判揭示了法西斯发动的这场战争的非正义性，导致了人们对于这场战争的认识不同以往。正如德国历史学家克劳斯·费舍尔在其《德国反犹史》一书的序言中指出的："战争是人类残杀的最高组织形式。大屠杀也是一场战争，但它是一场独一无二的战争，因为敌人是非战斗人员，这公然挑战了传统的战争思想。"希特勒在事实上"发动了两场战争——一场常规战争和一场种族战争"[2]。后者的存在无疑颠覆了人们以往的战争观，而且加深了对于

---

[1] 罗纳德·W. 克拉克：《罗素传》，世界知识出版社 1998 年版，第 470 页。
[2] 克劳斯·费舍尔：《德国反犹史》，江苏人民出版社 2007 年版，第 7 页。

不同性质的战争的认识。与德国纳粹在欧洲犯下的种族灭绝的罪行可以相提并论的，是日本法西斯在中国犯下的、以南京大屠杀为代表的战争罪行，日本侵略者的侵略扩张和肆意杀戮彰显了中国人民抗日战争的正义性，从而也深化了中国人民对于战争本质看法。在战争中积累了丰富的实践经验的毛泽东对于战争本质同样有着深刻的认识，他从"战争是流血的政治、政治是不流血的战争"的论断出发，指出"历史上的战争，只有正义的和非正义的两类……一切反革命的战争都是非正义的，一切革命的战争都是正义的"[①]。这种依照战争的性质将其一分为二的观点，显然是经过战火淬炼而对战争认识的一种深化。第二次世界大战后举行的纽伦堡审判和东京审判，将策划战争行为定性为破坏和平罪，不仅是在法理上提供了惩治战犯的依据，更重要的是它反映了人们对于侵略战争本质的非正义性的认识。

第三，二战期间原子弹的发明和使用以及二战后美、苏冷战的新形势导致人们开始辩证地看待不同性质的战争。二战后期，原子弹的应用显示了核武器的毁灭性威力，从对广岛和长崎的核轰炸所导致的灾难中，人类已经感到了核武器给未来战争形态带来的巨大冲击以及未来核战争能够导致人类自我毁灭的可怕威胁，以至于战争本身的价值都受到了质疑。如美国战略分析家伯纳德·伯罗迪在1946年就指出的，"在原子时代，（人们）不再关心谁将在下一次使用原子弹的战争中获胜。迄今为止，我们的军事设施的主要目的是为了赢得战争。从现在开始，这种主要目的必须被修改。它可能也没有什么其他的用武之地了。"[②] 原子弹的研制还从科技层面上提供了战后制约世界战争的物质力量。二战结束后，美、苏两个超级大国因不同的政治制度和意识形态而展开对抗，不过美、苏作为两个率先拥有核武器的大国，它们已经注意要避免

---

① 《毛泽东选集》第 1 卷，人民出版社 1991 年版，第 174 页。

② Bernard Brodie. *The Absolute Weapon*：*Atomic Power and World Order*. New York：Harcourt，1946.

核战争的必要性。美国国务卿基辛格在回忆录中曾明确地指出了这一点："美国和苏联是当然的意识形态上以及在一定程度上，政治上的对手。但是美国和苏联还负有一种特别的责任。我们中的任何一方都拥有将人类毁灭的核武库。我们双方负有一种特殊的责任，务使这种对抗保持在一定限度内而不致威胁到人类社会的生存。我们双方迟早将会认识到，尽管我们之间存在着使今天的世界陷于分裂的争论以及可以预见的其它争论，但绝不能以此为理由发动一场核战争，使人类遭受空前的劫难。"① 由此可见，为了避免核战争的失控以及为各方可能采取的战争行为进行辩护，重新建构新的战争观，不仅是历史的需要也是现实的需要。在这个意义上，从理论上界定战争的正义和非正义，新的正义战争观在美国的出现也就是顺理成章的了。

四、结 论

综上所述，我们从二战前后国际战争观的演变过程中大体可以得出以下三点启示：

首先，人类对于战争的认识是逐步累积和深入的。战争作为一种社会现象与人类社会的发展相伴相随，其动因和形态随着历史的发展不断变化，人类围绕战争的观念和认识也在不断演进。20 世纪前半期的两次世界大战对于各国的战争观的演变都起到了直接促发的作用，不仅导致了国际战争观的变化而且后果相当明显。

其次，战争观的演变与战争形态的变化紧密联系，特别是与战争爆发的原因和特点密切相关。从一战时的消耗战到二战期间的整体战，再到冷战期间的核战争，国际主流战争观的每一次新的进展和修正都是对

---

① 麦乔治·邦迪：《美国核战略》，世界知识出版社 1991 年版，第 704 页。

以往战争观的升级和完善。

最后，战争观具有鲜明的时代特征，明显受到不同时期的客观条件的限制，如经济基础、文化传承、社会思潮等。与战争形态的演变相比，人类的认识存在着一定的滞后性。如这些客观条件不变，则战争观在相当时期固定不变。这在 20 世纪的全球战争与战争观的互动方面表现得非常明显。

总之，第二次世界大战不仅极大地改变了世界历史发展的面貌，而且深化了人们对战争的认识。时值第二次世界大战结束 70 周年之际，从历史的角度对于二战前后国际社会主流的战争观的演变进行梳理，不仅是国际关系学界关注的热点问题之一，而且对于我们今天理性地认识战争、守卫和平有着非常重要的意义。

（原载《武汉大学学报》2015 年第 4 期）

一个新的世界史视角：全球史

一、何谓全球史

全球史，英文是 global history，是近年来国内外史学界越来越引人关注的一个新名词。它的含义很宽泛，既可以指一门课程，也可以指一个学科，甚至是一种学术流派。但骨子里它代表的是全球化时代历史学研究的一个新动向，即随着全球化进程的深入发展，世界史研究已经开始突破旧的以国家、民族为核心的历史框架，侧重于跨国家、跨民族、跨地域、跨文明的互动与交流，越来越多的学者开始关注以往以民族国家为核心的历史架构下被忽视的人口迁移、环境变迁、帝国扩张、技术转移乃至传染病的扩散等历史现象，这是与以往的世界史研究大有区别的新现象。对于这样一个新生事物，目前学术界对于它的内涵或定义众说纷纭，至今没有一个公认的说法。换句话说，要精准权威地定义全球史目前还为时尚早。

不过，据我个人掌握的资料，迄今为止，西方学者关于全球史的定义大致可归纳为以下三种：

第一种观点认为"全球史"就是"世界史"，二者只是称谓不同，实质完全合一。该派观点的代表人物是美国夏威夷大学历史系教授、美国世界历史协会前主席杰里·H·班特利。

第二种观点认为"全球史"是一门全新的跨学科的学问，其研究的主题就是全球化的当代进程及其历史，其中只有涉及历史的部分与世界史稍有重合。其代表人物是麻省理工学院历史学名誉教授布鲁斯·麦兹利斯和纽约州立大学石溪分校历史学教育顾问沃尔夫·谢弗。

第三种观点实际是一种折中的看法，即认为"全球史"是世界史在全球化时代的新发展，二者有区别又有联系，可称为"新世界史"。这种观点的代表人物是芝加哥大学历史学教授迈克尔·盖耶和密歇根大学历史教授查尔斯·布赖特。

与之相对应，国内学者对于全球史的解读也大体可分为三种，第一种相对激进，认为"全球史"是一门新兴的、形成中的、与世界史有关但却可以独立存在的历史学科分支。第二种正好针锋相对，认为全球史的研究对于传统世界史的框架体系而言并未有实质性突破，因此只是概念变换，并无本质差异。第三种则比较稳健，认为全球史在认识和研究世界历史的视角或编纂方法上有创新之处，可以称为新世界史。

需要说明的是，西方学者眼中的世界史和我们理解的世界史是有所区别的，并非我们传统意义上的所有国别史的总和。"全球史"在其故乡——美国，世界史仅仅是个与国别史、专门史等等并列的"二级学科（世界历史）下的研究方向"。在美国许多大学的课程表中，"全球史"和"西方文明史"并列为限选课，本科生可从中选修一门，与必修课"美国史"一起，合成历史科必修学分。从这个角度而言，"全球史"大致相当于我国高校课程中的"世界通史"。

就我个人的了解，目前在我国中青年学者中对第三种观点的认同相对较多，即全球史是一种新的考察世界历史的视角和方法论。今天论坛的坛主，首都师范大学刘新成教授就是这种观点的主要代表，他曾发表了多篇有关的论文，感兴趣的同志可以参考。

、　　　　　、

起源

作为史学研究对象的"全球史"的兴起，其实质是史学界对于全球化浪潮的一种回应。

如果我们追踪全球史发展的脉络，我们会清楚地发现它发源于20世纪下半叶的美国，起初只是一门在历史教育改革中出现的从新角度讲述世界史的课程，以后逐渐演变为一种编纂世界通史的方法论，近年俨然发展成为一个新的史学流派。不过，从纯学术研究的角度来看，一般认为，1963年美国学者威廉·麦克尼尔发表《西方的兴起》一书乃是"全球史"作为一个学术领域诞生的标志[1]。

现状

几十年来，全球史发展异常迅速。今天，全球史作为一门课程已经在许多国家和地区开设。举例来说，在全球史的发源地美国，至2005年已有近70%的公立大学开设了全球史课程，其中加利福尼亚州政府甚至颁布法律，要求所有中学讲授全球史。加拿大目前半数以上的研究型大学面向研究生开设了"全球史导论"，不列颠哥伦比亚和魁北克两省的中小学中有75%讲授全球史。

与此同时，有关全球史的研究在国际史学界也日益受到重视。1995年第19届国际历史科学大会将"'全球史'是否可能?"列为大会讨论

---

[1]　William H. McNeill, *The Rise of the West*, Chicago：The University Press, 1963.

主题之一。十年后，在 2005 年第 20 届国际历史科学大会上，与全球史相关的话题则进入了大部分分会场。

从研究成果看，目前世界上出版的、书名含"全球史"三个字的专著已超过 1000 部，探讨全球史问题的文章已超过 3 万篇；互联网上有关全球史的网页上亿条；剑桥大学出版社出版的专业学术期刊《全球史杂志》(*Journal of Global History*) 已于 2006 年创刊。一些研究全球史的机构和团体纷纷建立网站。其中比较重要的有"新全球史"网站http://www.newglobalhistory.com（这是主张"全球史"为新学科的学者们会聚和交流的重要网站）。另一个是全球史中心网站 http://www.sunysb.edu/globalscntr/index.shtml（纽约州立大学石溪分校建立的），此外还有一直致力于推广全球史的美国世界历史协会官方网站 http://the-wha.org，等等。

五大特色

那么，发展如此迅速的全球史究竟有何特色呢？概括地讲，它主要包括以下五个方面的特征。

首先，全球史的第一个特色是：否定了传统史学研究中的"国家本位"，即不再以"国家"作为审视和考察历史的基本单元，取而代之的是"社会空间"。

大家知道，近代以来的人文科学，特别是历史学的研究整体上都是以国家作为基本分析单元的，追求"绝对客观"，主张"让史料自己说话"，其结果就是档案、特别是国家档案成为描述历史的唯一可靠依据。这就导致了历史学实际上成了以国家为本位的政治史学。后来相继出现的经济史、社会史、文化史、国际关系史等等历史学分支学科，也莫不如此。

在西方史学中，最早突破"国家本位"的是 20 世纪 70—80 年代兴起于意大利的"微观史学"。"微观派"认为，人们的日常生活是最值得关注的研究对象，而与日常生活关系最密切的并非国家，而是一个个具有内聚力的生活圈子，这个生活圈子就是"社会空间"。

但是在描述人类历史进程时，以国家为本位存在两个明显缺陷：一个是物种（包括农作物、动物等等）传播、疾病蔓延、气候变化等等"超越国界"的自然现象被忽略，而这些现象对全球历史发展曾经产生过重要影响；第二个是发生在国家政治框架之外的不同社会之间的竞争、交融、碰撞乃至力量对比关系等推动全球发展的重要动力因素也长期被忽视。全球史学者认为，要客观全面地描述世界历史的发展脉络，史学描述的基点必须立足于比国家更为宽广的基础之上，其基本叙述单元应该是他们创造的所谓"社会空间"。在他们眼中，这个"社会空间"可能覆盖一个局部地区，也可能覆盖整块大陆、整个大洋、半球乃至全球。美国学者布鲁斯·麦兹利斯在他主编的《定义全球史》一书的序言中明确指出：全球史"在认可民族在社会活动形式中的强势地位的同时，致力于把超越民族国家作为历史探讨的核心"。

全球史的第二个特色是：关注大范围、长时段的整体运动，勇于开拓新的研究领域。

全球史学者的视野空前开阔，从他们的研究成果看，他们无一不是超越了以往的世界史研究范式，致力于通过跨学科、长时段、全方位地探讨世界整体化进程中各人类生活层面间的相互联系与互动，尤其关注跨越国家和种族的互动和交流，如人口的迁移与扩散、帝国扩张、生物交流、技术转移、思想的传播等等。此外，他们还关注影响各个文明互动的自然环境、移民潮流、疾病传播、观念和信仰的演变等等。凭借他们的探索和著述，许多被传统史学研究所忽略的重要现象都被揭示出来，如美国全球史研究的先行者威廉·麦克尼尔的《瘟疫与人：传染病对人类历史的冲击》① 和哥伦比亚大学历史教授理查德·布勒耶特的《骆驼与轮子》② 等。这极大地拓展了人类对自身历史的认识。

全球史的第三个特色是：重新估价人类活动与社会结构之间的关系。

大家知道，20世纪的西方史学大多强调客观社会结构对社会发展的决定性作用，认为人类主观行为在社会结构的"铁律"面前无能为力。全球史学者对这一理论进行丰富和补充。他们认为：人类活动虽然具有多向性和选择性，但其选择是由既定条件决定的，因此，既不能认为社会经济结构决定一切，也不能忽视社会经济条件的决定作用；而应当把自然生态变化、人类主观活动以及自由选择余地等等因素与社会经济结构放在一起，综合考虑人类历史的发展进程，从而避免片面性。

全球史的第四个特色是：努力从学理上破除"欧洲中心论"。

近代以来，史学界受"欧洲中心论"的束缚和影响已久，因此，随着世界经济全球化的深入，学界要求摆脱欧洲中心论的呼声也越来越盛。全球史学者的立意就是要破除西欧中心论，其手段既包括意识形态层面的批判，也包括在学术实践层面上对非西方世界深入拓展。如斯塔夫里阿诺斯在他的成名作《全球通史》的序言中标榜的那样，他是以栖身月球的观察者从整体上对我们所在的球体进行考察的角度进行历史描绘的。这种立意，无论其结果是否完全实现，对于西欧中心论的冲击是很大的。

但必须指出的是，仅仅宣称抵制西方立场，或仅仅在历史著述中增加非西方世界的比重，并不能真正超越"欧洲中心论"；因为"欧洲中心论"本质上是学术话语权的问题，只要无法改变欧洲国家在当代世界的强势地位，只要欧洲依然是知识界感知、解释和评

---

① William McNeill, Plagues and people, Anchor Books, 1977.

② Richard W. Bulliet, The Camel and the Wheel, NewYork：Columbia University Press, 1990.

价世界的基本出发点，那么就不可能彻底摆脱"欧洲中心论"。所以美国学者查克拉巴迪悲观地预言，既然整个现代知识体系都是欧洲人确定的，并且已经被全世界所接受，那么彻底改造历史学中的欧洲中心主义就是无法想象的。从这点看，全球史研究开辟的是一条并不平坦的新路。

第五个特色是：形成了一种全新的考察历史的方法论。全球史作为一种方法论近来越来越多地被运用于各种专题研究，对许多历史事件作出新的评价。比如近年出版的《全球视野下的日俄战争》、《全球背景下的美国独立战争》等，都是摆脱了"就事论事"的传统方法，从全球整体运动的角度、从不同地区与国家相互关联的角度重评历史事件，阐发了许多发人深省的新观点。最近在美国，美国本土史研究专家甚至掀起了"美国史全球化"的运动，主张从全球背景下重新为美国史断代，重新审视美国史上的重要历史事件。

三、全球史在中国的反响

西方日渐红火的全球史同样也引起了中国学者的广泛关注。由于时间和眼界所限，我只能从介绍首都师范大学引入全球史研究的情况入手，来折射全球史在中国引发的反响。

在座的专家多半都知道，首师大在 2004 年率先建立了国内第一个全球史研究中心，目前是国内引进和推动全球史研究的主力机构。它的背景是 2003 年底，我校副校长刘新成教授的美国之行。当时刘校长在访美期间曾特意走访过夏威夷大学的历史系主任、美国《世界历史杂志》主编、美国世界史学会前主席杰瑞·班特利教授。班特利教授是一位非常积极的全球史推广者。通过此次交流，学者的敏感促使刘校长意识到全球史研究将是一个很值得探讨的新的学术增长点。为此，第二年，首都师范大学特邀班特利教授来校进行有关全球史问题的专题讲学，获得良好的反响。同年，《史学理论研究》刊发了班特利教授的长文《20 世纪的世界史学史》（2004 年第 4 期），引起国内学者关注。这引发了我们开展全球史研究的想法，这一想法得到了我国世界史学科创始人之一、首都师范大学资深教授齐世荣先生的认可和大力支持。

众所周知，首师大历来关注世界通史的编纂与研究。齐先生和吴于廑先生主编的六卷本世界史教材目前是全国高校使用最广泛的教材。齐先生一贯认为，世界通史编纂、世界通史体系研究是一门专门的学问，而全球史教材在某种程度上与我国的世界通史重合，这为我们从编纂体系和方法的角度研究全球史提供了一个比较高的起点。事实上，首都师范大学之所以可以率先开展全球史研究，与这种注重通史编纂和体系研究的优良传统是分不开的。

在这种背景下，经过一段时间的筹备，2004 年底，首都师范大学全球史研究中心正式宣布成立，刘新成教授为中心主任，齐世荣教授和班特利教授为学术顾问。中心建立后积极推动全球史的研究，先后举办史学前沿论坛、编辑《全球史评论》，与商务印书馆合作组织翻译《全球史译丛》，并在 2005 年 10 月举办了全球通史教学国际研讨会，反响热烈。当时与会的国内外学者超过二百人，相对于世界历史学科在国内的地位而言，人数之多，出乎意料。

在一周前刚刚结束的、由首都师范大学历史系举办的《世界历史上的文明/文化的比较与交流学术研讨会》上，全球史又成为一百多位与会学者热烈讨论的焦点之一。这些情况表明，"全球史观"正在成为国内史学界关注的热点。

那么，全球史何以能在我国引起如此大的反响？我们认为，大抵有以下两个原因。

其一，全球史的引进，引起了我国学者对世界历史学科建设的反思。我国现有的历史学科体制都是从国外引进的，中国传统史学中没有"世界历史"之说。"世界历史"是道地的舶来品。但奇怪的是，在现代社会科学（包括历史学）的发源地——西欧，长期以来也没有设置"世界历史"学科，甚至没有这样一门课程，西欧学校中讲授国别史、地区史、外国史和专题史，从来没有"世界史"。事实上，我国的世界历史学科是从苏联"舶来"的。但不幸的是，中苏关系的突然恶化使我们没有来得及系统完整地引进苏联世界历史学科和专业体系，所以严格地讲，我们引进的世界史并不是一个完整的学科，而只是一个学科概念。因此，世界历史从一开始就是一个模糊的概念："世界历史"是否是与"中国历史"相对应的范畴？"世界历史"、"世界史"、"世界通史"的内涵有何区别？它们彼此之间可否交叉或通用？世界历史（或世界史、世界通史）与国别史、与域外史的关系如何？这些问题过去并未引起我们的足够重视。然而，全球史的异军突起直接激发了我们对"世界历史"的学术理念、学科内涵和体系定位等问题的深入思考。

其二，世界史在中国是个年轻的、但充满活力的学科，世界通史的编写需要进一步探索。20世纪80年代，我国世界史学界前辈吴于廑先生曾对世界历史的学科性质进行过精辟的论述，他主张按照"纵横双向"的轨迹描述世界历史，这是极富创意的一家之言。但遗憾的是，在后续的20多年里，我们这一方面的学术进展并不大，"横向"研究更是薄弱。在这种情况下，以描述世界整体运动为己任的全球史，无疑成为可资借鉴的宝贵资源。此外，吴于廑先生在提出建构世界历史体系的原则之后，并没有指出应该通过怎样的科学研究来贯彻这一原则，也没有说明纳入世界史体系中的中国史和中国史本身应该有什么区别。以至今天在编写世界史教材时，如何处理中国部分仍是一个棘手的问题。在这些方面，全球史史学家的探索都是极富启发意义的，因而自然会引起国内学者的关注。

目前国内学者关于全球史的不同意见乃至争论，客观上有利于我们更好地认识和把握这个新生事物。首都师范大学全球史中心的全体同仁，真心欢迎各位专家学者对我们的工作给予支持和关注，以便我们共同努力，把我国的全球史研究提升到一个新的高度。

结 束 语

总之，全球史作为全球化时代催生的新事物，是史学界对于全球化浪潮的一种反应或回应。对于这样一个史学新流派，我们采取何种立场非常重要，是跟风，还是排斥抑或认真研究然后再结合中国的国情进行扬弃，我想这是每一个史学工作者都要深思的问题。毕竟世界史学科在中国是个很年轻的学科，我们希望历史学的所有的学科分支都一路走好。

（《和谐·创新·发展——首届北京中青年社科理论人才"百人工程"学者论坛文集》，中国人民大学出版社 2007 年）

"全球史"与"世界史"异同刍议

近年来国外关于全球史的研究方兴未艾,但是对于究竟什么是全球史,它的研究对象和范围究竟有哪些,特别是全球史与通常所谓的世界史究竟有何不同,至今还没有学术界公认的说法。本文拟在归纳目前国际学术界比较流行的有关全球史的定义及其与世界史的关系的观点的基础上,从词源语义的分析出发,结合全球史与世界史研究缘起的背景、过程乃至目前相关研究成果的不同特征来辨析二者在研究对象、观察视角、考察范围、研究方法以及治史观念上的异同,同时就如何认识"全球史"的问题略抒己见。

一

作为史学研究对象的"全球史"在 20 世纪 60 年代已初现端倪,进入 90 年代则成为国际学术界关注的热点:各国学者纷纷围绕全球史著书立说,其势如雨后春笋。据笔者不完全统计,截止到 2005 年底,冠名"全球史"的西文著作有 1100 多部;探讨全球史的文章已超过 3 万篇;互联网上有关全球史的网页上亿条;一些研究全球史的机构和团体纷纷建立网站①；全球史研究的学术期刊也开始出现。② 但与此同时，关于什么是"全球史"、"全球史"是否就是"世界史"抑或是某种"新的世界史"等问题，学者间一直争论不休。

据笔者所掌握的材料，目前国外学术界关于全球史的内涵及其与世界史的关系问题比较有影响的提法大致有以下三种：第一种观点认为"全球史"就是"世界史"，二者只是称谓不同，实质完全合一。该派观点的代表人物是美国夏威夷大学历史系教授、美国世界历史协会前主席杰里·H·班特利。③ 第二种观点认为"全球史"是有别于"世界史"的全新学科，其代表人物是麻省理工学院历史学名誉教授布鲁斯·麦兹利斯和纽约州立大学石溪分校历史学教育顾问沃尔夫·谢弗，前者在1998年发表的题为《比较全球史和世界史》一文中全面阐述了自己的观点，他指出"全球史"不是那种囊括世界一切历史的"世界史"，其主体是全球化的当代进程及其历史，虽然其中涉及历史的部分与世界史有重合，但仅止于此④（pp. 385 – 395）；后者则在一篇题为《全球史与当今时代》的文章中明确指出："全球史不是全球化的世界史。它既不是文明的叙事史，也不是所有事物的全部历史。它是集中于当今时代的历史的新的历史领域……全球史是跨学科的学问。"⑤ 第三

---

① 目前比较有影响的"全球史"网站是 New Global History，这是一个主张"全球史"为新学科的学者们会聚和交流的网站。网址是 http://www. newglobalhistory. com，另一个是由纽约州立大学石溪分校建立的全球史中心网站，网址是 http://www. sunysb. edu/globalscntr/index. shtml，此外还有美国世界历史协会官方网站 http://thewha. org。

② 2005年8月19日，剑桥大学出版社声明将于2006年出版《全球史杂志》（*Journal of Global History*）。

③ 在2005年10月在首都师范大学召开的"世界各地的世界通史教育"国际研讨会期间，笔者曾就全球史与世界史的关系问题请教过班特利教授，他表示二者实质是一回事，只是标签不同罢了。

④ Bruce Mazlish, "Comparing Global History to World History", *Journal of Interdisiplinary History*, Vol. 28. No. 3 Winter, 1998.

⑤ Wolf Schäfer, "Global History and Present Time", in Peter Lyth and Helmut Trischler eds., *Wiring Prometheus*: *Globalisation*, *History and Technology*, Aarhus University Press. 2004, p. 108.

种观点其实是一种折中的看法，即认为"全球史"是世界史在全球化时代的新发展，二者有区别又有联系，可称为"新世界史"。这种观点的代表人物是芝加哥大学历史学教授迈克尔·盖耶和密歇根大学历史教授查尔斯·布赖特。他们在 1995 年发表的《全球时代的世界史》一文中指出（旧的）世界史因"与全部西方世界的形象和陈规有着密切的联系"而正在被某种新的世界史所取代，"在 20 世纪末更新后的世界史的核心任务就是在全球化的时代描述世界的过往。"①

上述观点表面上泾渭分明，但三派学者对他们所定义的对象的界定却是共同的，即 20 世纪后半期以来世界史研究出现的新动向。这种新动向，简言之，即随着全球化进程的深入发展，世界史研究已经开始突破旧的国家、民族的历史框架，侧重于跨国家、跨民族、跨地域、跨文明的互动与交流，学者们力图用跨学科的比较分析方法来揭示以往在民族国家的历史架构下被忽视的人口迁移、环境变迁、帝国扩张、技术转移乃至传染病的扩散等历史现象，这是与以往的世界史研究大有区别的新现象。因此，上述观点的分歧实际上只是学科命名之争。事实上，班特利与麦兹利斯等人在"全球史"与"世界史"之间是否存在差异的问题上的分歧，源于他们对"世界史"概念的不同认识。在麦兹利斯等人眼中，"世界史"是指"全部世界的全部历史"②；而班特利给"世界史"下的定义是："旨在为现代整体化了的和相互依赖的世界构建一个历史的框架的，过去与现在的对话。"③ 显而易见，后者定义的内涵较前者要狭窄得多，几乎等同于全球史的定义。但是，尽管目前西

---

① Michael Geyer and Charles Bright, "World History in a Global Age", *American Historical Review* 100, October 1995, pp. 1039, 1041.

② Bruce Mazlish, "Comparing Global History to World History", *Journal of Interdisiplinary History*, Vol. 28. No. 3 Winter, 1998, p. 385.

③ 参见班特利在为布鲁斯·麦兹利斯的《定义全球史》一书撰写的书评（H-World, August, 1995），文中班特利指斥麦兹利斯对世界史概念的认识有误，不符合西方学界的主流认识。

方学界关于"全球史"与"世界史"关系的争论只是局限在学科命名的层面上，但由于这个问题事关我们能否真正认识和深刻理解近年来世界史研究的新发展的本质，因而很有深入探讨的必要。

二

众所周知，古今各国史学家对于"世界史"的认识是不一样的。但一般而言，近代以来的世界史概念是与国别史相对照的，内容泛指人类已知世界的全部历史。① 因此，目前国外学术界关于"世界史"和"全球史"异同的比较，大多是从这个层面入手的。

主张"全球史"另立门户的布鲁斯·麦兹利斯曾从词源的角度对比了全球和世界的词义差异，这对于我们理解全球史与世界史的异同很有启发。他指出："世界"（World）源自中古英语，意思是"人类之存在"，其核心释义是指包括存在于其上的众生万物的大地。"世界"还可以是主观想象和分类的概念。如人们可以指望有"来世"（next world），或命名新大陆为"新世界"（new world）等。而"全球"global 源自拉丁文，首义是球或球状物，次义为大地。后者与"世界"有语义重叠的地方，但是一般二者不能随意互换。如人们不能把"第三世界"（third world）改为"第三地球"（third global），也不会把"新世界"（new world）称为"新地球"（new global）。② 从这点看，我们不

---

① 在中国的历史学科体系内，世界史至今是与中国史对应存在的，指中国以外的各地区、各民族、各国家的历史的全部。不过，20 世纪末吴于廑、齐世荣主编的六卷本《世界史》中已经开始突破这种传统的界定，提出了一种全新的定义：世界史是"对人类历史自原始、孤立、分散的人群发展为全世界成一密切联系整体的过程进行系统探讨和阐释"。参见《世界史·现代史编》，高等教育出版社 1994 年版，第 1 页。

② Bruce Mazlish, "Comparing Global History to World History", *Journal of Interdisiplinary History*, Vol. 28. No. 3 Winter, 1998, p. 389.

难发现英文中"世界"和"全球"的词义有空间层次的区别。"全球"更侧重从空间的立体视角考察，即突出从太空中俯瞰地球的空间感。由此可见，从词义来看，在"全球史"和"世界史"间简单画等号是不够严谨的。

此外，从"世界史"和"全球史"这两个概念产生的历史背景也可以看出二者的不同。作为一个史学概念，"世界史"的提出要远远早于"全球史"，现代整体意义的"世界史"发源于19世纪末一些先知先觉的历史学家对于欧美以外的地区或民族的历史的初步研究。其时代背景是：随着19世纪末全球殖民体系的基本建立，作为整体的世界已经初步形成，这种历史的变革直接推动了当时历史学家研究视野的拓展。如美国学者威廉·斯温顿早在1874年就出版了一部以"世界历史"冠名的教科书——《世界的历史纲要》①，虽然这部教科书在当时"欧洲中心论"占绝对优势的条件下并未被更多的人注意到，而且当时把"世界史"作为研究对象的做法也仅仅被极少数人认同，但是，第二次世界大战后，随着第三世界的兴起，世界格局的变化，原有的建立在欧洲中心论基础上的历史建构已经无法满足新的历史研究的要求了。在这种背景下，作为独立学科的"世界史"概念才逐步被人所广泛接受。而与此同时，随着科技的进步，特别是航天技术的迅速发展，人们对自己生存的地球的认识日益深刻。1962年苏联卫星上天，以及美国登月等活动，使得人们对于地球的整体性有了空前的认识。这同样促使史学家们重新考虑自己所研究的对象和领域。其结果是主张以全球史观重新审视人类的历史的呼声日渐高涨。人们一般把英国史学家杰弗里·巴勒克拉夫的一系列著作作为全球史观的开始，但那仅仅是作为一种考察世界史的方法、视角提出的，其目的是要破除西方根深蒂固的"欧

---

① 　William O. Swinton, *Outlines of the World's History, Ancient, Medieval, and Modern, with Special Relations to history of Civilization and the Process of Mankind*, NewYork, 1874.

洲中心论",并没有把"全球史"作为研究对象进行考察。① 相反,美国学者 L. S. 斯塔夫里阿诺斯在 1962 年出版的《人类的全球史》堪称是第一部以"全球史"冠名的著作②。他在 1970 年出版的《全球通史》更是使"全球史"的概念广为人知,但是该书在结构和内容上仍未彻底摆脱"世界史"的框架,还算不上全球史研究的标准范式③。冷战结束后,随着以美苏对立为标志的两极格局的消失,全球化进程日益加快,这促使历史学家进一步关注全球化进程的历史根源和现实问题。在这个过程中,各国历史学者开始从总体上研究世界历史上各地区、各文明间的相互联系与互动,以便从历史的角度解释全球化的含义——"全球史"成为史学的研究对象。从概念到实践,"全球史"研究的兴起不过是最近三四十年的事。毫无疑问,"世界史"和"全球史"兴起的背景差异暗示着两者间存在着本质的不同。

由此反观近年来国际学术界有关"世界史"和"全球史"研究的成果,我们更不难发现,那些标榜全球史研究的成果与世界史研究的成果的确有着明显的区别。它们无一不是超越了以往的世界史研究范式,致力于通过跨学科、长时段、全方位地探讨世界整体化进程中各人类生活层面间的相互联系与互动,其研究视野同样大大超过了传统世界史著作的范围,尤其关注跨越时空的大规模历史过程,如人口迁移与扩散、帝国扩张、生物交流、技术转移、环境变迁、思想的传播、甚至传染病的扩散等等。从考察的对象而言,美国世界史协会前主席杰瑞·班特利曾将此类全球史著作分为三类,即关注传播现象对社会的影响、考察经

---

① 巴勒克拉夫自己解释:"这种历史观认为世界上每个地区的每个民族和各个文明都处在平等的地位上,都有权利要求对自己进行同等的思考和考察,不允许将任何民族和文明的经历只当作边缘的无意义的东西加以排斥。"参见《当代史导论》,上海社会科学出版社 1996 年版,第 16 页。

② Leften Stavros Stavrianos, *A Global History of Man*, Boston, 1962.

③ Leften Stavros Stavrianos, *The World to* 1500: *A Global History*, Englewood Cliffs., 1970.

济和社会史的大规模发展模式、探索环境和生态发展的大范围影响。①
从写作角度而言，这类全球史的著作可以分为三类：第一类是纵向探索
全球化历史进程或阶段的著作，此类著作大多局限于一个断代或时期，
如美国南加州大学历史学教授小约翰·威尔斯的《1688 年全球史》②；
另一类是横向考察推动全球化历史发展的历史问题；多集中于某一个专
题。如美国全球史研究的先行者威廉·麦克尼尔的《瘟疫与人：传染
病对人类历史的冲击》③ 和哥伦比亚大学历史教授理查德·布勒耶特的
《骆驼与轮子》④ 等。第三类属于宏观论述人类历史整体演进的著作，
如美国学者罗伯特·麦克尼尔的《人类网络：鸟瞰世界历史》⑤ 和戴
维·克里斯琴的《时间地图：大历史导论》⑥ 等等。

三

  通过上述有关"全球史"和"世界史"的词源、形成历史以及现
有研究成果的特点分析以及个人的理解，笔者认为"全球史"与"世
界史"二者间存在着明显的差异，不能简单地画等号。具体地讲，这
些差异主要表现在以下四个方面：
  首先，二者重点考察的对象不同。虽然无论世界史还是全球史都是
以世界范围内的人类发展历程为研究客体，但是其具体研究的对象却有

---

① 斯塔夫里阿诺斯：《全球通史：1500 年以前的世界》，上海社会科学院出版社 2003 年版，
  第 130 页。
② John Elliot Wills, 1688：*a global history*，NewYork：Norton，2001.
③ William McNeill, *Plagues and people*，Anchor Books，1977.
④ Richard W. Bulliet, *The Camel and the Wheel*，NewYork：Columbia University Press，1990.
⑤ J. R. McNeill and William McNeill. *The Human Web：A Bird's-eye View of Human History*.
  NewYork：2003.
⑥ David Christian, *Maps of Time：an introduction to big history*，University of Califorina Press，
  2004.

明显不同。总体上说，世界史是以国家为分析单位的，其研究主要关注世界上各个国家、民族、国际关系的历史，如政治、经济、文化、科技等各个层面的状况。换言之，世界史研究着重探讨的是人类社会内部结构的构成和演变，因而以往史家撰写的世界史经常是以世界各国的国别史总和的面目出现；而全球史则是突破了国家体系的限制，以跨文化、跨民族和跨地区间的联系和互动为研究的对象。它关注的是那些超越国家和民族体系之外的人类历史发展进程中以往被忽视或少重视的问题，如人种民族的迁徙和扩散、知识技术的传播、文明间的交流与互动，甚至人类活动与环境演变的关系等全球化历史进程中产生的、或在全球化时代人类生活所面临的各种新问题。二者涉及的领域虽有交合，但是总体差别明显。正如布鲁斯·麦兹利斯在他主编的《定义全球史》一书的序言中指出的：全球史"在认可民族在社会活动形式中的强势地位的同时，致力于把超越民族国家作为历史探讨的核心"[1]。在现实的研究实践中，由于旧的以民族国家体系为核心的历史架构的局限，"全球史"研究更关注人类历史进程中与世界整体化进程有关联或重大影响的事物，不少全球史学者已经开始建构新的用以解释历史大时空范围内人类的交流与互动的平台或概念了。[2]

其次，二者考察历史的视角不同。从古代史家希罗多德眼中的"世界"到今天整体意义上的世界，人们对于世界的认识经历了一个由局部到整体的过程。与此同时，人们进行世界史研究的视角也获得了长足的拓展，但总体上属于从点到面的平面延伸。即便如20世纪后半期兴起的"全球史观"，其初衷也是要突破近代以来长期处于优势地位的"欧洲中心论"的束缚，强调各地区历史在治史中的平衡。这与全球史研究所标榜的观察视角有很大的不同。对于全球史研究的独特视角，美

---

① Bruce Mazlish & Ralph Buultjens eds., *Conceptualizing Global History*, Oxford, 1993, p.4.
② 如沃伦斯坦等学者提出的"世界体系"、"社会空间"、"海事地区"等概念。参见班特利《20世纪的世界史学史》，《史学理论研究》2004年第4期。

国学者、全球史研究开创者之一的斯塔夫里阿诺斯曾给予了形象的说明。他在他的成名作《全球通史》的序言中写道:"本书的观点,就如一位栖身月球的观察者从整体上对我们所在的球体进行考察时形成的观点,因而,与居住在伦敦或巴黎、北京或德里的观察者的观点判然不同。"① 由此可见,以往世界史研究的视角基本是在二维平面的扩展,而全球史研究则强调空间感,属于三维立体的范畴。正是这一不同导致了世界史学者和全球史学者在考察历史的过程中所关注的焦点有所不同。总体而言,前者一般关注历史的局部与个体、历史纵向发展的连续性和短时段的历史演进,而后者更多地关注历史的整体发展、横向的联系与长时段的历史变迁。

第三,二者的研究方法也有很大不同。世界史的研究总体上局限在历史学的范畴内,以实证主义的方法为主;而全球史的研究则超越了历史学范畴,涉及人种、生物、生态、地理、气候、环境、疾病、海洋等许多其他学科的领域,其研究除采用实证的方法外,还更多地运用了包括自然科学在内的多种研究方法、特别是比较分析法,因而是典型的跨学科研究。全球史研究的积极推动者之一、纽约州立大学石溪分校全球史中心的负责人沃尔夫·谢弗曾明确指出:"全球史就是跨学科。全球史现象不仅超出了民族和地理的边界,同时还超出了学科的界限。由于这个原因,现今的全球史不能用一种狭隘的学科来研究。……全球史学者必须与社会和文化史学者一起工作,来探讨种族和性别的历史,同时还要与政治科学学者和经济学家合作。"② 事实上,由于全球史研究范围的宽泛与庞杂,其深入开展只靠传统史学的知识结构是远远不够的,跨学科合作和团队协作将是全球史研究不可避免的发展趋势。

① 斯塔夫里阿诺斯:《全球通史:1500 年以前的世界》,上海社会科学院出版社 2003 年版,第 4 页。
② Wolf Schäfer, "Global History and Present Time", in Peter Lyth and Helmut Trischler eds., *Wiring Prometheus: Globalisation, History and Technology*, Aarhus University Press. 2004, pp. 108-109.

第四,二者治史的观念不同。世界史的研究与国别史、专门史研究相类似,一般是从人本主义出发,注重人类自身文明的历史考察,其研究视野局限在国家、民族、国际关系等人类社会内部的历史发展和变革,把民族国家体系作为历史分析的范畴,强调人类在创造历史文明过程中的主体性,其结果往往把人的作用、特别是个别特殊人物的作用放大而形成英雄史观;而全球史研究虽然同样是以人为中心,但由于它的研究范围突破了人类社会的基本构架,往往是把人与自然结合起来进行整体考察,凸显了人类进行创造性活动的客观条件和局限,特别是人类在长时段的历史进程中与自然环境之间相互依赖、相互制约的现实,所以其研究有助于人们正确认识历史进程中人类主体性的局限,这无疑对于我们客观地认识人类自身的历史、认识人类的主体性与历史发展的时空框架之间的关系有更大的启示。

综上所述,笔者认为把目前日益升温的"全球史"界定为一门正在形成中的、与世界史学科有密切联系的一个新的学科分支并非毫无根据,甚至更符合实际,因为它的基本特征是尝试用一种全新的视角、观点和方法来重新审视世界整体化的历史和现实。事实上,全球史的概念及其相关研究是 20 世纪七八十年代以来日益彰显的全球化进程催生的新事物,其实质是历史学家对今天全球化浪潮的一种反思和回应:全方位深刻影响了当今世界的全球化势头驱使着史学家们开始关注人类早期的超越民族国家体系的跨文化互动和交流过程,以便从历史层面为全球化的历史演进做出合理的解读。从这个意义来讲,全球史堪称一门正在形成中的新的历史学分支。我们有理由相信,随着相关研究的进一步深入,全球史有别于以往的、以国家为分析单位的世界史的特征会日益明显。

(原载《首都师范大学学报》2006 年第 3 期)

专题研究篇

意埃战争爆发后法英在
对意制裁问题上的合作与分歧

　　1935—1936 年意大利侵略埃塞俄比亚的战争及其对国际关系的影响是第二次世界大战前国际关系的重要内容之一。法国和英国作为一战后国际秩序的维护者，在如何制止战争及制裁侵略者的问题上所采取的消极态度，不仅使国联未能对意大利侵略者实施真正有效的制裁，而且对日后欧洲国际关系的走向产生了直接的负面影响。本文试图通过对意埃战争期间英法在对意制裁问题上的合作和分歧的集中探讨，揭示英法两国阻挠对意制裁的原因及其后果。

一

　　1935 年 10 月，蓄谋已久的意大利法西斯终于正式发动了侵略埃塞俄比亚的战争。面对这一明显的侵略行径，法国和英国却在如何对侵略者进行制裁的问题上态度消极，根本就无意采取任何真正有效的制裁措施。法国在意埃战争爆发后，一心避免对意大利实施军事制裁。10 月 3 日，即意埃战争爆发当天，法国《时报》就对制裁意大利的问题表态说，法国反对任何形式的军事制裁，它只同意支持国联考虑分阶段实施的经济制裁，并且强调："在任何情况下，法国都不能被拖进针对意大利的武力行动中。……针对意大利在陆地和海上采取军事行动的可能性是完全不予考虑的。"① 法国《时报》的态度反映了法国政府在制裁问题上的真实立场。10月7日，法国外长赖伐尔在出席国联行政院会议期间对英国代表埃德蒙表示说，法国的立场是既希望维护国联也希望保持斯特莱沙阵线②，因此在对意制裁问题上只能同意经济方面的制裁措施。同日，法国总理弗朗丹也向英国驻法大使表达了同样的意见③。此后，在10月11日，国联大会就是否对意进行制裁投票表决的同一天，法国驻英大使科尔宾又拜会英国外交大臣霍尔，再次强调法国可以参加对意大利的经济制裁，但反对实施军事制裁。第二天，赖伐尔在法国南部多姆山省省会克莱蒙费朗发表演说时又宣称："对于那些害怕军事制裁的人们，我一心要说的是，在我们同英国大臣们的讨论过程中，它（指军事制裁）从来就不曾成为问题。"④

正如赖伐尔演说中指出的，英国在对意制裁问题上的态度与法国如出一辙。早在10月2日，即意埃战争爆发前一天，英国内阁会议就明确排除了军事制裁的可能性。意埃战争爆发后的第二天，英国首相鲍尔温在南部城市波茅斯针对意埃战争发表的演讲中不但只字未提制裁问题，相反却重申与意大利保持友好关系的愿望⑤。同一天，英国外交大臣霍尔向法国大使抱怨某些法国报纸抨击英国主张实施军事制裁，他申辩道："我们从未建议过军事制裁，尽管在我看来一个全面的、集体实施的军事制裁将会使战争成为不可能；我们也从未建议过封锁，尽管有

① *Documents on British Foreign Policy* Ⅱ, Vol. 15（以下简写为 DBFP，2 XV），No. 5，p. 5.

② 1935年3月16日德国撕毁凡尔赛和约宣布重新武装，4月11—14日法国、英国和意大利在意大利北部城市斯特莱沙举行会议商讨对策，会后发表联合公报，表面上形成了针对德国的统一战线，故称为"斯特莱沙阵线"。

③ DBFP，2 XV，No. 39，pp. 44—45.

④ Stephen Heald，*Documents on International Affairs* 1935（以下简称 DIA，1935），Vol. 2，London，1937，p. 316.

⑤ DBFP，2 XV，No. 25，pp. 31，28—29.

人强调一个集体实施的封锁可以使战争结束，我们甚至从来没有建议过实施国联盟约第 16 条，我们事实上是在以最温和与最不易引起刺激的方式来讨论可能采取的行动。"① 霍尔的话袒露了英国政府不愿制裁意大利的真实心态。10 月 5 日，英国外交部常务次长范西塔特甚至指示驻意大使向墨索里尼透露英国不会超出经济制裁的范围，并且不打算对意大利实施封锁②。10 月 9 日，英国内阁会议就对意制裁问题定下了消极支持有限的经济制裁的政策基调。决议指出，在其他国家建议或要求下，英国可以同意在以下 4 个方面采取措施：1. 同意继续禁止对意大利出口武器装备；2. 停止对意大利提供信贷；3. 停止进口意大利商品；4. 禁止意大利船只使用国联成员国的港口③。当天，英国外交大臣霍尔便向正在日内瓦的国联事务大臣艾登传达了内阁的指示，并要求艾登在做出任何明确的意见之前必须征得内阁的同意。同时霍尔还叮嘱艾登避免带头提出制裁建议，只讨论国联提出的制裁建议。10 月 16 日，霍尔又电告艾登，要求他在讨论制裁措施时应尽量放慢速度，同时尽可能少地采取主动④。

　　法英在对意制裁问题上的消极态度与两国在意埃战争爆发前长达 10 个月的危机期间所推行的纵容意大利的政策是一脉相承的。事实上，从 1934 年 12 月 5 日瓦尔瓦尔事件爆发到 1935 年 10 月 3 日意大利入侵埃塞俄比亚，意埃危机之所以能够由一个简单的领土纠纷逐步升级并最终酿成战祸，其中重要的原因之一就在于法英在此期间对意大利所采取的姑息和纵容政策。

　　法国在意埃危机期间一直奉行袒护意大利的政策，这与法国当时推行的联合意大利、孤立德国的结盟政策密切相关。1935 年初，当埃塞

---

① DBFP, 2 XV, No. 25, pp. 31, 28-29.
② Aaron L. Goldman, "Sir Robert Vansittart's Search for Italian Cooperation Against Hitler, 1933-1936", in *Journal of Contemporary History* Ⅲ, 1974.
③ DBFP, 2 XV, No. 68, pp. 80-81.
④ 艾登：《艾登回忆录：面对独裁者》下卷，商务印书馆 1977 年版，第 514 页。

俄比亚第一次就瓦尔瓦尔事件向国联提出上诉的时候，法意关系刚刚取得突破性进展，其标志就是1月7日缔结的罗马协定。罗马协定是8项文件的总称，即包括法意共同维护和平的宣言、法意关于共同维护奥地利现状的议定书、关于法意在非洲利益的条约、关于意大利人在突尼斯地位的议定书、法意保证自由通过曼德海峡的议定书、法意关于裁军问题的议定书以及墨索里尼致赖伐尔的两封信①。在这8项文件中，除前4项因当时公开发表而众所周知外，后4项文件一直秘而不宣，实际上它们才是罗马协定的核心。法国与意大利接近的根本目的在于拉拢意大利共同对付德国，这在两国关于裁军问题的秘密议定书中得到了体现。该议定书宣布两国一致反对德国单方面重新武装，并明确了两国在下列两种情况下应该共同行动：1. 在德国单方面重新武装的情况下，法意应就双方将要采取的态度进行协商以便协调行动，2. 当形势允许恢复裁军谈判时两国政府应在有关军备限制的数额方面共同合作，以便能够确保两国在彼此公平的基础上拥有相对于德国的优势②。裁军议定书使法国在德国军备问题上获得了意大利的支持，但法国也为此付出了代价，除了在两国有关非洲利益的条约中规定的内容外，最主要是出让了法国在埃塞俄比亚的利益。这种利益的出让是通过墨索里尼致赖伐尔的两封书信形式的文件明确表述的，其中写道："法国政府向意大利政府声明，除了有关自吉布提至亚的斯亚贝巴的铁路交通相关的经济利益之外法国不在埃塞俄比亚寻求其他方面的利益"，同时，"为了便于两国在自吉布提至亚的斯亚贝巴铁路利益上更紧密地合作，法意确认该线法国特许公司出让2500股公司股份给意大利公司。"③ 不仅如此，赖伐尔还在会谈中做出了让意大利在埃塞俄比亚自由行动的口头承诺。这实际上意味着法国已默认了意大利对埃塞俄比亚的野心。1935年底意大利

---

① *Documents Diplomatique Francais*, 18, No. 20（以下简称DDF），pp. 604-610.

② DDF, 18, No. 420, pp. 604-605, 609, 610.

③ DDF, 18, No. 420, pp. 604-605, 609, 610.

外交部的文件写道:"实际上,埃塞俄比亚的命运及法国在东非问题上的立场在墨索里尼与赖伐尔罗马会谈结束时就已经决定了。随着1月7日信件的起草及赖伐尔口头的保证,法国政府已决定同意意大利为满足其在东非扩张及一劳永逸地解决与埃塞俄比亚政府间的任何问题而自由行动了。"①

　　罗马协定缔结后,法意关系进入蜜月期。在罗马的秘密交易决定了法国在意埃冲突问题上的立场,即从维护法意友好关系的角度出发,主张与英意协调,不惜一切代价和平解决意埃冲突②。1935年3月16日德国宣布重新武装以后,法国急于巩固法意联盟,在4月进行的斯特莱沙会议期间不仅只字未提意埃冲突,而且还加快了与意大利缔结军事协定的步伐:5月9日至13日,法国空军部的德南将军访问意大利并签订了法意空防协定。6月18日,英德海军协定签字后,斯特莱沙阵线濒于瓦解,法国在对英国失望之余更加重视法意关系。6月25日至28日,甘末林出访意大利并签署了法意秘密军事协定③。显而易见,法意关系的这种发展,使法国在意埃冲突问题上不可能采取强硬的对意制裁措施。

　　与法国公开亲意的态度不同,英国在意埃危机期间推行的是一种所谓"既忠于国联又与意大利协商"的双重政策。表面上看,英国的政策似乎与法国有所不同,但事实上与意大利协商一直是英国双重政策的核心内容,忠于国联不过是安抚舆论的幌子而已④。从本质上讲英法的政策并无二致。

　　英国政府出于对德政策的考虑,从一开始便将意大利视为平衡德国

---

① Watt, D. C., "Document: The Secret Laval-Mussolini Agreement on Ethiopia of 1935", in *Middle East Journal*, 15, 1961.
② Rostow, *Anglo-French Relations*, 1934-1936, London, 1984, pp. 157-158.
③ DBFP, 2 XV, No. 18, pp. 27-28.
④ 关于意埃战争爆发前长达10个月的危机期间英国推行的双重政策,参见齐世荣的论文《试析意埃战争前夕英国的"双重政策"》,载《世界历史》1989年第5期。

力量的砝码。在英国的决策者眼中，欧洲当时最主要的威胁来自纳粹德国，德国才是"最主要的潜在敌人"。面对德国威胁的日益增强，自感虚弱的英国统治阶级急于避免与之发生冲突，希望通过谈判达成妥协。为了增加自己与德国达成协议的资本，英国需要拉拢意大利，借以壮大自己的声势，所以在意埃冲突问题上不愿意公开得罪意大利。早在1935年2月21日，英国外交大臣西蒙就有关意埃冲突的问题上呈英王，表示尽管埃塞俄比亚问题可能后果严重，但"必须处理得不致对英意关系产生有害的影响"①。因此，在国联正式受理意埃冲突之前，英国内阁便于5月17日制定了对意埃冲突的政策，该政策强调，英国在充分履行作为国联行政院一员的义务的同时，"在一切问题上都不要丝毫损害联合王国和意大利之间的友好合作"②。此后，英国曾一再背着埃塞俄比亚向意大利提出以牺牲埃塞俄比亚利益为基础的"和平"解决方案。只是由于意大利武力吞并埃塞俄比亚的决心已定，这些方案才没有结果。不仅如此，英国还表示要与法国采取一致行动，1935年9月11日，英国迫于国际社会的压力，不得不在国联大会上公开表明支持国联采取集体行动、反对侵略的立场之后，外交大臣霍尔就明确表示："我们不打算比法国政府走得更远，集体行动的意思是法国的全面合作，而任何缺少这种合作的情况都将毁掉集体行动。这是我们准备采取行动的唯一基础。"③

英法的对意政策决定了两国在对意制裁问题上的态度。9月10日，英法外长在日内瓦国联大会期间曾私下进行会谈，双方一致认为解决意埃危机的关键问题"在于把对国联的忠诚同与意大利的密切一致调和起来，而不要把意大利赶到德国阵营去"④。同时约定，在意大利的侵

---

① Parker, "Britain France and the Ethiopian Crisis", in *English Historical Review*, Ⅳ, 1974.
② Frank Hardie, *The Abyssinian Crisis*, London, 1974, pp. 22, 140.
③ Rostow, *Anglo-French Relations*, 1934−1936, p. 204.
④ DBFP, 2 XIV, No. 607, p. 596; No. 493, p. 535.

略活动有可能引起制裁的情况下，双方一致同意"排除军事制裁，不采取任何海军封锁的措施，决不考虑封闭苏伊士运河。一句话，排除一切可能导致战争的事情"①。

但是，与法国在制裁问题上公开的消极态度不同，英国虽然内心并不打算真正对意大利实施任何制裁，但表面上却不愿公开承担纵容意大利的罪名。因此，两国在具体推行政策过程中存在着一定区别。为了保持国联维护者的形象，又逃避履行制裁义务，英国希望将拒绝制裁意大利的责任推到别人头上。财政大臣内维尔·张伯伦曾在日记中写道：最好的解决办法是，做到使别的国家"不能指责（英国）政府抛弃国联。无论如何，法国不愿实施制裁，而这将是大不列颠拒绝单独行动的机会"②。8 月 22 日，英国内阁特别做出决议，要求英国出席国联大会的代表"应与法国政府的政策步调一致，尤其在制裁问题上，他们应避免承担法国不准备同样承担的任何义务"③。8 月 24 日，英国外交大臣霍尔在致驻法大使克拉克的信中更是露骨地讲明了英国在制裁问题上的立场。他强调"宣布制裁不能实行的，必须是国际联盟而不是英国政府，并且英国政府一定不可蒙受我们没有竭力使之可行的指责"④。

鉴于意埃战争爆发前法英在制裁问题上已经抱定的消极态度，因此在战争爆发后以英法为代表的国联在对意制裁问题上进展缓慢。10 月 11 日，国联才宣布组成一个协调委员会并下设一个 18 国委员会（通称制裁委员会）负责有关制裁的具体事宜。从 10 月 12 日至 19 日，18 国委员会一共通过了五项制裁建议：1. 解除对埃塞俄比亚的武器禁运和继续实施对意大利的武器禁运；2. 对意大利进行财政制裁；3. 禁止进口意大利货物；4. 禁止向意大利输出某些货物，诸如锡、橡胶等；5.

① Frank Hardie, *The Abyssinian Crisis*, London, 1974, pp. 22, 140.
② Magret Geroge, *The Warped Vision*, Pittsburgh, 1965, pp. 65–66.
③ DBFP, 2 XIV, No. 607, p. 596; No. 493, p. 535.
④ DBFP, 2 XIV, No. 493, p. 535.

组织互相援助。由于英法的阻挠，许多重要的战略物资，如石油、钢铁、煤炭等均未被列入禁运清单中。然而，即使是这种有限的制裁措施，也令英法感到十分不安。于是，在英法的操纵下协调委员会虽然于10月31日同意了18国委员会的制裁建议，但却将实施制裁的日期推迟到了11月18日。

二

法英在消极对待制裁问题的同时丝毫没有放弃与意大利私下达成妥协的企图，两国希望通过这种妥协避免对意制裁的实施。

法国外长赖伐尔在10月3日意埃战争爆发的当天，便对来访的英国国联事务大臣艾登表示应当继续与意大利进行谈判。他建议将埃塞俄比亚部分地区作为殖民地交由意大利进行委任统治，并询问艾登的看法。艾登担心在刚刚得到意大利侵略埃塞俄比亚的消息时就提出这种建议会给人留下奖励侵略者的印象，但他还是同意向政府转达法国的意见。10月10日，赖伐尔在国联大会上发表演说时，一方面宣布"法国将承担国联规定的义务"，另一方面又强调应"继续通过协商寻找一种解决办法"①。

英国同样希望及早与意大利达成妥协。10月9日的内阁会议决议就明确指出："应该接受意大利有关在国联以外达成协议的任何谈判建议"②。因此，当意大利于10月16日向英法提出一项妥协计划时，英国立刻做出了反应。10月17日，霍尔训令驻意大使德拉蒙德立即向墨索里尼表示英国政府希望避免英意冲突，而且他本人将同意大利大使讨论从地中海撤出军事力量的问题。10月23日，霍尔又派外交部阿比西

① DIA, 1935, Vol. 2, pp. 187–188.
② DBFP, 2 XV, No. 56, p. 66.

尼亚司司长彼德森赴巴黎与法国方面商讨意大利的妥协方案。为了使英法与意大利的私下协商合法化，英法又在 11 月 2 日的协调委员会会议上授意比利时代表范齐兰提议由英法两国寻求解决冲突的办法。虽然由于其他国家的反对，范齐兰的建议未被通过，但是并未动摇英法与意大利私下谈判的决心，相反，随着对意石油制裁问题的提出，英法的步伐也日益加快。

在 11 月 2 日召开的协调委员会会议上，加拿大代表里德尔提议讨论扩大对意制裁，主张将石油等重要原料列入禁运清单，以增大对意制裁的力度。他的建议于 11 月 6 日被 18 国委员会接受。有关石油制裁的建议令英法两国政府心惊胆战，因为这是它们无论如何也不肯做的。为了避免有关石油制裁的讨论激怒意大利，法国决意阻止石油制裁的讨论。当 11 月 22 日，18 国委员会决定于 11 月 29 日开会讨论石油制裁问题时，赖伐尔随即寻找借口要求会议延期。11 月 23 日，赖伐尔照会英国希望推迟有关石油制裁问题的讨论，霍尔立即复照表示支持，并建议赖伐尔将推迟会议的原因归结到法国国内形势方面[1]。由于英法的一唱一和，有关石油制裁问题的讨论日期最后被推迟到 12 月 12 日。

与此同时，英法两国加紧私下谈判，寻求解决意埃冲突的方案。英国甚至因此将大选提前进行，以便为与意大利妥协消除后顾之忧。11 月 11 日，霍尔在外交部召开的一次秘密会议中决定，一旦大选结束，英国将与法国继续讨论解决意埃问题的方案[2]。11 月 18 日，对意经济制裁开始实施的同一天，霍尔派彼德森带着英国的方案再赴巴黎。为了赶在 12 月 12 日 18 国委员会讨论石油制裁问题之前拿出一个协议草案，英国内阁于 12 月 2 日决定派霍尔亲自赴巴黎与赖伐尔谈判。12 月 6 日至 7 日，霍尔巴黎之行的结果便是签署了一份"意大利—埃塞俄比亚冲突的共同解决提纲"，即臭名昭著的"霍尔—赖伐尔协定"。

---

① 参见 DBFP, 2 XV, No. 247, 248, 252。

② Parker, "Britain France and the Ethiopian Crisis", in *English Historical Review*, p. 311.

　　"霍尔—赖伐尔协定"是一项出卖埃塞俄比亚、绥靖意大利侵略的计划。协定的主要内容包括两个方面。其一是所谓"领土交换"，即规定埃塞俄比亚将其北部的与意属厄立特里亚接壤的提格雷省的大部分和其南部与意属索马里接壤的欧加登省的共达 6 万平方英里的土地割让给意大利，作为补偿，埃塞俄比亚将获得意属厄立特里亚的一条狭小的沿海地带及一个出海口阿萨布港，其二是将埃塞俄比亚南部约 16 万平方英里的地区划为意大利的"经济发展和居留区"，名义上主权归埃塞俄比亚，但意大利人将拥有广泛特权，这项协定如果实行，将使埃塞俄比亚丧失约 2 /3 的领土。

　　然而就是这样一份公然奖励侵略者的"和解方案"，却为英法两国政府再一次阻挠国联讨论石油制裁问题提供了借口。12 月 12 日，英法两国代表在 18 国委员会会议上宣布两国刚刚向意埃双方提出了一项新的解决方案，要求委员会在得到意埃双方答复之前先将有关石油制裁问题的讨论推迟。次日，18 国委员会接受了英法的建议。

　　不过，正当英法两国政府为其拖延石油制裁讨论的企图再次得逞而暗自庆幸的时候，随着"霍尔—赖伐尔协定"的内容先后在法、英两国报纸上被披露，英法两国背弃国联、纵容侵略的行径却招致了国内外舆论的强烈抨击，12 月 12 日，出席 18 国委员会的英国代表艾登从日内瓦发回电报说："巴黎方案（指"霍尔—赖伐尔协定"）对此间舆论所造成的印象比我预料的还糟……18 国委员会成员国感到恼怒和惊慌，普遍的评论是，为什么要我们这些国家实行制裁，承担贸易上的损失和其他方面的不便，而惟一的结果却是，法国和英国给予意大利许多利益，也许比它自己在即使没有受到制裁时能够得到的利益更多？"[①] 强烈的舆论批评对英法两国政府产生了巨大冲击，并最终导致了"霍尔—赖伐尔协定"的破产。12 月 18 日，英国政府决定放弃该计划以自

---

① 艾登：《艾登回忆录：面对独裁者》上卷，第 559 页。

保，英国国联事务大臣艾登在日内瓦宣布英国正式放弃"霍尔—赖伐尔协定"。同一天，霍尔作为替罪羊被迫辞职。与此同时，法国政府也面临着一场危机。12月27日至28日，赖伐尔政策受到法国议会质询，尽管赖伐尔的辩护获得了成功：议会以297票对261票通过了赖伐尔的政策，但是他却未能在激进党内部赢得多数①。激进党内部的分裂，严重动摇了法国政府的基础。1936年1月22日，失去了党内多数支持的赖伐尔不得不宣布辞职。

"霍尔—赖伐尔协定"的破产使得英法一再设法拖延的石油制裁问题再次提上议程。12月19日，即英国宣布放弃"霍尔—赖伐尔协定"的第二天，18国委员会决定国联将继续考虑对意实施石油制裁的问题。形势的变化迫使英法不得不另寻对策。

三

1935年12月22日，艾登接替霍尔就任外交大臣，但是英国在石油制裁问题上的基本立场并没有因"霍尔—赖伐尔协定"的破产而改变。不过出于挽救英国的声望，消除"霍尔—赖伐尔协定"的不良影响，英国在表面上不得不做出一些姿态。1936年1月8日和10日，英国分别向土耳其、希腊、南斯拉夫等国保证，一旦它们因为制裁而成为意大利进攻的目标，英国将全力支援。至于英国在石油制裁问题上的立场，1月9日，艾登专门拟定了一份备忘录。他建议，在出席1月20日召开的18国委员会会议期间，英国在石油制裁问题上的方针应当是："他（英国代表）不应该反对就石油禁运问题展开讨论。他不应该反对，反之应该支持——尽管如果可能的话并不是由他自己提出建议——委员会

① 在参加投票的157名激进党议员中，投反对票的有85人，而投赞成票的仅为45人。

应该以最适宜的方式着手就国联成员国禁止向意大利提供石油及其衍生物、副产品和残渣的可能的效果进行一次专家调查",以便为18国委员会做出决策提供参考。同时艾登建议,英国政府在石油制裁问题上的最终态度将取决于以下两个条件,即(1)取决于一项石油制裁的有效程度;(2)取决于当意大利针对某一参与经济制裁的国联成员国诉诸武力的时候,其他国联成员国之间可能实现的军事合作的程度①。由此可见,尽管英国没有直接露骨地反对石油制裁,但其不愿意实施石油制裁的态度不仅没有丝毫改变,而且还在设法拖延有关制裁的讨论。1月15日,英国内阁批准了艾登的建议,并授权艾登按计划实施。

1月20日,艾登在国联行政院会议期间将英国的计划向法国外长赖伐尔提出,立即获得了后者的支持。1月22日,18国委员会根据英法两国的建议,决定成立一个专家委员会,具体考察石油禁运的可行性。该委员会自2月3日开始工作,经过9天的研究,于2月12日提出一份报告,结论是对意大利的石油制裁只能在3至3个半月后才能见效,而且前提是美国将其对意大利的石油出口限制在1935年以前的水平内②。这无疑宣布了石油制裁的无效前景,为英法拒绝实施石油制裁提供了论据。

不过,慑于"霍尔—赖伐尔协定"的教训,英国没敢借机公开反对石油制裁。2月26日,英国内阁考虑到"拒绝实施石油制裁将会对目前以及下次大选产生灾难性的影响"③,因此授权艾登在下次18国委员会上可以明确表示英国支持对意石油制裁,但同时要求艾登尽可能避免在这个问题上带头,并且强调尽快与其他国家尤其是法国达成一致的必要性④。

---

① DBFP, 2 XV, No. 442, pp. 553-554.
② DBFP, 2 XV, No. 514, pp. 648-649.
③ A. R. Peters, *Anthony Eden at the Foreign Office* 1931-1938, New York, 1986, p. 168.
④ DBFP, 2 XV, No. 545, pp. 699-700.

　　然而，此时法国政府反对石油制裁的态度却由于形势的变化而更加坚决。英国放弃"霍尔—赖伐尔协定"的举动，增加了法国的不信任，使之更加倾向于挽救法意联盟；同时，意大利也以退出国联并废除与法国签订的军事协定来警告法国不要支持石油制裁。在这种背景下，法国政府在反对石油制裁问题上自然不敢怠慢。1月15日，赖伐尔向国联18国委员会主席瓦斯孔塞洛斯表示，法国在美国国会同意对意实施石油禁运之前，不会支持对意大利进行石油制裁①。1936年1月24日，赖伐尔辞职后，法国组成了以萨罗为总理、弗朗丹为外长的新政府。弗朗丹基本上继承了赖伐尔的对外政策，一方面加紧筹备并于2月27日批准了法苏条约，一方面继续反对石油制裁以期维持法意联盟。艾登对此曾评价道："弗朗丹的态度除了显示出更加老练和一贯以外与赖伐尔的态度没什么区别。"②

　　3月2日上午，在18国委员会正式开会前，艾登先与法国外长弗朗丹进行了私下会谈，艾登向弗朗丹表示英国准备宣布支持石油制裁的意见，当即遭到了弗朗丹的反对。弗朗丹强调法国在石油制裁问题上首先考虑的是欧洲的安全，为此必须避免与意大利关系的恶化。由于对意实施石油制裁将使意大利退出国联，甚至放弃洛迦诺公约的义务，因此法国不能赞同英国的主张。他建议在有关石油的讨论进行之前应该首先由行政院会议就意埃停战和谈的可能性再次做出尝试，这实际上是法国拖延石油制裁的又一个手腕。艾登没有反对，因为推迟讨论自然也符合英国的心思。当天下午，18国委员会开会伊始，弗朗丹便率先提出他的建议，在艾登的应和下，会议决定于次日召开行政院会议，18国委员会关于石油制裁的讨论延期举行。

　　3月3日，在英法的操纵下，国联行政院会议做出决议，仅仅呼吁意埃双方停战和谈，给予双方一周的时间答复；一周后，即3月10日，

① DBFP, 2 XV, No. 459, p. 568.
② A. R. Peters, *Anthony Eden at the Foreign Office* 1931-1938, p. 168.

行政院将再次召开会议讨论意埃战争形势。至于石油制裁问题，18 国委员会宣布将推迟到 3 月 10 日行政院做出决议以后再进行①。这样，英法推迟讨论石油制裁的企图又一次获得了成功。

此后，随着 3 月 7 日德国重新占领莱茵兰非武装区，欧洲的注意力全部集中到德国问题上，对意石油制裁问题退居次要地位。事实上，由于英法的阻挠，石油制裁一拖再拖，直到 1936 年 5 月埃塞俄比亚完全被意大利侵占，也未实施。

四

纵观法英在意埃战争期间对意制裁问题上的所作所为，可以清楚地看到，尽管两国在推行各自政策的具体策略方面存在一些分歧，但从总体上讲，法英私下勾结、共同阻挠对意实施真正有效的制裁自始至终是两国外交关系发展的主线。

法国和英国之所以在制裁意大利问题上态度消极，甚至想方设法阻挠和拖延对意制裁、特别是石油制裁的实施，其主要动机源于对德政策的需要。事实上，意埃战争期间，法英两国政府在考虑对意制裁问题时一直没有忽略德国问题，它们认为对欧洲和平的威胁主要来自纳粹德国，而要消除这一潜在威胁，与意大利的合作是必不可少的。在法国人眼中，意大利是联系法国与其东方盟国的重要纽带，与意大利的军事联盟将大大巩固法国在欧洲的结盟体系。赖伐尔曾明确表示："意大利是建立在法国与中东欧所有与我国结盟的国家间的桥梁，……能够不仅得益于意大利的全部军事力量，而且得益于南斯拉夫、捷克斯洛伐克、波

---

① DBFP, 2 VI, No. 3, 6, 20, 21.

兰和罗马尼亚的军事力量是我们的幸运。"① 法国在意埃战争发生后之所以反对扩大对意制裁、坚持与意大利进行谈判，其主要动机就是要保住与意大利的军事协定，赖伐尔在事后回忆他当时的政策时表示："我试图做到的是要保住一项与意大利间的有效的协定，这个协定将使它在欧洲发生重大危机时站在法国一边。"② 英国政府同样看重意大利的价值，它在制裁问题上采取消极态度的主要动机是企图避免在制裁问题上激怒意大利，使之倒向德国一方，从而增加与德国谈判的难度。早在意埃冲突之初，英国外交部常务次长范西塔特便竭力强调英国是"禁不住同意大利争吵并把它赶到德国怀抱的"③。1935 年 5 月 20 日，英国驻德大使菲普斯在发回国内的电报中更是一语道破了英国纵容意大利的动机："我担心如果我们过于强烈地反对意大利，我们可能看到阿道夫·希特勒作为墨索里尼最好的朋友出现，从而使意大利可能会冒险背着我们与德国达成谅解。"④

除此之外，还有一个重要因素促使法英在意埃战争爆发后竭力阻挠扩大对意制裁、特别是石油制裁，那就是英法担心过于严厉的制裁会引火烧身，导致意大利的武力报复。法国外长赖伐尔在事后回顾他反对石油制裁的态度时指出："我知道法国和英国的某些左派分子要求对意大利实施所谓的石油制裁，我拒绝考虑这个问题，因为在我看来，实施这个措施将把我们拖入战争，而我希望避免战争。"⑤ 英国比法国更加担心对意制裁会引发英意间的战争，这一点英国军方表现得尤其突出。意埃战争爆发的当天，英国军方就上书内阁反对任何形式的对意制裁。在他们看来，对意大利仅实施经济制裁是毫无用处的，而采取军事制裁措

① Young, *In Command of France*: *French Foreign Policy and Military Planning*, 1933 - 1940, Harvard Vniversity press, 1978, p. 91.
② Pierre Laval, *The Unpublished Diaries*, London, 1948, p. 34.
③ DBFP, 2 XIV, No. 175, p. 166.
④ DBFP, 2 XV, No. 276, p. 272.
⑤ Rene De Chambrun, *Pierre Laval*: *Traitor or Patiot*? New York, 1984, p. 33.

施更不可取。因为那将不仅会给英国无端制造一个敌人，而且会促使墨索里尼转向希特勒寻求支持。10 月 10 日，英国国防委员会下属三军参谋长委员会在拟订的一份报告中甚至称支持国联对意进行制裁的做法是"极端愚蠢的"。英国国防需要委员会主席汉基是上述观点的代表，他在 1935 年 11 月 25 日的日记中写道："一项石油制裁将使我们陷入受到意大利攻击的危险境地……尽管我们可以击败意大利，但是我们肯定会在战舰等方面受到某些严重损失……而且，考虑到日本在远东晦暗不明的态度和德国在西欧的重新武装，我们无法忍受由于这种无意义的战争对我们的削弱，或是在我们通往远东的交通干线上制造一个永久的敌人。"① 英国军方的意见无疑对政府的决策产生了不可忽视的影响。

事实上，无论法国还是英国，在对意制裁问题上的种种考虑的根本原因归根结底就在于两国政府不肯动用武力制止任何侵略。汉基在日记中论及英国在对意制裁问题上的态度时明确地评价道："我们真正的原因在于我们不想要战争，而且我们也没有准备好战争，只不过我们没有公开说出来罢了。"②

总之，出于联合意大利共同对付德国政策的需要，法英两国在意埃战争爆发后力图避免与之发生直接的武装冲突，想方设法讨好意大利，在对意制裁问题上竭尽阻挠和拖延之能事。这种借口集中力量对付主要的、潜在的侵略者的威胁而不惜变相纵容事实上的侵略者的做法，反映了日趋没落的英法资产阶级在自感无力制止对手挑战的情况下，为维护自身利益，避免与法西斯国家直接冲突而不惜牺牲别国利益来笼络侵略者的无耻心态，其后果是极其严重的。首先，法英的政策不仅牺牲了一个独立的埃塞俄比亚，而且使国联倡导的集体安全的信誉受到严重打击，许多中小国家事后纷纷走上与法西斯国家单独接触的道路。其次，法英的外交政策不仅未能笼络住意大利，相反却促使了意大利与德国的

---

① Roskill, Handy, *Man of Secrets* Vol. 3, Corinth, 1974, p. 187.

② Roskill, Handy, *Man of Secrets* Vol. 3, p. 187.

接近。尽管法英想方设法对经济制裁的力度加以限制，并竭力阻挠石油制裁的实施，但制裁仍激怒了意大利，使之开始转向德国。1936 年 1 月 6 日，墨索里尼向德国驻意大使哈塞尔表示意大利不再反对德国对奥地利的野心，甚至表示意大利同意奥地利成为德国的卫星国；3 月 3 日，墨索里尼又向德国表示意大利将不再维护洛迦诺公约，并且开始考虑退出国联。最后，法英在对意制裁问题上的所作所为暴露了两国外强中干的真实面目，鼓舞了纳粹德国进行新的冒险，1936 年 3 月 7 日德国重新占领莱茵兰的计划就是在英法两国费尽心机拖延对意实施石油制裁的时候酝酿成熟的。然而，面对希特勒的军事冒险及欧洲形势的日趋恶化，法英两国不但不及时吸取制裁意大利问题上的教训，反而在妥协让步的道路上越走越远，直至第二次世界大战爆发，最终上演了一幕"搬起石头砸自己脚"的丑剧。

（原载《历史研究》2001 年第 4 期）

1935 年英德海军协定的缔结与英法关系

1935 年 6 月 18 日签订的英德海军协定是三十年代欧洲国际关系史上的重要条约之一，它的缔结对于当时欧洲的国际形势影响巨大，英法两国之间的关系甚至因此一度恶化。有关该协定缔结的原因和影响的研究，国外学者多有涉及，国内学者则鲜有著述。本文试图从英法关系的角度，对该协定缔结的原因及其对英法关系的影响作一初步的探讨，借以揭示两国当时在对德政策上存在的矛盾与分歧。

一、英德海军谈判的缘起

有关英德海军谈判的建议最早是由德国方面提出的。英国出于自身利益的考虑，对该问题自始至终都保持积极态度。

1934 年 11 月 27 日，英国驻德大使菲普斯奉命向德国政府递交照会，对德国在退出国联裁军大会后暗地重整军备的活动表示关注与忧虑。为缓和英国对德国重整军备的不安，希特勒在接受照会时不但一再表示德国对英国没有敌意，而且首次提出愿意将德国的海军力量限制在英国的一定比例上，希望两国就此问题进行谈判。菲普斯在次日写给外交部的报告中写道："从他（指希特勒）喋喋不休的话语中我想我听到了一个 35% 的数字，作为德国最终要求拥有的、相当于我们海军力量的比例。"[1] 同一天，德国海军司令埃里希·雷德尔上将也向英国驻德海军武官进一步明确表示了德国希望与英国举行海军谈判的意愿。[2]

德国的建议引起了英国的极大兴趣，外交部与海军部的反应尤为积极。1935 年 1 月 25 日，英国外交部向内阁提交了一份备忘录，指出"尽可能早地开始与德国的讨论是极端重要的"，并建议让德国提交一份为期 6 年（1937—1942 年）的造舰计划，允许德国拥有总计达 178000 吨的海军舰只。[3] 这个数字虽然远非德国所要求的 35% 的规模（约 430000 吨），但却意味着英国准备同意在海军军备问题上与德国讨价还价了。2 月 27 日，英国海军大臣艾尔斯-蒙塞尔也向内阁提议与德国进行海军会谈。

促使英国热衷于同德国谈判的原因在于日益恶化的国际局势。当时，由于日本刚刚于 1934 年 12 月宣布废除华盛顿海军协定，新一轮海军竞赛已初露端倪，自感力不从心的英国统治者正苦于如何保住自己的海军优势，所以对德国的建议倍感庆幸。英国海军大臣曾谈到与德国进行海军谈判有三个好处：第一，可以增强英国在远东与日本交涉的战略地位；第二，可以维护英国在欧洲的海上优势；第三，可以借此促进与德国达成全面的和解。[4] 英国外交部海军问题专家克雷吉认为，尽管德国 35% 的要求十分庞大，但由于财力有限，它的要求最终会降下来。因此，他在 3 月 7 日提交的备忘录中极力主张举行英德海军谈判："如果我们可以使德国代表来到此地并对他们详细解释近来海军谈判的进程

①　*British Documents on Foreign Affairs*：*Reports and Papers from the Foreign Office Confidential Print*，Part II，Series F，Volume 45，University Publications of America，1993，p. 385.

②　*British Documents on Foreign Affairs*：*Reports and Papers from the Foreign Office Confidential Print*，Part II，Series F，Volume 45，p. 384.

③　*Documents on British Foreign Policy*，1919-1939. Series 2，Volume12，London 1972，p. 430.

④　Hines H. Hall，"The Foreign Policy-Making Process in Britain，1934-35"，and "The Origins of The Anglo-German Naval Agreement"，*The Historical Journal*，1976，No. 2.

和我们自己的全面建议的理由，而不是在访问柏林期间匆忙地讨论上述细节，我们有可能获得更大的进展。"3月14日，外交部采纳了克雷吉的建议并再次向内阁提交报告。①

由于德国的建议极大地迎合了英国人的意愿，所以1935年3月16日，德国单方面撕毁凡尔赛和约宣布重新武装的行动也没能动摇英国进行海军谈判的决定。英国外交大臣西蒙不但于3月18日表示将保持原定的对德访问计划，而且在3月26日与希特勒的会谈中主动提议英德两国应就海军问题在伦敦举行会谈，希特勒当即表示同意。② 此后，英国便开始着手有关英德海军谈判的准备活动。西蒙甚至打算在英法意三国斯特莱沙举行会议之前举行英德海军谈判，他在4月2日曾专门致电英国驻法、意大使，询问如果英国在斯特莱沙会议之前邀请德国代表团访问英国将会引起什么反应。③ 结果只是由于驻法、意两国大使极力反对，西蒙才暂时打消立即与德国会谈的企图，决定在斯特莱沙会议期间不再提出有关问题。所以，当4月9日，德国外长牛赖特询问英德会谈的具体日期时，英国未予答复。

然而，4月15日斯特莱沙会议刚一结束，英国就迫不及待地重提英德海军谈判问题：英国掌玺大臣鲍尔温当天致电西蒙，建议在对法国和意大利公开说明有关英德海军谈判的情况后，立即邀请德国访英。4月18日，即国联对德国重整军备问题做出裁决④的次日，西蒙便指示驻德大使菲普斯，宣布如果德国接受国联的裁决，英德海军谈判可以在5月1日开始进行。但是，由于德国拒不接受国联的决议，因此有关英

---

① *Documents on British Foreign Policy*, 1919 – 1939. Series 2, Volume12, London 1972, p. 637，pp. 637–638.

② *Documents on British Foreign Policy*, 1919–1939, Series 2, Volume12, p. 732.

③ *Documents on British Foreign Policy*, 1919–1939, Series 2, Volume12, p. 798.

④ 1935年4月17日国联行政院针对德国单方面重整军备所通过的决议并不包含任何实质性的惩罚措施，它仅仅是裁定德国的行动违反了凡尔赛和约，应该予以谴责。同时还决定成立一个特别委员会针对未来可能发生的违约行动研究具体的经济和财政制裁的措施。德国于4月20日宣布拒绝接受国联的上述裁决。

德海军谈判的问题一时陷入僵局。不过英国并不灰心，5 月 2 日，即法苏条约签字当天，英国首相麦克唐纳在下院演讲时再次谈到英德海军谈判，他明确指出："德国代表最好到伦敦来，进行一次初步的讨论，以期于最近某个时期达成一项海军协定。"[①]

当英国希望尽快恢复海军谈判的时候，希特勒在 5 月 21 日发表的和平演说中再次表示他愿意将其海军规模限制在英国的 35% 的水平上，这给英国提供了一个机会。5 月 23 日，英国外交大臣西蒙在给驻德大使菲普斯的电报中写道："既然希特勒发表了他的演说，我们急于尽可能地推进英德海军谈判"[②]，同时要求询问德国外长两国举行海军会谈的最早日期。两天后，德国建议将谈判日期定在 6 月 4 日，英国立即同意。自此英德海军谈判正式提上日程。

二、英德海军协定的缔结与法国的反应

1935 年 6 月 4 日，英德海军谈判在伦敦如期举行。会谈伊始，德国代表里宾特洛甫便首先要求英国接受 35% 的比例，否则拒绝谈判。6月 5 日，英国政府经过反复磋商决定接受 35% 的比例。次日下午，西蒙在与德方的第四次会谈中表示英国接受德国的条件，但表示在缔结正式协定前需要先征求其他国家的意见。6 月 7 日，西蒙分别召见法、意、美、日等国大使，通告了英德海军谈判情况及英国政府的态度，要求各国尽快表态。

英德单独举行海军谈判的消息引起了法国的强烈不满。法国舆论界纷纷批评英国与德国进行谈判，认为谈判"等同于官方承认新的德国

---

① 惠勒-贝内特：《慕尼黑：悲剧的序幕》，北京出版社 1978 年版，第 264 页。
② *Documents on British Foreign Policy*，1919 - 1939，Series 2，Volume13，London 1973，p. 278.

海军",指责英国的行为是"对凡尔赛和约第五部分的进一步打击"①。但是由于法国政府正忙于解决国内财政危机,因此官方的答复没有及时作出。直到6月17日,法国外长赖伐尔才召见英国大使克拉克,口头对英国政府准备单独与德国缔结海军协定表示反对,并于次日正式递交了有关的书面照会。

法国6月18日照会的措辞并不很强硬,只是分三个方面表明法国的态度。第一,照会指出英国的行动违背了2月3日伦敦声明及斯特莱沙会议缔约国所作的一致行动的允诺,并警告说单独就某一方面缔结的协定将导致德国进一步要求在其他方面的让步。第二,照会宣称由于协定造成的德国海军力量的增长将引起法国海军吨位的相应增加。"这将意味着未来法国海军舰队吨位将大大超过目前与英国舰队的比例。"第三,照会还指出,德国海军力量的增强会引起波罗的海沿岸国家的担忧,特别是苏联可能会因此而增加其海军力量。最后,法国要求英国政府考虑上述三方面情况,三思而后行。②

但是,法国的意见并未产生什么影响。事实上,就在法国递交照会的当天下午,英德海军协定正式签字。根据协定,德国将拥有相当于英联邦各成员国海军总吨位35%的海军力量,其中潜水艇的总吨位可以相当于英联邦各成员国潜艇总吨位的45%,必要时可以达到100%。③

英国无视法国的反对执意与德国签订协定的消息引起了法国的强烈不满。6月18日,法国外长赖伐尔紧急召见英国大使,向后者明确提出抗议。赖伐尔强调英国的行动使2月3日伦敦声明中约定的"将军备问题作为一个整体来解决的前景"受到了损害,并且使法国的处境十分尴尬。他同时还强调说法国外交事务委员会已断言这件事表明"与

---

① *Documents on British Foreign Policy*, 1919—1939, Series 2, Volume13, p. 419.
② *Documents on British Foreign Policy*, 1919—1939, Series 2, Volume13, p. 435.
③ 《国际条约集 1933—1944》,世界知识出版社1961年版,第28—30页。

英国合作是不可能的"①。激进社会党领袖赫里欧当天在内阁会议上抨击英国的所作所为，他情不自禁地大叫，"我以往常常为英国辩护，这次我要彻底地谴责它！"② 法国外交部政务司次长马西格利也指责英国应该为斯特莱沙阵线的破裂负责。6 月 19 日，法国前任总理杜梅尔格甚至在写给法国外交部的信中辱骂英国人为"肮脏的利己主义者"、"英吉利的猪"，称英国此举的动机是"他们如此嫉妒看到意大利与法国的团结以至于他们突然去向德国人示爱了"③。同一天，英国驻法大使克拉克向国内报告法国舆论对英德海军协定的反应，他简单明了地写道："评价，无论来自左翼还是右翼，几乎无一例外地反对协定的原则和内容。"④

面对法国的强烈反应，英国政府决定派掌玺大臣艾登访问法国。6 月 21 日，艾登抵达巴黎并与法国外长赖伐尔进行了会谈。会谈充分暴露了英法在德国问题上的分歧：赖伐尔在会谈中指责英德海军协定不仅违反凡尔赛和约，而且还与英法 2 月 3 日发表的伦敦声明相矛盾，因为两国在该声明中曾约定"安全与军备各方面应作为一个不可分割的整体来加以对待"。赖伐尔还表示，由于英国的行动，"斯特莱沙阵线的团结已经随之破裂"，法国政府的处境非常困难。当艾登强调由于法国海军力量为英国的 50%，所以英德海军协定并未损害法国的利益，因为法国相对于德国海军仍有 30%的优势时，赖伐尔表示，35%的比例只是个形式问题，实质问题在于法国反对英国单独与德国谈判的行事方式。赖伐尔说道："为什么其他国家目前不应该单独与德国打交道？法国可以这样做，它并没有这样做而且并不打算这样做。法国在任何谈判

① *Documents on British Foreign Policy*, 1919-1939, Series 2, Volume13, PP436-437.

② René de Chambrun, *Pierre Laval: Traitor or Patiot?* New York, 1984, p. 20.

③ William I. Shorrock, *From Ally to Enemy: The Enigma of Fascist Italy in French Diplomacy* 1920-1940, Kent 1988, p. 136.

④ *Documents on British Foreign Policy*, 1919-1939, Series 2, Volume13, p. 437.

过程中总是将它的行动通知英国并在达成协议之前与英国协商。单独就每个问题与各个有关国家打交道是德国人的政策。"①

艾登与赖伐尔的会谈反映出一个重要问题，即对于法国政府的决策者来说，对英国的不满更多地集中于英国行事的方式，而不是内容。艾登在事后向伦敦报告着重指出了这一点："他（指赖伐尔）更多地抱怨英德海军协定的形式与方法，而不是它的内容，他说使他感到不安的是（英法两国）合作的明显松懈，这甚至比英国对德国作出的让步更加令他不安。像我们一样，他认为与德国达成协定是必需的，但在方法上与我们有分歧。"②

三、英德海军协定的实质及其对英法关系的影响

英法在英德海军协定问题上的矛盾表面上反映的是两国在可否单独与德国进行谈判这个问题上的不同态度，但实质上体现了两国在如何应付德国的外交挑战的问题上的原则对立。从这个角度上讲，英法在英德海军协定上的矛盾是三十年代英法对德战略分歧的一个缩影。

1933 年希特勒在德国上台后，不断对凡尔赛体系发起挑战，英法两国出于各自的切身利益在如何应付德国挑战问题上采取了不同的政策。法国慑于德国复仇的危险，又自忖实力虚弱，故走上结盟的道路，希望联合英、意、苏等其他国家共同对付德国。而英国在对德政策上则另有看法。第一次世界大战后英国实力的下降削弱了它在国际事务中与对手抗衡的能力。面对德国日益加快的重整军备的步伐，英国统治者根本不抱战胜德国挑战的奢望。它认为法国的结盟政策不仅不会保证和

---

① *Documents on British Foreign Policy*，1919-1939，Series 2，Volume13，p. 448.
② *Documents on British Foreign Policy*，1919-1939，Series 2，Volume13，p. 451.

平，相反会使战争提前爆发，因而它主张在对德让步的前提下，通过谈判的方式与德国达成和解，从而最大限度地保持英国在战后获得的利益。

英国不顾法国的反对执意与德国签订海军协定，这种决策本身正是其对德政策的具体表现。首先，从本质上看，英国的行动反映的是实力虚弱的英国统治者在无力制止德国行动的情况下，为了维护自己的海军优势地位而对德国的自我限制的建议的迎合。英国上院议员、曾参加过日德兰海战的贝蒂勋爵的态度代表了相当多数英国人的看法，他说："我认为，我们要感谢德国人，他们向我们伸出了手，自动表示接受海军力量 35 对 100 的比例。如果他们提出不同的建议，我们也无法阻止他们"[1]。而事实上，英国当时的掌权者也的确担心如果错过机会，就"可能得不到比这更好的协定了"。英国外交部的一份有关文件明确揭示了英国 6 月 5 日接受德国谈判条件的动机："英国代表仔细考虑德国的建议后认为：出于自身利益，我们应该在希特勒的这个提议还有效的时候接受它。他们（指英国代表）相信，如果我们现在拒绝接受这项提议作为谈判的目标，希特勒将收回这项提议，而且德国将寻机建造高于 35% 的水平的海军。"[2] 因此，由于事关切身利益，英国政府是根本不会顾及别国的反对与否的。英国外交部 6 月 5 日拟订的一份文件中就明确地指出："德国的这项提议是如此重要，以至于仅仅因为其他国家可能会对我们的行为感到某些暂时的恼怒而拒绝接受将是一个错误。"[3] 另一份文件说得更为露骨："德国的提议对我国来说是至关重要的利益。……没有哪个政府愿意仅仅是因为这样做可能会与法国关于 2 月 3 日声明的解释相矛盾而去冒失去协定的危险。"[4]

---

[1] 特尔福德·泰勒：《慕尼黑：和平的代价》，新华出版社 1984 年版，第 354 页。
[2] *Documents on British Foreign Policy*, 1919-1939, Series 2, Volume13, p. 366.
[3] *Documents on British Foreign Policy*, 1919-1939, Series 2, Volume13, p. 366.
[4] *Documents on British Foreign Policy*, 1919-1939, Series 2, Volume13, p. 541.

但是，如果从英法关系的角度来看，英国的行为背后无疑还隐含着另一个目的，即试图通过该协定阻挠法国对德强硬政策的实施，平衡法国在欧洲大陆暂时拥有的优势。1935年上半年，法国的结盟政策取得了显著成绩，随着罗马协定、伦敦声明、斯特莱沙阵线及法苏条约等的缔结，法国在欧洲的地位得到相当的增强。英国一贯在欧洲奉行均势政策，对于法国推行类似战前的军事同盟政策心怀恐惧，认为其结果将是战前军事同盟的对立与战争的再次爆发。英国对法国的做法尤为不满，以致首相麦克唐纳曾在日记中写道："法国是敌人。这句话一再被提及。"① 因此，在德国公开违约扩军导致法国进一步倾向加强与意大利和苏联的联盟时，英国最关心的不是制裁德国，而是急于消除法国政策可能对欧洲均势造成的破坏。5月2日法苏互助条约缔结后，与德国达成一项双边协定就成了平衡法国的联盟政策的有效措施。事实上，英国人将英德海军协定的签字日期定在滑铁卢反法联盟大捷120周年纪念日，本身就说明了很多问题。艾登也曾在日后访问罗马时对墨索里尼直言不讳地指出，正是法国的对德政策直接导致了英德海军协定的签订。② 英国外交部常务次长范西塔特的私人秘书诺顿在一份文件中也坦称希望英德海军协定与法苏联盟相互抵消。③ 英国外交部在一份有关英国签订英德海军协定的文件中毫不掩饰对法国的不满，其中不但指出法国人对同样是双边条约的法苏条约与英德海军协定褒贬不一，即将前者誉为对和平的一大贡献，对后者则猛烈批评是不公平的，而且还理直气壮地辩解道："当法国政府……决定将他们的法俄条约提前到由全部有关国家缔结的条约——不仅是全面协定，而且是所谓的东方公约——之前缔结的时候，他们如此行事也没有要求或等待英王陛下政府的同

---

① Robert Alexander Clarke Parker, *Chamberlain and Appeasement*: *British policy and the coming of the Second World War*, Macmillan Press, 1993, p. 16.

② *Documents on British Foreign Policy*, 1919-1939. Series 2, Volume13, pp. 478-480.

③ Nicholas Rostow, *Anglo-French Relations*1934-1936, London, 1984, p. 178.

意。"① 7 月 11 日，英国外交大臣霍尔在议会辩论中强调，对于英德海军协定，法国不应有什么抱怨，理由有二：一则该约仍使法国保持了对德的海军优势；二则法国与苏联缔结了联盟。② 霍尔的演说得到了议会的多数支持。

事实上，英国单独与德国缔结海军协定的做法直接破坏了法国联合英、意、苏共同孤立德国的努力，其结果使法国在 1935 年初刚刚成型的结盟体系受到严重打击：德国通过该协定不仅成功地获得了重新武装海军的权利，而且瓦解了脆弱的斯特莱沙阵线，从而改变了自己的孤立处境。正如德国海军司令埃里希·雷德尔上将指出的："这项海军协定对德国来说是一次政治上的胜利。因为英国愿意以一项自愿缔结的协定代替凡尔赛和约严格的条件，这就不仅破坏了所谓的'斯特莱沙阵线'；而且承认了德国以后有权重新武装。现在人们至少不会再正当地指责德国违反凡尔赛和约的裁军规定了"③。从这个角度来讲，英国执意签订英德海军协定实质上是对法国积极推进其联盟政策的一次反动。

*　　*　　*　　*

1935 年英德海军协定的缔结对当时欧洲的国际关系产生了巨大的影响。英国的单方面行动不仅破坏了法国为孤立德国而精心构建的同盟体系、打乱了法国的外交步骤，而且使两国关系在未来相当长的时间内陷入低谷，直接影响了欧洲国际关系的走向。为了扭转英德海军协定给法国外交带来的不利影响，同时也作为对英国的报复，法国事后一方面拒绝接受英国关于立即举行英法海军会谈的建议④，另一方面加快了与意大利的接近：6 月 20 日，法国政府批准法国陆军参谋总长甘末林访

---

① *Documents on British Foreign Policy*, 1919-1939. Series 2, Volume13, p. 541.

② Charles Bloch, "Great Britain, German Rearmament and the Naval Agreement of 1935", in Hans W. Gatzke ed. *European Diplomacy Between Two World Wars* 1919-39, Chicago 1972, pp. 143-144.

③ 特尔福德·泰勒：《慕尼黑：和平的代价》，新华出版社 1984 年版，第 354 页。

④ *Documents on British Foreign Policy*, 1919-1939, Series 2, Volume13, pp. 447-449.

问意大利；6 月 22 日，赖伐尔向意大利驻法大使重申法国支持承担罗马协定中规定的义务；6 月 25 日，赖伐尔指示驻法大使德尚布伦再次向意大利人表示"他将继续忠实于罗马协定制定的政治路线，英国或任何国家都不能损害意法友谊"；[①] 6 月 27 日，法意军事协定签字。这标志着法国在英国一再反对的组建联盟的道路上又向前迈出了一步，而这一步最终通向了法国支持意大利发动侵略埃塞俄比亚的战争。

总之，英德海军协定公开暴露了英法对德政策的分歧，改变了法德的力量对比并严重恶化了英法关系。此后，两国在处理国际冲突问题上矛盾频生，彼此猜忌、互相掣肘，在德国的挑战面前一再退让，直至最终丧失了制止德国扩张野心的良机。

参考文献

原始资料：

1. *British Documents on Foreign Affairs：Reports and Papers from the Foreign Office Confidential Print.* Part II, Series F, Volume 45, University Publications of America, 1993.

2. *Documents on British Foreign Policy, 1919 - 1939.* Series 2, Volume12, London 1972.

3. *Documents on British Foreign Policy, 1919 - 1939.* Series 2, Volume13, London 1973.

专著与论文：

4. Bloch, Charles, Great Britain, German Rearmament and the Naval Agreement of 1935, in Hans W. Gatzke ed. *European Diplomacy Between*

---

① William I. Shorrock, *From Ally to Enemy：The Enigma of Fascist Italy in French Diplomacy* 1920-1940, Kent1988, p.135.

Two World Wars1919-39, Chicago 1972.

5. Chambrun, René de, *Pierre Laval: Traitor or Patiot*? New York 1984.

6. Hall, Hines H., The Foreign Policy-Making Process in Britain, 1934-35, and The Origins of The Anglo-German Naval Agreement, *The Historical Journal*, 1976, No. 2.

7. Parker, Robert Alexander Clarke, *Chamberlain and Appeasement: British Policy and the Coming of the Second World War*, Macmillan Press, 1993.

8. Rostow, Nicholas, *Anglo-French Relations 1934 - 1936*, London 1984.

9. Shorrock, William I. , *From Ally to Enemy: The Enigma of Fascist Italy in French Diplomacy 1920-1940*, Kent1988.

10. 惠勒-贝内特:《慕尼黑:悲剧的序幕》,北京出版社 1978 年版。

11. 特尔福德·泰勒:《慕尼黑:和平的代价》,新华出版社 1984 年版。

（原载《世界历史》2000 年第 2 期）

评 1935 年 2 月英法伦敦会谈

1935 年 2 月 1—3 日英法两国首脑在伦敦举行的会谈，是二十世纪三十年代英法关系史上的一件不太被人关注、却意义重大的事件。这次会谈作为德国退出裁军大会后两国为应对纳粹德国的挑战而协调彼此外交行动的一个重要步骤，对当时欧洲局势的发展与英国绥靖政策的形成均有着不可忽视的影响，是现代国际关系史上值得深入探讨的问题。本文试图通过对这次会议的起因、经过和结果的考察，揭示英法两国在对德国政策上的共识与分歧，以便从一个具体层面展示裁军大会失败后英法对德国政策的调整及走向。

一、问题的提出

1933 年希特勒在德国上台后，急于寻找机会重新武装。为此，在同年 2 月复会的国联裁军大会①上，德国比以往更强硬地要求军备平

---

① 1932 年 2 月 2 日国联裁军大会在日内瓦召开，但由于法德在军备问题上矛盾尖锐，大会在 1932 年底一度休会。1933 年 2 月裁军大会复会后仍无实质进展，10 月 14 日德国借口其军备平等的要求没有得到满足而退出大会后，裁军大会实际上已经失败。1934 年 6 月 11 日，裁军大会举行最后一次全体会议，宣布无限期休会。

等。英法对此立场不一。英国倾向于通过让步来满足德国军备平等的要求，以期达成一项全面的裁军协定来消除欧洲的不稳定因素；法国则慑于德国的威胁，希望通过巩固自身军备的优势来维护国家安全，故拒不接受德国的要求。结果，德国以此为借口在 10 月宣布退出裁军大会和国联，走上私下重整军备的道路；而法国则针锋相对地走上类似于一战前夕的结盟道路，开始积极推动以法苏联盟为核心的东方公约①。裁军大会最终于 1934 年 6 月彻底失败，欧洲形势日趋严峻。在这种背景下，英国开始重新考虑调整其在德国军备问题上的政策。

1934 年 11 月 24 日，英国外交部拟订了一份关于对德政策的备忘录，详细分析了英国对于德国重整军备问题可能采取的对策，并相应提出了 4 种选择方案：（1）不采取外交行动，只是重整军备以保卫帝国及承担义务；（2）政府反对考虑修正凡尔赛和约的军事条款；（3）政府努力使修正和约第五部分有关军事条款的新协定成为可能；（4）政府抢在德国破坏和约之前，运用外交手段迫使德国事先作出妥协或挑战。备忘录认为第一种选择只有在德国不再增加军备的前提下才可以运用，但这显然是幻想；第二种选择有可能使德国再次单方面违约从而使政府在新一轮大选之前威望受损；第三种选择无疑会遭到法国的反对，然而如果法国拒绝合作，那么即使英德之间单独达成协定也无助于欧洲局势的缓和。在这种情况下，第四种选择应该成为政府的首选，其好处在于可以使英国占据主动：如果德国继续进行挑战，英国可以立即与法国结盟并对防卫荷兰、比利时等国家作出相应安排；如果德国妥协，则

---

① 所谓东方公约是指法国外长巴都在任时期为遏制德国的侵略野心而致力推进的一项旨在确保东欧安全的地区性互助条约体系，它包括两部分：第一部分是由苏联、德国、波兰、捷克斯洛伐克、芬兰、爱沙尼亚、拉脱维亚等国缔结互助条约，共同维护东欧边界现状。第二部分由法国和苏联单独缔结互助条约，相互承担安全保证义务。该公约的核心是法苏互助条约。1934 年 10 月巴都遇刺身亡后，有关东方公约的谈判基本停滞。

可以趁机与之达成全面协定。① 外交部的意见得到了内阁的重视并很快付诸实施。27 日英国驻德大使菲普斯奉命向德国政府提交照会,对德国重整军备表示关注。同日英国外交大臣西蒙也召见德国驻英大使利奥波德·冯·赫斯奇转达了同样的照会。对此,德国外长牛赖特坚决否认德国重整军备的问题并建议在萨尔公决后恢复裁军谈判。②

德国的反应促使英国开始进一步考虑与德国妥协的条件。29 日,英国外交大臣西蒙亲自起草了一份备忘录,主张承认德国重新武装合法化以换取德国的妥协。他写道:"最好的办法是承认德国武装是一个不可更改的事实,并由此得出结论,即最好是毫不拖延地承认它,以便期望——作为对这个合法化的回报——我们可以从德国得到一些有价值的条款。"在他看来,有价值的条款就是德国返回国联及裁军大会,并在此前提下通过谈判限制德国军备的规模,从而建立一个新的欧洲军备控制体系。他认为,对于英德两国来说,这些目标是可能实现的,唯一的困难在于如何说服法国采取合作态度。③ 12 月 11 日,英国内阁德国重整军备问题委员会④研究了西蒙的备忘录,并决定寻求法国的合作共同与德国进行谈判。次日内阁批准了上述建议,同时考虑到争取法国合作的重要性,内阁还决定邀请法国总理弗朗丹和外长赖伐尔来伦敦会谈。13 日,西蒙电令驻法大使克拉克敦促法国政府同意在 12 月 21 日前赴伦敦举行首脑会晤。但英国的建议却遭到拒绝。法国外长赖伐尔向克拉克明确指出,法国外交政策的当务之急是寻求法意共同保卫奥地利的独

---

① *Documents on British Foreign Policy*, 1919-1939, Series 2, Volume 12, No. 211, London: Her Majesty's Stationery Office, 1972, pp. 249-251.

② *Documents on British Foreign Policy*, 1919-1939, Series 2, Volume 12, No. 216, London: Her Majesty's Stationery Office, 1972, pp. 254-255.

③ *Documents on British Foreign Policy*, 1919-1939, Series 2, Volume 12, No. 235, London: Her Majesty's Stationery Office, 1972, p. 274.

④ 该委员会于 1934 年 11 月 21 日成立,成员包括首相麦克唐纳、外交大臣西蒙、陆军大臣黑尔什姆、印度大臣霍尔。

立，其次是进一步推进由前任外长巴都倡导的东方公约。对于德国的军备问题，法国只有在德国接受东方公约以后才有可能与英国进行讨论。他强调在法国的安全没有得到保证之前谈论德国的军备问题是主次不分，前后颠倒。①

法国的态度迫使英国人采取主动。12 月 14 日，英国外交大臣西蒙通知克拉克转告法国政府，他将于当月 22 日上午赴巴黎与弗朗丹和赖伐尔会晤。西蒙在给克拉克的指示中针对此举的动机解释说：英国不应该在时间允许其有所作为的情况下一味拖延，因为"如果我们不行动，时间将于事无补，而且只能使事情变得更糟"②。21 日，西蒙在启程赴法的前一天，写下了一份全面阐述英国外交政策的备忘录。明确指出 1935 年英国外交的"重大任务"就是"在还有时间的时候缔结一项使德国返回日内瓦的协定"。至于具体策略，他写道："这意味着我们必须首先劝说法国，并且为这种劝说付出必要的代价，然后再使意大利参加进来……德国重新武装的合法化以及废除凡尔赛和约第五部分的军备条款是法国要咽下的苦果，尤其是在他们不相信德国的诺言的时候，但是其他任何替代政策都不能阻止德国的重整军备，而只能使之在幕后加速进行。德国在国联之外远较它在国联之内更加危险。"③ 由此可见，西蒙的巴黎之行实质上是劝说法国同意德国重新武装的第一步。1934 年 12 月 22 日西蒙在巴黎会见了弗朗丹和赖伐尔。会晤中，西蒙以劝说意大利加快与法国谈判为条件换取了法国同意举行英法双边会谈。双方约定如果法意谈判进展顺利，英法会谈可以在明年 1 月 7 日或 8 日进行。④

---

① *Documents on British Foreign Policy*, 1919-1939, Series 2, Volume 12, No. 288, London：Her Majesty's Stationery Office, 1972, pp. 322-323.

② *Documents on British Foreign Policy*, 1919-1939, Series 2, Volume 12, No. 291, London：Her Majesty's Stationery Office, 1972, p. 326.

③ Parker, "Great Britain, France and the Ethiopian Crisis 1935-1936", *The English Historical Review*, Vol. 89, No. 351, Ap5., 1975, pp. 293-332.

④ *Documents on British Foreign Policy*, 1919-1939, Series 2, Volume 12, No. 311, London：Her Majesty's Stationery Office, 1972, pp. 352-354.

二、英法伦敦会谈前的准备

1935 年 1 月 7—8 日，赖伐尔访问意大利，并与意大利缔结了合作协定，此后，英法会谈的准备工作被提上日程。1 月 8 日，法国总理弗朗丹的亲信、曾为法国出席裁军大会代表团成员之一的众议院议员皮埃尔·维耶诺访问伦敦，就法国在德国军备问题上的态度传递信息说：如果英国能够主动采取措施确保法国的安全，法国准备接受英国的倡议，即在承认德国重整军备已成事实的基础上举行军备谈判。至于法国希望英国采取的具体措施，维耶诺明确表示有两个方面：一是希望英国对可能缔结的新的军备条约的实施和监督提供保证，二是要求英国同意举行英法参谋会谈，就具体的军事保证义务进行磋商。① 两天后，法国外交部政务司副司长马西格利又向英国方面重申了上述意见。

英国对于法国传递的信息非常重视。1 月 9 日，英国内阁召开会议讨论法国的建议。由于会上存在分歧，此次会议仅笼统地强调英国会谈的目的应当是在不承担额外义务的基础上劝说法国接受英国的意见：在强调"重新武装德国和增进欧洲安全的一揽子计划是符合欧洲的利益"的同时，"不应在洛迦诺公约之外再增加英国的义务"②。至于具体措施，内阁要求外交部提交一份书面材料以供日后讨论。当日，西蒙便起草了一份备忘录，全面分析了英国在德国军备问题上的立场及与法国会谈的策略。西蒙指出，在英国看来，以承认德国重整军备来换取德国恢复在国联的席位是没有可替代办法的办法。为了换取法国对英国政策的支持，英国应该满足法国的要求：同意给予军备条约的执行和监督保证

---

① *Documents on British Foreign Policy*, 1919-1939, Series 2, Volume 12, No. 359, London：Her Majesty's Stationery Office, 1972, p. 398.

② Rostow, *Anglo-French Relations*, 1934-1936, London：Macmillan Press, 1984, p. 86.

的建议，支持法国劝说德国加入东欧互不干涉条约的努力以及鼓励德国和波兰加入东方公约。但是，由于西蒙必须出席在日内瓦召开的国联行政院会议讨论萨尔问题，该备忘录未能得到及时讨论。

1 月 14 日，英国内阁开会讨论西蒙 1 月 9 日的备忘录。内阁认为，西蒙提出的大多数建议都可以得到考虑，但对于英法举行参谋会谈的建议以及有关英国在莱茵兰承担军事义务的问题，则拒绝采纳。为此，西蒙于 1 月 21 日指示驻法大使克拉克回绝法国有关参谋会谈的建议。24 日，英国内阁最终明确了参加英法会谈的原则立场。内阁决议指出：英国必须面对德国已经重整军备的事实，通过谈判就军备问题寻求有效的解决方式，要求英国代表时刻"牢记德国重返国联及裁军大会是建立和维持欧洲和平的重要基础"，"有限制的重整军备比无限制的重整军备要好得多"。决议同时规定了如下具体策略：（1）支持罗马协定；（2）支持法国关于东方公约的计划，但反对将该计划作为与德国谈判的重点部分；（3）原则上提议支持东欧互不侵犯条约；（4）避免明确承担洛迦诺公约的义务；（5）回避讨论莱茵兰问题；（6）拒绝法国举行参谋会谈的建议等。①

1 月 26 日，西蒙指示英国驻法大使将有关英法会谈公告草案递交法国政府，宣布英法会谈的目的是依据 1932 年 12 月 11 日关于平等权利的声明，愿意就凡尔赛条约第五部分进行谈判以换取德国重返国联。"英王陛下政府与法兰西政府一致同意，无论德国还是其他任何军备受到和约的限制的国家，都无权单方面行动并修改其义务。但是，念及 1932 年 12 月 11 日声明中所确认的权利平等的原则，他们宣布：作为一项全面协定的组成部分——该全面协定包括如下内容，即有关军备和维护安全的条款可以在德国和凡尔赛和约其他缔约国家之间通过自由谈判达成，只要德国放弃退出国联的声明并表示愿意积极参与国联的活动，

① *Documents on British Foreign Policy*, 1919-1939, Series 2, Volume 12, No. 366, London: Her Majesty's Stationery Office, 1972, pp. 410-414.

他们愿意同意，目前约束德国军备和武装的和约第五部分应予以废除。"① 西蒙向驻法大使克拉克解释了英国如此拟就草案措辞的用意，是认为要使军备协定获得成功，就不能向德国要求过多，故东方公约等在公告草案中只字未提，他同时叮嘱克拉克不要在法国接受英国方案之前透漏英国准备在罗马协定和奥地利问题上支持法国的信息。②

与此同时，法国也在加紧考虑伦敦会谈的指导方针。法国政府意识到东方公约的设想难以实现，故开始考虑接受英国的建议与德国谈判。1月12日，西蒙与法国外长赖伐尔在日内瓦初步约定的会晤时间为1月24日。但为了有充分的时间考虑对德政策，法国外长赖伐尔16日通知英国大使将伦敦会谈日期推迟到2月1—2日。法国同意参加伦敦会谈，主要目的是希望借机促使英国对法国的安全承担义务，这从1月8日法国议员皮埃尔·维耶诺的伦敦之行可以清楚看出。但21日英国拒绝与法国进行军事参谋会谈的消息却使法国人倍感失望。22—23日，法国总理弗朗丹连续与英国代办坎贝尔进行会谈，继续其争取英国合作的努力。会谈中，弗朗丹强调法国接受德国军备平等的前提是英国对法国的安全提供保证，并询问英国政府可能为法国提供什么样的保证以及以何种形式提供保证。此外，弗朗丹还坦言法国政府内部存在着以不管部部长赫里欧及总参谋长莫兰等为代表的对德强硬派，称他们"与任何形式的对德协定都势不两立"。弗朗丹认为要废除凡尔赛和约第五部分必须满足三个条件："（1）德国加入中东欧协定；（2）法国拥有人力和物力上两方面的对德优势；（3）包括保证和监督条款的国际裁军协定以及英国政府明确援助法国的方式和时间。弗朗丹还警告说："除非上述条件都得到满足，他们（法国政府）将通过更快地建立和加强他

① *Documents on British Foreign Policy*, 1919 - 1939, Series 2, Volume 12 No. 369, Her Majesty's secretary office, 1972, p. 418.
② *Documents on British Foreign Policy*, 1919 - 1939, Series 2, Volume 12 No. 369, Her Majesty's secretary office, 1972, p. 417.

们的联盟并与俄国缔结明确的协定来增进自己的安全"①。

1月26日，当英国大使将英国有关伦敦会谈公告草案递交法国政府时，法国也同时提交了一份草案文本。法国的草案共6条，最重要的是涉及军备问题的第5条，该条突出强调东方公约的重要性，宣称英法两国一致认为"迅速达成一项旨在增加安全，特别是中、东欧安全的条约是达成一项有关军备问题的协定所不可缺少的"。弗朗丹和赖伐尔还对英国大使明确表示："除非德国通过赞成罗马协定和东方公约以证明它在领土方面的诚意"，法国不会同意废除凡尔赛条约第五部分的相关条款。② 28日，法国外长赖伐尔向克拉克表示法国无法接受英国的草案。赖伐尔强调"尽管两国原则上一致，但在限制德国军备的最佳方法上有不同看法"。他解释到，法国外交政策的目标是寻求尽可能多地将欧洲国家团结在一起，以维护各国的领土主权和政治独立；法国希望以条约的形式实现上述目的，但不同意以承认德国重整军备为基础的谈判，因为缔约的目的是为了增进安全，而"没有安全的和平就是战争"。③ 英法的声明草案反映了两国政府在德国问题上存在着不小的分歧。为促成英法会谈，英国29日重新修订了自己的声明草案，将法国文本中的第5条内容添加其中，并且强调要把缔结新的安全协定、废除凡尔赛和约第五部分、缔结新的军备条款等内容并列为一项全面解决的、不可分割的部分。④ 法国在第二天同意了英国的修正案。⑤ 1 月 31

① *Documents on British Foreign Policy*, 1919–1939, Series 2, Volume 12, No. 371, London: Her Majesty's Stationery Office, 1972, pp. 419–422.

② *Documents on British Foreign Policy*, 1919–1939, Series 2, Volume 12, No. 374, London: Her Majesty's Stationery Office, 1972, pp. 433–434.

③ *Documents on British Foreign Policy*, 1919–1939, Series 2, Volume 12, No. 376, London: Her Majesty's Stationery Office, 1972, pp. 435–436.

④ *Documents on British Foreign Policy*, 1919–1939, Series 2, Volume 12, No. 389, London: Her Majesty's Stationery Office, 1972, pp. 451–452.

⑤ See *Documents on British Foreign Policy*, 1919–1939, Series2, Volume 12, No. 382, No. 84, No. 389, London: Her Majesty's Stationery Office, 1972.

日，法国总理弗朗丹外长与赖伐尔启程赴伦敦与英国首脑会谈。

三、英法伦敦会谈与 2 月 3 日联合声明

1935 年 2 月 1 日上午英法首脑会谈正式开始。英国外交大臣西蒙首先指出英国外交的目的就是希望能够以谈判的方式就德国军备问题达成一项全面协定。他表示英国设想中的协定是将实现德国军备平等、增进欧洲安全、废除凡尔赛和约第五部分及德国重返国联发挥作用等方面内容作为一个整体的有机组成部分同时加以处理，要求法国就此进行磋商。同时，西蒙还不失时机地点明法国事先已同意放弃压制德国的政策。法国外长赖伐尔则表示法国反对在未获得安全保障的情况下解决德国的军备平等问题，他强调说，如果德国的军备平等问题得到解决，凡尔赛和约第五部分被废除而没有任何附加的安全保证的话，英法两国将无法为和平继续作出贡献。因此，他强调法国希望以东方公约作为检验德国诚意的试金石。赖伐尔认为"如果德国被给予平等权而它拒绝在东欧承担责任，这将意味着它隐藏着某种罪恶的企图"；而"如果德国打算在欧洲的那个地区制造麻烦，这种麻烦都会全面演变并扩散到西欧"①。可以明显看出，英法两国在希望通过谈判与德国达成协议的问题上没有分歧，但在以怎样的条件展开对德谈判方面却大不相同。对于赖伐尔的建议，西蒙只是评价说东方公约的初衷是好的，但其形式值得探讨。经过几番唇枪舌剑，赖伐尔拿出了两份事先准备好的文件，一份是关于对军备条约提供监督和保证的协定草案，一份是关于德国重整军备及其意义的文件，要求英国认真考虑这两份文件，但是英国首相麦克唐纳却以事先约定不讨论具体问题为由拒绝了法国的建议，会谈一时陷

① *Documents on British Foreign Policy*, 1919–1939, Series 2, Volume 12, No. 397, London: Her Majesty's Stationery Office, 1972, pp. 460–461.

入僵局。

为了打破僵局，法国总理弗朗丹转而提出了缔结一项空防条约的建议，并明确表示"缔结某种有关空袭的协定将非常有助于建立普遍的安全，即赖伐尔曾经提到的可以同意讨论全面协定所需要的安全"①。由于法国的建议事出意外，英国方面事前没有准备，遂宣布休会以便商讨对策。事实上，法国提议的空防条约也是筹划不久的。1 月 21 日英国拒绝法国关于举行参谋会谈的建议后，法国就一直在考虑促使英国增加对法国的安全所承担的义务的方法。26 日，法国驻英大使科尔宾建议说，一项作为洛迦诺公约补充内容的空防条约有可能使英国政府接受。他的建议得到了马西格利的支持。马西格利认为这可以作为一个间接的试探方式弄清英国对于洛迦诺公约义务的态度，甚至有可能使英法达成一项空防联盟。② 他在 1 月 23 日与英国代办坎贝尔的会谈中也曾委婉地提出过这个建议。但由于法国政府一心关注东方公约，当时对此事未予重视。31 日，法国大使科尔宾在迎接弗朗丹与赖伐尔赴伦敦的途中向他们力陈空防条约，强调英国出于对空战的恐惧极有可能接受一项空防条约，这才使弗朗丹和赖伐尔意识到该建议的可行性。③ 因此当法国关于东方公约的主张遭到拒绝后，弗朗丹随即打出了空防条约这张牌。

英国方面对法国的建议很重视，西蒙利用休会时间召集航空大臣伦敦德瑞、内阁秘书汉基等军政代表开会讨论对策，枢密大臣鲍尔温与外交部常务次长范西塔特随后也参加了会议。会上分歧明显。西蒙起初支持签订空防条约，认为该约不会扩大英国在洛迦诺公约中承担的义务，相反在英国遭到德国空袭时还可以立即得到法国的援助。但是西蒙的观点遭到了汉基及军方代表的反对。汉基认为在 10 年或至少 5 年内不会

---

① *Documents on British Foreign Policy*, 1919–1939, Series 2, Volume 12, No. 397, London: Her Majesty's Stationery Office, 1972, p. 463.

② Rostow, *Anglo-French Relations*, 1934–1936, London: Macmillan Press, 1984, p. 102.

③ Rostow, *Anglo-French Relations*, 1934–1936, London: Macmillan Press, 1984, pp. 105–106.

发生英德战争。因此不存在签订该约的必要性。他强调此刻签约有可能
过早地把英国拖入战争。① 空军参谋长埃林顿甚至夸张地说：一旦英国
签订该约，那么"一颗落在法国领土上的炸弹也将会使我们动用全部武
装力量"②。由于汉基等人的坚持，会议的结果是反对与法国签订空防条
约的主张占了上风，连西蒙也改变了态度，认为不应追随法国行事。

在西蒙等人关于空防条约的讨论还未结束的时候，麦克唐纳已重新
开始了与法国人的会谈。但是会谈很快在发表联合声明的问题上再次遇
到了困难。双方虽然一致认为需要在会后发布一份带有宣传目的的
"好声明"，用来反驳"德国自认为有权武装到它所需要的程度的看
法"③，但在具体措辞方面争吵激烈，以至于不得不再次休会。休会期
间，已获悉英国反对空防条约的范西塔特，为避免会谈彻底破裂，私下
建议法国人将空防条约列入声明。因此，当会谈再次开始后，赖伐尔便
坚持在声明中列入空防条约计划，并要求英国同意与法国率先缔结空防
条约。对此，英国首相麦克唐纳借口时值周末无法召开内阁会议加以推
脱。但当赖伐尔执意表示他将在伦敦停留等待英国内阁会议作出明确答
复后，麦克唐纳被迫让步，宣布于次日召开内阁会议。

2月2日上午，经过讨论，英国内阁决定原则上接受空防条约计
划，但强调英国不应在德国拒绝的情况下参加空防条约。会后英国外交
大臣西蒙向法国代表通报了内阁决议，同时提出两点保留意见：（1）
空防条约只在洛迦诺公约范围内有效，本身并不意味着英国义务的扩
大；（2）为使德国接受该建议，有关细节应待日后谈判决定。④ 英国原

① Stephen Roskill, *Hankey: Man of Secrets*, 1931–63, Volume 3, Collins, 1974, pp. 156–164.
② Rostow, *Anglo-French Relations*, 1934–1936, London: Macmillan Press, 1984, p. 112.
③ *Documents on British Foreign Policy*, 1919–1939, Series 2, Volume 12, No. 398, London: Her Majesty's Stationery Office, 1972, p. 470.
④ *Documents on British Foreign Policy*, 1919–1939, Series 2, Volume 12, No. 400, London: Her Majesty's Stationery Office, 1972, pp. 478–479.

则上接受空防条约扫清了法国与英国合作道路上的障碍。英法会谈的联合声明也随即达成，并于 2 月 3 日公之于众。声明包括以下几个要点：（1）英国支持罗马协定，宣布一旦奥地利独立受到威胁，英国愿意与其他有关国家协商行动。（2）英国支持法国为维护和平而希望对军备竞赛加以控制的立场，反对任何对和约的单方面修改；同时呼吁德国与其他相关国家自由谈判以达成一项全面协定。（3）同意将废弃凡尔赛和约第五部分条款及德国恢复在国联的席位一并作为全面解决的组成部分。（4）英法建议签订一项空防互助条约，以便为空袭受害者提供援助。① 英法联合声明的公布标志着英法在对德谈判的政策上初步达成了共识。当天晚上，英法两国驻德大使共同将伦敦联合声明递交德国政府。

1935 年 2 月英法伦敦会谈及其联合声明的发布，标志着英法在彼此合作谋求与德国达成妥协的道路上迈出了重要的一步。英法联合声明实际上是公开提出了英法与德国重开军备谈判的 4 个条件：德国参加军备谈判、参加东方公约、重返国联与参加空防协定。它意味着英法两国准备在德国军备问题上作出让步，即通过谈判，有条件地承认德国重新武装的合法性。这一结果主要是英国对德政策的产物。1934 年裁军大会失败后，英国尽管对德国重新武装感到不安，但总体上仍然对通过谈判与德国达成和解抱有幻想。英国驻德大使菲普斯在德国宣布退出裁军大会后曾固执地认为："凭借高明的手腕可以诱使希特勒和他的运动对欧洲的发展作出一些新的促进"，而且他还相信，"与现在的德国达成一项有效的裁军协定也许并不完全是乌托邦的想法。"② 与此同时，他们还将造成裁军协定落空的责任归罪于法国的不合作，甚至在一年后英国外交部官员萨金特仍抱怨说："我们一直敦促法国人在还有时间的时

---

① *Documents on British Foreign Policy*, 1919–1939, Series 2, Volume 12, No. 400, London：Her Majesty's Stationery Office, 1972, pp. 482–484. 中译文参见《国际条约集 1934—1944》，世界知识出版社 1961 年版，第 26—28 页。

② Medlicott, Britain and Germany in Dilks ed, *Retreat From Power*, Volume 1, New York：Palgrane Macmillan, 1981, p. 82.

候与德国进行谈判，他们却拒绝这样做，最明显的就是 1934 年 4 月他们拒绝德国建议的时候。"① 因此，裁军大会失败后英国一直把如何劝说法国同意重新开始与德国进行军备谈判作为外交的首要任务。法国在伦敦会谈中同意有条件废除凡尔赛和约第五部分无疑是英国外交的一大进展。

相对而言，1935 年英法伦敦声明也标志着法国对德政策发生了重大的调整。1934 年 2 月上台的杜梅尔格政府一度关闭了与德国进行军备谈判的大门。当时的法国外长巴都主要致力于筹建东方公约，其目的在于孤立德国。但是由于德国的反对，尤其法国盟国——波兰的反对，东方公约在 1934 年底已经陷入停滞状态，10 月巴都的遇刺身亡更宣布了法国强硬外交的结束，法国不得不开始考虑与德国重新进行谈判。12 月 22 日赖伐尔在会见英国外交大臣西蒙时就曾明确表示法国已经放弃了巴都外交的立场。次年 1 月 12 日，赖伐尔在日内瓦与西蒙协商伦敦会谈的计划时又曾具体解释了法国调整政策的原因。他指出，法国在对德政策问题上有 3 种选择：第一，任其发展，无所作为；第二，诉诸战争；第三，进行谈判。他表示："最好的办法是英法意三国共同告诉希特勒，除非他裁军否则他们将诉诸战争"，但是由于没有一个国家准备这样做，这个选择不可能实现。而第一个选择根本不能考虑，所以第三种选择，也就是与德国进行谈判成了法国"唯一可行的政策"。② 1 月 18 日，英国驻法大使克拉克在发往伦敦的报告中谈到法国国内舆论时也强调："理智的法国人，如我遇到的所有人，都在私下会谈中承认德国已经在重整军备而且没有人想制止它，同时承认最好的、也是唯一可行的政策就是承认事实并试着与德国达成协议，以期达成某种限制和控

① Parker, *Chamberlain and Appeasement*: *British Policy and the Coming of the Second World War*, Basingstoke, Hampshire: Macmillan Press, 1993, p. 18.
② *Documents on British Foreign Policy*, 1919–1939, Series 2, Volume 12, No. 335, London: Her Majesty's Stationery Office, 1972, p. 378.

制（军备）的体系"①。1 月 29 日赖伐尔在议会表示：即将开始的英法伦敦会谈将会由促使法国和英国更紧密地团结在一起的友谊所推动，法国政府知道法国的安全离不开欧洲和平，法国一直准备在每一次促进和平的国际协作中进行诚恳有效地合作。

英法在对德谈判问题上的共识奠定了 1935 年 2 月英法联合声明的基础，但是纵观英法会谈的筹备及联合声明的拟订的全过程，可以看出两国在如何开展对德谈判以及在什么条件下开展对德谈判等具体问题上仍然存在不小的分歧，而且这些分歧并未因联合声明的发布而消除。法国虽然同意与德国重开谈判，但其外交的首要目标，即确保自己的安全得到切实保障却没有丝毫改变。1935 年 1 月 30 日，赖伐尔在启程赴伦敦之前向法国众议院解释法国政府的外交政策时强调："一个虚弱的法国不会有过多的朋友，一个孤立的法国也不会强大，……他们（指法国政府）愿意担负起他们在欧洲坚实的和平体系中的应当负担的、而且是巨大的责任，但是他们不相信没有安全保证的和平。他们没有自私自利的想法，安全——对此每一个国家都拥有同样的权利，是他们要求的全部。"② 法国议长弗兰克林·布隆也指出英法在对待德国军备问题上的立场是完全不同的，对法国而言，"理想的政策是英国和法国一起制定一项建立在牢固的安全保证基础上的和平的政策。但是如果英国拒绝，法国则必须为世界树立一个鼓舞正义的榜样，它的盟国将会跟随，而且凭借它的勇气它将避免战争"。显而易见，尽管伦敦会谈使英法两国在合作对德谈判的道路上取得了一定进展，但是双方合作的基础并不牢固。事实证明，当德国出于分化英法的目的在 2 月 14 日提出与英国单独进行会谈后，英法两国的反应截然相反：英国迫不及待地接受了德

---

① Rostow, *Anglo-French Relations*, 1934-1936, London: Macmillan Press, 1984, pp. 95-96.

② Kenneth Bourne and D. Cameron Watt eds, *British Documents on Foreign affairs*: *Reports and Papers from the Foreign office confidential print*, Maryland, Bethesda: University Publications of America, Part2, Series F, Volume21, 1993, p. 297.

国的邀请，而法国则心存疑虑。虽然法国在得到英国的保证后勉强接受了被排斥在英德会谈之外的事实，但是它对英国的政策却疑心日重。短短一个月后，随着德国在 1935 年 3 月 16 日宣布重新武装，公然违反凡尔赛和约，英法的对德政策再次出现了分歧。

（原载《社会科学战线》2009 年第 12 期）

1935 年法意罗马协定的
缔结与意埃战争的爆发

　　1935 年 1 月 7 日，法国外长赖伐尔与意大利总理墨索里尼在罗马签署了一系列改善两国关系的协定和文件，统称罗马协定。该协定是在纳粹德国的威胁日益加剧的背景下缔结的，法国的目的在于通过与意大利接近来强化法国在欧洲的军事同盟体系、孤立纳粹德国；而意大利则是要借机实现其在非洲扩张的野心。因此，在谈判的过程中，当时非洲唯一保持独立的国家埃塞俄比亚，成了法意秘密交易的牺牲品：法国允许意大利在埃塞俄比亚自由行动；而意大利则答应法国实行共同的对德政策。罗马协定的缔结恶化了当时的国际形势，最严重的后果就是导致了 1935 年秋意埃战争的爆发。本文试图利用国内较为罕见的法国政府外交文件等原始资料，通过对罗马协定缔结的背景、过程和内容等方面进行的考察，深入探讨并揭示该协定与意埃战争爆发之间的内在联系。

一、法意接近的缘起

　　法意罗马协定的缔结源于法国制衡纳粹德国的政策需要。1933 年希特勒在德国上台后积极扩充军备，并因此于 10 月退出国联和国联主持的裁军大会。面对德国形势的恶化，法国人急于控制局势的发展。1934年4月17日，法国政府公开声明："法国正式拒绝承认德国重新武装的合法性，由于德国重新武装……法国今后将通过自己的手段保障自己的安全。"法国的最终目的，是希望通过扩大一战后它在欧洲建立的军事同盟体系，来遏制纳粹德国的扩张野心。因而所谓"自己的手段"实际上就是寻找新的盟友以加强已有的军事同盟。与意大利接近乃是法国实现上述外交目标的重要步骤之一。

事实上，在4月17日声明发表后仅过两天，法国政府就为改善与意大利的关系作出了姿态：4月20日，法国外长巴都照会意大利政府，表示一旦法意在欧洲普遍安全问题上达成谅解，法国将立即开始考虑解决法意矛盾及签订友好仲裁条约。此后，法国商业部长与法国退伍军人代表团又先后赴意大利访问，为法意接近铺路。5月25日，巴都在众议院明确表示："法国与意大利并不是不可能在一种诚恳、忠诚而又明确的缓和中合作的。"

对于法国亲近的表示，意大利反应积极。不过与法国不同，它的主要目的不在于如何遏制德国，而是在于如何借机吞并埃塞俄比亚。意大利图谋埃塞俄比亚的野心由来已久，早在19世纪后期，意大利就曾发动过征服埃塞俄比亚的侵略战争，但由于1896年阿杜瓦战役的惨败，意大利的图谋没有得逞。一战后，随着法西斯势力的上台，武力吞并埃塞俄比亚的野心又开始膨胀。但由于战后英法势力已经渗入埃塞俄比亚，并且都拥有着巨大的经济利益，如法国控制着埃塞俄比亚港口吉布提到首都亚的斯亚贝巴的铁路运营，这意味着意大利要想独吞埃塞俄比亚，必须事先获得英法的认可。对此，墨索里尼在1933年1月就曾明确表示，"只要我们在欧洲得到绝对的授权"，"在埃塞俄比亚采取一场类似战争的行动"，将可以确保征服计划的成功[1]。

---

[1] 埃斯蒙德·罗伯逊：《帝国建造者墨索里尼》（Esmonde Robertson, *Mussolini as Empire-Builder*），纽约1977年版，第23页。

因此，法国政策的调整无疑给意大利实现其侵略野心提供了一个求之不得的机会。

然而，由于法意在殖民地问题上遗留很多历史问题，这使两国接近初期进展缓慢。直到 7 月，纳粹分子刺杀奥地利总理陶尔菲斯引发奥地利危机之后，法意在维护奥地利独立问题上找到共同点，才使两国接近的步伐大大地加快：9 月 1 日，墨索里尼正式邀请巴都在 10 月底访问罗马；9 月 5 日，巴都指示法国大使先与意大利方面拟订讨论提纲为出访作准备；9 月 27 日，法意会谈提纲拟订；10 月 3 日，巴都将他访问意大利的日期定在 11 月 4 日至 11 日。但是，由于 10 月 9 日巴都在马赛遇刺身亡，他计划中的罗马之行未能实现。不过，法意接近的外交目标最终是由他的继任者赖伐尔完成的。

赖伐尔在笼络意大利方面比巴都更加积极主动，当时法国的《共和国报》曾将赖伐尔的外交活动概括为"在多年的误解与冲突后，恢复与我们的邻国意大利的友好关系"。在赖伐尔眼中，意大利是连接法国与其东欧军事盟国的桥梁，在制衡德国的危险方面具有重大的战略价值。法国军方全力支持赖伐尔的看法，并强调法国一旦与意大利结盟，不但可以把法意边境的 10 个师调到法德边境上来，而且有助于在战时顺利调回法国驻扎在北非的军队，这对改善法德军事力量对比具有重要意义。因此，赖伐尔在 10 月 9 日上任后，把推进与意大利的结盟，列为法国外交的首要任务，并采取了积极的行动。

10 月 31 日，赖伐尔致电法国驻意大使德尚布伦，详述了法国对意外交的主要立场与目标，并指示他在此基础上立即与意大利进行谈判。电报中，除了对法意两国在关于殖民地等历史遗留问题——做了指示外，还明确提出了法国在以下三个问题上的要求：1. 军备协定，法意应就两国在德国破坏凡尔赛和约军事条款时相互磋商达成协定；2. 奥地利问题，法、意及小协约国共同保证支持奥地利独立及不干涉其内政；3. 意南关系，希望意大利与南斯拉夫签订仲裁与协商条约，谈判解决分歧①。

11 月 20 日，德尚布伦会见墨索里尼，法意谈判正式开始。

二、法意谈判与埃塞俄比亚问题

法意谈判期间，埃塞俄比亚问题始终是影响谈判进展的关键问题之一。早在八九月份双方最初拟订谈判议程时，意大利就丝毫不掩饰他们对埃塞俄比亚的企图，将法意在埃塞俄比亚的利益划分问题，列为谈判的重点问题，以至于法国人一开始就预感到埃塞俄比亚问题将会成为谈判的关键。12 月 5 日发生的瓦尔瓦尔事件②，使意大利吞并埃塞俄比亚的野心进一步膨胀，埃塞俄比亚问题也随即成为法意谈判的首要内容。12 月 6 日，即瓦尔瓦尔事件发生的次日，意大利代表苏维奇向法国大使明确提出了有关两国在埃塞俄比亚利益划分的问题，要求法国允许意大利参与吉布提——亚的斯亚贝巴铁路的经营，并支持意大利在埃塞俄比亚自行修建一条铁路。此后，又要求法国放弃在埃塞俄比亚的其他经济利益。12 月 17 日，法国大使德尚布伦向赖伐尔汇报："对于苏维奇先生提出，关于我们在埃塞俄比亚放弃经济利益的形式问题的回应将事关根本利益。事实上，从我们的观点看，这个回应是谈判的关键。"③

但是，当时法国政府关心的重点并不在埃塞俄比亚，12 月 15 日，赖伐尔在内阁中将法国对意政策的目标概括为以下三点：第一，希望意大利在德国重整军备问题上支持法国的立场；第二，如果恢复裁军谈判，法意相互支持保留对德优势，以确保本国安全；第三，法意在奥地

---

① 威廉·肖若克：《从盟友到敌人》（William Shorrock, *From Ally to Enemy*），肯特 1988 年版，第 104—105 页。
② 指 1934 年 12 月 5 日，意属索马里的意大利军队在埃塞俄比亚境内的瓦尔瓦尔地区与埃塞俄比亚军队发生的小规模武装冲突。
③ 威廉·肖若克：《从盟友到敌人》，第 107—108 页。

利问题上合作。因此，赖伐尔有意将埃塞俄比亚问题作为与意大利讨价
还价的筹码，在达到目的之前不肯轻易让步，致使法意谈判在 12 月下
旬一度停滞不前。

然而，此时墨索里尼已经决心动用武力征服埃塞俄比亚。他在 12
月 20 日亲自起草了一份针对埃塞俄比亚的行动纲领，其中明确指出：
意大利行动的最终目的是摧毁埃塞俄比亚的武装力量并全面征服这个国
家[1]。在这种情况下，为使征服埃塞俄比亚的计划能够顺利实施，意大
利急于在法意谈判过程中与法国达成妥协。12 月 25 日，墨索里尼对意
大利谈判代表阿洛伊西说，由于"埃塞俄比亚问题在我们与法国缔结
一项协定后才算准备就绪，目前有必要使事情进展得快些"[2]。为此，
墨索里尼在 12 月 27 日亲自召见法国大使，表示意大利同意法国在有关
奥地利独立及德国重整军备等问题上的立场，但条件是要求法国在埃塞
俄比亚问题上作出让步。对此，墨索里尼明确提出两点要求：1. 要求
法国允许意大利参股吉布提——亚的斯亚贝巴铁路的经营；2. 要求法
国政府秘密地承诺法国在埃塞俄比亚的经济利益仅局限于铁路沿线。法
国大使在当天给赖伐尔的电报中写道："他（指墨索里尼）对我毫不掩
饰地说这一点将是协定获得成功的关键。"[3] 由于意大利在主要的问题
上满足了法国的要求，所以法国决定在埃塞俄比亚问题上回报意大利。
赖伐尔在 12 月 29 日提出一份有关法国在埃塞俄比亚的经济利益的协定
草案，其中同意将法国的利益限制在吉布提——亚的斯亚贝巴铁路沿
线，要求法国大使在此基础上与意大利谈判[4]。

---

[1] 埃斯蒙德·罗伯逊：《帝国建造者墨索里尼》，第 109 页。
[2] 埃斯蒙德·罗伯逊：《帝国建造者墨索里尼》，第 110 页。
[3] 《法国外交文件集》（*Documents Diplomatique Francais*, 1932–1939）第 1 辑，第 8 卷，巴黎 1979 年版，第 502 页。
[4] 《法国外交文件集》（*Documents Diplomatique Francais*, 1932–1939）第 1 辑，第 8 卷，巴黎 1979 年版，参见《国际条约集 1934—1944》，世界知识出版社 1961 年版，第 21—26、524—525 页。

至此，法意谈判获得突破性进展，尽管具体细节还有待于敲定，但法意协定已基本成型，因而赖伐尔的罗马之行也随即提上日程：启程时间定于 1935 年 1 月 4 日。

三、罗马协定的缔结及其内容

1935 年 1 月 4 日，赖伐尔如期抵达罗马。从 5 日开始，法意两国谈判代表就有关协定的最终文本进行了两天的讨论，其间有关埃塞俄比亚问题的谈判一度陷入僵局，最后协议是赖伐尔与墨索里尼在 6 日夜晚进行了绝密的单独会谈后才达成的。1 月 7 日晚 8 点，法意罗马协定正式签字。

罗马协定是一系列文件的总称，主要包括以下八个文件，即《法意共同维护和平的宣言》、《法意关于共同维护奥地利现状的议定书》、《关于法意在非洲利益的条约》、《关于意大利人在突尼斯地位的议定书》、《法意保证自由通过曼德海峡的议定书》、《法意关于裁军问题的议定书》以及墨索里尼致赖伐尔的两封信。在这八个文件中，前四个文件是公开发表的，主要涉及奥地利问题以及两国在非洲殖民地侨民和经济利益等历史问题，其内容基本上为人所知①。后四个为秘密文件，内容涉及法意就德国军备问题和埃塞俄比亚问题所作的政治交易，它们才是罗马协定真正的核心所在。

在四个秘而不宣的文件中，法国的收获主要体现在《法意关于裁军问题的议定书》中。该议定书不但宣布两国一致反对德国单方面重新武装，而且还明确规定了两国在下列两种情况下所应采取的行动：1. 在德国单方面重新武装的情况下，法意应就双方将要采取的态度进行协

① 参见《国际条约集 1934—1944》，世界知识出版社 1961 年版，第 21—26 页。

商以便协调行动；2. 在形势允许恢复裁军谈判的情况下，两国政府应在有关军备限制的数额方面共同合作，以便能够确保两国在彼此公平的基础上拥有相对于德国的优势①。从这份议定书的内容看，法国不仅在德国军备问题上的立场获得了意大利的认同，而且为法意缔结军事同盟作了铺垫。事实上，罗马协定缔结三天后，法意军事参谋长会议便开始筹备了。由此可见，法国拉拢意大利、孤立德国的政策已经初见成效。赖伐尔事后曾得意地表示，他在罗马得到了巴都所切望而未实现的结果："希特勒和墨索里尼两人的联系已被削弱了；意大利倾向法国了；奥地利的独立已有保证了；欧洲和平的基础已奠定了。"为此，大多数法国人都将罗马协定看作是法国外交的一大胜利，法国参众两院先后都以绝对多数票通过了该协定。社会党领袖布鲁姆甚至不无夸张地评价说："这些公布的协议……是如此地高贵，如此地完美，如此地寓意深远，以至于即使只有一部分得以实现，人们也会感到高兴。"② 然而，法国在罗马协定中取得的成果是靠牺牲第三国的利益换来的——埃塞俄比亚成了法意秘密交易的牺牲品。法意关于埃塞俄比亚的秘密协议是以墨索里尼致赖伐尔的两封书信的形式表述的，这两份"必须严格保密"的文件，分别表述了法国所作出的两点让步：第一，"法国政府向意大利政府声明，除了有关自吉布提至亚的斯亚贝巴的铁路交通相关的经济利益之外，法国不在埃塞俄比亚寻求其他方面的利益"；第二，"为了便于两国在自吉布提至亚的斯亚贝巴铁路利益上更紧密地合作，法意确认该线法国特许公司出让 2500 股公司股份给意大利公司"③。

此外，赖伐尔还在与墨索里尼的私下秘密会晤中口头作出了允许意大利在埃塞俄比亚"放手行事"的承诺。尽管赖伐尔事后辩解说他当

---

① 《法国外交文件集》（Documents Diplomatique Francais，1932–1939）第 1 辑，第 8 卷，巴黎 1979 年版，第 604—605 页。

② 威廉·肖若克：《从盟友到敌人》，第 112 页。

③ 《法国外交文件集》（Documents Diplomatique Francais，1932–1939）第 1 辑，第 8 卷，巴黎 1979 年版，第 609—610 页。

时的"全部的考虑就是意大利将只会以和平的方式来利用这个行动自由",同时极力否认会谈中"存在任何可能推动或鼓励意大利动武的事",但这并不能否认法国已默认了意大利对埃塞俄比亚存有野心的事实。因为不论赖伐尔允许意大利自由行事的承诺是否意味着认可意大利动武,下列事实都是无法改变的:那就是法国的确将埃塞俄比亚作为外交筹码出卖给了意大利,而这一点恰恰是日后导致意埃冲突步步升级,直至意大利最终发动侵略战争的关键一环。1935 年底,意大利外交部的一份文件充分证实了这一点:"实质上,埃塞俄比亚的命运及法国在东非问题上的立场在墨索里尼与赖伐尔罗马会谈结束时就已经决定了。随着 1 月 7 日信件的起草及赖伐尔口头的保证,法国政府已注定同意意大利为满足其在东非扩张,及一劳永逸地解决与埃塞俄比亚政府间的任何问题而自由行动了。"①

事实的确如此。当法国人正为自己通过罗马协定赢得了一个新的盟友而弹冠相庆时,埃塞俄比亚却面临着灭顶之灾:1935 年 10 月,得到法国默许的意大利在经过几个月的军事准备后,悍然发动了侵略埃塞俄比亚的战争。1935 年 1 月 7 日罗马协定的缔结,实质上是法国对德政策的产物。作为抵消纳粹德国给欧洲带来的日益加剧的危险而采取的一系列外交手段之一,法国与意大利接近的最终目的在于加强自身安全、孤立纳粹德国。然而,法意谈判期间,法国为了换取意大利的合作,不惜纵容意大利的侵略野心,将埃塞俄比亚作为政治交易的筹码。这种通过牺牲第三国利益来维护本国安全的外交政策是典型的绥靖政策。法国这种损人利己的短视政策,不但未能使罗马协定成为遏制德国危险的王牌,反而使国际局势日趋复杂与动荡。

罗马协定的缔结给当时的国际关系带来了极为严重的后果。事实证

---

① D. C. 瓦特:《文件:1935 年赖伐尔—墨索里尼有关埃塞俄比亚的秘密协定》(D. C. Watt, *Document:The Secret Laval-Mussolini Agreement on Ethiopia of* 1935)。《中东杂志》(*Middle East Journal*) 1961 年第 15 期。

明，1935 年初缔结的法意罗马协定，与 10 月间爆发的意埃战争之间，存在着密不可分的联系：法意接近以及法意谈判期间关于埃塞俄比亚的秘密交易，事实上最终为意大利日后武装入侵埃塞俄比亚敞开了大门。从这个角度来看，称 1935 年秋意埃战争的爆发，源于 8 个月前签署的法意罗马协定，并不为过。

（原载《历史教学》2001 年第 11 期）

1933 年希特勒在德国上台与法国的反应

1933 年 1 月 30 日希特勒出任德国总理，是 30 年代欧洲国际关系史上具有标志性的事件之一。这一事件在当时的法国引起了很大的反响。作为德国近邻，同时又是德国的宿敌的法国，其最初的反应不仅会直接左右两国关系的前景，而且在一定程度上还会影响到未来欧洲国际关系的走向。本文拟分析法国政府在希特勒上台之初的反应及其成因，借以分析德国纳粹化时期法国外交的基本脉络及其特点。

一

1933 年 1 月 30 日，希特勒就任魏玛共和国总理，标志着德国纳粹化进程的开始。尽管从政府成员构成来看，希特勒领衔的内阁最初只是纳粹党和中央党组成的联合政府，而且纳粹党在政府内并不占优势：11名部长中有 5 名是前巴本内阁的成员，而纳粹党（除希特勒外）只拥有 2 个部长职位①，因而严格地讲，希特勒的上台远非真正意义上的纳粹政权的建立。但是由于德国纳粹党极端仇视它的近邻法国，所以对于

---

① 五位前巴本内阁成员是副总理兼普鲁士专员巴本、司法部长居特纳、外交部长冯·牛赖特、财政部长施威林·冯·克罗西克伯爵、邮电交通部长埃尔茨·吕本赫男爵；另两位纳粹党员为内政部长弗里克和不管部部长兼普鲁士代理内政部长戈林。

法国人来说，德国国内政治形势的变化无疑是一个危险信号。在希特勒眼中，法国是"德国人民不可调和的死敌"[1]，是实现其扩张计划的首要障碍。他在《我的奋斗》一书中明确指出："彻底消灭法国是保证德国人民最大限度地扩张的唯一途径。"[2] 但是希特勒深知德国当时的军事实力远不如法国，因此，他在上任之初就把加紧扩充德国的军备作为政府的首要任务之一。2 月 1 日，即他上任第三天，希特勒便召集德国国防军高级将领开会，阐述其有关大规模重整军备的计划。同时，希特勒还强调在德国重整军备的过程中存在与法国作战的可能性，要求军方作好准备。他在讲话结束时指出："重建军队的时期将是最危险的时期，它将表明法国是否存在真正的政治家，如果有，法国将不会给我们时间，而且会进攻我们。"[3] 此外，为了将引起法国干预的可能性降低到最小，希特勒还多次谈到在重整军备期间德国政府应该利用外交手段来麻痹法国人，他说："当我们等待它（指重整军备）实现的时候，让我们安抚法国人，用友好的言辞、用谈判的条件、用裁军的建议来取悦他们。"[4] 毫无疑问，希特勒的上台对于一战后极为关注自身安全的法国人来说的确意味着新的、严重的威胁的出现，尽管这种威胁在当时还仅仅是一种潜在的威胁。

二

德国国内政局的变化从一开始就引起了法国人的严重关注与不安。

---

① 斯科特：《反希特勒联盟》（Scott, *Alliance against Hitler*），杜克大学出版社 1962 年版，第 78 页。
② 杰克逊：《法国情报部门与希特勒上台》（Jackson, "French Intelligence and Hitler's Rise to Power"），载《历史杂志》（*The Historical Journal*）1998 年第 3 期。
③ 诺克司等编：《纳粹主义文件 1919—1945》（Noakes, *Documents on Nazism 1919-1945*），伦敦 1974 年版，第 509 页。
④ 保罗·雷诺：《在酣战中 1930—1945》（Paul Reynaud, *In the Thick of the Fight* 1930-1945），纽约 1955 年版，第 28 页。

1月30日，希特勒就任德国总理的当天，法国驻德大使弗朗索瓦·庞塞在发往国内的报告中就指出："对德国和欧洲来说，希特勒—巴本—胡森伯内阁的建立不仅仅是一次冒险的尝试……无论如何，希特勒获任德国总理的事件是值得忧虑的。"① 1月31日，法国《劳动报》头版开篇提问："（德国）新政权会实行一种暴力与毁灭的政策吗？"② 同日，《费加罗报》刊文指出："从国际上看，希特勒上台是一个严重的危险，这是一颗能够引起火药桶爆炸的火星。"③ 2月12日，法国激进党领导人爱德华·赫里欧在《小普罗旺斯报》上提醒公众：德国"对暴力的崇拜和对法律的蔑视将助长对外战争的发生"④。一时间，"狼来了"的呼声不绝于耳，舆论普遍要求政府尽快采取有力的应对措施。

在呼吁政府重视德国纳粹化可能带来的危险方面，法国军方的努力尤为引人注意。事实上，法国军方对德国纳粹势力的发展一直心存疑惧。早在1931年4月2日，法国军方情报部门就曾在一份题为《德国对于法国的态度》的报告中预言过德国纳粹势力掌权后将会带来的不良后果：如果目前的民主体系失败，它将肯定会被民族主义者的极权主义政权所取代，后者将背弃德国在国际大家庭中的义务，并开始尽快地重新武装。⑤ 法国驻德武官勒农多说得更加明确："如果希特勒成为总理，德国将会被变成一个巨大的兵营。"⑥ 1932年5月4日，法国情报部门又向国防部、外交部提出了警告，称："希特勒分子的外交政策概

---

① 《法国外交文件 1932—1939》（*Documents Diplomatique Francais 1932-1939*），第 1 辑。
② 迈克尔：《激进党人同意纳粹德国》（Michael, *the Radicals and Nazi Germany*），华盛顿 1982 年版，第 14 页。
③ 维戈兹基等编：《外交史》，第 3 卷，下卷，三联书店 1982 年版，第 799 页。
④ 迈克尔：《激进党人同意纳粹德国》，第 14 页。
⑤ 杰克逊：《法国情报部门与希特勒上台》（Jackson, "French Intelligence and Hitler's Rise to Power"），载《历史杂志》（*The Historical Journal*）1998 年第 3 期。
⑥ 杰克逊：《法国情报部门与希特勒上台》（Jackson, "French Intelligence and Hitler's Rise to Power"），载《历史杂志》（*The Historical Journal*）1998 年第 3 期。

念的基本核心是对法国的极端仇视，后者被视为德国世代相传的死敌。"① 希特勒上台后，法国军方情报部门对德国政府的扩军政策做了相当准确的预报。3 月 7 日，法国驻德武官勒农多向国内报告说："目前控制着第三帝国的命运的政府毫不掩饰它夺权的首要任务是在尽可能短的时间内建立起一支最强大的军事力量。"② 4 月 6 日，法国军事情报部门更深刻地指出：希特勒执政初期的对外政策将是"暂时不惜一切代价避免任何外部冒险"，因为"德国需要时间重建其军事力量"③。为此，3 月 16 日，法军总司令魏刚向法国总理达拉第致信要求政府关注德国政局变化对法国存在的潜在威胁，反对德国有关军备平等的要求，要求政府采取措施确保法国在人力物力方面的对德优势④。

值得指出的是，1933 年初的法国在军事实力方面拥有绝对的对德优势。当时驻扎在法国本土的常备军有 20 个步兵师和 5 个轻型摩托化师，人数总计约 34 万人，再加上机动部队和城防部队以及宪兵，人数更是高达 45 万人⑤。这个数字是凡尔赛和约允许德国拥有兵力的 4 倍。因此，法国当时是完全有能力对德采取先发制人的军事打击的，而且事实上，当时法国的最高军事领导人也曾不止一次谈到过应该对德国发动预防性的战争，身为法军总司令、最高军事委员会副主席以及陆军总监等要职的魏刚将军就曾对比利时大使力陈采取军事行动的迫切性："为什么不发动预防性战争呢？今天法国还有军事优势，要不了多久，她就没有了！"⑥

---

① 杰克逊：《法国情报部门与希特勒上台》。
② 杰克逊：《法国情报部门与希特勒上台》。
③ 杰克逊：《法国情报部门与希特勒上台》。
④ 杰克逊：《法国情报部门与希特勒上台》。
⑤ 罗伯特·扬：《统帅法国：法国外交政策与军事计划 1933—1940》（Robert Young, *In Command of France: French Foreign Policy and Military planning 1933—1940*），剑桥 1975 年版，第 36—37 页。
⑥ 罗伯特·扬：《统帅法国：法国外交政策与军事计划 1933—1940》，第 51 页。

但是，发动预防性战争毕竟只是少数人的想法，与之相比更为可行的主张则是要求进一步加强法国在军事方面的对德优势。当时法国舆论普遍认为，在德国的危险日益增强的情况下，法国必须加强自己的国防力量，至少也要保住现有的对德军事优势。英国驻法大使蒂勒尔曾向国内报告了法国舆论的反应，他一针见血地写道："希特勒主义的即时效果就是使法国愈发地不愿削减他们在军备方面一直拥有的对德优势。在法国舆论看来……当希特勒这样的人在台上……的时候，将（法国军备）削减到德国的水平或允许德国将其军备提高到法国自己的水平简直就是发疯。"①

然而，与国内舆论界迅速而热烈的反应相比，法国政府的反应是迟缓而温和的。事实上，在1933年1月31日，即希特勒上台次日由激进社会党人达拉第领衔组阁的法国新政府，对于德国形势的变化并不像法国舆论界那样惊慌不安。2月14日，法国总理兼陆军部长达拉第在第15次国防多部门委员会会议上表态说："我清楚地知道希特勒目前在德国总理府，但是，给我解释解释，希特勒的外交政策的原则在哪些方面与施莱歇尔或布吕宁的外交政策的基础不同？在我看来，情势并未改变。"② 3月14日，达拉第又在他执政后对公众发表的第一次广播讲话中竭力安抚法国舆论，他向公众表白说："请放心，我们正在高度警惕国际政治的进展，法国不知道仇恨，也不知道害怕……如果我没有认识到道德力量的伟大以及物质力量的威力那将是对你们的侮辱，后者将允许法国万无一失地观察动荡世界的事态变化。"③ 此后，达拉第又先后在5月15日和12月18日召开的最高军事委员会会议上一再否认希特勒上台加重了德国的危险。

① 《英国外交政策文件》（*Documents on British Foreign policy* 1919-1939），第2辑，第5卷，伦敦1956年版，第268—269页。
② 杰克逊：《法国情报部门与希特勒上台》。
③ 斯科特：《反希特勒联盟》，第103页。

与此同时，法国政府还在对外政策上避免作出过激的反应，用达拉第的话说就是采取了一种"冷静和理智的政策"①。这首先表现在达拉第政府不但否决了军方要求加强法国军备的建议，相反还于 2 月 23 日通过了进一步削减军事预算的财政法案，削减军费 10 亿法郎。其次，法国政府没有改变其前任政府参加国际裁军大会的政策，仍然同意讨论德国军备平等的问题。3 月 10 日，法国外长保罗-邦库尔一语道破了法国在安全问题上的立场："法国必须通过国际协定来寻求安全，而不是通过重整军备。"② 7 月 4 日，法国政府又在递交英国的照会中明确表示：在德国违约的情况下，"所有的军事行动必须被排除"③。除此之外，法国政府还在 3 月下旬接受了意大利的建议，参与英、法、德、意四国间针对德国军备问题进行的谈判，谋求通过谈判解决德国的军备平等问题。尽管 5 月 30 日签署的四国公约实际上并没有任何约束力，但法国的行动至少表明它对于德国政府的更替并不会采取强硬的敌视措施。1933 年 5 月 19 日英国驻法大使在发给国内的报告中对法国的政策评价道："法国已经退回到了一种极端谨慎的政策，她被禁止采取任何带有军事冒险性质的强硬措施。"④

三

法国政府的决策决非偶然，而是有着复杂、深刻的国内背景的。究其原因，首先要强调的就是当时法国国内严重的经济困境束缚了法国政

① 《英国外交事务文件：外交部绝密报告与文件》（*British Documents on Foreign Affairs*：*Reports and Papers from the Foreign Office Confidential Print*）第 2 部，F 辑，第 20 卷，美国大学出版公司 1993 年版，第 348 页。
② 杰克逊：《法国情报部门与希特勒上台》
③ 杰克逊：《法国情报部门与希特勒上台》。
④ 《英国外交政策文件》，第 2 辑，第 5 卷，伦敦 1956 年版，第 269 页。

府实施强硬外交政策的能力。

1929 年开始席卷整个资本主义世界的经济危机波及法国的时间虽然较晚，但对法国经济的影响却很严重。1932—1933 年是法国经济最困难的时期。由于危机的打击，从 1931 年起，法国的工业生产出现下滑，到 1932 年降到最低点，仅仅相当于 1929 年的 72%①。国税收入也从 1929 年的 559.73 亿法郎直线下降到 1932 年的 308.857 亿法郎②。经济的衰落导致了法国严重的财政危机：1929—1930 年度，法国财政尚盈余 54.19 亿法郎，而 1930—1931 年度则转而出现 49.18 亿法郎的亏空，1931—1932 年度财政赤字更高达 54.84 亿法郎，到 1932 年形势更为恶化，仅 4 月到 12 月的 9 个月间财政赤字就达到 46.28 亿法郎③。与此同时，法国黄金储备的不断外流也进一步加剧了政府的财政压力：1932 年法兰西银行的黄金储备减少了 20 亿金法郎，1933 年更高达 95 亿金法郎④。由于经济问题，从 1931 年 1 月 27 日赖伐尔内阁成立到 1933 年 1 月 28 日保罗·邦库尔内阁倒台的短短两年间，法国走马灯似的换了 6 届政府。每一届政府都是把维护财政收支平衡、稳定法郎币值看作首要任务，但结果都是由于无力解决经济问题而下台。1933 年 1 月上台的达拉第政府实际上面临着的是 1931 年以来最为严重的财政危机。因此，如何减少赤字、平衡预算以缓和经济压力自然成了政府关注的首要任务。在这个问题上，达拉第政府仿效前任政府，继续采取紧缩银根、削减支出的政策，并且将军费支出作为削减的重点，提出当年裁

① 穆雷：《控制普恩加莱法郎》（Moure, *Managing the Franc Poincare*），剑桥 1991 年版，第 14 页。

② 索维：《两次世界大战间法国经济史》（Sauvy, *Histoire Economique de la France entre les deux Guerres*），巴黎 1975 年版，第 104—105 页。

③ 穆雷：《控制普恩加莱法郎》，第 158 页。

④ 弗朗索瓦·戈盖尔：《第三共和国时期各政党的政策》（Fransois Goguel, *La Politique des Parts sous la IIIe Republic*），巴黎 1946 年版，第 332—333 页。

军 6 万人（包括军官 500 人）的财政预算①。2 月 14 日，当有人在法国
国防委员会开会期间针对德国政局的变化，提议应该重新考虑政府有关
调整削减军事预算的决定时，达拉第坚决反对。他强调：平衡财政预算
是政府的当务之急，"财政考虑必须放在军事预算之前"，"平衡预算是
国家安全最好的保证"②。2 月 18 日，他又对法国高级将领们重申不能
增加军事预算，强调财政问题是法国面临的最严重的危险："法国必须
首先度过财政危机"，"一旦危机被克服……我们将可以用不同的眼光
看待事物。"③ 结果 2 月 23 日通过的新预算使得 1933 年法国军费支出
比 1932 年减少了 1093738486 法郎，约占当年财政削减总数的一半④。
这样，当希特勒在德国将扩军计划提上日程的时候，法国的军事力量却
由于经济问题不但没有得到加强，反而进一步遭到了削弱。毫无疑问，
作为实力外交后盾的军事力量的削减反过来自然会限制法国强硬外交的
实施。事后，达拉第在回顾 1933 年法国政府的外交决策时也坦然承认
来自国内经济的压力是导致法国政府未能采取更加强有力的政策的主要
原因，他说："我们当时正面临着真正的财政失血，它使得在法国境外
的所有政治活动完全成为虚幻。"⑤

此外，希特勒上台后法国舆论存在的矛盾和混乱使得相当多的法国
人在对德国新政权产生疑惧的同时又对法德和解抱有幻想，这成为影响
法国政府决策的另一个重要原因。

事实上，法国舆论虽然普遍意识到德国纳粹势力的上台对法国的安
全构成了威胁，但在如何评估这一危险的问题上却从一开始就存在分

① 全国科学研究中心编：《法国与德国 1932—1936》（Centre National de la Recherche Scientifique ed., *La France et L'Allemagne* 1932—1936），巴黎 1980 年版，第 300 页。
② 杰克逊：《法国情报部门与希特勒上台》。
③ 杰克逊：《法国情报部门与希特勒上台》。
④ 《英国外交事务文件：外交部绝密报告与文件》，第 2 部，F 辑，第 21 卷，美国大学出版公司 1993 年版，第 58 页。
⑤ 杰克逊：《法国情报部门与希特勒上台》。

歧。最典型的例证莫过于法国人在希特勒领衔的联合政府能否长期执政
的问题上所作出的截然相反的判断。法国驻德大使在 1 月 30 日第一次
向国内报告希特勒组阁的消息时就预言德国新政府内含的矛盾和竞争肯
定将使之难以长期执政①。然而，同驻柏林的法国驻德武官勒农多的看
法却恰恰相反，他在 2 月 2 日发回国内的报告中认为联合政府的构成并
不能束缚希特勒，后者容忍联合政府形式的时限将仅仅是划定在他夺取
全国政权之前②。不过，当时法国政界大多数人同意弗朗索瓦·庞塞的
看法，对德国恢复常态抱有幻想。1933 年 6 月 28 日法国外长保罗-邦
库尔表示："我相信德国真正的领导人，及这个国家的深层倾向将清除
目前的狂热并重建以往的德国。"③ 与此同时，由于希特勒上台初期在
对外政策上基本采取低调姿态，这种政策不仅在相当程度上麻痹和迷惑
了部分法国人，而且还增加了他们对于法德达成和解的幻想。曾出任部
长、总理等要职的法国政治家弗朗丹在 3 月底接受《曼彻斯特卫报》
驻巴黎记者采访时甚至表示："我看不到任何值得忧虑的，希特勒的德
国对英国是一个启示，它不是针对我们的。在很多方面，我们更喜欢希
特勒而不是冯·巴本或施莱歇尔。"④

　　对形势的不同判断直接导致了 1933 年初法国舆论在如何应对德国
危险问题上的分歧。除了以军方为代表的强硬派主张外，法国国内当时
还存在着另一种主张尽早与德国达成和解以避免战争危险的观点，而且
这种观点在当时法国最大的政党激进党中还很有市场。2 月 5 日，激进
党人阿尔伯特·巴耶在《共和国报》上撰文要求与德国展开和谈，强
调："当和平被动摇时，我们必须在任何地点与任何时间进行谈判。"⑤
3 月 5 日，纳粹党在德国大选中获胜后，法国主张与德国谈判和解的呼

① 《法国外交文件 1932—1939》，第 1 辑，第 2 卷，第 543 页。
② 杰克逊：《法国情报部门与希特勒上台》。
③ 杰克逊：《法国情报部门与希特勒上台》。
④ 斯科特：《反希特勒联盟》，第 102 页。
⑤ 迈克尔，前引书，第 115 页。

声更高。3 月 11 日，《劳动报》甚至公开宣称："我们必须不惜一切代价来避免战争。"① 在各种要求与德国和解的主张中，激进党人保罗·巴斯蒂德的看法最有代表性。他在 4 月 4 日法国《电讯报》上撰文指出：应该趁着目前纳粹革命只是关注内部事务，还未扩大到国际事务时立即与德国开始外交谈判，因为此时希特勒政权由于内部斗争的艰巨，必定需要国际上的和平，所以此刻展开谈判是恰当其时②。4 月 6 日，社会党领袖勃鲁姆在众议院呼吁："我们应该同希特勒作斗争，但我们应该务必使法国不要被民族主义牵着走。""当前欧洲和平的最大危险就是德国的重新武装及其可能带来的全部后果。在此时此刻，我请求你们，克制自己……和平以及对和平的期望才是解决问题的途径。"③ 此外，法国驻德大使的意见对政府决策的影响也是不能忽视的。尽管弗朗索瓦·庞塞的报告往往措辞含糊，甚至前后矛盾，但总体上讲他是支持与德国达成和解的。如他在 2 月 1 日发回国内的报告中就曾反对法国政府对德作出过激反应，他在报告的结尾还着重指出，法国"没有必要丧失冷静"，法国应该避免给希特勒强化德意志民族主义者的爱国情感提供机会④。5 月 23 日，他再次向政府建议要趁德国国内混乱，应抓紧时机与德国谈判，以"获取我们在其他情况下不可能得到的（安全）保证和让步"⑤。弗朗索瓦·庞塞的看法在国内当权者中不乏呼应者，甚至达拉第总理私下也曾对英国驻法大使表示说：如果不是国内存在反对力量，他真希望亲自访问柏林，坐下来与希特勒面对面地进行会谈⑥。显然，在这种情况下，法国是不可能对德国采取什么强硬措施的。总之，1933 年初法国对于希特勒在德国获取最高权力一事以及由

---

① 迈克尔，前引书，第 46 页。
② 迈克尔，前引书，第 14 页。
③ 斯科特：《反希特勒联盟》，第 102—103 页。
④ 《法国外交文件 1932—1939》，第 1 辑，第 2 卷，第 553 页。
⑤ 杰克逊《法国情报部门与希特勒上台》。
⑥ 斯科特：《反希特勒联盟》，第 127 页。

此可能产生的严重后果并非毫无警觉，然而，由于国内经济问题的困扰，以及部分法国人对法德和解抱有的幻想，制约了法国外交行动的方式和力度，导致法国政府最初没有选择重整军备以应付德国的危险，而是采取了"冷静而理智"的政策。虽然法国政府当时在具体问题上也做了一些微调，如 1933 年 2 月 11 日批准了法苏互不侵犯条约，但是总体上并未在希特勒上台后在对德政策上作出根本性的调整。事实表明，法国国内状况束缚了法国的手脚，使它无法在处理国际问题上采取强硬政策，就像法国总理达拉第事后一针见血地指出的那样："国防与预算平衡是密不可分的，当国家财政陷于混乱的时候是不可能有自由而主动的外交政策的。"①

从上述角度可以清楚地看到，从希特勒上台的第一天起，法国的对德政策就在很大程度上受到国内经济形势的制约，而且事实上，这种制约随着法国经济的持续低迷一直贯穿整个 30 年代。随着法国实力的衰落，30 年代法国的外交史实际上也就成了法国实力外交的没落史：从日内瓦裁军大会失败到慕尼黑协定的缔结，法国政府作出的任何外交决策的背后无不隐藏着实力削弱的事实。结果，在希特勒发起的一次又一次挑战面前，法国节节后退并最终走上了一条向对手企求和平的绥靖之路。

(原载《史学月刊》2000 年第 2 期)

---

① 《英国外交部事务文件：外交部绝密报告与文件》，第 2 部，F 辑，第 20 卷，第 349 页。

1936 年法国防范德国重占
莱茵非军事区的决策

1936 年 3 月 7 日，德国进兵莱茵非军事区（莱茵兰）。此举不仅违反了凡尔赛和约有关非军事区的条款，而且违反了洛迦诺公约有关维持法德边界现状的规定。面对德国的毁约行动，法国起初反应强烈，但最终却没有采取人们预期的军事反击行动，而是接受了既成事实，从而丧失了遏制德国法西斯势力的良机。法国在莱茵兰危机期间的外交一直引人关注，大多数西方学者认为法国政府应对危机的决策存在重大失误，但对造成这种失误的原因则众说纷纭、莫衷一是。事实上，法国政府在危机爆发前就已经制定了"不单独行动"的预案，其应对危机的措施完全是这一既定政策的贯彻和延续，并非仓促应对导致的决策失误。本文拟利用法国官方的原始文件并结合前人的研究成果，从政府决策的过程入手，深入探讨莱茵兰危机前夕法国这一既定政策的决策背景和动因，以期从一个侧面加深对三十年代法国外交的认识。

一

莱茵兰危机发生前，曾有大量的情报使法国政府觉察到了德国重新武装非军事区的危险。最早预警的是法国驻科伦总领事让·多布勒，他在 1935 年 4 月 12 日发回外交部的报告中历数了德国人正在非军事区修建营房、武装库、飞机场及铁路公路等设施，提醒政府德国可能在莱茵兰采取行动。① 同年 6 月，法国驻柏林武官勒农多将军向国内报告了德国在莱茵兰地区设立征兵办公室的情况，并预言尽管德国暂时仍会尊重莱茵兰非军事区条款，"但取消这个决定的问题总有一天会提上议事日程"。② 10 月 21 日，法国陆军参谋总长甘末林将军致函外交部，强调"必须正视德国人最晚在 1936 年秋天以前推翻有关莱茵兰规定的假设"。③ 11 月 21 日，法国驻德大使弗朗索瓦-庞塞在会晤希特勒后向国内警告说，德国很可能会借口《法苏互助条约》的签订而重新武装非军事区："希特勒只是在犹豫什么时候行动合适"。④ 其后，弗朗索瓦-庞塞又多次向政府提出类似警告。到 1936 年初，有关德国重占莱茵兰的危险似乎已迫在眉睫：1 月 18 日，法军参谋总长甘末林在一份备忘录中断言："根据近来的情报，我们可以预料德国人很快就要重新侵占莱茵非军事区，至少也会侵占莱茵河右岸"。⑤ 法国驻柏林武官勒农多在 1 月 15 日的日记中写道："对我来说，德国人将重新占领莱茵兰是毫无疑问的，只是日期还未确定。令人担心的是这个日子不大遥远了"。⑥

在这种背景下，法国政府开始关注莱茵兰问题。1936 年 1 月 20 日，法国外长赖伐尔首先对英国外交大臣艾登表示了对德国重占莱茵非军事

---

① Serre, Charles, *Rapport Fait au nom de la Commission Chatgee D'enqueter sur les evenements survenusen France de 1933 a 1945* [Z], Paris, 1951, p. 483.

② Jean Baptis te Du ros elle. *La Decadence*, 1932—1939 [M]. Paris, 1979, p. 161.

③ Mau rice Gam elin. *Servir*：Vol. II [Z]. Paris, 1946, pp. 194-195.

④ Andre Francois-Poncet, *Souvenirs d'une ambassa de a Berlin Septembre 1931—Octobre 1938* [Z]. Paris 1963, p. 248.

⑤ *Documents Diplomatiques Francais*, 1932—1939：Serie 2, Tome 1 [Z]. Paris, 1963, pp. 116-120.

⑥ *Documents Diplomatiques Francais*, 1932—1939：Serie 2, Tome 1 [Z]. Paris, 1963, p. 91.

区的担心，并询问届时英国是否会站在法国一边。① 但是，由于当天赫里欧等部长的辞职导致了内阁的垮台，他的外交试探没能持续下去。1月 22 日成立的以萨罗为总理、弗朗丹为外长的新内阁面临 5 月大选，实质上只是个过渡性的看守内阁，但它并未因此忽视莱茵兰问题。外长弗朗丹在就职当天表示："我关注的事情只有一个，就是莱茵兰。"②

鉴于德国可能会以法国批准法苏互助条约为借口重新武装莱茵兰，法国内阁在 2 月 27 日，即议会批准法苏互助条约的当天，就如何应对德国的挑战做出了决议。决议内容包括以下三点：1. 法国政府将不单独采取行动，而要和洛迦诺公约签字国一致行动。2. 一旦凡尔赛和约第 43 和 42 条受到明目张胆的和不容置疑的破坏，法国政府将立即和英国、比利时和意大利政府进行协商，以期协调一致，采取共同行动来执行国联盟约和洛迦诺公约的规定。3. 在与各国协商期间，法国政府保留采取包括军事措施在内的一切预防措施的权利，以便为国联行政院和洛迦诺保证国可能决定采取的集体行动做准备。③

显然，2 月 27 日决议的核心是法国不单独对德国违约采取制裁行动。它意味着法国在德国行动前即已放弃了独立进行反击的打算；更为严重的是，法国的决议在标榜"集体行动"的同时限制了自己的行动自由，实际上是把决策的主动权交到了别国的手里。事实上，莱茵兰危机爆发后法国政府的外交活动正是按照这一既定方针行事的，其结果是在英国的影响下妥协退让，接受了德国重占莱茵兰的既成事实。那么，究竟是什么原因使得法国政府在危机前就做出如此自缚手脚的决策的呢？

---

① Jean Baptiste Duroselle. France and Rhineland [A]. Eubank Keith. *World War II*: *Roots and Causes* [C]. London, 1975, p. 80.
② L. B. Namier, F. B. A., *Europe in Decay*: *a study in disintegration*, 1936—1940 [M]. Peter Smith, 1963, p. 17.
③ *Documents on British Foreign Policy*, 1919-1939: Series2, Vol. XV [Z]. London, 1976, pp. 22-23.

二

　　法国政府 2 月 27 日的决策是国内外各种制约因素交互作用的结果。在这些内外因素中，英国政府的态度和法国军方的立场对法国政府的决策有着最为直接的影响。

　　法国新任外长弗朗丹与其前任一样首先想了解英国在莱茵兰问题上的立场。1 月 27 日，他借参加英王乔治五世的葬礼之机先后与英国外交大臣艾登和英国首相鲍尔温谈及德国重占莱茵兰的危险，并要求英国政府事先就该问题表明态度。但没想到艾登和鲍尔温都强调有关莱茵兰问题应该由法国自己做决策并反问法国政府的对策，这使弗朗丹倍感尴尬，他只好表示回国后将立即研究这个问题并将结果通知英国。

　　事实上，英国人当时正在考虑如何利用莱茵兰问题与德国达成和解，因此不希望事先与法国过多地交换意见。如 2 月 13 日，当艾登得知英国驻法大使克拉克与弗朗丹私下进行会晤后，立即电告克拉克不要与法国人探讨莱茵兰问题。他叮嘱克拉克："如果弗朗丹先生再次提出此事，你应向他表明，他应当首先把法国政府的观点和意图告知我们。你不要给他任何鼓励，不要让他寄希望于英王陛下政府会公开声明英国的态度并准备在此基础上讨论这个问题。"①

　　英国的立场迫使弗朗丹将莱茵兰问题提上政府的议事日程。他领导的外交部在 2 月 1 日拟定了一份题为《非军事区》的文件，针对德国可能的违约行为提出了四点具体建议："第一，有必要决定需要采取什么样的预防措施或（在最短的时间内的）反击措施，德国人所有的行动都是为了单方面废除非军事区的现状。因此产生的有关的技术问题应

---

① *Documents on British Foreign Policy*，1919－1939：Series2，Vol. XV［Z］. London，1976，p. 652.

由陆军部提出一些建议。第二，这个方案的确定与采纳将促使开展与伦敦的会谈。第三，接下来，我们的大使应该告之德国政府——以半官方或官方的形式——当他们在莱茵地区采取行动时会引起的我方的反应。第四，在适当的时候向德国人提出一个明确无误的警告，可能会促使德国政府打消单方面废除莱茵规定的企图。"①

显然，法国外交部希望通过预先的警告与威慑来防范德国可能的违约行为，但其威慑能否有效完全取决于法国的军方可以提供什么样的反击措施。为此，弗朗丹在 2 月 7 日召集法国最高军事委员会成员专门讨论这个问题。然而会议的结果却令他大失所望："令我大为吃惊的是"，弗朗丹在回忆录中写道，"陆军部长声明说法国军队的职责完全是依照防御的要求来建置的，它从没有对用于军事干预作好准备。"② 不过，在弗朗丹的坚持下，陆军部长莫兰在 2 月 12 日提交了一份书面报告来阐明军方的态度。该报告只是表示一旦德国进兵非军事区，法国军方将采取一些预防措施以防德军进攻法国本土，却绝口不提如何将德国赶出莱茵兰。不仅如此，莫兰甚至还提出"为避免为冲突提供借口，应将为了对付突然进攻而设想的措施减少到最低限度"。③ 此外，莫兰还要求政府在考虑进一步措施前应先与英国等其他《洛迦诺公约》缔约国交换意见，这等于把问题重新踢给了弗朗丹。

无疑，莫兰的报告没有提供弗朗丹希望的答案。为此，弗朗丹在 2 月 14 日再次要求军方提出具体的反击措施。2 月 17 日，莫兰答复弗朗丹，明确拒绝单独采取军事行动并再次重申与英国共同行动的必要性。他强调："利用我们的权利去占领非武装地区是和法国的利益相违背的，……我们实际上会处于单独和德国对阵的局面，在采取这一行动

---

① *Documents Diplomatiques Francais*，1932—1939：Serie 2, Tome 1 ［Z］. Paris, 1963, pp. 175-176.

② Jean Baptiste Duroselle. France and Rhineland ［A］. Eubank Keith. *World War II*：*Roots and Causes* ［C］. Lon don, 1975, p. 81.

③ *Documents Diplomatiques Francais*，1932—1939：Serie 2, Tome 1［Z］. Paris, 1963, p. 247.

时，我们无论如何必需和英国政府的步调保持一致。"① 此外，法国空军部长马塞尔·代阿也支持莫兰的看法，他在 2 月 28 日表示："在政府还没有告诉军方自己决定走多远以前，军方不能提供任何合理的建议。"② 两天后，他又上书弗朗丹，指出德国重占莱茵兰并不等于侵占法国本土，故而主张没必要采取预防措施。他甚至断言："采取预防措施可能会把我们带到我们不想进入的境地"。③

造成法国军方态度消极的原因有二，一是法国军方自认为实力不足，所以不希望在莱茵兰问题上与德国过早地发生冲突。如法国最高军事委员会早在 1934 年 5 月 17 日论及德国军事力量时就曾悲观地断言："在目前的条件下，法国军队还没有准备好无须任何风险地应付这一威胁。"1935 年 4 月 2 日，陆军部长莫兰甚至在对各军区司令官们的讲话中把德国说成是欧洲最强大的军事强国；1936 年 2 月 19 日，陆军参谋总长甘末林在三军参谋长会议上更是直言"没有理由相信法国能够单独保住非军区"。他表示"万一德国人突然进行重新占领"，法国军方所能做的只能是采取预防措施。④ 另一原因是法国军方认为保持非军事区的战略价值已因马其诺防线的修建而大为降低。众所周知，修建马其诺防线的计划是在协约国对非军事区的军事占领即将结束的背景下提出的，在军方眼中，建成后的马其诺防线完全可以取代非军事区而发挥缓冲作用。所以，在 1934 年马其诺防线基本建成后，自感安全有了保证的法国军队自然不愿对莱茵兰非军事区的存亡大动干戈。1935 年 3 月，法国陆军部长莫兰在众议院为拒绝组建一支机械化突击部队辩护时更加露骨地说："我们已经耗资数十亿巨款建成了一道坚固的防线，人

① *Documents Diplomatiques Francais*, 1932—1939：Serie 2, Tome 1 [Z]. Paris, 1963, p. 291.
② *Documents Diplomatiques Francais*, 1932—1939：Serie 2, Tome 1 [Z]. Paris, 1963, p. 339.
③ *Documents Diplomatiques Francais*, 1932—1939：Serie 2, Tome 1 [Z]. Paris, 1963, pp. 277-278.
④ *Documents Diplomatiques Francais*, 1932—1939：Serie 2, Tome 1 [Z]. Paris, 1963, p. 301.

们怎么能相信我们依然在想发动进攻！我们是否应当如此疯狂地得寸进尺地逾越雷池——去冒那种我说不上是什么样的危险呢?"① 同月，法国最高军事委员会也断言："非军事区在事实上，即便不是在法律上，很快就会被废弃。"

由此可见，法国军方早在 1935 年就已经不打算为莱茵兰一战了，而 1936 年初，他们更是希望通过与英国和比利时结成牢固的军事联盟来抵消非军事区消失的负面影响。2 月 18 日法国军方第二处拟订了一份《第二处关于在第三帝国重新占领莱茵兰的情况下英法合作的备忘录》，其中明确指出：法国的军事目标就是"筹建一个非常牢固的英法比集团以补偿莱茵'无人区'的消失"②。在这种背景下，法国军方消极对待莱茵兰问题并极力强调与英国协调行动的重要性也就可以理解了。

毫无疑问，英国的立场和军方的消极态度对法国政府 2 月 27 日的决策产生了直接的影响。3 月 3 日，弗朗丹将法国的决议通报给艾登，希望能够与英国人事先统一立场。然而 3 天后，未及等到英国的答复，德国进军莱茵兰的消息却率先传来了。

三

纵观法国政府防范德国重新占领莱茵兰的决策过程，可以清楚地看到，作为看守内阁，以弗朗丹为代表的法国的决策者们虽然意识到了莱茵兰问题的危险性和紧迫性，但在决策过程中却表现得极为软弱与无

---

① *France Comité d'histoire de la Deu xième Guerre mondia le. La France et L'Allemagne*, 1932—1936 [Z]. *Paris*, 1980, p. 82 注 7.

② Martin S. Alexander. *The Republic in Danger：General Gamelin and the Politics of French Defence*, 1933—1940 [M]. Cambridge University Press, 1992, p. 260.

能：先征求英国的意见，受挫后才反过头来寻求自己的解决方法，而且在得到军方的消极反馈后竟束手无策，最终只做出了一个自欺欺人的所谓不单独行动的决定，绕了一圈，还是把决定权交到了外人的手中，走上了听任别国摆布的道路。

这期间，英国的消极反应与法国军方的不合作是法国政府没能做出明智决策的两个直接原因。但除此之外，2 月 27 日决议的产生与这届过渡政府自身的软弱和无能也有着密切关系：弗朗丹在事先没有任何决策的情况下首先询问英国人关于莱茵兰问题的立场，这反映了法国政府对英国的依赖与不自信；在面对法国军方的消极与推诿时束手无策，最终选择避重就轻的方针则反映了政府的无能与懦弱。而且，由于大选在即，法国政府中没有人真正敢于面对现实和承担责任。英国外交大臣艾登认为法国率先征求英国的意见的行动旨在推卸责任，他在 2 月 14 日的备忘录中分析了法国的动机："法国政府自己不清楚他们应该采取什么态度，他们可能喜欢我们帮助他们下定决心，然后，借口我们不参加行动，将他们不准备为非军事区一战的责任推卸掉。尽管（在这一点上）过于武断将是危险的，但看起来无论哪届法国政府都不大可能仅仅为了保留莱茵兰非军事区而进攻德国"。① 艾登的分析可谓一针见血，因为历史证明法国政府内部的确没有人愿意为保卫莱茵兰而战，尽管这一点在危机发生后才充分暴露出来：3 月 7 日德国进兵莱茵兰后，法国政府内部主张武力反击的呼声一度甚高，但是当军方提出武力反击需要全国总动员的时候，那些主战的"强硬派"担心总动员会影响自己下一轮大选，顿时泄了气。弗朗丹事后在回忆录中写道："这个要求在内阁中引起抗议，在距大选仅 6 周的时候进行总动员？简直是疯了。"②

---

① *Documents on British Foreign Policy*，1919—1939：Series2，Vol. XV［Z］. London，1976，pp. 657-659.

② *Documents Diplomatiques Francais*，1932—1939：Series 2，Tome 1［Z］. Paris，1963，p. 173.

一句话，没人肯为维护国家利益而承担个人的政治风险。

事实证明，一群懦弱、自私且短视的统治者是不可能在维护国家利益的根本问题上有所作为的。从一定程度上讲，1936 年初法国政府在防范德国重占莱茵兰的决策上的软弱表现实际上是 4 年后法国战败投降的先兆。

（原载《史学月刊》2006 年第 5 期）

公众舆论与政府决策

——1934—1935 年英国"和平投票"的政治影响

1934 年 11 月—1935 年 6 月发生在英国的"和平投票"是英国历史上第一次全国性的民意调查，其正式名称为"关于国联与军备的全国声明"。它由当时英国国内最有影响的和平组织——国际联盟协会发起，历时近 8 个月，先后吸引全国 100 多万人参与，规模浩大。作为集中展示当时英国公众舆论倾向的一项社会调查，"和平投票"在 30 年代英国国内政治生活中占有重要的地位，对当时英国内政外交均产生了不可忽视的影响。本文试图就"和平投票"的结果公布前后英国政府在意埃冲突问题上进行的政策调整及其动机展开深入探讨，借以揭示公众舆论在政府决策过程中所起的作用及其限度。

一

"和平投票"的发起及其运作始终是与国际形势的发展紧密联系在一起的。

30 年代初，由于经济危机的影响，世界政治经济局势动荡加剧，国际关系日趋紧张。然而，被视为第一次世界大战后和平秩序的捍卫者的国际联盟在处理国际事务过程中所表现出来的软弱无力使其权威受挫、声誉日衰：1931年日本制造远东危机，武力侵占中国东北，国联在制止侵略方面束手无策，只以一纸李顿调查书敷衍了事；1932年日本宣布退出国联后国联的无所事事更暴露了国联的无能；同年国联主持的世界经济大会和裁军大会也同样未能给国联带来荣耀，前者无果而散，后者屡陷僵局；1933年10月希特勒借口国联不能给予德国军备平等地位而退出裁军大会和国联，更是给国联信誉的沉重一击。1933年6月英国反战运动的领导人之一约翰·斯特雷奇在《和平》通讯上发表的文章中便流露出对国联缺乏信心，他写道："我们不相信向目前这些在日内瓦集会并自称为'国际联盟'的政府们呼吁比在国内单独向它们发出呼吁更有用处。"1933年10月英国工党干脆发表声明称，由于操纵国联的那些政府不是"像英国政府一样虚弱和多疑"就是"像意大利和德国一样公开嘲弄世界和平"，因此，"目前在国联方面不存在最终的安全了"[1]。到1934年6月裁军大会彻底破产的时候，国联在普通公众中的影响也开始下降，以英国民间的和平组织国际联盟协会为例，其纳费会员在1931年为406868人，而到1933年则下降到374012人，并且下降趋势此后仍未停止。1934年伦敦地区该组织的纳费会员为66000人，比1932年减少了6000人[2]。这一切不能不引起那些希望通过国联维护和平的人士的忧虑，特别是1934年裁军大会失败后英国政府提出的扩充空军的军备计划，更使得英国和平主义者担心政府已经对国联丧失信心，害怕政府会退回到军备竞赛的老路上去，因此，急于采取某些行动以求改变不利的局势。在这种形势下，国际联盟协会为了扩大国联的影响，增强公众对集体安全的信心，遂倡导和组织了所谓的"和平投票"活动。

---

[1] 迈克尔·皮尤：《1931—1935年英国的和平主义与政治》（Michael Pugh, *Pacifism and Polities in Britain* 1931-1935），载《历史杂志》（*Historical Journal*），1950年第3期。

[2] 迈克尔·皮尤：《1931—1935年英国的和平主义与政治》。

　　"和平投票"是以问卷的形式就舆论关注的时事对公众的态度进行调查。促使国际联盟协会作出这一决策的灵感来自 1933—1934 年在伊福地区成功进行的小规模的民意调查。伊福调查的领导人是当地报刊《伊福导报》的编辑布尔曼，他同时也是国际联盟协会在伊福地区的分支机构的副主席。鉴于德国退出国联和裁军大会使国际裁军协定难于实现，他在 1933 年 11 月 16 日撰发社论，呼吁采取行动检验公众舆论在国联和裁军大会等问题上的态度。在他的倡导下，11 月 28 日伊福地方的民间组织集会，决定举行 16 岁以上的公民投票。伊福投票持续到 1934 年 2 月才结束，共有 2600 多人参加，结果显示绝大多数投票者支持国联和裁军大会，这对于英国的和平主义者来说无疑是一大鼓舞。2 月 8 日伊福地方集会公布投票结果，国际联盟协会的主席塞西尔作为嘉宾出席了会议，伊福调查的结果使他萌发了发起一个全国性的投票活动的想法。塞西尔希望借此展示公众对于国联及其所倡导的集体安全的支持，从而扩大国际联盟协会的影响。他曾明确表示："我非常希望作为和平投票的结果之一，国际联盟协会的成员将获得大幅度的增加。"[1]为此，塞西尔在 3 月 1 日向国际联盟协会执行委员会提出了自己的设想，并在其后的时间里努力说服同事接受了他的意见。3 月 27 日，在塞西尔的组织下，成立了由 14 个与会的组织参加的全国声明委员会，专门负责和平投票事宜。4 月 11 日，该委员会开始工作，到 6 月底，"和平投票"的准备工作已经全面展开。

　　和平投票的组织者精心拟订了如下五个问题，要求公众表态：1. 英国是否应该仍为国际联盟的会员国？2. 你是否赞成用国际协定来实现全面裁军？3. 你是否赞成用国际协定来实行全面废除各国陆军和海军航空兵部队？4. 国际协定是否应该禁止为私人谋利的军火制造和贩卖？5. 假使一个国家坚持进攻另一个国家，那么你认为其他国家是否

──────────

[1]　迈克尔·皮尤：《1931—1935 年英国的和平主义与政治》。

应该联合起来采用：（1）经济和非军事的手段，（2）必要时采取军事手段，来强迫它停止进攻①？在全国声明委员会散发的传单上写着明显具有导向性的文字："在此番投票中，你被要求的仅仅是对和平或战争进行投票——无论你支持国联与否；无论你赞同裁军与否。"② 显然，和平投票的组织者希望在最关键的问题上能够得到公众的响应。

正式的投票活动从 1934 年 11 月 28 日开始，至 1935 年 6 月下旬结束。起初人们的反应并不十分热烈，前十天才回收票 17 万多张。但随着时间的推移，特别是国际形势的变化，人们的参与热情逐步高涨，回收的票数也急剧攀升。1935 年 1 月 13 日由国联主持的萨尔公决获得成功后，每周回收的票数达到了 25 万张；3 月德国宣布重整军备后，每周回收的票数升至 50 万张；4 月斯特莱沙会议期间每周则高达 75 万张；到 5 月底活动结束前每周收到的票数超过了 100 万张。据事后统计，在这次全国性的民意调查活动中，共有 11640066 人参与投票，约占当时英国人口的 1/3。

"和平投票"的统计结果（1934 年 6 月 27 日）

问题	是	否	不知道	未回答
1. 英国是否应该仍为国际联盟的会员国？	11166818 (95.9%)	357930 (3.1%)	10528 (0.1%)	104790 (0.9%)
2. 你是否赞成用国际协定来实现全面裁军？	10542738 (90.6%)	868431 (7.5%)	1238 (0.1%)	216759 (1.8%)
3. 你是否赞成用国际协定来实行全面废除各国陆军和海军航空部队？	9600274 (82.5%)	1699989 (14.6%)	17063 (0.1%)	322740 (2.8%)
4. 国际协定是否应该禁止为私人谋利的军火制造和贩卖？	10489145 (90.1%)	780350 (6.7%)	15157 (0.1%)	355414 (3.1%)

---

① 迈克尔·皮尤：《1931—1935 年英国的和平主义与政治》（Michael Pugh, Pacifism and Polities in Britain 1931-1935），载《历史杂志》（Historical Journal），1950 年第 3 期。

② 丘吉尔：《第二次世界大战回忆录》第 1 卷，上部，第 1 分册，商务印书馆 1974 年版，第 248 页。

续表

问题	是	否	不知道	未回答
5. 假使一个国家坚持进攻另一个国家，那么你认为其他国家是否应该联合起来采用 （1）经济及非军事的手段； （2）必要时采取军事手段，来强迫它停止进攻？	10096626 （86.8%） 6833803 （58.7%）	636195 （5.5%） 2366184 （20.3%）	27369 （0.2%） 41058 （0.4%）	862707 （7.4%） 2381485 （20.4%）

显而易见，和平投票的结果证实绝大多数英国公众对于国联及国联所倡导的集体安全持拥护态度。对此，《每日先驱报》在 6 月 28 日发表社论给予了恰当的评价，社论称："和平投票的结果显示了一个明白无误的事实，即英国公众舆论的主流要求的是这样一项政策，它不是基于孤立的政策，也不是基于特殊的联盟或是敌对的政策，而是一项基于国联体现出的集体安全体系之上的政策。"[1] 毫无疑问，和平投票的结果对于渴望重振国联声威的和平人士来说是一巨大鼓舞。因此，国际联盟协会的领导者们一方面将投票结果公之于众，另一方面也急于向政府施加影响。投票结果公布第二天，塞西尔便对其同事艾伯特·霍尔说："第一件事就是要确保政府理解发生的一切。"[2] 此后，全国声明委员会组成了一个由多个团体的代表组成的代表团，于 7 月 23 日在塞西尔率领下拜会英国首相鲍尔温，将和平投票的结果呈交给政府。显然，英国和平组织希望和平投票的结果能够对政府的决策有所影响。

---

[1] 马丁：《第一次英国公民投票：和平投票 1934—1935》（Martin, The First British Referendum: The Peace Ballot, 1934—1935），载《英国史评论》（English Historical Review）1980 年。

[2] 马丁：《第一次英国公民投票：和平投票 1934—1935》。

二

如果说和平投票事实上对英国政府的决策的确有所影响的话，那么最明显的表现莫过于投票结果公布前后英国政府在对外政策方面，特别是在处理意埃冲突问题上所作出的政策调整。

肇始于 1934 年 12 月 5 日瓦尔瓦尔事件的意埃冲突在时间上基本上与和平投票是同步演进的。瓦尔瓦尔事件起初只是一起普通的边界冲突，但由于意大利蓄意利用这一事件来实现它吞并埃塞俄比亚的野心①，遂使得这一事件逐步演变为一场历时一年多的国际争端。

英国政府对于意大利的侵略意图心知肚明，但是在如何解决意埃冲突的问题上始终奉行所谓的"同意大利协商和忠于国联"并重的"双重政策"。英国外交大臣霍尔曾在下院解释说这种政策就是"一方面我们充分参加盟约所规定的集体行动，另一方面我们继续致力于和平解决"②。但是，双重政策的实质在于谋求与意大利协商，这一点在和平投票公布之前表现得非常明显，其突出表现在英国政府在执行政策的过程中过于偏重与意大利协商，而在支持国联方面则态度消极：事件发生之后，英国先是竭力反对国联介入意埃冲突，甚至在 1935 年 1 月和 3 月为迎合意大利的意愿而伙同法国操纵国联先后两次回绝了埃塞俄比亚要求国联干预的请求，其后又在国联受理意埃冲突已成定局的情况下企图在国联以外解决意埃冲突。为实现上述目标，英国政府一方面设法拖

---

① 意埃冲突爆发后，意大利总理墨索里尼在 12 月 20 日亲自起草了一份《解决意埃问题的行动指示与计划》，其中将意大利的目标定为"摧毁阿比西尼亚的武装力量并全面征服埃塞俄比亚"。参见罗斯托：《英法关系 1933—36》（Rostow, *Anglo-French Relations*, 1934-36）伦敦 1954 年版，第 74 页。

② 希尔德编：《1935 年国际事务文件集》（Heald, *Documents on International Affairs* 1935）第 2 卷，伦敦 1937 年版，第 344 页。

延国联的日程安排，如 5 月 25 日左右行政院为调解意埃冲突留出 3 个月的时间；另一方面急于寻求与意大利私下协商妥协方案，6 月 19 日英国政府单独提出了一个以牺牲埃塞俄比亚利益为基础的和平方案，并派国联事务大臣艾登于 6 月 22—24 日亲自出访罗马和巴黎，兜售其计划。

英国上述行动的主要目的是为了避免损害英意关系。早在 1935 年 2 月 21 日，英国外交大臣西蒙就曾上呈英王，预言说埃塞俄比亚问题有可能后果严重，但"必须处理得不致对英意关系产生有害的影响"①。5 月 17 日，英国内阁开会讨论英国在国联行政院处理意埃冲突的问题时应该采取的原则，结论仍然把维护英意关系放在首位：英国将履行作为行政院一员的义务，"但在一切问题上都不要丝毫损害联合王国和意大利之间的友好合作"②。英国看重英意关系的主要原因在于顾忌德国的危险。当时在英国人眼中执意重整军备的德国才是欧洲的"根本危险"。为了消除战争隐患，英国政府希望联合法国和意大利同德国通过谈判达成谅解，在英国的计划中，意大利的合作是迫使德国就范的重要筹码，因此极不愿意看到意大利与英国的关系出现裂缝。英国外交部常务次长范西塔特曾坦率地表示：为了欧洲的和平，英国是"经不住与意大利争吵并把它赶到德国的怀抱的"③。1935 年 3 月 16 日德国公开宣布重新武装后，英国更不愿意在意埃冲突问题上得罪意大利。当时英国驻德国大使菲普斯的话说得非常直露："我担心如果我们对意大利的反应过于激烈，我们可能看到阿道夫·希特勒将作为墨索里尼最好的朋友出现，从而使意大利可能会冒险背着我们与德国达成谅解。"④ 为此，

---

① 帕克：《大不列颠、法国与埃塞俄比亚危机》（Parker, "Great Britain, France and the E-thiopian Crisis"），载《英国历史评论》（English: *Historical Review*），1974 年 4 月号。

② 哈迪：《阿比西尼亚危机》（Hardie, *The Abyssinian Crisis*），伦敦 1974 年版，第 122 页。

③ 《英国外交文件》（*Documents on British Foreign Affairs*）第 2 辑，第 14 卷（以下简称 DBFP. 2/XIV），No. 175，第 167 页。

④ DBFP，2/XIV，No. 276，p. 272.

英国在 1935 年上半年执行其双重政策时的重心总是倾向于撇开国联私下谋求与意大利的妥协。但是，由于意大利蓄意扩大事端，艾登的罗马之行无功而返，英国的计划没有成功。

6 月 27 日，艾登返回伦敦当天，正值和平投票宣布结果。此后，随着投票结果的公之于众，公众舆论拥护国联的倾向性日益明显，特别是英国政府在意埃问题上的态度也开始表现得越来越倾向于支持国联制止侵略，而且调子越喊越高。7 月 23 日，英国首相鲍尔温在接见塞西尔带领的和平投票代表团时曾信誓旦旦地宣称："政府的外交政策是建立在国际联盟的基础上的，国际联盟依然是——英国政策的最后依靠。"① 8 月 21 日，英国外交部甚至召见塞西尔共议处理意埃冲突的对策。同一天，英国内阁开会研究意埃冲突问题，外交大臣霍尔在会上主张顺应舆论支持国联的集体安全原则，他表示："如果政府违背它在集体负责原则下的义务，它将引起一股反对政府的舆论浪潮……非常明显的是，对于英王陛下政府来说唯一稳妥的路线就是实际实验一下正常的国联程序。"② 霍尔的建议赢得了内阁的支持。次日，内阁决定由霍尔亲自参加 9 月初举行的国联大会，公开表示支持国联倡导的集体安全原则。9 月 11 日，霍尔在日内瓦发表演说，极力强调英国捍卫国联的决心。给公众留下深刻印象的是他说的下面一段话："国际联盟恪守它的明确的和鲜明的义务，支持集体维护盟约的完整，特别支持对一切未经挑衅的侵略行为进行坚决的集体抵抗，而我们的国家是和国际联盟站在一起的。英国民族过去几周的态度清楚地说明了这样一个事实：这不是变化不定的、靠不住的感情，而是他们和他们的政府坚决、持久、完全坚持的一项国际行为准则。"③ 次日，英国又调遣两艘战列舰、3 艘巡

---

① 汤因比：《1935 年国际事务概览》（Toynbee, *Survey of International Affairs*）第 2 卷，第 51—53 页。

② 帕克：前引文。

③ DBFP，2/XIV，附录。

洋舰和 6 艘驱逐舰增援地中海舰队。一时间，英国俨然准备采取武力遏
止意大利的侵略野心了。

　　表面上看，英国政府在和平投票公布前后意埃问题上策略的调整极
容易给人留下一种印象，即和平投票所反映出的公众意志左右了政府的
对外政策，政府开始走上支持国联集体安全政策的道路了。国际联盟协
会认为政府的变化是公众舆论的胜利，其执行委员会甚至作出决议表示
国际联盟协会"坚定地在国内支持防止意大利侵略埃塞俄比亚的任何
必需的行动"[1]。然而，事实证明情况并非如此简单，因为在英国政府
决定公开表示支持国联的前后，其私下与意大利达成协议的努力从未停
止过：8 月 16—19 日英国伙同法国在巴黎与意大利举行三方会谈，再
次提出一项"和平"解决意埃冲突的方案，其中心内容是企图以和平
方式满足意大利对埃塞俄比亚的野心。在该计划被意方拒绝后，英国仍
不死心，甚至在 9 月 12 日，即霍尔发表那份冠冕堂皇的演说后的第二
天，便又伙同法国操纵国联向意大利提出了一项旨在承认意大利在埃塞
俄比亚拥有特权的调解方案。同时，为消除英国海军在地中海的调动给
意大利带来的疑虑，英国外交大臣霍尔还特地于 9 月 23 日亲自致信墨
索里尼，称英国的行动"决非挑衅性的"，并且还表白说："关于未来，
我一直非常小心地避免使用制裁这个字眼，而且没有讨论过封锁苏伊士
运河或军事制裁。"[2] 由此可见，和平投票结果公布后，英国政府尽管
高举捍卫国联的幌子，但它处理意埃冲突的基本策略并没有发生实质性
的改变。因此，英国政府在国联问题上态度的变化也只能是一种表面上
的故作姿态，其原因决不会是单纯地顺应公众的意志，而肯定是另有
图谋。

① M. 考林：《希特勒的影响》（Maurice Cowling, *The Impact of Hitler*），剑桥大学出版社
1975 年版，第 81 页。
② DBFP, 2/XIV, No. 620, p. 679.

三

事实上，1935 年夏英国政府在意埃冲突问题上调整策略、高举国联大旗的动机主要是出于国内政治方面的考虑，简言之，即政府为了在即将临近的新一轮大选中获胜而假意迎合国内舆论。

曾经在 1931 年大选中以空前的绝对优势获胜的联合政府在短短 3—4 年后却面临着输掉新一轮大选的危险。1934 年 11 月保守党候选人在普特尼举行的补选活动中的惨败就是个不祥的征兆①。联合政府声望下降的原因部分是由于政府的内外政策，部分是由于政府对于和平投票这一规模浩大的群众活动所采取的敌对态度。作为联合政府构成的主体的保守党从一开始就对和平投票持反对态度。在保守党看来，和平投票从一开始就带有浓厚的政治色彩，是由一些"精明的政治歹徒"制造的阴谋，它可能成为反对党攻击政府的工具。保守党人克兰伯恩勋爵甚至表示："实际上这些带色的纸片（指选票）正在变得比带色的衣衫（指法西斯分子）更危险。"② 保守党的看法直接左右着政府的态度。1934 年 11 月 8 日英国外交大臣西蒙在众议院发表的演讲中批评和平投票的宣传，并指责国联协会有社会主义者的偏见。11 月 10 日，《每日快报》发表文章宣称："政府视这次投票为企图用于政治目的并主张运用一切政治手段击败它。"③ 同时号召人们撕毁选票。11 月 23 日，保守党领袖鲍尔温也指责工党利用和平投票，他在致自由党领袖塞缪尔的信

---

① 在选举中保守党所获票数由 1931 年的 21146 票数骤降至 2663 票，从而以绝对劣势惨败给自己的对手工党。

② 马丁：《第一次英国公民投票：和平投票 1934—1935》（Martin, The First British Referendum: The Peace Ballot, 1934—1935），载《英国历史评论》（English Historical Review），1980 年。

③ 马丁：《第一次英国公民投票：和平投票 1934—1935》。

中写道："我被告之你们的社会主义者对手——根据他们在补选过程中的惯常举动——正在试图把和平和战争的问题扯进政党政治的角斗场中。"① 然而，保守党及政府的反对不但没有消减和平投票的影响，反而降低了自己在公众舆论中的声望，给其对手提供了机会。

1935 年 3 月初，英国政府针对欧洲的国际形势发表了一份关于重整英国军备的国防白皮书，立即招致了国内舆论的猛烈抨击。3 月 9 日，国际联盟协会执行委员会在《泰晤士报》上发表评论说："政府的白皮书表明政府已经放弃了加强和扩充集体防卫体系的政策，已经退回到假定单纯依靠国防力量可以确保安全的地步，而且他们为通过国际协定全面削减军备而努力的决心已经削弱。"② 同日，英国《新政治家与民族》周刊甚至指斥说："白皮书就是国民联合政府对集体安全感到绝望的自白。"③ 在这股抨击政府的浪潮中，英国工党抓住时机，一方面积极推动和平投票，一方面顺应舆论极力标榜其支持国联的立场。3 月 20 日，工党领袖乔治·兰斯伯里在报刊上宣布："工党消灭战争的政策就是凭借国联的集体安全政策。"④ 工党的行动赢得了许多和平主义组织的赞赏，以至于塞西尔在致友人的信中不仅感叹他的观点与工党完全一致，而且表示他要加入工党⑤。

6 月 27 日和平投票结果的公布使政府的处境极为尴尬。6 月 29 日《经济学家》总结道："总的说来，和平投票的结果揭示了在以集体安全确保和平的政策背后拥有怎样令人注目又令人畏惧的公众舆论的支

---

① 马丁：《第一次英国公民投票：和平投票 1934—1935》。
② 帕特里克：《无剑之盟：公众舆论与英国国防政策 1931—1935》（Patrick, Covenants Without the Sword：Public Opinion and British Defence Policy 1931—1935），安大略 1983 年版，第 133 页。
③ 帕特里克：《无剑之盟：公众舆论与英国国防政策 1931—1935》。
④ 帕特里克：《无剑之盟：公众舆论与英国国防政策 1931—1935》（Patrick, Covenants Without the Sword：Public Opinion and British Defence Policy 1931—1935），安大略 1983 年版，第 148 页。
⑤ M. 考林：《希特勒的影响》，第 81 页。

持。没有哪个政治领导人敢于无视这种决定性的示威行动。"① 毫无疑问，要想在大选中再次获胜，英国政府必须采取措施扭转被动局面。8月1日，政府宣传部负责人高尔向新任首相鲍尔温汇报说政府极有可能在下次大选中失败，建议政府在战争、和平与国联的未来等问题上多做文章以争取自由党人的选票②。在这种情况下，尽管政府对国联倡导的集体安全原则并无信心，但为了避免大选失败，不得不决定在意埃冲突问题上高举国联的旗帜来换取公众的支持，用当时的财政大臣内维尔·张伯伦的话说就是："为了国内政治的原因，有必要试验一下国联。"③对于政府的决策，英国保守党人物利奥·艾默里的评价堪称一针见血，他写道："对于政府来说，要逆水行舟谈何容易。在即将举行的秋季选举中，这个办法就远不如领导这个潮流，战胜联合起来的反对派，顺流而下，以集体安全捍卫者的身份夺取政权更好一些。这种诱惑力是不可抗拒的。"④"当保守党的议会组织者和保守党员（下院候选人）想到这个使选举运动的暗淡前景变成胜利的曙光的妙计时，个个得意扬扬。"⑤ 7月2日，张伯伦这位从一开始就把"和平投票"斥为"胡闹"的人对其同僚说出了他在意埃冲突问题上主张试验一下国联的另一番考虑：为了反击舆论对国联的支持。他说："如果最后表明，国联无力采取有效干涉的手段阻止这场战争，那就确实不可能继续编造国联完全有其存在理由的谎言。"由此可见，英国政府在和平投票结果公布后所进行的政策调整绝不是顺应舆论，而仅仅是服务于国内政治需要的权宜之计。

历史的发展印证了上述分析。1935年10月意埃战争爆发后，英国

① 帕特里克：《无剑之盟：公众舆论与英国国防政策 1931—1935》，第149页。
② M. 考林：《希特勒的影响》，第93页。
③ 汤普森：《反绥靖主义者》（Thomson, The Anti-Appeasers），牛津1971年版，第76页。
④ 特鲁汉诺夫斯基：《英国现代史》，三联书店1979年版，第249—250页。
⑤ 特鲁汉诺夫斯基：《英国现代史》，第252页。

政府一方面假意支持国联开始讨论对意制裁问题，一方面又急于与意大利私下进行谈判。为了做到既赢得大选又不妨碍与意大利的妥协，英国政府决定提前举行大选。在 10 月 28 日公布的大选公告中，政府极力标榜自己拥护国联的立场，称政府将"一如既往"地将国联"继续作为英国外交政策的基石"，"我们将继续尽全力维护国联盟约"①。因此，尽管大选准备仓促，但是保守党仍然在 11 月 14 日大选中获胜②。一年后，鲍尔温在下院的演说中不无得意地回顾了他决定提前大选的决策，他说："我认为经过 1934 年冬至 1935 年冬发生的某些事件，我国已经懂得什么是它最严重的危险。我所做的一切就是选择了一个相对其他时间较少不幸的时间并以大的优势赢得了选举。可是，说实话，当时我也曾设想……可能得不到特别大的成功。"③ 大选的获胜使政府消除了背着国联与意大利寻求妥协的顾虑。因此，政府立即抛开了拥护国联的面具，继续展开与意大利私下的勾结。12 月 8 日英国外交大臣霍尔在巴黎与法国外长赖伐尔共同炮制了一份新的出卖埃塞俄比亚的计划，即臭名昭著的霍尔—赖伐尔计划。霍尔—赖伐尔计划的出笼充分暴露了英国政府在意埃冲突问题上政策调整的真实动机。

综上所述，1935 年英国民间的和平投票与政府决策间的关系是复杂而微妙的。作为英国非官方组织发起的第一次全国性的社会调查，和平投票的主要目的在于澄清舆论倾向、重振国联声威并进而对政府的决策施加影响。从实质上讲，这是英国国内拥护国联集体安全政策的和平主义势力为影响时势而自发作出的一项努力。活动的成功实施反映了渴望和平的公众对这种努力的支持与响应。和平投票的结果及其公布在很大程度上的确给政府的决策带来了不容忽视的影响，它促使政府在内政

---

① 罗伯逊：《1935 年英国大选》（Robertson, The British General Election of 1935），载《现代史杂志》（Journal of Contemporary History），1974 年第 1 期。
② 1935 年 11 月大选中保守党获得下院 387 个席位，工党只获得 154 个席位，自由党获得 33 席。
③ 罗伯逊：《1935 年英国大选》。

外交上都作出了一定的调整，但是，这种影响并没有达到完全左右政府决策的程度。相反，政府尽管在决策过程中不得不顾及舆论的倾向，但并没有被动地顺应舆论而从根本上改变既定政策，所做的政策调整也仅仅是局限于某些策略上的暂时调整。从和平投票前后英国政府在意埃冲突问题上的政策变化这个具体问题上看，与其说是国内舆论左右了政府决策，不如说是政府利用了公众舆论更为恰当。

（原载《史学月刊》1999 年第 2 期）

英国与热那亚会议的缘起

热那亚会议是二十世纪二十年代初一系列重新调整战后国际关系的重大国际会议之一。会议名义上是讨论欧洲经济复兴问题的国际财政经济会议，但实际上是西方资本主义国家与苏俄间调整和建立正常关系的首次尝试，英国作为会议的主要发起国在会议的提出和筹备期间始终发挥着主导作用。本文仅就英国在热那亚会议的提出及筹备过程中的作用和动机作一初步的探讨。

一

热那亚会议的提出是与二十年代初英苏关系的演变直接相关的。

1921 年 3 月 16 日，英国财政大臣罗伯特·霍恩与苏俄代表克拉辛在伦敦签订了《俄罗斯苏维埃联邦社会主义共和国和联合王国贸易协定》。协定名义上是旨在恢复两国间的和平贸易和商务的经济协定，实际上蕴含着深刻的政治意义。3 月 22 日，英国首相劳合·乔治在下院宣布"这是一个完全承认苏维埃政府为俄国事实上的政府的贸易协定——事实确实如此"①。这标志着英国对苏俄的政策发生了由拒不承

---

① 《英国外交政策文件》，第 1 辑，第 20 卷，第 649 页。

认到事实承认的根本性转变。

促使英国调整对苏政策的动因首先源于缓解国内经济困境的要求，1920 年开始的经济危机沉重打击了英国的经济：工业生产普遍下降了30%—70%；失业率在 1921 年高达 12.9%，比 1920 年增加 10.9 个百分点；同时英国赖以生存的对外贸易急剧萎缩，1920 年英国进口和出口总额分别为 19.33 亿英镑和 13.35 亿英镑，一年以后则分别下降到10.86 亿英镑和 7.03 亿英镑。[①] 劳合·乔治在谈到国内状况时毫不掩饰："我们的困难是失业和贸易的荒废，……我们有二百万人失业"，"目前我们的恢复是不可能的，因为作为一个输出国，我们依赖于世界市场的复兴。……对外贸易是我们的命根子，必须恢复"。[②] 在寻求摆脱危机的途径时，英国的统治者不能不考虑到那个"战前曾为英国提供了 1/8 谷物、1/7 黄油、1/2 的鸡蛋和木材以及 4/5 的亚麻"[③] 的国家——俄国。当时的舆论界普遍认为与俄国无妨碍的贸易是解决英国经济问题的根本办法。英国财政大臣霍恩曾多次提醒下院注意战前英俄传统的贸易关系，工党领袖也强调恢复与俄国的贸易就"意味着为成千的失业工人提供工作，并为在业的工人提供更多的工作和更高的工资"。[④]《观察家报》甚至预言在重新恢复与俄贸易的头十二个月里就能获得一亿英镑订单。[⑤]

然而，英国改善对苏俄的政策不仅仅是为了获得几份救急的订单，而是有更深一层的考虑。对苏俄武装干涉的失败，表明以武力推翻苏俄政权已不可能，要搞垮其政权就不得不在正视苏俄政权日益巩固的前提下"试一下其他的办法"。1920 年 11 月 17 日财政大臣霍恩在内阁中提

---

① 奥尔福特、阿特金森编：《1900—1970 英国经济基本统计表》，伦敦 1970 年版，第 8、14 页。
② 《英国外交政策文件》，第 1 辑，第 19 卷，第 2 页。
③ 怀特：《不列颠与布尔什维克革命》，伦敦 1980 年版，第 23 页。
④ 厄尔曼：《英苏协定》，普林斯顿 1967 年版，第 436 页。
⑤ 厄尔曼：《英苏协定》，普林斯顿 1967 年版，第 437 页。

出以和平贸易的方式推翻布尔什维克统治。他解释道："绞灭布尔什维克主义的唯一方法就是通过贸易把俄国和其人民带到世界其他地区的文明影响之下，而且除了开始与他们进行贸易和商业外，你无任何更好的方法做到这一点"。① 劳合·乔治也宣称："我们借助武力未能使俄国复兴，我相信借助贸易一定能够做到这点。"② 于是1921年3月《泰晤士报》得出结论："（英苏）贸易协定是同布尔什维主义斗争的最好办法"。③

如果说英国决定与苏俄签订贸易协定是抱着政治、经济两方面损人利己的动机的话，事实却未能如愿。经济上，尽管外贸总额有所上涨，但却未能扼住经济继续下滑的势头。工业生产在1921年夏季达到谷底。如以往煤产量月平均1800万长吨，而1921年4、5、6三个月合计才210万长吨；生铁由平均月产60万长吨，降至6月的800长吨。与此和反，失业率却扶摇直上，达到20.6%，是1920年同期的20倍。④ 政治上，英苏贸易协定在客观上极大地改善了苏俄与其他国家的关系。到1921年底，苏俄已与英国、德国、瑞典等二十多个国家建立了商业联系。形势的发展使得英国因抢先恢复与苏俄的经济关系而获得的优势丧失殆尽，而且由于英苏协定没能彻底解决阻碍两国关系全面恢复的债务问题，这就迫使英国当权者把这个协定看作恢复对苏关系的第一步。令英国当权者窃喜的是，同一时期苏俄国内形势的发展给他们带来了迈出第二步的乐观前景。

苏俄对英苏订立贸易协定后形势的变化有着清醒的认识。列宁指出苏俄正"面临着某种极不稳定但毕竟是确定无疑、不容置辩的均势"。⑤ 这是由于武装干涉的失败和国内危机的打击使得西方列强不仅无力扼杀

① 怀特：《不列颠与布尔什维克革命》，伦敦1980年版，第26页。
② 厄尔曼：《英苏协定》，普林斯顿1967年版，第3页。
③ 特鲁汉诺夫斯基：《英国现代史》，三联书店1979年版，第219页。
④ 皮古：《1918—1925年英国经济史概括》，伦敦1945年版，第219页。
⑤ 《列宁全集》，中文2版，第42卷，第325页。

苏俄政权，"反而不得不暂时承认或半承认它，不得不和它订立通商条约"。① 为了尽量延长这种得之不易的特殊形势争取时间以恢复经济，列宁制定了"抓住时机、调整政策、巩固政权"② 的方针。1921 年 3 月 8 日至 16 日举行的俄共（布）第十次代表大会，通过了以实物税代替余粮收集制的决议。此后又颁布了允许商品交换和把国营企业出租给私人等一系列法令。这标志着由战时共产主义政策向新经济政策过渡的开始。

苏俄新经济政策的实施使英国资产阶级异常兴奋，它们视之为苏俄向资本主义倒退的标志。英国《新政治家》周刊断言："列宁现在正猛烈地推动俄国倒退到通往资本主义的道路上"。③《泰晤士报》声称新经济政策"不过是一件为重新引进资本主义而寻找一种合适的方案的插曲"。④ 当时的资产阶级舆论普遍认为，要不了多久外国资本就可重新进入俄国。1921 年 10 月 29 日，列宁在莫斯科省第七次党代表大会上表示："用最简单、迅速、直接的办法来实行社会主义的生产和分配原则的尝试已告失败"。"眼下还不能直接过渡到社会主义建设……必须再退、再后退。从国家资本主义转到由国家调节买卖和流通"。⑤ 列宁的讲话本来是从调整政策的角度来讲的，但劳合·乔治竟以为这是一个马克思主义的信仰者和实践者对社会主义原理的谴责及对共产主义体系完全失败的认可，表明"布尔什维克正脱离共产主义而进化到资本主义"。他认为英国政府的责任是"支持俄国的反共产主义因素"以加快俄国的转化。⑥ 在这种情况下，英苏关系的进一步调整便有了可能。

1921 年秋，苏俄伏尔加河流域发生了大饥荒，英国政府认为机会

① 《列宁全集》，中文 2 版，第 42 卷，第 1—2 页。
② 《列宁全集》，中文 2 版，第 42 卷，第 38—39 页。
③ 怀特：《不列颠与布尔什维克革命》，伦敦 1980 年版，第 55 页。
④ 怀特：《缓和的根源》，剑桥大学出版社 1985 年版，第 30 页。
⑤ 《列宁全集》，中文 2 版，第 42 卷，第 228—229 页。
⑥ 怀特：《不列颠与布尔什维克革命》，伦敦 1980 年版，第 56 页。

已经到来，可以利用这次饥荒迫使苏俄回归资本主义体系。由于灾情严重，苏俄政府不得不向外国请求援助。1921 年 8 月 5 日，苏俄贸易代表团成员扬·别尔津和克利施科拜会英国首相及其俄国事务顾问怀斯，寻求英国援助的可能性。劳合·乔治则提出了俄国承认债务的问题。次日，苏俄代表与英国海外贸易部大臣劳埃德·格瑞姆在工商部再次接触。苏俄代表就受灾情况及所需援助作了详细说明。格瑞姆再次提出债务问题并强调债务问题不解决将难以提供信贷。会谈没有实际成果。在劳合·乔治看来，援助的问题不失为一个可以利用的机会。他公开宣称："有关俄国的讨论已经持续了几个月，现在发生了灾荒，是结束的时候了"。① 8 月 5 日英苏就援助问题初次接触后，怀斯便提交了一份备忘录，建议对俄国的援助应以苏俄最大程度地承认其官方和私人债务为条件。这正中首相下怀。8 月 16 日，劳合·乔治在下院阐述了对苏俄援助要求的态度。提出援助必须附以两项条件：一，援助物品由提供者分配；二，作为援助的条件，苏俄政府应承认对所有外国政府和公民的财政义务。次日内阁决定："只有在苏维埃政府愿意承认他们对于（西方）过去向俄国提供的援助的义务的条件下——如首相在 1921 年 8 月 16 日于下院的演讲中所指出的——才可以审查关于救援问题的出口信贷计划的申请。"② 这样，对苏俄的援助问题就与明确的经济和政治义务紧密地联系到了一起。

在英国的倡议下，协约国于 8 月 13 日建立了国际救灾委员会。在 30 日召开的第一次会议上英国的意图得到了贯彻：会上通过了对苏援助的两个条件：（1）承认现有债务和义务，（2）为未来信贷安全提供充分保证。但英国所需要的远不止这些，它还希望建立一条包括中立国和德国在内的统一战线共同对付苏俄。外交部助理大臣格雷格里于 9 月 12 日建议"把所有的欧洲国家组成一个对付苏俄的战线"，其目的"除

---

① 《英国外交政策文件》，第 1 辑，第 19 卷，第 34 页。
② 《英国外交政策文件》，第 1 辑，第 20 卷，第 718 页。

了打掉后者的拿手武器——嘲弄一个国家反对另一个国家——而且还可以极大地帮助我们打击国内的亲苏分子"。① 为此英国支持国际救灾委员会向包括德国在内的所有欧洲资本主义国家发出邀请，要求派代表到布鲁塞尔集会，以统一"在信贷问题上应采取的总的态度"。1921 年 10 月 6 日至 8 日举行的布鲁塞尔会议实现了英国的目的。与会 19 国一致同意，"要想取得贷款以协助向俄国的出口，只能在苏维埃政府承认债务并给予相当的保证时方可实现"。② 这样，在对俄关系问题上形成了以英国为主的一条联合战线。劳合·乔治对其利用饥荒压苏俄让步的政策充满自信，说："在俄国未入常轨以前，无论是英国或是任何其他的国家不必特别去理会它"。③

针对英国的策略，苏俄方面作出了反应。1921 年 10 月 23 日，苏俄政府正式照会英、法、意、日、美五国政府，公开表明对布鲁塞尔会议的态度，说它准备"在一定条件下承认沙皇政府的战前债务"，并建议迅速召开国际会议讨论有关问题。

英国把苏维埃政府的照会，当作它走向完全屈服道路上的一个步骤。10 月 31 日外交部高级官员 L. S. 奥马利指出，苏俄照会表明其政府准备以承认战前沙皇债务的方式来迎合布鲁塞尔会议的决议，目的在于将讨论转移到对其政府的承认上。因此他建议英国应"尽可能地减少争执并不应该阻碍苏维埃政府作出进一步的让步"。④ 于是，英国于 11 月 1 日复照苏俄，对其照会的总基调表示欢迎并进一步询问苏俄政府对 28 日照会中未提到的债务，如 1914 年以后给予沙皇政府的贷款等是否准备同样给予承认。半个月后苏俄复照同意某些问题需进一步明确并重申召开国际会议的必要性，指出"上述问题如此复杂并与俄国和

---

① 《英国外交政策文件》，第 1 辑，第 20 卷，第 760 页。
② 鲁宾斯坦：《苏俄与资本主义国家的关系》，时代出版社 1954 年版，第 160 页。
③ 鲁宾斯坦：《苏俄与资本主义国家的关系》，时代出版社 1954 年版，第 161 页。
④ 怀特：《缓和的根源》，剑桥大学出版社 1985 年版，第 36 页。

欧洲的普遍经济复兴如此紧密地联系在一起，它们只能在以前建议的国际会议上予以解决"。①

形势的发展促使英国政府把召开国际会议的计划提上日程。1921年12月16日，英国召开内阁会议正式讨论国际会议问题。各部大臣一致认为召开一次国际经济会议对欧洲的普遍复兴，特别是对英国的经济尤为重要，但在给予苏俄外交承认的问题上有所保留，规定必须事先征求内阁的意见。次日，劳合·乔治与财政大臣霍恩同苏俄代表克拉辛进行了长时间的会谈，并提出了一个由英、法、德等国组成国际财团援助苏俄的计划。克拉辛指出正式外交承认是前提，因为"未来贸易的主要障碍是缺少西方国家对苏俄政府的法律承认和一个广泛的和约，而不是缺少对商业和私人投资的鼓励"。② 一周以后，英苏代表就"承认，债务、援助"等问题又进行了两次深入会谈，英国代表怀斯提出一个建议，即苏维埃政府承认所有沙皇政府及地方政府的债务，同意赔偿外国政府和私人的一切损失；而与之对等，西方国家承认对于苏俄的相应义务。劳合·乔治指出法国有可能在这个计划的基础上承认苏维埃政府并且会派代表参加苏俄建议召开的国际会议。怀斯在12月29日向内阁的报告中指出克拉辛已原则上接受这一建议并已向其政府推荐。③

与此同时，英、法之间就俄国问题一直保持着密切接触。鉴于法国在当时欧洲的地位和影响以及它在联合开发俄国的构想中的重要作用，④ 英国在与苏俄接触的过程中一直注意争取法国的支持。在12月17日苏俄拒绝了英国提议的国际财团计划的当天晚上，大法官伯肯黑德勋爵在演讲中公开强调："我们必须将我们的观点与法国商人和政治

---

① 怀特：《不列颠与布尔什维克革命》，伦敦1980年版，第59页。
② 怀特：《不列颠与布尔什维克革命》，伦敦1980年版，第60页。
③ 怀特：《缓和的根源》，剑桥大学出版社1985年版，第38页。
④ 法国是国际财团共同开发俄国计划的始作俑者之一。早在1920年11月，法国总理白里安就向英国建议组成一个国际组织控制俄国经济从而确保俄国偿还债务。参见怀特：《缓和的根源》，第39页。

家达成共识。"①

1921 年 12 月 18 日至 22 日，英国首相劳合·乔治和法国总理白里安在唐宁街 10 号会谈，就召开大型经济会议的构想寻求法国的合作。首相指出："应该召集一个大规模的经济会议，届时欧洲所有的工业国家都应被邀参加，会议的任务就是为中欧和东欧的重建工作达成协议"。② 俄国的恢复将作为计划中特别的一部分。他希望英法两国首先就基本的原则问题达成协议。白里安表示支持，并约定于次年在法国戛纳召开协约国最高委员会会议以讨论英国的建议。

1922 年 1 月 6 日，戛纳会议如期举行。劳合·乔治的建议当天就被接受，会议宣布"作为恢复中欧和东欧经济的迫切而必需的一步"，"与会的协约国一致同意，应当在 2 月或 3 月初召开欧洲各国经济财政会议，欧洲所有国家，包括德国、俄国、奥地利和保加利亚，都应当被邀请派代表参加"。③ 会址定在热那亚。

二

戛纳决议把热那亚会议的任务明确为复兴欧洲经济，但不论是戛纳决议本身的内容，还是其后的会前外交，都证实了作为会议首要发起国的英国的真实目的是解决俄国问题，即解决苏俄与西欧其他资本主义国家的关系问题。

1 月 6 日，在通过召开国际经济财政会议的建议后，英国首相劳合·乔治又提出了旨在确保会议成功的六项条件。条件名义上是所有国家在恢复正常繁荣过程中合作所必需的条件，但其内容的实质是针对苏

---

① 科茨：《英苏关系史》，伦敦，1945 年版，第 65 页。
② 《英国外交政策文件》，第 1 辑，第 15 卷，第 770—771 页。
③ 《英国外交政策文件》，第 1 辑，第 19 卷，第 35 页。

俄的。

戛纳条件本身包含着明显但意味深长的矛盾。条件的第一款宣称"任何国家均无权将本国的所有制、国内经济生活体系及管理制度强加于别国"。同时还强调:"每个国家都可以自己选择它所喜欢的体制。"但紧接着第二款便语锋一转:"但是,在获得外国资本的援助以前,受援国必须保证外国投资者的财产、权利及其企业的利润不受侵犯"。对于上述保证的具体内容,戛纳条件的第三款作了详细的规定,即希望获得外国贷款的政府必须"明确承认国家、地方政府或其他社会团体已经签署、可能签署或担保的一切国家债务与义务;承认归还一切属于外国人的财产或补偿外国人因财产被没收或被扣押所蒙受的损失;承认能够公正地保护商业及其他条约所规定的权利和义务并使之具有强制力量的立法和司法制度"① 等等。显而易见,在戛纳条件第一款与第二、三款之间的确存在着矛盾。法国总理白里安在逐条讨论戛纳条件的过程中曾经对此表示了疑问,劳合·乔治直言不讳地回答:"这是故意的。"他继而解释道:"戛纳条件的第一款与第二款应一起考虑,一方面它表明协约不希望以任何方式干涉其他国家的主权,但另一方面,如果一个国家希望获得外国资本,它就必须尊重财产权。"② 其真正含义就是一个国家尽可建立它所喜欢的政治体系,但如果它需要外国资本的帮助,它就必须向外国政府制定的财产权低头。由于苏俄是即将应邀赴会的所有国家中唯一实行与众不同的社会制度的国家并且正因国内饥荒而迫切需要外援,所以戛纳条件的矛头所向不言自明。不仅如此,劳合·乔治还坚持在戛纳决议的末尾直接点明给予苏俄承认的可能性,宣布:"如果苏俄为了得到援助以发展贸易而要求政治承认的话,协约国将准备只有在俄国政府接受上述条件后才能给予这种承认。"③ 他指出:"让苏俄

---

① 《英国外交政策文件》,第1辑,第19卷,第36页。
② 《英国外交政策文件》,第1辑,第19卷,第34页。
③ 《英国外交政策文件》,第1辑,第19卷,第36页。

在赴会前清楚地知道情势如何是同样重要的"，因为"这样可使他们的代表必须拥有全权并且他们不能再说什么存在着误解"①。显然，劳合·乔治的用意是要利用热那亚会议这个机会一劳永逸地解决与苏俄的关系问题，甚至准备给予苏俄政府政治承认。英国外交部主管北方司的助理大臣格雷格里会后在记录中写道："戛纳决议的公开承认的目标之一即在热那亚或作为热那亚计划的结果与俄国缔结一个全面的和约，这当然等于法律上承认俄国。"②

劳合·乔治之所以在他的设想中把欧洲的经济重建和调整同苏俄的关系如此紧密地联系在一起，甚至准备正式承认苏俄政府的原因是多方面的。在他的心目中，苏俄是能够真正打开欧洲经济凋敝这把锈锁的钥匙。首先，他相信通过恢复与苏俄的正常关系一定能带动欧洲的经济车轮。苏俄在世界经济活动中占有特殊地位：战前曾占全世界粮食出口的四分之一；欧洲所需亚麻的五分之二；世界大麻制造的半数和运往英国木料的一半。战后英国乃至欧洲经济的恢复和发展不能缺少如此重要的原料来源。然而由于战后俄国一直被排斥在国际社会之外，西方与苏俄的关系未能全面恢复，因此恢复与苏贸易的努力收效不大。劳合·乔治清醒地认识到这一点，他指出"在事实发生变化之前，（对俄）贸易的全面恢复将是困难的"③。其次，劳合·乔治认为和平的环境是经济复兴的前提保障，而给予事实上已巩固存在的苏俄政权政治承认则有助于欧洲和平的实现。苏俄日益壮大的军事力量及在东欧举足轻重的影响决定了它在欧洲和平缔造中的分量。劳合·乔治在阐述他的和平构想时指出："热那亚会议的第一个目标是所有的欧洲国家缔结一个条约，特别要包括一份俄国不进攻邻国，而波兰、罗马尼亚也不进攻俄国的谅

① 《英国外交政策文件》，第 1 辑，第 19 卷，第 34 页。
② 《英国外交政策文件》，第 1 辑，第 19 卷，第 144 页。
③ 怀特：《不列颠与布尔什维克革命》，伦敦 1980 年版，第 65 页。

解"。① 然而这项构想的实现离不开苏俄的合作，正如劳合·乔治强调的："没有承认俄国，我看不到这将如何成为可能。"② 最后，劳合·乔治相信给予苏俄法律承认有助于加速其政权向资本主义转化。根据有关苏俄国内形势发展的情报和分析，他认为苏俄领导层内部有派系分别："一派是完全共产主义的，另一派准备在与外国交往中放弃共产主义"。"如果这个党内准备放弃布尔什维主义并与西方资本金建立联系的一派掌握了政权，那么不去帮助俄国回到文明国家团体中来将是愚蠢的。"③ 基于这种认识，劳合·乔治表示："如果俄国人要求全面的承认，那么，我们应该说我们可以有条件地承认所要求的承认"。因为"通过承认他们，我们就可以支持那些在俄国的希望和解的人"④。为此，劳合·乔治明确了英国在热那亚会议上的基本立场："如果俄国代表团来到热那亚实际上放弃了他们的共产主义原则并愿意加入与资本主义国家的谈判，我们应该给予俄国的反共分子全部所需的支持。并宣布如果共产主义的原则被放弃，我们将准备援助俄国的经济发展。"⑤ 多方面的因素促使劳合·乔治在热那亚会议的构想中把俄国问题放到了首位。

1 月 7 日晚，负责热那亚会议筹备工作的意大利政府通过驻罗马的苏俄商务代表团向苏俄政府发出了赴会的邀请。次日，苏俄外交人民委员契切林便复电表示其政府满意地接受这一邀请，并郑重保证："在任何情况下俄国方面都不会有碍会议的迅速进展。"⑥

然而，与苏俄积极、迅速的反应恰恰相反，戛纳决议在法国遭到了强烈的反对。法国总理白里安为此于 1 月 12 日被迫辞职。白里安的辞职使热那亚会议面临着夭折的危险。因为到 1 月 12 日为止，除了俄国

---

① 《英国外交政策文件》，第 1 辑，第 19 卷，第 150 页。
② 比弗布鲁克：《劳合·乔治的没落和倒台》，伦敦 1963 年版，第 293 页。
③ 怀特：《不列颠与布尔什维克革命》，伦敦 1980 年版，第 64 页。
④ 《英国外交政策文件》，第 1 辑，第 19 卷，第 9 页。
⑤ 怀特：《缓和的根源》，剑桥大学出版社 1985 年版，第 92 页。
⑥ 道格拉斯：《苏维埃外交政策文件》，伦敦 1951 年版，第 1 卷，第 74 页。

以外，会议没向任何国家发出邀请，会议的日期、日程也未最终确定。为了尽可能保住戛纳会议的成果，劳合·乔治催促意大利政府尽快向各国发出邀请并把会期定为 3 月 8 日。形势的突变使得热那亚会议能否顺利召开在很大程度上有赖于英国的努力。

法国新总理普恩加莱在热那亚会议问题上采取了与前任截然相反的强硬政策。1 月 19 日他在下院威胁说："有关任何条约的决定不得在（热那亚）会议上讨论，即使间接涉及也不许可，此事如无确实保证，我们将被迫采取自由行动。"① 但由于热那亚会议已不能轻易取消，法国政府便竭力拖延会议日期及限制讨论范围。在 1 月 19 日至 2 月 25 日之间发布的一系列照会、声明和演讲中，法国的要求主要是以下四点：一，会议延期三个月；二，不允许讨论德国与和约问题；三，要求苏俄必须事先接受戛纳条件；四，会议不能取代国联职能，为达此目的，法国要求英国以书面形式明确其在戛纳决议解释方面的立场。

英国认为法国的行为是有计划地制造困难和拖延。各部门委员会于 2 月 7 日集会讨论对策。外交大臣寇松在会上指出："在面对许多利害相关的大问题及目前事务未解决的情况下，三个月的延期在某种程度上必然被认为是无限期的延期并最终以问题的消失而结束。"② 同时，英国对法国以书面形式交换意见的要求极为反感，认为其目的是使会议的筹备陷入文牍往复的死胡同。寇松在 2 月 14 日致函法国："在协约国之间采用互换照会的办法会导致宝贵时间的浪费"。并指出"毫无疑问，如果这些办法被采用，我们将发现自己偏入了一个错误的航线，并最终发现我们根本就没有进入港口"③。为此英国建议法国派专家到伦敦会谈，但法国置之不理。劳合·乔治遂决定直接与法国官员会谈。

2 月 17 日，劳合·乔治借与捷克斯洛伐克总理博内会谈之机反复

---

① 鲁宾斯坦：《苏俄与资本主义国家的关系》，时代出版社 1954 年版，第 252 页。
② 《英国外交政策文件》，第 1 辑，第 19 卷，第 140 页。
③ 《英国外交政策文件》，第 1 辑，第 19 卷，第 168 页。

表示他希望与普恩加莱进行会晤。他表示愿意亲自去巴黎以明确法国的立场，甚至威胁说，如果法国不同意，"就有英法间绝交的真正危险。"① 此后博内斡旋于英法之间并于 2 月 22 日提出一份妥协性计划，包括以下四点：（1）应将会议推迟至 3 月 25 日至 28 日之间；（2）不讨论和约；（3）不讨论赔偿；（4）苏俄代表出席会议不意味着政治承认苏俄政权。对苏俄法律承认问题应根据会议结果而定。② 博内的建议成为英法达成共识的基础。

2 月 25 日，劳合·乔治与普恩加莱在法国的布隆尼会晤。经过反复讨论，双方基本上采纳了博内的建议，最后商定：热那亚会议不得损及国联的最高权力；法国签订的条约（包括与波兰、捷克斯洛伐克和南斯拉夫的各项协定）及各联盟国要求赔偿的权利不得受到损害；会议的日期推迟至 4 月 10 日并约定于近期召开伦敦专家会议来研究会议的经济和技术问题。

劳合·乔治对会谈的结果表示满意，甚至吹嘘说："我们得到了所有我们想要的……这个小人（指普恩加莱）挂出免战牌并且在每一点上都作了让步。"③ 而事实上让步是双方的。英国为赢得法国对热那亚会议的支持不得不同意限制会议涉及的范围：摒弃了敏感的德国问题；而与此相当，法国在俄国问题上让了步，这就使英国在热那亚会议上可以全力以赴地谋求解决同苏俄的关系问题。

三

上述史实说明，热那亚会议的提出与英国二十年代初对苏政策的演

① 《英国外交政策文件》，第 1 辑，第 19 卷，第 149 页。
② 《英国外交政策文件》，第 1 辑，第 19 卷，第 167 页注②。
③ 芬克：《热那亚会议：1921—1922 年欧洲外交》，伦敦 1984 年版，第 87 页。

变是直接相关的，甚至在某种程度上可以讲是英国对苏政策调整的产物。会议名义上要解决欧洲经济复兴的问题，但会议的主要发起国英国的真实用意却在于利用热那亚会议，以和平谈判的方式把苏俄拉回到资本主义轨道上来。因而它竭力活动并最终把解决西方与苏俄关系问题列入会议议题的首位。

1922 年 3 月 20 日至 28 日，据布隆尼会谈决议，英、法、比、意、日等协约国代表在伦敦举行专家会议。会议拟订了一份题为《关于复兴俄与欧洲》的备忘录。内容包括"复兴俄罗斯"与"复兴欧洲"两部分。在前一部分中具体明确了苏俄参加复兴计划的八项条件：

（1）承认沙皇、临时政府的一切债务。

（2）承认俄国过去历届政府所承担的财政义务。

（3）发还被收归国有的外国人在俄的财产或给予相当的赔偿。

（4）要求俄国取消对外贸易国家垄断。

（5）要求让外国人在俄国有类似治外法权的特权。

（6）由外国代表和苏俄政府合组"俄国特别债务委员会"、"混合仲裁法庭"，决定外国人的赔偿要求并监督苏俄财政和预算。

（7）外侨有权在俄经营企业，并可自由解雇工人。

（8）要在一切国家"停止共产主义宣传"。①

毫无疑问，上述伦敦专家备忘录的内容是戛纳条件的具体化。至此，热那亚会议的筹备工作度过了最困难的时期，此后，各国纷纷着手策划、制定在会议期间的具体策略，直至 4 月 10 日会议正式召开。

（原载《首都师范大学学报》1994 年第 1 期）

---

① 苏俄外交人民委员部编：《热那亚会议资料速记记录全文》，莫斯科，1922，第 12—105 页。转自《外交学院学报》1992 年第 4 期，第 12 页。

英国对苏政策与热那亚会议的破裂

 1922 年 4 月 10 日至 5 月 19 日在意大利滨海城市热那亚召开的国际财政经济会议（简称热那亚会议）是第一次世界大战后为促进欧洲经济复兴而召开的大型国际会议。欧洲所有国家都派出代表参加会议，其中包括刚诞生不久的苏维埃俄国。然而，这次规模浩大的会议不但未取得任何实质性的成果，反倒落了个虎头蛇尾、草草收场的结局。关于会议破裂的原因，当时便存在着不同的说法。如出席会议的英国首相劳合·乔治——热那亚会议的倡导者和组织者在会后对下院的演说中把会议的失败归罪于比利时的不合作，而比利时则认定责任在会议期间苏德签订的拉巴洛条约。[①] 但这些推卸责任的解释都仅仅停留在事件的表象上。回顾热那亚会议从筹备到结束的全过程，便不难看出正是英国对苏政策的失误导致了热那亚会议的半途而废。

一

 热那亚会议与英国外交尤其是对苏俄的外交密切相关。会议的提出

---

① 怀特：《缓和的根源》，剑桥大学出版社 1985 年版，第 193 页。

实质上就是一战后英国对苏政策演变的产物。英国的真正意图在于借苏俄因经济困境亟待外援之机利用热那亚会议以外交手段迫使苏俄回归资本主义阵营，从而实现全欧洲的资本主义经济的重建和复兴。为此，英国积极拉拢法国在 1922 年 1 月 6 日召开的协约国最高委员会即戛纳会议上提出了针对苏俄的六项条件，其中最重要的是要求苏俄承认并偿还其战前及战时沙皇政府所借的外债，并以此作为实现政治和解的前提，因此，热那亚会议能否取得成果关键在于西方与苏俄关于债务问题的谈判。由于英国的地位和影响，它当时的对苏政策有相当的代表性，是西方与苏俄谈判过程中的决定因素。

戛纳会议结束后，劳合·乔治便着手为英国出席热那亚会议作准备。他明确地指出了英国出席会议有两个目标要实现："第一个目标，应该是恢复和平，第二个是与俄国建立完全的商业关系。"[1] 但要实现其中任何一个目标都不能回避与苏俄关系正常化这个前提，因此英国首相希望以正式承认苏维埃政权来换取苏俄的全面让步，即在苏俄接受戛纳条件的基础上能够给予这种承认。他在致财政大臣罗伯特·霍恩的信中指出戛纳条件意味着一旦苏俄接受就应立即给予承认，而"不能向苏俄代表团提出戛纳条件而在他们接受以后拒绝给予承认"。因为"它们（指戛纳条件）是在戛纳计划里作为承认的条件而提出的"。[2] 劳合·乔治相信："俄国人将为了承认的代价被迫作出所有我们希望的让步，但没有（对其政权的）承认，我们肯定什么也得不到"。[3]

然而，劳合·乔治的以承认换让步的主张在国内遇到了很大的阻力，许多政界人物都表示了异议，其中最典型的反对派代表是温斯顿·丘吉乐和外交大臣寇松。前者在 1922 年 3 月 18 日给劳合·乔治的信中断言热那亚会议不会受到保守党的普遍欢迎，并暗示如果正式承认苏俄

---

① 怀特：《缓和的根源》，第 196 页。
② 怀特：《缓和的根源》，第 91—92 页。
③ 《英国外交政策文件 1919—1939》，第 1 辑，第 19 卷，第 144 页注 4。

政府的问题被提出，有可能导致联合政府的垮台。① 寇松也表示反对在热那亚会议上与苏俄作交易，声称他不能从中"分辨出哪怕是极小的对英国的好处"。② 劳合·乔治的主张之所以遭到反对，除了担心承认苏俄政权会巩固布尔什维克的统治而英国得不到任何好处这个因素以外，最普遍也是最主要的原因是认为劳合·乔治允诺给予的承认的条件太低，担心得不到苏俄遵守协定的足够保证。大法官伯肯黑德认为："立即在法律上承认苏俄而不过只得到书面保证的回报，极难接受"。③ 奥斯汀·张伯伦也提出："英国应有权期望在我们给予承认之前，从苏俄获得比字面上承认其对文明国家的先前义务更多的东西"。同时强调英苏贸易协定的执行情况加大了英国对苏的不信任："我们有关在贸易协定时获得的经验并不能鼓励我们更多地相信它（指苏俄）的言辞"。④ 寇松甚至因为"苏俄的宣传并未因贸易协定的约束而减少"的缘故，称1921年签订的英苏贸易协定是一个"笑料"。丘吉尔则指责政府在没有得到苏俄政府的明确答复的情况下一厢情愿地活动，他认为苏俄根本就不会承认戛纳条件。⑤

随着热那亚会期的临近，准备工作的逐步深入，英国政界的分歧愈发尖锐和公开。到了3月下旬，矛盾的激化几乎一度使联合政府濒于分裂。丘吉尔甚至扬言："告诉我这个小人（指劳合·乔治）将走哪条路，那么我将背道而驰"。⑥ 3月21日，下院保守党领袖奥斯汀·张伯伦致信劳合·乔治说，丘吉尔表示如果给予苏俄法律上的承认，他将不再在政府中任职。张伯伦认为如果丘吉尔果真辞职，将威胁联合政府的

① 怀特：《缓和的根源》，第85页。
② 怀特：《不列颠与布尔什维克革命》，伦敦1980年版，第63页。
③ 怀特：《缓和的根源》，第83页。
④ 怀特：《缓和的根源》，第85页。
⑤ 怀特：《缓和的根源》，第84页。
⑥ 比弗布鲁克：《劳合·乔治的没落和倒台》，伦敦1963年版，第139页。

巩固，为此他建议首相就有关热那亚会议的问题给予进一步的考虑。[①]
但劳合·乔治毫不让步，他在次日给张伯伦的回信中针锋相对，同样以
辞职来捍卫自己的政策："如果丘吉尔看到自己的战争计划被红军粉碎
而恼羞成怒，便不顾共产党人投降的可能性有多大，不顾欧洲别的国家
如何决定，宁愿辞职也不同意承认俄国，那么政府就应当在丘吉尔和我
之间有所抉择"。[②] 他在同日给财政大臣罗伯特·霍恩的信中表示"除
非热那亚能导致欧洲的和平，否则去那里没有用。如果他们坚持，我必
须辞职"。[③]

由于双方的互不退让使英国联合政府面临分裂的危险，奥斯汀·张
伯伦意识到这种僵局的严重后果，极力从中调解。3 月 23 日，他致信
劳合·乔治请求妥协以维护政府。与此同时他还说服了丘吉尔暂时不作
公开分裂的声明。24 日，他与寇松讨论政府面临的危机并提出了一个
变通的解决办法，即主张在苏俄接受戛纳条件与正式给予承认之间增加
一个试验期，以考察苏俄是否仅仅口头上接受戛纳条件或准备实施它
们。奥斯汀·张伯伦说："这是一个稳健的政策，尽管它不能满足任何
一方极端者"。财政大臣霍恩在给劳合·乔治的信中支持奥斯汀·张伯
伦的变通办法，指出："如果采用这种路线即苏俄政府必须接受戛纳条
件，正式承认之前要求一段时间去执行它，那么首相可能获得保守党人
的多数支持"。[④] 他还强调这可能是法、比和小协约国都会采纳的方法，
但"如果英国超出这个限度，将会面临完全孤立的危险"。[⑤] 3 月 25
日，张伯伦再次致信劳合·乔治，指明争执双方真正的分歧在于在什么
样的条件下给予苏俄承认。他认为彼此对于戛纳决议没有什么严重的分

① 怀特：《缓和的根源》，第 63 页。
② 弗·格·特鲁汉诺夫斯基：《英国现代史》，三联书店 1979 年版，第 85 页。
③ 怀特：《缓和的根源》，第 85 页。
④ 怀特：《缓和的根源》，第 85—86 页。
⑤ 怀特：《缓和的根源》，第 85 页。

歧，问题在于苏俄政府对接受这些条件的保证。因为苏俄政府没有恪守他们在 1921 年缔结贸易协定时定下的协议。另外他还提醒首相，"戛纳条件事实上并没有承诺如果苏俄接受条件就将给予承认，而只不过是暗示承认将会在这种情况下给予考虑，仅此而已"。① 这无疑为劳合·乔治重新调整政策留下了余地。

1922 年 3 月 27 日，英国召开大臣会议讨论在热那亚会议上对苏俄政策问题。劳合·乔治阐述了经过调整的三点具体意见：（1）要求苏俄就戛纳决议给予是否接受的明确答复。如果苏俄政府拒绝接受，承认的问题将不予考虑。（2）如果苏俄政府准备接受这些条件，他认为应给予协约国考虑承认与否以及根据实际行动作出决定的权力。（3）如果苏俄政府接受了戛纳条件，就产生了是立即承认还是需要预备期的问题，他认为应先缔结和约然后再考虑全面承认。很明显，劳合·乔治的立场较以前后退了许多，因而使反对派失去了许多进攻的武器。当丘吉尔指责戛纳决议没有征求内阁的意见就给予了英国代表团在承认问题上的完全自主权时，劳合·乔治解释道："在任何情况下都没有建议给予苏俄政府全面承认，他们将等到苏俄政府证实其诚意后才考虑这种承认的办法"。② 因此首相的意见获得了初步的支持。

次日上午会议继续进行。劳合·乔治谈到承认苏俄的具体步骤时指出，只要包括有某种预备期，所有的国家将都愿意承认苏俄。他个人认为最初只能建立临时代办级关系，全面承认将推后并根据苏俄政府执行会议决议的效果而定。奥斯汀·张伯伦继而详述了计划的具体步骤：首先，戛纳决议应被苏俄政府接受。其次，如果戛纳决议被接受，协约国将从苏俄代表的行动和态度中判定他们是否诚意地行事。第三也是最后，如果得出结论他们确实真诚地行事，将允许建立临时代办级的外交关系。外交大臣寇松强调在任何情况下英国都不能单独行动。首相表示

---

① 怀特：《缓和的根源》，第 87 页。
② 怀特：《缓和的根源》，第 89 页。

同意并应允在会议期间不时向议会报告情况。①

当天中午召开内阁会议审议英国对苏俄政策草案。尽管丘吉尔和寇松仍有保留，但最终通过了劳合·乔治的政策，给予英国代表团有条件的自行决定权。决议规定："英国不得在承认问题上单独行动；俄国必须全面接受戛纳条件，如果允许给予承认，必须有一个过渡期，其间只能任命临时代办，直至协定被认定忠实地执行为止"。②

从会前英国对苏政策的制定及内阁加给英国代表团的种种限制来看，英国在热那亚会议期间对苏政策存在极大的弱点。这不仅因为受到种种框框约束的英国代表团不可能在会上灵活机动地调整政策以应付多变的形势，更严重的是英国把自己的政策建立在一种不切实际的假设上，即苏俄的态度成为英国全部外交的构想的基础。这无异于把自己的政策推上了绝路。因为一旦苏俄在会上的态度出乎英国的预想之外，那么英国的外交乃至以此为基石的整个热那亚会议计划将完全成为泡影。这种可能性并非不存在。

4月3日，英国下院以372票对94票的绝对多数通过了劳合·乔治的对苏政策。四天以后，被种种限制束缚手脚的英国代表团启程赴热那亚。

二

从1922年4月10日至5月19日，英国自始至终参与并左右着热那亚会议的进程。由于热那亚会议的成功与否取决于会上能否恢复西方与苏俄的关系这一前提，而西方与苏俄关系的改善又有赖于彼此间债务

---

① 怀特：《缓和的根源》，第90—91页。
② 奥德：《英国政策和第一次世界大战后的欧洲重建》，剑桥1990年版，第194页。

问题的顺利解决，因此会议的首要议程实际上成了西方与苏俄关于债务问题的谈判。谈判主要是在大会所设的政治委员会所属的小组委员会及一系列非正式会谈中进行的。英国在会谈中不折不扣地奉行其会前既定的方针。

4月11日上午，政治委员会为讨论俄国问题而成立了一个包括苏俄、德国在内的十一国小组委员会。当天下午这个小组举行第一次会议，会上英国首相劳合·乔治正式提出将会前协约国在拟订的伦敦专家报告书中有关俄国复兴的第一部分作为讨论俄国问题的基础。苏俄代表契切林表示苏俄需要时间研究报告的内容，会议只好休会两天等待苏俄的答复。次日，契切林要求会议再休会一天，直至4月15日。

劳合·乔治急于得知苏俄的答复，对苏俄的一再拖延有些不耐烦，因此他于4月13日约请法国代表巴都和意大利代表尚策尔及比利时代表贾斯巴商讨对策。在会谈期间劳合·乔治建议应直接与苏俄代表进行私下会谈，他指出在正式开会讨论前"最好的计划将是首先会见俄国人"[1]。劳合·乔治的这个建议是经过深思熟虑的，一方面他自信与苏俄的会谈一定会取得成果，而这种自信早在会前与捷克斯洛伐克总理贝奈斯的会谈中曾有过充分的表露："没有欧洲的援助，俄国将崩溃而且布尔什维克也将随之崩溃。他相信欧洲的帮助对于布尔什维克来说是至关重要的，而且没有这种帮助，他们将一事无成。为此他认为布尔什维克人将提供西方列强所要求的任何条件"[2]。同时，苏俄代表的赴会及原则上接受戛纳条件的声明进一步增强了他这种乐观的信念；另一方面，长期的外交经验使他懂得私下会谈较之正式会谈不仅更易于达成协议，而且往往是"决定性"的。劳合·乔治自负地表示："随着会议的进行会发现交易将在非正式会谈而非在主要会议上完成"[3]。劳合·乔

---

① 《英国外交政策文件 1919—1939》，第1辑，第19卷，第368页。
② 《英国外交政策文件 1919—1939》，第162页。
③ 《英国外交政策文件 1919—1939》，第251页。

治的建议赢得了法、比、意代表的一致赞同，并且同意为使这一私下会谈顺利进行而避免受到不必要的阻碍，暂不邀请"不合适"出席的日本和德国的代表参加。①

4 月 14 日，非正式会谈在英国代表团驻地阿尔伯蒂别墅进行。英国代表劳合·乔治、法国代表巴都、意大利代表尚策尔、比利时代表贾斯巴和苏俄代表契切林、李维诺夫和克拉辛到会。双方都很重视这次实质性的会谈。法国代表巴都断言："热那亚会议今天刚刚开始"。② 苏俄代表契切林在事后也承认"在阿尔伯蒂别墅进行的谈判是在热那亚发生的唯一的事情"③。然而，持续一天的会谈没有任何结果。契切林不仅拒绝接受协约国事先拟订的伦敦专家报告而且还针对协约国的武装干涉给苏俄造成的损失提出了有关赔偿问题的反要求。这与协约国方面要求苏俄应承认其所有外债并保证予以偿还的要求分歧悬殊，双方各执一词、互不相让。其间劳合·乔治曾建议由英国外贸大臣西德尼·查普曼与苏俄代表李维诺夫于会外尝试达成一份协议草案，但终因双方分歧过大而未果。苏俄的强硬态度与事先估计大相径庭。劳合·乔治意识到问题的严重，因为如果债务问题无法顺利解决，那么下一步的恢复西方与苏俄的关系及共同复兴欧洲经济的计划将成为泡影，热那亚会议将归于失败。因此他提议再作一次努力，由协约国与苏俄的专家组成专家委员会在第二天继续讨论债务问题并拟订一个方案。④

---

① 不邀请日本和德国参加私下会谈的原因不一样。劳合·乔治指出"日本的出席将使俄国人的态度强硬"。（参见《英国外交政策文件 1919—1939》，第 1 辑，第 19 卷，第 379页。）因为苏俄代表曾指责日本占领俄国远东地区并抗议日本加入政治委员会。至于德国则是由于协约国在热那亚会前拟订的伦敦专家报告书中未涉及德国对苏俄的要求，报告第 15 条规定："在 1917 年 3 月前停止法律存在的有关权利的要求不得承认"。这实际上排除了一战期间被沙皇没收的德国财产问题。（参见芬克著《热那亚会议》，第 160页。）
② 怀特：《缓和的根源》，第 136 页。
③ 菲舍尔：《世界事务中的苏维埃人》，第 244 页。
④ 《英国外交政策文件 1919—1939》，第 403—404 页。

　　但是第二天的专家会谈仍旧没有结果。苏俄代表在会上提出了具体的反要求，其赔偿数额大大超过了协约国的预料。英国代表劳埃德·格瑞姆在当天的报告中归纳了苏俄的各类赔偿要求，总计将近五百亿金卢布。① 而且苏俄方面的态度极为坚决：西方如不接受苏俄的要求，苏俄绝不承认任何债务。会议因此不欢而散。英国代表汉基在次日发往国内的报告中沮丧地承认："专家会议是一个彻底的失败"。②

　　面对苏俄的不妥协态度，劳合·乔治与协约国代表紧急磋商，一致决定组成联合阵线向苏俄施加压力迫使其在债务问题上让步。4 月 15日下午，协约国向苏俄代表团提交了一份"明确的建议"。其中表示考虑到俄国的经济状况，可以在苏俄承认债务的基础上削减偿债的总数、利息的偿还也可以削减和延期。但同时强调绝不接受苏俄的反要求并表示在私人债务方面决不让步。这份建议实质上是向苏俄发出的一份最后通牒。劳合·乔治指出这份建议是对苏俄的一个考验："如果俄国给予一份否定的答复，俄国问题就此结束；如果是赞成，他们可以继续讨论其他问题。"③ 因此，当苏俄代表提出先讨论未来合作的意愿时，遭到了劳合·乔治的断然拒绝，他说："这样做是浪费双方的时间并会制造出一种本不存在的可能达成协议的假象"。④ 最后，协约国同意给苏俄代表三四天时间，以便他们就协约国的新建议与莫斯科联系。

　　阿尔伯蒂别墅的会谈没有获得结果，但造成的局势从表面上看似乎是有利于协约国的。因为由于协约国的联合压力，苏俄代表团已被逼到了一种难堪的境地：要么接受协约国的条件并据此解决债务问题，要么丧失这次难得的机会。英国代表团对这种强硬策略的效果持乐观态度，因为他们认为苏俄顾及国内经济的困难，让步的可能性是很大的。曾担

---

① 《英国外交政策文件 1919—1939》，第 405 页。
② 芬克：《热那亚会议》，北卡罗来纳大学出版社 1984 年版，第 168 页。
③ 怀特：《不列颠与布尔什维克革命》，伦敦 1980 年版，第 71 页。
④ 《英国外交政策文件 1919—1939》，第 412 页。

任会议记录的汉基在次日致奥斯汀·张伯伦的信中打赌说他有六分把握俄国人将接受协约国的建议。①

然而，被逼入绝境的苏俄代表团不但没有束手就范，反而另辟蹊径，于4月16日，即阿尔伯蒂别墅会谈后的第二天，与德国代表团在热那亚的近郊拉巴洛签订了一个事先经过准备的双边条约。宣布两国彼此放弃对对方的债务要求，恢复两国的外交关系并致力于今后发展两国的经贸关系。

拉巴洛条约的突然缔结打乱了协约国的如算意盘，热那亚会议的形势随之发生了逆转：西方与苏俄之间以戛纳条件为基础达成协议的可能性消失了。4月17日，英国代表团外交部代表J·D·格雷格里向外交部报告说：整个会议的形势"已被苏德条约所改变"。② 意大利外交部长尚策尔也指出："条约削弱了（协约国）与俄国会谈的总体地位"。③ 这是由于拉巴洛条约改变了苏俄此前的孤立、被动处境。难怪格雷格里在日记中沮丧地写道："就这样在谈判之初即已丧失了……反对布尔什维克主义的统一战线的机会"。④

面对拉巴洛条约造成的形势突变，劳合·乔治为了保住会议不中途破裂，一方面竭力通过外交途径消除条约的干扰，一方面继续尝试与苏俄的谈判。鉴于联合压迫苏俄让步计划的破产及苏俄谈判地位的迅速改善，劳合·乔治不得不另觅他途。由于事态的发展与会前的构想相差太远，故劳合·乔治制订的以有条件的法律承认换取苏俄全面让步的计划落了空，而且内阁在会前对英国代表团的种种约束也使得劳合·乔治无法在给予苏俄政治承认的思路上展开手脚。所以唯一可试的办法即利用苏俄的经济困难以提供援助和信贷的允诺来诱使苏俄让步。

---

① 芬克：《热那亚会议》，北卡罗来纳大学出版社1984年版，第170页。
② 怀特：《缓和的根源》，第161页。
③ 《英国外交政策文件1919—1939》，第423页。
④ 鲁宾斯坦：《苏俄与资本主义国家的关系1921—1922》，时代出版社1954年版，第370页。

4月24日，劳合·乔治向法国代表巴都提议"应有一个非正式的有关可以给予俄国多个援助的问题的讨论"。[①] 同时，他让专家起草了一份致苏俄的照会草案，草案中罗列出欧洲各国可以为俄国经济重建提供的各种物质和设备，宣布了所需条件，即"一旦在俄国的财产使用权交还它的原业主及债务被承认，这些必需品的出口即将开始；一旦信用开始恢复，资本将输入俄国"。[②] 劳合·乔治称这个草案是"摆脱政治困境的最好方法"。此后4月26日—5月2日英、法、意、比等国连续举行私下商谈，最终在英国草案的基础上于5月2日通过了一份对苏俄的新备忘录。

5月2日备忘录是英国在热那亚会议上策划的针对苏俄的第二次也是最后一次外交努力。英国代表把这一备忘录称为对苏政策的"新方针"。尽管这个所谓的新方针大谈协约国为苏俄经济的复兴所能提供的一切援助，但其实质仍然坚持协约国在阿尔伯蒂别墅会谈时所提的要求，即苏俄必须全面承认所有外债，只不过这次它是以苏俄获得援助的前提条件的形式提出的，不像阿尔伯蒂照会中那样直截了当、气势汹汹罢了。因此，5月2日的备忘录是不可能为谈判地位已因拉巴洛条约的缔结而极大改善的苏俄所接受的。

果然，5月11日，苏俄在答复协约国5月2日备忘录的照会中语气强硬地驳斥了协约国的要求并拒绝承认旧俄政府的债务和归还私人财产；坚持只有在互惠对等的原则下才能承担上述义务。强调"对俄国人民来说，任何不能以实际利益补偿其让步的协议，都是不能接受的"。[③]

苏俄5月11日的照会最终使劳合·乔治的对苏政策彻底落空了。他看到："在接到这个文件后试图与俄国在热那亚达成完全协议已毫无

---

① 《英国外交政策文件 1919—1939》，第 560 页。
② 《英国外交政策文件 1919—1939》，第 593 页。
③ 道格拉斯：《苏维埃外交政策文件》，伦敦和纽约 1951 年版，第 308 页。

用处，继续讨论条款和条件将只能是浪费时间。"① 既然关于俄国问题的谈判已经失败，那么以此谈判为基础的热那亚会议的破裂也就不可避免了。此后热那亚会议虽然又持续了一周多的时间，直至 5 月 19 日才闭幕，但实际上不过是英法等协约国为欺骗公众舆论，竭力掩盖会议的失败而进行的拖延罢了。

三

热那亚会议是一次彻底失败的会议。5 月 20 日，会议闭幕第二天，英国《经济学家》周刊便一针见血地指出："除俄一德条约以外，会议几乎毫无结果"。英国《泰晤士报》甚至把会议称为"无所事事的痛苦的可以引以为戒的实例"，② 并断言："无论如何，热那亚会议的这种暗淡的和装模作样的了结不会在我们时代的历史上留下深深的印痕"。③

不仅如此，倘若我们把热那亚会议的预定日程与实际实施加以对照的话，便会发现它不但是一次毫无结果的会议而且是一次中途夭折的会议。1922 年 4 月 10 日进行的第一次全体代表大会在安排大会日程时设立了政治、经济、财政、运输四个委员会分别就相关的问题进行探讨。其中政治委员会主要负责解决俄国问题，即西方与苏俄的关系问题，它是另三个委员会的基础。因为协约国把解决俄国问题视为复兴欧洲经济的第一步，故政治委员会能否取得实际成果直接关系着能否按西方的意愿恢复欧洲的经济，换句话说，即俄国问题的解决与否决定着热那亚会议的成败。然而，直至 5 月 19 日大会结束，作为整个热那亚会议计划的前提的俄国问题也未能获得进展。虽然在其他的三个委员会中曾达成

---

① 《英国外交政策文件 1919—1939》，第 852 页。
② 怀特：《缓和的根源》，第 194 页。
③ 科茨：《英苏关系史》，伦敦 1945 年版，第 89 页。

过一些协议，但此刻这些协议却因缺乏必要的政治基础而失去了实际的价值。因此，号称为重建欧洲经济而召开的热那亚会议实际上在没有触及正题的情况下便草草收场了。如果形象地把热那亚会议比作一艘通往经济复兴这个预定问题的远洋巨轮，那么它的结局就是这个庞然大物刚刚起锚，还未驶出港口便在俄国问题上搁了浅——它根本没能进入航线。

造成热那亚会议夭折的原因是多方面的，但首先应归因于会议的主要发起者和组织者——英国——的外交政策，特别是对苏政策的失误。在热那亚会议问题上，英国的如意算盘是抓住苏俄战后国内经济状况恶劣，尤其是抓住 1921 年秋伏尔加河流域发生大饥荒后急需外援的时机，在会上通过外交途径压迫苏俄与西方重建以资本主义原则为基础的政治、经济关系，并在此基础上重建欧洲、复兴资本主义经济。

然而，英国的梦想从一开始便没有实现的可能，这主要是由于英国制定的对苏政策有着致命的缺陷：它是建立在一种错误的判断上的，即盲目乐观地认为急需外援的苏俄政府在热那亚会议上会不惜一切代价与西方恢复关系，甚至包括放弃共产主义原则。英国首相劳合·乔治对这一点深信不疑，以致会前他曾断言："如果列宁两手空空从热那亚回国，他将被推翻"。① 这种对苏俄形势和政策的判断与事实差之千里。苏俄外交人民委员契切林早在 1922 年 1 月 27 日中央执行委员会上分析英国的政策时便指出："劳合·乔治的计划与我们对历史发展的预测截然相反"。他继而阐述了苏俄对热那亚会议的真正态度："我们想要经济合作，……但我们将反对以经济控制俄国的形式的经济合作；我们想要俄国复兴，我们要通过参加整个世界的经济关系的调整来实现……但在这样做的同时，我们不得不保卫俄国的独立并不允许任何对其主权的

---

① 《英国外交政策文件 1919—1939》，第 162 页。

侵犯和任何对其内部事务的干涉"。① 拉科夫斯基在会前发表的文章中也明确了苏俄的立场:"我们将不在奴役我们政府的期票上签字;我们将不在违反苏维埃共和国的基本法律——土地国有化和由国家垄断工业和外贸的法律——的契约上签字;我们将不承担任何侵犯工农政府主权的义务"。② 同时,拉科夫斯基还在文章中解释了苏俄实施新经济政策的原因,他指出:"我们宣布新经济政策不是因为我们已厌倦了作为共产主义者,也不是因为我们决定放弃哪怕一丁点儿我们的共产主义计划,而是因为当我们从长期的战争时期中摆脱出来后,我们不得不把我们的经济与新的和平条件相适应"。③ 为此,列宁也曾指示代表团绝不接受任何于己"不利的东西","绝不屈从于最后通牒",也绝不惧怕会议破裂。他在 1922 年 2 月 9 日致契切林的信中指出:"我们丝毫不怕破裂,因为明天我们会有一个更有利的会议"。④ 事实表明苏俄的让步是有限度的而远非西方认为的无条件投降,因而英国的对苏政策是注定要破产的。

造成英国外交决策失误的原因主要是它大大低估了苏俄建设社会主义新社会的决心。其次它的情报来源失真,往往过分夸大苏俄让步的倾向和程度。例如 1922 年 3 月底英国驻里加的代表在发回国内的电报中甚至说苏俄"心里准备为得到法律承认而作出任何实际的让步"。⑤ 正是这类主观、片面的情报使英国的政策陷于盲目乐观和不切实际的幻想,从而为它的失败预先埋下了种子。

综上所述,热那亚会议期间英国的对苏政策与会议的进程之间存在着极为密切的联系。在某种程度上可以说,热那亚会议的成败是英国对

---

① 道格拉斯:《苏维埃外交政策文件》,伦敦和纽约 1951 年版,第 290—291 页。
② 厄迪:《苏维埃俄国与西方 1920—1927》,第 131 页。
③ 厄迪:《苏维埃俄国与西方 1920—1927》,第 130 页。
④ 《列宁全集》,中文 2 版,第 42 卷,人民出版社 1987 年版,第 401 页。
⑤ 怀特:《缓和的根源》,剑桥大学出版社 1985 年版,第 101 页。

苏政策成功与否的直接反映。由于英国会前对形势的错误判断，使得它所奉行的对苏政策与现实严重脱节，这是热那亚会议未能获得成功的主要原因。

（原载《首都师范大学学报》1995 年第 2 期）

英国与"四国公约"（1933.3—7）

　　所谓"四国公约"是指 1933 年 7 月 15 日英、法、德、意四国签署的"谅解与合作公约"。该公约的谈判与缔结是 20 世纪 30 年代欧洲国际关系史上的一个含义深远却长期被人忽视的事件。各国学者至今少有专门的论述，一般通史著作或有叙及，也多是一带而过。[①] 究其原因，大抵有二：一是当年发生的众多规模和影响相对更大的国际事件，如裁军大会、世界经济大会等吸引了多数研究者的视线；二是四国公约本身是个未生效的条约，不易为人重视。但事实上，有关四国公约的谈判发生在希特勒在德国上台后不久的特定时期，其缔结与最终未被批准的事实背后，纠缠着复杂的国际关系背景和利害冲突，对于其后欧洲国际关系的演变以及各国对外政策的调整都有着深刻的影响。本文拟利用英法等国公开的外交文件和资料就英国在四国公约问题上的政策和立场进行考察，以期从一个侧面说明纳粹德国崛起初期英国对外政策的重心及其走向。

[①] 西方学者有关"四国公约"的专著极少，目前只有美国学者康拉德. H. 雅劳施 1965 年出版的《1933 年四国公约》（Konrad H. Jarausch, *The Four Power Pact*, Masison, 1965）一书可供参考，但由于该书问世时法国相关的外交文件尚未公开，所以其论述尚有局限。国内迄今没有相关专题的著述。

一

有关四国公约的建议最初是由意大利政府在世界裁军大会陷入僵局的背景下提出的。其目的是希望促成大国在会外合作，进而就阻碍裁军谈判的原则性问题直接达成谅解，以便为打破裁军僵局创造条件。

1933 年 1 月 30 日希特勒上台后，德国要求军备平等的态度日趋强硬，而法国则顾及自身安全不肯再在军备问题上做出让步，这使得 2 月中旬复会的世界裁军大会①进展迟缓，并且在 3 月初陷入僵局。在这种背景下，意大利政府于 3 月 8 日向英、法、德三国驻意大使递交了一份名为"谅解与合作公约"的草案，倡导英、法、德、意四大国合作解决欧洲问题，其主要条款如下：

一、在维护和平方面，英、法、德、意四国密切合作并且在欧洲范围内使别国遵从它们的决定；

二、四国接受并贯彻在国联体制范围内对凡尔赛和约进行修正的原则；

三、不论裁军大会成功与否，允许德国分阶段实现军备平等权利；

四、四国在一切政治和经济事务中，以及在"殖民地范围内"采取共同的行动路线；

五、条约有效期为十年。②

很明显，"四国公约"的核心内容在于第一、第二和第三款，即倡导西欧四大国合作、修正凡尔赛和约和允许德国军备平等三个内容。由

---

① 世界裁军大会于 1932 年 2 月 2 日在日内瓦召开，12 月休会，1933 年 2 月复会。

② John W. Wheeler-Bennett, *Documents on International Affairs* 1933 [Z], Oxford University Press, 1934, pp. 242–248.

于事先征得了德国政府的认可①，意大利的公约草案实际上反映的是意德两国共同的立场。此外，为了确保四国公约的建议能够得到英国的支持，墨索里尼还邀请英国首相麦克唐纳与英国外交大臣西蒙访问罗马，并有意安排在3月18日英国人来访的当天提出四国公约草案，以便双方当面协商。

二

对于意大利的建议，英国的反应既迅速又积极：英国首相麦克唐纳与外交大臣西蒙是在抵达罗马的途中收到四国公约文本的，虽无时间仔细推敲，但公约所倡导的大国合作、修正和约等主张还是引起了他们的极大兴趣。在3月18日上午进行的初次会谈中，英国方面便宣布原则上接受意大利的建议，只是强调为顾及法国的反应，有些条款需要再斟酌。为此，麦克唐纳还指示随行人员连夜拟出一份修正文本，在行文上对意大利文本做了修正。在19日的会谈中，墨索里尼接受了英国的修正意见并同意由英国方面拟订一个新的文本；而麦克唐纳则承诺在回国途经巴黎时去努力游说法国人支持意大利的建议。②

英国的反应如此积极是事出有因的。这首先是因为意大利的建议迎合了英国有关大国合作可以避免欧洲重陷敌对分裂的想法。自1925年洛迦诺公约签字以来，英国的决策者一直在考虑英法德意四个缔约国之间直接达成协定的可能性。因为他们相信："这样一种协定有利于消除在欧洲形成敌对阵营的危险，而且可以相互确保四国政策的方向和目

---

① 1933年3月14日，意大利驻德大使向德国外长牛赖特递交了四国公约的草案文本。次日，牛赖特答复说德国政府欢迎意大利的建议并称赞公约草案是"天才的创意"。

② *Documents on British Foreign Policy* 1919 – 1939 ［Z］, Second Series, Vol. V, London, 1956, p. 84.

标，使之与维持彼此友好关系及增强相互了解相一致。"① 而 1933 年初
希特勒上台后，法德对立倾向日渐明显，欧洲似乎又处在敌对分裂的边
缘，这让英国人对促成四国间的合作更加充满了期望。这种情况下，意
大利的倡议对于英国人来说真可谓"正中下怀"。英国首相麦克唐纳对
于墨索里尼有关四国公约"可以在欧洲消除有关大国敌对集团"的观
点深表认同。他在 3 月 23 日对下院发表演讲时强调："政府欢迎墨索里
尼先生的主张"是为了避免因为德国民族主义的复活而给欧洲带来的
战争危险。罗马建议的现实意义就在于："当欧洲的国民生活正需恢复
生机的时候，四大国应该在它们有可能分裂之前举行会晤，以尝试通过
谈判来消除那些无论如何都会遇到的危险。"② 英国外交部在同日拟订
的一份备忘录中也声称："四国合作代表着处理目前欧洲问题的现实
的、也许是在目前情势下唯一有效的方法。……它是非常值得欢迎并且
值得为之做出牺牲的。"③

其次，英国政府支持四国公约的另一个原因是相信它可能会成为打
破裁军大会僵局的钥匙。英国自一战结束以来一直把实现欧洲的普遍裁
军作为其外交的重要目标之一。1932 年世界裁军大会召开后，英国便
一直在法德之间扮演调停人的角色，极力弥合法德矛盾。1933 年 3 月
初，当裁军大会因法德分歧而陷入僵局时，英国首相麦克唐纳和外交大
臣西蒙又曾亲赴日内瓦进行斡旋，并于 3 月 16 日提出了一份"将德国
关于平等的要求和法国对安全的要求调和起来"的裁军方案，即"麦
克唐纳计划"，以期打破僵局。但因法德两国的反应均不积极，这使得
英国的建议被冷落，裁军大会濒临破裂。在这种背景下，四国公约的建

① *Documents on British Foreign Policy* 1919 – 1939 ［Z］, Second Series, Vol. V, London, 1956, p. 324.
② John Wheeler-Bennett, *The Disarmament Deadlock* ［M］, London, 1975, p. 132.
③ *Documents on British Foreign Policy* 1919 – 1939 ［Z］, Second Series, Vol. V, London, 1956, p. 100.

议使英国人看到了挽救裁军大会的希望。麦克唐纳在 3 月 23 日对下院的演讲中曾断言："如果四大国走到一起，并想出某种方法来统一他们对于相关小国的看法，同时审查目前造成那种不愿裁军的恐惧的原因的话，谁敢否认这是自大战结束以来为和平所做的工作中完成得最有成效的工作呢？"① 同一天，英国外交部官员萨金特在他拟订的一份备忘录中全面分析了意大利草案的内容并逐条提出了修正意见。其中，他彻底否定了意大利文本的第三款，并将之改为："各方同意，在（1932 年）12 月 11 日的五国决议中拟订的条件下许诺给德国的权利平等的原则必须被赋予实际价值。四国认识到：联合王国出席裁军大会的代表团在 3 月 16 日提交的裁军公约草案不仅仅赋予了这种原则活力，而且还为第一阶段的普遍裁军做好了准备。同时，他们也因此保证向裁军大会推荐以便该方案被大会接受。就德国自身来说，它同意权利平等原则应该在四国各方共同达成协议的前提下分阶段付诸实施。"② 萨金特的思路很明确，就是主张利用四国公约作为淡化法德矛盾、促进各国接受英国的裁军方案，从而打破裁军僵局的工具。他的观点反映了当时英国外交部的主流意见。3 月 24 日，英国外交部常务次长范西塔特向英国裁军大会代表彼德森通报说："我们认为真正有效的四国间的合作的前提是四国一致支持英国的裁军方案并向大会推荐。"因此，英国政府急于尽快为推进四国公约采取下一步骤。③

事实上，为了尽快推进四国公约的谈判，英国人在与墨索里尼达成共识后，迅速采取了以下三个方面的行动：

首先，在回国途经巴黎期间极力游说法国政府接受四国公约的建议。3 月 21 日，英国首相麦克唐纳与法国总理达拉第等人进行会晤。

---

① John Wheeler-Bennett, *The Disarmament Deadlock* [M], London, 1975, pp. 250-251.
② *Documents on British Foreign Policy* 1919 – 1939 [Z], Second Series, Vol. V, London, 1956, p. 102.
③ *Documents on British Foreign Policy* 1919 – 1939 [Z], Second Series, Vol. V, London, 1956, p. 103.

会谈期间麦克唐纳极力赞赏意大利的建议，并要求法国方面表态。但是由于法国人担心四国公约涉及修订凡尔赛和约以及承认德国军备平等权等危险内容，所以法国政府决定先采取观望态度，会谈期间没有明确表态，只是表示日后将就有关问题与英国政府"毫不拖延地进一步沟通"。① 不过，3 月 22 日希特勒在国会发表演讲，公开欢迎意大利的建议，这使英国对达成四国公约的信心大大增加。

其次，要求裁军大会休会，以便争取时间推进四国公约。3 月 22 日，英国外交大臣西蒙致电英国裁军大会代表彼德森，建议裁军大会在筹备四国公约期间暂时休会，并明确表示英国倡导四国公约谈判的目的"在于促进欧洲各国间的合作与友好关系，以便为进一步裁军方案的讨论创造良好的气氛"。② 随后，英国外交大臣西蒙又赶赴日内瓦，分别与捷克斯洛伐克、罗马尼亚、南斯拉夫和波兰等东欧各国代表就四国公约交换看法。在英国的操纵下，裁军大会全体大会在 23 日决定从 3 月 27 日起开始休会，直到 4 月 25 日为止。

第三，英国外交部从 3 月 23 日起着手准备公约的修正文本，并最终于 3 月 31 日正式向法国、德国和意大利政府提交。英国的修正文本是在 3 月 23 日萨金特备忘录的基础上完善而成的，只是文字上略有改动。如英国文本第 1 款根据萨金特的意见，只保留意大利文本的第一句话；第 2 款则改变了意大利文本中关于四国承认修正和约的原则并在国联框架内实施的笼统措辞，着意突出国联盟约的第 19 条以强调修正原则与国联原则无冲突，同时，又着重指出对和约的修正应由四国在平等的地位上，在确认相互利益的前提下，通过谈判以协定的形式达成：第 3 款则完全照搬了萨金特备忘录的原文，只不过将意大利文本中关于奥

---

① *Documents on British Foreign Policy* 1919 – 1939［Z］, Second Series, Vol. V, London, 1956, p. 98.

② *Documents on British Foreign Policy* 1919 – 1939［Z］, Second Series, Vol. V, London, 1956, p. 99.

地利等国的内容另列为第 4 款。这样，英国文本中的第 5 款实际上对应的是意大利文本的第 4 款，该款完全删去了在殖民地范围合作的内容，把四大国合作局限在寻求经济复兴的范围内。其后，各款则基本依照意大利文本，只是在行文措辞上略有修改。总体上讲，英国文本的措辞要婉转和缓得多，这主要是为了顾及法国的反应。① 4 月 7 日，西蒙向德国大使解释说："我们的修正是本着让法国更容易接受四大国的协议而进行的，因为，如果要达成任何协议，法国的认可是必需的。"②

英国的积极推动迫使法国不得不做出回应。4 月 10 日，法国终于提出了自己的四国公约文本。该文本本着趋利避害的原则，在吸取了英国文本核心内容的基础上对意大利文本进行了全面改造。其内容主要有以下五点：

第一，强调国联盟约必须予以尊重，坚持任何决定均需当事国参与讨论，反对四国强加决定于别国；

第二，强调国联盟约的不可分性，要求在点明规定修正原则的第 19 条内容的同时，将规定各盟国有义务维护各国领土完整不受侵犯的第 10 条与规定对违约行为进行制裁的第 16 条一并列入草案；

第三，指出明确使用"修正原则"等字眼会引发无数新问题，因而要求删除；

第四，强调德国军备平等应分阶段实现，在过渡期间德国不得重整军备；

第五，法国认可英国裁军计划是裁军大会取得成功的现实基础并承诺尽力合作。③

---

① *Documents on British Foreign Policy* 1919 – 1939 [Z], Second Series, Vol. V, London, 1956, pp. 120–121.

② *Documents on British Foreign Policy* 1919 – 1939 [Z], Second Series, Vol. V, London, 1956, p. 130.

③ *Documents Diplomatiques Français* 1932 – 1939 [Z], First Series, Tome III, Paris, 1967, pp. 197–198.

显而易见，经过法国的改头换面，意大利提议的四国公约中所体现的修正和约的浓厚色彩已荡然无存了。

但是，由于法国文本保留了英、意文本的核心内容，即倡导四大国合作以及支持英国裁军方案作为裁军谈判基础等要点，这使得英意两国的决策者都喜出望外。三天后，英法意三方代表便开始在罗马就法国文本进行磋商。与此同时，英、意两国政府也努力劝说德国人接受法国文本作为进一步谈判的基础。在英意的压力下，德国政府几经反复，最终于 4 月 27 日同意接受法国文本为谈判基础，此举开启了四国公约长达两个多月的谈判进程。

三

四国公约的谈判与当时裁军大会的进展是紧密联系在一起的。

英国希望四国公约的谈判能够淡化法德在裁军问题上的对立，但事与愿违：4 月 25 日裁军大会复会后，德国丝毫没有改变其在军备问题上的立场，相反还在 4 月 28 日明确拒绝以麦克唐纳计划为裁军谈判的基础，同时又拒不提供任何反建议，使得裁军大会在 4 月底 5 月初再次陷入僵局。对此，英国舆论认为德国是在"蓄意挑战欧洲的和平"，"在这种情况下任何形式的和约修正都是不可能的"，四国公约的谈判也随之停滞。① 与此同时，有关德国蓄意重整军备的情报也纷至沓来，并开始引起英国政府的重视②，这促使英国政府决定对德国施加压力。5 月 9 日，英国外交大臣西蒙召见德国大使，警告德国不要破坏国际合

---

① Benny Morris, *The Roots of Appeasement* [M], Frank Cass, 1991, p. 174.
② 4 月 26 日，英国驻德大使向国内报告说希特勒上台后德国的"议会政权已经为暴力政权所取代"。德国国内主张修正和约的民族主义正在受到政府的鼓动而演变为军国主义。他断言："德国的目标是重整军备而非裁军。"该文件由首相亲阅后在内阁散发。

作与信任，他明确表示："在短短两个月内，德国已经失去了它过去十年内在此地所拥有的同情。"① 5月10日，英国裁军大会代表坦佩尔列依甚至建议对德国提出以下严厉警告：除非它停止重新武装，否则就"不会有裁军、不会有权利平等和不会有凡尔赛和约的松动"。②

英国的警告使德国的立场有所松动。5月17日希特勒发表演说，同意接受麦克唐纳计划为进一步裁军谈判的基础，而且再次对四国公约表示欢迎。他表示德国政府愿"以最大的诚意"与其他国家一道来克服四国公约谈判中可能遇到的任何困难。③ 这让英国看到了希望。当天西蒙指示驻意、法大使要尽快缔结四国公约。他在电报中强调："考虑到当前由于德国事件所引起的紧张局势，最为重要的是四大国间应合作缔结一项协定，哪怕它比墨索里尼的原始意图差得多。"④ 意大利政府在19日也表示同意英国的看法。

然而，此刻法国政府在裁军与四国公约等问题上却面临着巨大的压力。德国事态的发展加深了法国对自身安全的担忧，使得法国国内反对裁军的呼声日盛。英国驻法大使蒂勒尔在5月19日向国内报告说："面对新的威胁，法国的舆论放弃了为积极地遏制德国而提供那些似是而非的理由的做法，转而在事实上将自己限定在提出保持法国现有的军备优势的必要性上。"⑤ 与此同时，法国国内反对四国公约的谈判的呼声也越来越高。5月22日，议员马兰在议会中甚至扬言，如果达拉第胆敢

---

① *Documents on British Foreign Policy* 1919－1939 ［Z］, Second Series, Vol. V, London, 1956, p. 212.

② *Documents on British Foreign Policy* 1919－1939 ［Z］, Second Series, Vol. V, London, 1956, p. 216.

③ Norman H. Baynes, *The Speeches of Adolf Hitler*, April 1922–August 1939 ［Z］, Vol. 2, Oxford University Press, 1942, pp. 1053–1054.

④ *Documents on British Foreign Policy* 1919－1939 ［Z］, Second Series, Vol. V, London, 1956, p. 245.

⑤ *Documents on British Foreign Policy* 1919－1939 ［Z］, Second Series, Vol. V, London, 1956, p. 269.

签署四国公约，他们将推翻其政府。① 5月26日，以赫里欧为首的法国
外交事务委员会也公开反对签订四国公约，该委员会宣布："四国公约
等于修正，修正等于战争，因此，四国公约等于战争！"②。在这种背景
下，法国政府对于四国公约谈判的立场日趋强硬。当时，四国关于公约
文本的谈判已基本达成协议，悬而未决的只是法国坚持将国联盟约有关
制裁违约的第16条列入四国公约的第2款。这与英、德、意的意见相
左。5月19日，法国向英、德、意三国及小协约国提出一份新的修正
文本，行文虽有调整，但仍坚持将国联盟约第16条列入第2款，并强
调这是法国最后的文本。

尽管法国的态度强硬，但考虑到法国政府在国内的处境，为了尽快
达成四国公约，英国决定做出让步。5月26日，英国政府照会法国：
如果其他问题达成一致，英国将在国联盟约第16条的问题上接受法国
的意见。③ 此举打破了四国公约谈判的僵局。三天后，英、法、德、意
四国代表在罗马继续进行谈判。为确保谈判成功，墨索里尼也亲自致信
希特勒，敦促德国接受法国的文本。他向希特勒保证：只要四国公约能
够签字，其他问题如修正和约和德国军备问题等都会迎刃而解。在这种
情况下，德国做出了让步。5月30日，四国就公约最终达成一致意见。

但是，当法国大使将四国公约的最终文本内容报知国内后，法国外
长保罗·邦库尔却以该文本没有得到小协约国认可为由拒绝接受④。法
国人的出尔反尔引起了英国人极大的不满，6月1日，西蒙指示英国
驻法大使对法国施加压力，要求法国政府"毫不迟疑地"接受5月

---

① John Wheeler-Bennett, *The Disarmament Deadlock* [M], London, 1975, p. 141.
② Konrad Hugo Jarausch, *The Four Power Pact* [M], Madison, 1965, p. 147.
③ *Documents on British Foreign Policy* 1919–1939 [Z], Second Series, Vol. V, London, 1956, pp. 275-276.
④ 小协约国在6月1日声明认可法国5月19日的修正文本。但是5月30日达成的公约文本是以5月20日法国大使与英意德代表协商修改后的法国文本为基础的，并非5月15日的原始文本。虽变动不大，但是没有征求过小协约国的意见。

30 日文本。他警告说：英国在国联第 16 条问题上的让步是有条件的，而德意对于最后文本并不完全满意，如果法国拒绝该文本将造成四国公约谈判的失败。果真如此，法国将必须承担条约失败的一切后果和责任。其言辞非常激烈。①。在这种情况下，法国政府被迫妥协。1933 年 6 月 7 日，四国公约在罗马举行草签仪式。7 月 15 日，四国公约正式签字。至此，英国人借助四国公约挽救裁军大会的计划又向前推进了一步。

　　然而，四国公约的缔结并没能给处于困境的裁军大会带来转机。相反，7—8 月间有关德国重整军备、特别是重建空军的消息接连不断，促使英国开始不断对德国施压：7 月 21 日和 27 日，英国连续就德国重建空军问题提出抗议和交涉；7 月 24 日、8 月 2 日英国又先后照会法、意、比三国严禁对德出口军用飞机。此外，针对纳粹分子在奥地利进行的分裂活动，英国还与法国一道在 8 月 7 日联合向德国提出口头抗议等等。但英国的多次抗议和警告均没有产生预期的效果。在这种情况下，英国在裁军问题上逐渐向法国的立场靠拢，开始考虑法国关于建立军备监督制度的建议。这期间，意大利曾建议把裁军问题放到四国公约的框架内商谈，但是英国主张应先进行英法双边会谈。9 月 18 日，英国裁军大会代表艾登赴巴黎与法国政府就麦克唐纳计划的修正开始磋商。22 日，英国外交大臣西蒙又亲自与法国总理达拉第会谈，当得知意大利完全支持法国关于军备监督和试验期的主张后，英国接受了法国的意见，即裁军将分两个阶段实施：第一阶段 3—4 年为试验期，凡尔赛和约的规定仍然有效，德国不得拥有被禁止的武器；第二阶段 3—4 年，各国将根据麦克唐纳计划进行裁军。② 9 月 24 日，英、法、意、美四国将上

---

① *Documents on British Foreign Policy* 1919 - 1939 ［Z］, Second Series, Vol. Ⅴ, London, 1956, pp. 309–310.

② *Documents on British Foreign Policy* 1919 - 1939 ［Z］, Second Series, Vol. Ⅴ, London, 1956, pp. 612–621.

述麦克唐纳计划的修正方案递交给德国。

面对英、法、意、美的一致行动，希特勒决意退出裁军大会。在采取行动前，他曾将自己的意图通知了意大利政府，因为他估计意大利会倡议在四国公约的框架内恢复裁军谈判。然而，当10月14日德国退出裁军大会及国联的消息传开后，法国舆论反应强烈，以致支持四国公约的达拉第政府在10月24日被赶下了台。伴随着达拉第政府的垮台，四国公约所标榜的大国合作事实上已经成了泡影。因此，墨索里尼在事后并没有建议将裁军问题转移到四国公约的框架下进行，而是指责德国不仅毁掉了裁军大会和国联，而且毁掉了四国公约①。在这种背景下，四国公约给欧洲带来的和平幻想已被彻底打破。虽然意大利和英国先后于8月31日和9月16日批准了四国公约，但法、德两国批准公约的可能性已经不复存在。这使得四国公约最终难逃失败的命运，成了一个未能生效的废约。

四

综观英国在四国公约谈判过程中的表现，可以清楚地看出，英国自始至终地积极支持四国公约，其目的是要利用该公约来促进法、德关系的改善，从而为打破裁军僵局开路。这与洛迦诺公约签订以来英国在外交政策上大力倡导仲裁与裁军是一脉相承的。

事实上，1932年裁军大会开幕后，为缓和法德矛盾、推进裁军进程，英国自始至终都在扮演仲裁者的角色。对此，英国外交大臣曾坦率地承认："英国在裁军大会上的角色是尽其所能推进切实的裁军，并且

---

① *Documents on British Foreign Policy* 1919 – 1939 ［Z］, Second Series, Vol. V, London, 1956, p. 702.

作为法、德双方的忠实朋友行事，以便期望促进法德之间的和解。"①
这一外交思路在 1933 年希特勒上台后仍没有大的改变。如"麦克唐纳
计划"本身就是英国以仲裁者的身份提出的一个"既不会要求法国过
多也不会迫使德国离开日内瓦"的折中方案。同样，英国推进四国公
约，其外交手段也依然是在法德之间充当仲裁人，只不过此番是联合意
大利一起行动。英国外交部官员萨金特曾明确地指出过这一点，他在其
3 月 23 日拟订的备忘录中开篇就写道："在目前形势下，法、德间的直
接关系是不可能和解的，但是通过英、意的调停来弥补这种直接合作的
缺乏，应该是可能的，只要这两个调停者对彼此以及另外两国充满信
心。"② 为此，英国首相麦克唐纳曾在英国提出修订文本的同时亲自致
信墨索里尼，敦促后者与英国合作推进四国公约。他在信中写道："拟
订一份四国谅解与合作协定的主意是如此地好，以至于为了它的成功而
做出巨大的努力甚至牺牲都是值得的。……我相信这是欧洲走向和解的
第一步。"③ 由此可见，1933 年初希特勒上台后英国的对德政策并没有
发生重大改变。甚至到了 1933 年 11 月下旬，即德国已然退出裁军大会
一月有余的情况下，英国政府还在劝说法国单独与德国进行谈判，这表
明英国依然对与德国达成和解进而实现普遍裁军抱有幻想。

因此，四国公约的失败，与其说是西欧四大国合作的失败，不如说
是英意调和法德矛盾的失败。事实上，四国公约的谈判不仅从一个侧面
反映了英国在纳粹德国崛起初期的政策走向，而且暴露了英法对外政策
的分歧。英国把四国公约视为缓和法德矛盾，打开裁军僵局的钥匙，因
而极力加以促成；而法国却担心四国公约成为德国修正和约的工具，处

---

① *Documents on British Foreign Policy* 1919 – 1939 [Z], Second Series, Vol. V, London,
1956, pp. 514–515.

② *Documents on British Foreign Policy* 1919 – 1939 [Z], Second Series, Vol. V, London,
1956, p. 100.

③ *Documents on British Foreign Policy* 1919 – 1939 [Z], Second Series, Vol. V, London,
1956, pp. 123–124.

处加以限制。公约签字后，英国适时批准，而法国则弃之一旁。在德国
退出裁军大会后，英法的分歧非但没有弥合，反而进一步加大：法国主
张在德国缺席的情况下继续裁军大会，以此孤立德国，迫其屈服。英国
则认为没有德国参与的裁军公约毫无用处，建议暂时休会，以便寻求私
下做出让步使德国重返裁军大会。双方各执己见，以至于在 11 月 9 日
的裁军大会上发生了激烈的争吵，不欢而散。美国代理国务卿威廉·菲
利普斯在 11 月 19 日致美国裁军大会代表的文件中不无担忧地写道：
"英国人与法国人之间的观点的明显分歧令我们非常吃惊，这不仅仅是
因为它给裁军大会带来的即时后果，更是因为它可能对于欧洲产生的政
治影响。"① 事实上，在其后的几个月里，英法始终没能在如何应对德
国退出裁军大会的问题上达成一致，裁军大会最终于 1934 年 6 月 11 日
宣告失败。

　　四国公约虽然未能生效，但是作为纳粹德国崛起初期欧洲大国外交
互动的一个缩影，其缔结和失败对于揭示当时缔约各国的外交政策以及
国际关系的走向有着深刻的意义。英国借助四国公约来推动裁军大会的
努力由于法德矛盾的不可调和而失败，但这并不意味着修正和约的主张
就此没了市场。相反，四国公约的失败加深了英、意与法国的分歧，使
得英意两国在修正和约问题上更加倾向于对德国让步。到 1938 年英、
法、德、意签署慕尼黑协定时，我们看到了另一个由英国极力促成的、
变相的"四国公约"。从对德和解的角度看，1933 年的四国公约堪称是
五年后慕尼黑协定的一次失败的预演。二者的成败之由，不过是在于
英、德、意的主张一贯，而法国的立场迥异罢了。

（原载《历史教学》2006 年第 5 期）

---

① *Foreign Relations of the United States*：*Diplomatic Papers*［Z］，1933，Vol. 1，Washington，
1949，p. 310.

1935 年萨尔全民公决与英国外交

　　1935 年 1 月 13 日，根据凡尔赛和约的有关规定，德国萨尔地区的居民为决定萨尔地区的归属而举行了全民公决，这是 20 世纪 30 年代具有重大国际影响的事件之一。作为德国纳粹党上台后所获得的第一个现实成果，萨尔地区的回归极大地鼓舞了希特勒的野心，促使他进一步走上了彻底摆脱凡尔赛体系的冒险之路。欧洲的国际关系也随之日趋动荡。值得注意的是，作为凡尔赛体系的缔造者和维护者，英法两国的立场和政策对于萨尔公决的发展和结果是有着直接而深刻的影响的，因此，从国际关系的角度来考察萨尔公决的国际背景，特别是英法两国的政策和动机对于加深了解纳粹上台初期英法的对德政策的脉络和异同，对于理解三十年代中后期欧洲国际关系的演变，显然具有非常重要的意义。

　　国外研究 30 年代欧洲国际关系史的著述对于萨尔公决问题一般都有涉及，但目前尚未发现有专门系统地探讨该问题的专著，而且专门研究萨尔公决的国际背景和影响的论文也不多见。国内有关著述则更为鲜见，相关论述多局限于教材性的概括介绍。因此，笔者希望在吸收、参考前人有关研究成果的基础上，结合第一手的档案文献资料（主要利用英国政府官方出版的外交文件集《英国外交政策文件集 1919—1939》及英国当事人的回忆录等）对英国在萨尔公决问题上的立场和政策做一初步探讨。文章重点探讨英国在是否出兵维护萨尔秩序这个问题上的决策过程和动机，以期从一个侧面揭示英国在萨尔问题上的根本立场及其所折射出的三十年代英国奉行对德绥靖外交的影子。

一

1919 年 6 月协约国与德国缔结的《凡尔赛和约》规定：德国重要的工业基地萨尔地区划归国联管理 15 年，期满后通过全民投票的方式来明确萨尔的归属。从 1919 年到 1933 年纳粹势力在德国上台前的十几年间，萨尔的归属问题实际上是个不成问题的问题。舆论普遍相信届时萨尔将重新归并德国，甚至有人断言萨尔公决的结果将是 95%—99% 的人支持萨尔并入德国。[1] 然而，1933 年 1 月希特勒在德国上台后萨尔问题变得日趋复杂。由于纳粹党大肆迫害共产党、犹太人、社会党和天主教徒，使得萨尔地区出现了反对归并德国的声音，当地社会党人主办的《人民之声报》和由德国难民创办的《德意志自由报》就公开反对并入德国。由于他们的宣传，反对并入德国的比例一度甚至高达 40%。一时间，萨尔公决的前景似乎成了悬案。

面对日趋复杂的萨尔问题，德国和法国都极力使该地区的发展纳入自己的轨道。希特勒将萨尔地区的回归视为巩固其统治地位的良机，因此他采取了鼓动狂热的民族主义与恐怖活动相结合的办法，一方面开动舆论机器，叫嚣"德国决不放弃萨尔"，另一方面又支持纳粹分子在萨尔采取恐怖活动，用暴力、绑架和恐吓等手段打击反对归并德国的力

---

[1] 较重要的有 C. J. 希尔的论文《英国与 1935 年 1 月 13 日的萨尔全民公决》，载《当代史杂志》1974 年第 3 期。萨尔盆地面积 730 平方英里，蕴含丰富的煤炭资源，人口超过 80 万，几乎全部是日耳曼民族，其中 3/4 的居民是虔诚的天主教徒。C. J. Hill, "Great Britain and the Saar Plebiscite of 13 January 1935", *Contemporary History*, No. 3, 1974.

量。① 此外，德国还试图通过外交途径不举行公民投票就收回萨尔。如 1933 年 10 月到 1934 年的 1 月，德国曾多次对英法提议取消投票，改由法德两国协商解决。但终因遭到法国的拒绝而未果。与此同时，法国在萨尔问题上也寸步不让。法国政府希望萨尔能够继续留在国联的控制下，因而坚持举行全民投票，并且极力向萨尔居民鼓吹由国联代管的好处。针对萨尔投票期间可能出现的紧急事件，法国外长巴都甚至强硬地表示法国将会出动军队。②

在这种情况下，国联于 1934 年 1 月 20 日开会讨论萨尔问题，会上决定成立由意大利代表阿洛伊西、阿根廷代表何塞·马里亚和西班牙代表洛佩斯·奥利班组成的三人委员会，全面负责制定有关萨尔公决问题的方案。6 月 2 日行政院批准了三人委员会的计划，将萨尔全民投票的日期定为 1935 年 1 月 13 日。同时宣布组成两个委员会分别负责组织投票和裁决。自此，萨尔公决正式提上日程。

然而，纳粹分子的恐怖活动扰乱了萨尔地区的秩序，公决能否在秩序混乱的状况下顺利进行是个无法回避的现实问题。事实上，萨尔地区管理委员会主席英国外交家诺克斯对于萨尔全民投票的前景非常担心，他在 1934 年 1 月 20 日曾断言："除非采取特别的预防措施，否则举行全民投票是不可能的"。③ 当时萨尔地区负责维持秩序的警察力量十分薄弱，因此诺克斯认为，要保证投票顺利进行至少要有 25 名警官和 140 名警察，而他当时仅有 12 名警官和 24 名警察，而且由于这些警察基本上都是当地人，其作用要大打折扣。为此，他从 4 月开始就要求国联行政院同意扩充萨尔地区的警力并且允许他从国外征召警察。

① 让-巴蒂斯特·迪罗塞尔：《外交史 1919—1984》上册，上海译文出版社 1992 年版，第 185 页。

② *Documents on British Foreign Policy* 1919 – 1939, Serise2, Vol. 12, London, 1972, pp. 152–154.

③ C. J. Hill, "Great Britain and the Saar Plebiscite of 13 January 1935", *Contemporary History*, No. 3, 1974.

1934 年 6 月 4 日，国联行政院决议授权萨尔管理委员会可以增加当地警察的力量以确保公民投票的有序进行，并特别指出，如果管理委员会认为有必要在（萨尔）地区以外征召人员，行政院认为应给以全面的支持。① 8 月 3 日诺克斯致信国联行政院，请求允许萨尔管理委员会从国外招募警察。9 月 27 日，法国外长巴都在日内瓦代表法国政府表示，如果萨尔地区警察力量不足，可以出动军队帮助维护萨尔公决期间的社会秩序。② 法国的表态引起了德国的强烈反对，声称派驻国际部队是违背凡尔赛和约的寻衅的行为。但是，萨尔的形势很快就使诺克斯相信只有使用外国正规部队才是唯一可靠的办法。

二

英国在萨尔问题上最初采取的是中立的立场。1934 年 10 月 18 日，英国外交大臣西蒙在接见德国大使冯·赫施时表示："我们所关心的并不在于公决的结果，而是在于要确保公决在可以使投票结果真正反映萨尔民意的条件下公正地进行。""我们唯一关心的是尽我们所能发挥我们的作用以确保公决在对各方均公平的条件下实施。"③ 10 月 30 日西蒙在与法国大使科尔宾谈及法国准备出兵维护萨尔秩序的问题时极力表明英国的中立立场，他比喻说英国作为国联的一员，其在萨尔问题上的责任就像选举监察人，"我们的目标就是尽最大努力来实现公决在正常、和平的状态下完成……投票的结果并不是我们关心的所在。"④ 这种中

① *Documents on British Foreign Policy* 1919 - 1939, Serise2, Vol. 12, London, 1972, pp. 152-154.
② *Documents on British Foreign Policy* 1919-1939, Serise2, Vol. 12, London, 1972, p. 134.
③ *Documents on British Foreign Policy* 1919-1939, Serise2, Vol. 12, London, 1972, p. 158.
④ *Documents on British Foreign Policy* 1919 - 1939, Serise2, Vol. 12, London, 1972, pp. 184-185.

立态度使英国不愿意过多卷入萨尔问题,更反对外国力量干预公决,西蒙早在 5 月 10 日的备忘录中就明确阐明英国不愿派军队介入萨尔公决:"显而易见的是,我们不能够提供部队……我们应该留在幕后,因为这件事情除了会带来麻烦什么也不会有,而且我们既不想与法国人争吵,也不想给德国人以鼓励。"① 9 月 7 日西蒙在给拉塞尔·斯科特的信中写道:"当然,在任何情况下我们都必须避免承担责任,而且有关英国军队或警察应该被借用或雇佣的主张是不可思议的。"② 11 月 5 日,西蒙在下院回答议员质询时信誓旦旦地称:"从不存在任何使用英国军队的问题,而且任何此类问题都没有考虑过。"③ 11 月 15 日,英国掌玺大臣、出席国联行政院会议代表艾登在下院也表示,现在不存在、并且从来不存在派遣英国军队前往萨尔的问题。对于诺克斯提议征召外国警察的建议,英国持反对态度。9 月 5 日,英国外交部拟订的有关萨尔管理委员会征召国际警察的备忘录中抱怨诺克斯的建议有可能连累英国,是极不明智的。由此可见,英国在萨尔问题上从一开始就奉行一种中立、不介入的态度。

但是,短短两周后,英国的态度就发生了 180 度的转变。11 月 28 日,英国内阁开会讨论萨尔问题,原则上同意英国派遣部队参加萨尔公决期间的维和行动。决议写道:"暂且采纳如下建议:在下周召开的行政院会议上,英国代表应概述萨尔的困难与危险局势,并指出,我们的看法是最好派出一支真正的国际部队。"内阁要求外交部和国防部近日内全面讨论组建国际部队的可能性。④

---

① C. J. Hill, "Great Britain and the Saar Plebiscite of 13 January 1935", *Contemporary History*, No. 3, 1974.

② C. J. Hill, "Great Britain and the Saar Plebiscite of 13 January 1935", *Contemporary History*, No. 3, 1974.

③ *Documents on British Foreign Policy 1919-1939*, Serise2, Vol. 12, London, 1972, p. 196.

④ *Documents on British Foreign Policy 1919-1939*, Serise2, Vol. 12, London, 1972, p. 291 注 5.

造成英国政策调整的直接因素是法国国内政局的变化。1934 年 10 月 9 日，法国外长巴都在马赛遇刺身亡，其继任者赖伐尔上台后调整了法国的对德政策，希望以萨尔问题为契机，改善法德关系。因此在萨尔公决问题上作出了和解的姿态。11 月 6 日，赖伐尔对德国大使科斯特尔表示："犯不着为了萨尔发动法德战争"，他认为萨尔百分之百是德国的，希望萨尔的回归能够改善法德关系。① 10 月 29 日，赖伐尔召见英国驻法国大使馆代办坎贝尔，第一次提出希望英国参与维持萨尔秩序的警察行动。他强调萨尔存在纳粹分子暴动的危险，法国相信出动军队是确保避免暴乱的唯一方法并且正在做出动军队的准备。但他同时又指出要求法国承担全部的义务是不公正的，希望英国和意大利能够参与，哪怕是象征性的参与也好。② 次日，法国驻英大使科尔宾拜会西蒙，转达法国准备派遣部队维持萨尔地区的秩序，但不愿意单独负责维持萨尔治安的义务的态度。11 月 15 日，法国外交部官员莱热与英国驻法使馆官员坎贝尔会晤，要求他转达法国在萨尔问题上的如下意见：第一，法国不准备承担条约义务以外的义务采取行动，而且法国将只在日内瓦参加有关萨尔问题的讨论；第二，法国军队目前正在进行调动，目的是准备应付突发事件，以便随时应萨尔管理委员会的召唤行动；第三，如果情况的确需要法国政府采取行动，法国将在萨尔地区所有预备警力消耗殆尽急需进一步补充的最后一刻派出军队。③ 11 月 16 日，赖伐尔又对英国大使克拉克表示法国不会在影响萨尔投票者问题上动一动手指头。当天，英国驻法大使克拉克向国内报告说，法国的外交政策已经改变，赖伐尔在萨尔问题上已经放弃了巴都的做法，不再向萨尔的居民宣传维持现状的好处。④

① Nicholas Rostow, *Anglo-French Relations*, 1934–1936, London, 1984, p. 62.
② *Documents on British Foreign Policy* 1919–1939, Serise2, Vol. 12, London, 1972, p. 182.
③ *Documents on British Foreign Policy* 1919–1939, Serise2, Vol. 12, London, 1972, p. 214.
④ *Documents on British Foreign Policy* 1919–1939, Serise2, Vol. 12, London, 1972, p. 217.

法国政策的变化直接引起了英国的政策的变化。11 月 12 日，英国掌玺大臣艾登向外交部提议在萨尔问题上应该与法国采取一致态度，① 此后外交部开始研究英国介入萨尔问题的利弊。次日，英国内阁开会讨论外交部的文件，会议没有作出结论，只是认为排除法国的国际部队有可能建立。11 月 21 日，法国外长赖伐尔在日内瓦向艾登表示他将尽他的全力确保萨尔问题不会成为法德两国间的矛盾根源。因此，法国不会在没有国联授权的情况下向萨尔派出一兵一卒，而且为确保萨尔公决顺利进行，他将向国联行政院提出建议，要求在情况危急的情况下，英国、意大利与法国一起派警察维护萨尔秩序。他强调如果德国人知道英意参与警察活动，则暴动就根本不会发生。② 23 日，诺克斯又向艾登表示他不能保证今后两个月内萨尔能够安然度过而不发生严重骚乱，他认为最好是使用正规部队，人数至少 2000 人。③

与此同时，法国向英国继续施加压力，从一个侧面推动着英国政府的决策进程。11 月 30 日，艾登从日内瓦报告说法国外长赖伐尔透露他将在 12 月份召开的行政院会议上宣布：法国应萨尔管理委员会请求而不得不采取的警察行动应该是国际性质的。这意味着如果英国赞同这一点，就意味着我们准备与法国军队一起接受在一旦被召请时就进入萨尔的委托。如果我们拒绝，管理委员会就无所指靠。我建议，两种方针最好都不采用，而改由我们向一支国际部队提供力量，由这支部队在整个公民投票期间在萨尔担负警察职能。建议"英王陛下政府表示愿意根据行政院的邀请并在得到行政院的同意时，迅速派遣一支英国部队"④。

1934 年 12 月 3 日，法国与德国签订了一项有关萨尔的经济协定。规定德国用 900000000 法郎赎买法国在萨尔的煤矿。同一天，赖伐尔再

① C. J. Hill, "Great Britain and the Saar Plebiscite of 13 January 1935", *Contemporary History*, No. 3, 1974.

② *Documents on British Foreign Policy* 1919-1939, Serise2, Vol. 12, London, 1972, p. 217.

③ *Documents on British Foreign Policy* 1919-1939, Serise2, Vol. 12, London, 1972, p. 241.

④ 艾登：《艾登回忆录，面对独裁者》上册，商务印书馆 1977 年版，第 188—189 页。

次呼吁英国参加维护萨尔秩序的警察活动。英国驻法使馆官员坎贝尔当天在发回国内的电报中指出赖伐尔肯定会在 12 月 5 日召开的行政院会议上强烈要求贯彻他的建议。①

艾登的报告和法国的行动加快了英国决策的进度。12 月 3 日下午，英国外交大臣西蒙、艾登与斯坦尼普勋爵代表外交部与国防大臣黑尔什姆勋爵先在外交部后在首相官邸全面讨论出兵问题。最终就有关派遣军队参与萨尔维和行动和艾登在日内瓦行动方针达成共识，决议明确表明了英国的立场：英国不愿意见到法国军队在维持萨尔秩序问题上发挥作用，② 如果国联行政院决定派遣一支目的在于维持秩序的国际部队，而且邀请英国予以合作，那么，只要其他国家准备合作，英王陛下政府将准备从本国提供一支军队，前提是法国与德国都同意这一决定。③ 重要的是任何武装都应尽可能地带有国际色彩，而且如果可能，应该包括来自荷兰、比利时、瑞典等除英王国和意大利以外的国家的军队。④

12 月 5 日，英国内阁正式开会讨论外交部的建议，经过反复研究，最终批准了外交部的建议，但同时作出了两个局部调整，即要求国际部队至少要由 4 个国家参与，而且在公布该方案前必须先征得德国的同意。会后，西蒙立即电令驻德大使菲普斯，要求他询问德国的态度，当天就得到了德国的肯定的回复。⑤

艾登在 12 月 4 日返回日内瓦后立即向诺克斯通报了英国政府的意见。12 月 5 日上午，即在英国内阁开会的同时，艾登又与意大利代表阿洛伊西和法国外长赖伐尔进行了接触，通告了英国打算倡议组建国际

① *Documents on British Foreign Policy* 1919-1939, Serise2, Vol. 12, London, 1972, p. 285.
② C. J. Hill, "Great Britain and the Saar Plebiscite of 13 January 1935", *Contemporary History*, No. 3, 1974.
③ 让-巴蒂斯特·迪罗塞尔：《外交史 1919—1984》上册，上海译文出版社 1992 年版。
④ *Documents on British Foreign Policy* 1919-1939, Serise2, Vol. 12, London, 1972, p. 291.
⑤ *Documents on British Foreign Policy* 1919 - 1939, Serise2, Vol. 12, London, 1972, pp. 299-301.

部队的意见，获得了两国的支持。① 其后在下午召开的行政院会议上，赖伐尔首先建议组建一支法国和德国都不参加的国际部队维护萨尔秩序。随后艾登宣布英国愿意参与组织这样一支国际部队。② 意大利、荷兰和瑞典三国也先后表示愿意参与行动。

12 月 11 日，国联行政院正式决定组建一支由英国、意大利、荷兰和瑞典四国军队构成的国际维和部队。部队人数共计 3300 人，其中英国 1500 人，意大利 1300 人，荷兰和瑞典各 250 人。决议要求部队于 12 月 22 日以前进驻萨尔。③

三

英国在萨尔问题上的立场是其对德政策的一个缩影。从表面上看，英国的政策是随法国政策的变化而变化的——这在英国政府决策是否参加组建国际部队问题的过程中表现得尤为明显，但实质上这仅仅是贯彻其对德政策的需要。简单说就是英国反对法国出兵到自己倡议出兵的最终目的在于希望利用萨尔问题促成德国早日恢复与英法的裁军谈判。

自从 1933 年 10 月德国宣布退出裁军大会和国联以后，英国一直希望能够劝说德国重新回到谈判桌前。这种愿望随着德国私下加快重整军备的活动而日益强烈。英国人相信，"只要德国还置身国联以外，就不会存在确立和保持欧洲和平的真正基础。"④ 而萨尔问题的合理解决则是德国恢复谈判的前提。1934 年 11 月 29 日西蒙拟订的一份对德政策备忘录中表露得非常明显："德国政府首先考虑的将是使萨尔问题得到解

① *Documents on British Foreign Policy* 1919–1939, Serise2, Vol. 12, London, 1972, p. 297.
② *Documents on British Foreign Policy* 1919–1939, Serise2, Vol. 12, London, 1972, p. 301 注 1.
③ *Documents on British Foreign Policy* 1919–1939, Serise2, Vol. 12, London, 1972, p. 309, 310, 313, 320.
④ Nicholas Rostow, *Anglo-French Relations*, 1934–1936, London, 1984, p. 49.

决。在萨尔问题解决前他们不会急于开始有关军备的深刻谈判……一旦萨尔问题被解决,德国政府将希望讨论有关条款,即凡尔赛和约的缔约国将通过废除和约第五部分来使德国重整军备合法化,或其他类似的裁军条款,毫无疑问,问题就是如此,为了保住每个人的面子,这种安排将体现在一个所谓的裁军公约中。"① 从这个目的出发,英国不希望萨尔问题再生枝节,而是希望尽快解决萨尔问题以便早日开始与德国的谈判。英国人一贯将萨尔问题视为"中欧的溃烂的疮疤",历来主张将该地区尽早归还德国。11 月 15 日,英国外交部在给驻法大使的指示中表述了英国关于萨尔公决的看法:"从政治的角度来整体上看待这个问题,我们认为……萨尔问题应该尽可能快地通过完全、明确地归还德国的方式加以解决。这不仅最终有利于欧洲的利益,而且特别有利于法国的利益。"② 20 日,西蒙在给艾登的指示中再次表示,英国所希望见到的结果最好是出现压倒多数——要求归并德国的压倒多数。③

因此,担心法国出兵萨尔的政策会破坏欧洲的和平气氛,影响英国对德政策的顺利实施。④ 这是英国反对法国出兵萨尔的主要原因之一。在他们看来,"法国军队将在公民投票的几个星期内开进萨尔一事,会对和平造成极其危险的形势。"因为"任何对公决的拖延或国联委任管理的延期都只能恶化法德关系,从而破坏与德国谈判的基础"。所以正如艾登在回忆录中分析的那样,"选择支持法国干涉或给予象征性的支持,后果更危险。"⑤ 不过,当赖伐尔继任法国外长后调整了法国的政策,极力要将维持萨尔秩序的义务交给英国人时,组建国际部队维持萨尔公决的秩序则成了展示英国公正、真诚的和解愿望、促进恢复与德国谈判的机会,内维尔·张伯伦在 1934 年 12 月 9 日的日记中把英国能够

---

① *Documents on British Foreign Policy 1919-1939*, Serise2, Vol. 12, London, 1972, p. 272.
② *Documents on British Foreign Policy 1919-1939*, Serise2, Vol. 12, London, 1972, p. 211.
③ *Documents on British Foreign Policy 1919-1939*, Serise2, Vol. 12, London, 1972, p. 224.
④ 华尔脱斯:《国际联盟史》下册,商务印书馆 1964 年版,第 149 页。
⑤ 艾登:《艾登回忆录,面对独裁者》上册,商务印书馆 1977 年版,第 188 页。

倡导组建一支国际警察部队称为"一个天赐良机"。[①]

事实上，当国际部队组建事宜确定下来后，英国就曾努力试图借机让德国重返国联，1935 年 1 月 7 日，西蒙致电驻法意大使要求他们促使法国和意大利邀请德国在公决后参加国联讨论问题。西蒙认为德国参加萨尔问题讨论的益处很明显，而且不会损害它在 1933 年 10 月发表的声明。[②] 1 月 9 日，英国驻德大使又奉命邀请德国派代表参加国联有关萨尔问题的会议，实质目的就是借机让德国返回国联。但是德国 10 日委婉地回绝了英国的邀请，只表示可以派专家参加，使英国的算盘落了空。[③]

四

1935 年 1 月 13 日，萨尔全民投票如期进行，整个活动由于有国际维和部队的介入而得以顺利实施。1 月 14 日，通过 300 名中立国工作人员通宵的工作，15 日晨 6 时通告行政院：除 905 张废票和 1292 张空白票外，有 477119 票支持并入德国，2124 票主张并入法国，还有 46513 票同意继续由国联管辖。支持并入德国的票数占总票数的 90.3%。2 天后，国联行政院作出正式决议，宣布根据公民投票结果，萨尔将于 3 月 1 日归入德国。[④]

萨尔公决的结果起初似乎为欧洲的和解带来了非常大的希望。希特勒在 15 日公布投票结果的当天就发表了广播讲话，重申他在事前所做的声明，即萨尔回归后"德意志帝国将不再对法国提出进一步的领土

---

① Keith Feiling, *The life of Neville Chamberlain*, London, 1946, p. 252.

② *Documents on British Foreign Policy 1919-1939*, Serise2, Vol. 12, London, 1972, p. 359.

③ *Documents on British Foreign Policy 1919-1939*, Serise2, Vol. 12, London, 1972, p. 363, 369.

④ J. W. Wheeler-Bennett and Stephen Heald eds., *Documents on International Affairs 1934*, London, 1935, p. 69.

要求"，甚至其后 16、17 日接受外国记者采访时谈到了德国重新回到国联的可能性等问题。

然而，这一切都仅仅是昙花一现，等到 3 月 1 日萨尔正式并入德国以后，纳粹就开始酝酿新的冒险了。德国报刊机器纷纷开动起来，像《慕尼黑日报》就曾公开宣称："现在我们已经收回了萨尔区，我们还将收回阿尔萨斯-洛林、但泽走廊、米美尔区和德属捷克。"① 事实上，1935 年 3 月 16 日德国公然撕毁凡尔赛和约的有关条款，宣布重整军备的时候，距德国收回萨尔仅仅过了两个星期。

事实证明，萨尔的顺利回归不但没有带来英国所期望的欧洲和解，反而助长了德国的毁约扩军的气势。而德国的毁约行动同时也宣告了英国企图利用萨尔问题达成欧洲和解的政策的破产。原国联助理秘书长华尔脱斯在他事后撰写的《国际联盟史》中是这样评价萨尔公决的结果的："毫无疑问，这是希特勒——国联和它支持的一切国际组织的敌人——的又一次胜利；纳粹政权得到了一股新的力量和信心，而归根结底这只能增加战争危险。"② 英国政治家温斯顿·丘吉尔在自己的回忆录中对萨尔公决的结果及其后果给予了一针见血的评价："这（指公决结果）虽然是一种正常和势所必至的结果，但是国家社会主义在这次道义上的胜利，使希特勒的威望大大提高，并似乎给他的权威戴上了德国人民意志的真诚典范这个桂冠。希特勒并没有因为国际联盟的公正或光明正大的作风而变得好商量，更谈不到有所感动。这只是证明他一向认为协约国都是颓废的笨蛋这一看法罢了。"③

（原载《史学月刊》2004 年第 11 期）

---

① 维戈兹基等编：《外交史》第三卷，下册，三联书店 1982 年版，第 821 页。
② 华尔脱斯：《国际联盟史》下册，商务印书馆 1964 年版，第 153 页。
③ 温斯顿·丘吉尔：《第二次世界大战回忆录》，第 1 卷，时代出版社 1995 年版，第 94—95 页。

1939 年苏联出兵波兰与英国的反应

1939 年 8 月 23 日苏德互不侵犯条约的签字标志着战前苏联对外政策的重大转变，即由积极的倡导集体安全转变为消极的避战自保。这一转变对当时的国际关系产生了重大的影响，并直接导致了大战爆发后苏联对于波兰东部的进占，从而使波兰在事实上遭到了历史上第四次被瓜分。毫无疑问，苏联的行动对于英国—波兰安全的主要保证国是一次严重的冲击，英国的反应对于战争形势的演变有着重要的作用。本文拟就苏联出兵波兰前后英国对苏政策作一初步的探讨。

一

1939 年 9 月 17 日，苏联出兵波兰。这是继 9 月 1 日德国入侵波兰，9 月 3 日英法对德宣战后介入波兰问题的第三方势力。欧洲的战争形势陡然复杂起来。世界舆论对于苏联的行动普遍采取谴责的态度：9 月 18 日伦敦《泰晤士报》发表题为"斯大林动手了"的评论文章，指斥苏联的行为是："德国动手行凶而俄国来分赃！"同日美国的《纽约时报》也将苏联描绘成"德国狮子身边的鬣狗角色"；法国的《费加罗报》则发表文章提出了应否对苏宣战的问题。甚至德国的盟友意大利和日本的报纸也承认苏联的行动"打消了不幸的波兰残存的最后希望"、是"对德国在德波冲突中的帮助"等等。事实上，正如德国报刊指出的，苏联的行动正是依据苏德互不侵犯条约及彼此完全谅解的条件下进行的。[①]

苏联在世界舆论的抨击下，一方面照会各国政府阐明中立立场，一方面与德国合作加紧对波兰的占领：

9月18日，苏德发表联合声明，一致认为双方有义务在波兰恢复秩序。

9月22日，苏德划定了彼此在波兰占领区的分界线。

9月28日，苏德签订《苏德友好和边界条约》，条约重申双方在前波兰国家境内重建和平与秩序的义务，划定两国边界并约定共同"反对第三方对于该解决办法的任何干涉"。[②]

遭到灭顶之灾的波兰政府自9月17日起便一再向英国呼吁，希望盟国承担义务对苏宣战。然而，耐人寻味的是对于波兰安全负有条约义务的英国政府在苏联出兵波兰的问题上态度非常谨慎，官方的反应仅仅局限于9月19日发表的一份措辞考究的声明。宣布"根据苏联政府提出的理由不能认为苏联的进攻是有理的'，这些事件的全部含义尚不明确"。"但无论发生什么事情，都不能丝毫改变政府的决心，在全国的全力支持下去履行对波兰的义务，全力以赴进行战争，直至达到目的为止"[③]。

声明的措辞是经过认真推敲的。一方面强调了英国承担对波兰义务的决心，驳斥了苏联出兵的借口，表明了反对瓜分波兰的立场。另一方

---

① 索德主编：《苏联占领波兰东部各省》（Sword, keith ed, *The Soviet Takeover of the Polish Eastern Provinces*, 1939-41），麦克米伦1991年版，第291—294页，附录。

② 兰萨姆：《1918年以来欧洲历史的文件和材料》（Langsam, Walter, *Documents and Reading in the History of Europe Since* 1918），纽约1951年版，第859页。

③ 伍德沃德：《第二次世界大战中的英国外交政策》（Woodward, Sir Llewellyn, *British Foreign Policy in the Seconod World War*），伦敦1962年版，第7页。

面又没有采取任何针对苏联的行动，一句"事件的含义尚不明确"为它维持与苏联的关系留下了余地。这与德国入侵波兰后英国的反应形成了鲜明的对照，显而易见，在波兰问题上英国对苏联的行动采取了一种容忍的态度。

二

英国在苏联出兵波兰问题上所采取的容忍态度是服从于英国战时总体战略的需要的。它的主要动机是防止苏德结盟。

9 月 18 日，英国外交大臣在阐述英国对苏联出兵波兰问题上的态度时强调要服从反德大局，即"考虑如何在与德国的冲突中最大限度地保护英国和波兰的共同利益"。[1] 当时英国的首要目标就是战败德国。英国首相张伯伦在 9 月 20 日于下议院的讲话中明确地指出了这一点。他说："我们的总目标……就是要把欧洲从它对于德国侵略所抱的那种永久反复出现的恐惧中解救出来，并使欧洲各国人民能够保持他们的自由和独立。"[2] 这个针对纳粹德国的战略构想早在 1939 年初便由英国军方与法国军方研究后共同提交政府备用，其要点在于战争初期的防御，正如其报告所指出的由于德国的战争准备远比英法充分，特别是空中和地面均占有优势，而英法方面仅是海上和综合国力方面强过对手。因此，"在这种情况下，我们必须准备抵御直接针对法国或英国或者是同时针对英法双方的进攻。为打败这种进攻，我们必须集中我们全部的力

① 莱恩：《英国人眼中的苏联人进占波兰》（Lane, Thomas, *The Soviet Occupation of Poland through British Eyes*），载于托马斯·莱恩与约翰·希登主编：《波罗的海与第二次世界大战爆发》（Lane, Thomas and Hiden John ed., *The Baltic and the Outbreak of the Second World War*），剑桥大学出版社 1992 年版，第 144 页。
② 温斯顿·丘吉尔：《第二次世界大战回忆录》，第一卷《风云紧急》下部，第三分册，商务印书馆 1974 年版，第 668—669 页。

量，在这一段时间内我们的主要战略是防御"。① 在这种以防御为主的战略构想中，波兰的利益处于次要地位，甚至它的灭亡在英法研究该战略过程中也被设想到了。由于奉行防御战略的英国在波兰遭到德国侵略时无心也无力给它切实有力的援助，而单凭波兰的力量又是无法抗衡德国的。所以，1939 年 7 月 18 日，英国政府在一份有关波兰利益在对德国战略中总体地位的备忘录中强调："作为一个总的要点，我们要强调的是：波兰的命运将取决于战争的总结局，而战争的总结局本身又取决于我们彻底打败德国的能力，而不是我们能否在开战之初减轻波兰所受的压力。这一点必须成为我们采取行动时所要考虑的头等要事。"② 由此可见，波兰在英国对德战略中的地位充其量是一张挡箭牌，它的价值仅仅在于当英法与德国发生冲突时可以构成一条东部战线，以便牵制德国部分军事力量，为英法备战赢得时间。事实上英国在制定对德战略的过程中所关心的也正是一旦与德国作战，波兰能牵制德国多少个师，能够坚持多长时间等等，根本没有考虑如何在开战之初保卫波兰的安全与生存。因此，英法在德国入侵波兰后宣而不战的表现也就是意料之中的事了。

然而，战争形势的进展出乎英国的预料，波兰的迅速溃退打碎了英国的如意算盘，使它不得不开始考虑寻找一个新的、可以替代波兰的盟友以维持这条正在消失的东方战线。不言而喻，战前一度与英法积极筹建反德统一战线的苏联此刻自然成了英国的首选对象。但是，英国战前一再推行的绥靖政策已使其错失良机并且令英苏关系产生了裂痕：8 月 23 日，苏联放弃了与英法联合对德的努力，转而与德国签订互不侵犯条约，这是苏联回敬英法绥靖分子的当头一棒。此举不仅使英法在与德国的私下交易中失掉了一张俄国牌，而且使英法面临与德国冲突的危

① 巴特勒：《大战略》（Bultler, *Grand Strategy*, volume II September 1939—June 1941），第二卷，伦敦 1957 年版，第 10 页。

② 普拉泽墨乌斯卡：《英国、波兰与东部战线，1939》，（Prazmowska, Anita, *Britain, Poland and the Eastern Front*, 1939），剑桥大学出版社 1987 年版，第 167 页。

险。正如英国自由党领袖辛克莱点明的，苏德互不侵犯条约的含义是"希特勒今后的领土要求，将不在苏联社会主义共和国，而在大英帝国来找寻"①。事实的发展证明了这一点：9 月 1 日，德国入侵波兰，英法宣战。苏联则宣布中立，置身事外。这使英国的绥靖政策彻底落空。面对形势的急剧恶化，英国日益意识到争取苏联合作的意义，并且作了初步试探。大战爆发后不久，英国政府便授命驻苏大使 W·西兹探寻苏联是否可能为波兰提供战略物资或允许英国的援波物资过境，结果发现苏联对此毫无兴趣。②

绥靖政策的后遗症为英国谋取与苏联的合作设置了障碍，而 9 月 17 日苏联出兵波兰又为英国排除障碍提供了一个机会。

苏联在波兰的行动无疑加速了波兰的灭亡，这对于英国来讲是沉重的一击。同时，苏联在进兵波兰过程中与德国盟友般的合作更令英国忧虑。英国外交部政务次官巴特勒明确指出："苏德的合作将对英国形成可怕的危险，必须不惜任何代价加以避免。"③ 但英国在忧虑之中又看到了争取苏联合作、重建东方战线的希望。因为苏德在波兰领土上的直接对峙增加了双方发生冲突的可能性，这对英国分化苏德是有利的。英国军方早在 9 月 17 日向内阁递交形势报告中便指出了这一点，强调苏德间缓冲国的消失增加了二者离析的机会，因而在苏联出兵波兰问题上不用惊慌。④ 英国下院议员罗伯特·布思比强调在处理该问题上要抛开道义先考虑国家利益，主张谅解苏联，因为在英国需要一切可能的援助

---

① 乔冠华：《从慕尼黑到敦刻尔克》，世界知识出版社 1984 年版，第 57 页。

② 伍德沃德：《第二次世界大战中的英国外交政策》（Woodward, Sir Llewellyn, *British Foreign Policy in the Seconod World War*），伦敦 1962 年版，第 7 页。

③ 莱恩：《英国人眼中的苏联人进占波兰》（Lane, Thomas, *The Soviet Occupation of Poland through British Eyes*），载于托马斯·莱恩与约翰·希登主编：《波罗的海与第二次世界大战爆发》（Lane, Thomas and Hiden John ed., *The Baltic and the Outbreak of the Second World War*），剑桥大学出版社 1992 年版，第 148 页。

④ 基钦：《第二次世界大战中英国对苏政策》，（Kitchen, Martin, *British Policy Towards the Soviet Union During the Second World War*），麦克米伦 1986 年版，第 2 页。

时谴责苏联将有损英国的利益。① 英国驻苏大使西兹也主张在苏联出兵波兰问题上应采取慎重态度。他强调赢得苏联的合作将不仅可以增加对德国作战的实力、保护英国的利益，而且对波兰也会有所帮助，故与苏联保持全面关系并利用任何可能使苏德疏远的机会是至关重要的。② 英国海军大臣丘吉尔在 9 月 25 日提交的一份备忘录中明确地指出了苏联出兵波兰对于建立一条新的东部战线的意义，他解释道："他们（指苏联）现在已和德国在边界相对峙，而德国要想不防守这个东部战线是决不可能的。它必须留驻一支庞大的德国军队加以防守。……因此一个东部战线是可能存在的。……就现在所能作出的判断来说，俄国的行动所产生的反应，……是有利的。""我们现在实行的政策，就是要鼓励建立这条战线，增强这条战线。""这种政策是绝对正确的，这种政策意味着要同俄国重新建立关系。"③ 10 月 1 日，丘吉尔在广播讲话中对苏联在波兰的行动表示谅解。他说："我们本来可以希望俄国军队以波兰的友邦和盟国的地位、而不是以侵略者的身份，驻守它们现在的阵线，但俄国军队所以要驻守在这个阵线上显然是为了本国安全的需要，以防御纳粹的威胁。无论如何，这里有了一道防线，而且令纳粹德国不敢进攻的一道东部战线已经建立起来了……"④ 英国首相张伯伦也表示他在苏联出兵波兰后对形势的分析，看法与丘吉尔"完全相同"。⑤

基于上述考虑，英国在苏联出兵波兰以后所关心的就不是如何拯救波兰，而是如何避免与苏联直接冲突，为增进英苏关系重建反德东部战

---

① 莱恩：《英国人眼中的苏联人进占波兰》，第 145 页。
② 莱恩：《英国人眼中的苏联人进占波兰》，第 147 页。
③ 温斯顿·丘吉尔：《第二次世界大战回忆录》，第一卷《风云紧急》下部，第三分册，商务印书馆 1974 年版，第 668 页。
④ 温斯顿·丘吉尔：《第二次世界大战回忆录》，第一卷《风云紧急》下部，第三分册，商务印书馆 1974 年版，第 670—671 页。
⑤ 温斯顿·丘吉尔：《第二次世界大战回忆录》，第一卷《风云紧急》下部，第三分册，商务印书馆 1974 年版，第 671 页。

线而留有余地。要做到这一点，英国政府必须首先解决两个问题：一、设法避免在苏联出兵波兰问题上承担义务；二、平息国内舆论。值得英国政府庆幸的是 1939 年 8 月 25 日签订的英波互助条约及波兰的"现状"为它解决上述问题提供了可能。

英波互助条约及附件规定了英国对于波兰的安全负有保证义务，但这种义务是有限定的。条约正文第一条规定："缔约一方如因受到一个欧洲国家的侵略而进行战争，缔约另一方将立即对进行战争的缔约一方给予全力的支持和援助。"① 但此条约附带的秘密议定书的第一条第一款却对该条的适用范围作了限定，指出正文中"一个欧洲国家的措辞应被理解为德国"②。这样便使英国只有在德国入侵波兰的情况下才承担上述义务。而对于德国以外的国家，附件第一条第二款规定："如果与缔约一方发生冲突的是德国以外的其他国家，缔约双方将就共同采取的对策进行磋商。"③ 因此，在苏联进兵波兰问题上，英波互助条约的附带议定书便为英国采取灵活政策留下了余地。波兰方面曾试图将英波互助条约的适用范围扩大到苏联。9 月 17 日，波兰驻英大使向英国外交部表示，由于秘密议定书中对于"除德国以外的国家"的指向并未确定，故应包括苏联。同时辩解说："尽管陛下政府可能一贯注意意大利，但波兰政府则一贯担心苏联。"④ 但是波兰的要求并未被认可。同日，英国外交部副政务次官兰斯洛特·奥利芬特向内阁报告说不能接受波兰的建议，他解释说："苏联侵略波兰并不涉及 1939 年 8 月英波协定，因为协定中的欧洲强国已被双方确认为德国。"⑤ 9 月 18 日，波兰

① 《国际条约集 1934—1944》，世界知识出版社 1984 年版，第 57 页。
② 普拉泽墨乌斯卡：《英国、波兰与东部战线，1939》，(Prazmowska, Anita, *Britain, Poland and the Eastern Front*, 1939)，剑桥大学出版社 1987 年版，第 203 页。
③ 普拉泽墨乌斯卡：《英国、波兰与东部战线，1939》，第 203 页。
④ 普拉泽墨乌斯卡：《英国、波兰与东部战线，1939》，第 191 页。
⑤ 基钦：《第二次世界大战中英国对苏政策》，(Kitchen, Martin, *British Policy Towards the Soviet union During the Second World War*)，麦克米伦 1986 年版，第 1 页。

政府正式递交照会敦促英国履行互助协定，并声明："波兰政府保留请求其盟国立即履行条约产生的义务的权利。"① 英国外交大臣哈利法克斯则予以明确的拒绝，他表示任何企图将条约解释为适用于苏联的想法都是不正确的，并指出："我们有自由作出自己的决定并且有决定是否对苏宣战的自由。"② 在同日内阁讨论苏联出兵波兰问题的会议上，哈利法克斯又重申上述观点，强调对苏政策应慎重。最后，内阁决定将英国的行动限制在发布一份声明。

1939年10月19日和26日，英国外交部政务次官巴特勒与外交大臣哈利法克斯先后就英国对苏政策回答下议院和上议院的质询时又重复了同一条理由，即在英波互助协定签字时，"波兰政府和英国陛下政府都理解到，协定应只适用于遭到德国侵略的情况。"③

与此同时，英国政府又强调苏联出兵波兰的益处，并且抓住苏德新边界线大体依照寇松线这一点大做文章以平息国内的反苏情绪，为英国的谅解政策辩护。10月26日，哈利法克斯在上议院演讲中表示："人们必须正视德国与苏联在波兰行动的不同，而且苏联新的西部边界是符合寇松线的。"④ 他强调在如何判断俄国人占领波兰时要注意两点："第一，是德国人首开不宣而战侵入波兰的先例，否则俄国人不会采取这样的行动；第二，苏联政府的行动，是要把俄国边界推向实际上就是凡尔赛会议时……寇松勋爵所建议的边界。"⑤ 同时在国内大造舆论为苏联的行动辩护。保守党的报纸《每日快报》表示，"苏联的行动不会给盟国的事业带来损害。"《每日邮报》认为"苏联行动的目的是为了确保

---

① 普拉泽墨乌斯卡：《英国、波兰与东部战线，1939》，（Prazmowska, Anita, *Britain, Poland and the Eastern Front*, 1939），剑桥大学出版社1987年版，第191页。
② 普拉泽墨乌斯卡：《英国、波兰与东部战线，1939》，第191页。
③ 阿诺德·托因比：《轴心国的初期胜利》上册，上海译文出版社1983年版，第49页。
④ 迈斯基：《一个苏联大使的回忆》（Naisky, Ivan, *Memorirs of a Soviet Ambassador*, The War 1939—43），纽约，1968年版，第34页。
⑤ 阿诺德·托因比：《轴心国的初期胜利》上册，上海译文出版社1983年版，第49页注1。

原来的俄国人不落入德国统治之下";《每日电讯》则强调"无论未来如何发展，……一支强大的俄国军队出现在希特勒的东部边界，将使他的一大部分军队在西进时被牵制住"，[1] 等等。英国前首相劳合·乔治则更明确地表示："俄国军队占领的不是波兰的领土，而是第一次世界大战后波兰用武力掠夺的领土……如果把俄国的推进同德国的推进相提并论，这就是罪恶的丧失理智的举动。"[2]

在一片谅解苏联的呼声中，英国政府遵循着既定的战略，坐视波兰从欧洲地图上消失，仅仅于 9 月 21 日承认了波兰流亡政府，这是自 9 月 17 日以来英国给予波兰的最大的声援。而流亡伦敦的波兰政府迫于形势不得不接受英国的反德优先战略，听任英国采取改善英苏关系的努力。

三

英国谋求改善与苏联关系的努力是从解决双边贸易问题入手的。其主要成果是 1939 年 10 月 11 日签订的英苏战时贸易协定。

战前英苏贸易关系在相当长时期内属于临时性质，其基础是 1934 年 2 月 16 日订立的英苏贸易临时协定。为便利双方贸易，英苏于 1936 年 7 月 30 日又订立一项贸易担保协定，规定由英国出口信贷担保局为苏联贸易代表团提供高达 1000 万英镑的担保，使之可以在英国订购货物。然而，战争爆发后，英国借口战争需要，禁止苏联订购的机床、橡胶、可可等物资出口，使双方贸易产生裂痕。苏联于 9 月 13 日指责英国违反贸易协定，并于次日将已起航驶往英国的商船召回。9 月 15 日

---

[1] 科茨:《英苏关系史》（Coates, *A History of Anglo-Soviet Relations*），伦敦 1945 年版，第 622—623 页。

[2] 戈尼昂斯基等编:《外交史》，第 4 卷，上卷，三联书店 1983 年版，第 21 页。

英国对此作出反应：废除向苏联出口机器的特许令。此后双方的关系陷于停滞。

9月17日苏联出兵波兰以后，英国急于改善与苏联的关系，防止苏德进一步接近。英国外交部认为加强贸易关系可以作为改善英苏关系的突破口。因为这样不仅可以阻挠苏德的合作、为英苏加强政治联系奠定基础，而且可以满足英国战时的物资需要。如当时英国急需苏联的原木以满足国内战时生产、特别是飞机生产的需要，而这种需要由于英苏贸易关系的僵局而更加迫切。因此，9月18日英内阁开会讨论与苏联贸易问题。会议一致认为，在当前形势下应尽一切可能来满足1936年7月英苏贸易协定的要求。除英国战时工业所最必需的机器外，其他苏联所需要的橡胶、锡、铜、机床等均不应在限制之列。[1] 并且由外交部发起组织了一个由伦敦商会、英国工业联盟及伦敦谷物交易所的代表所组成的英俄贸易顾问委员会，以促进英苏贸易关系的发展。[2]

9月23日，英外交大臣哈利法克斯勋爵召见苏联驻英大使M·迈斯基，这是自苏德互不侵犯条约签订后苏联大使的第一次被召见。M·迈斯基向哈利法克斯解释了苏联出兵波兰的理由并重申了苏联政府的中立态度，同时也提到了英国政府废除对苏联出口特许证的问题。哈利法克斯则向他提出是否可以缔结一个战时贸易协定的问题。4天后，M·迈斯基拜访哈利法克斯，表示如果英国政府确实认为有必要缔结一项协定的话，苏联政府愿意进行谈判。此后，双方于9月底10月初进行了谈判，并于10月11日签订了一项用苏联的原木交换英国的橡胶和锡的协定。这项由苏联驻伦敦贸易代表团与英国供应部签订的以物易物的贸易协定，尽管涉及物品的种类和数量均有限，但在英国的许多政治家看来却具有重大的政治意义，他们纷纷强调英苏贸易关系的谈判可以成为达成政府协定的基础。英国自治领事务大臣艾登和外交部政务次官巴特

---

[1] 基钦：《第二次世界大战中英国对苏政策》，第4页。
[2] 基钦：《第二次世界大战中英国对苏政策》，第6页。

勒甚至主张在这个问题上应敦促土耳其和法国对苏联施加影响。[1] 外交大臣哈利法克斯 10 月 14 日和 26 日在上议院的演说中一再强调 10 月 11 日的协定应该成为英苏间的一系列类似的协定中的第一个。并且为此目的采取了一系列外交行动，从 9 月下旬至 11 月底，英国的政要们频繁地与苏联驻英大使迈斯基接触，在各种各样的会晤中，无论是哈利法克斯、艾登、斯坦利（贸易大臣）、丘吉尔，还是巴特勒、埃利奥特（卫生大臣），他们向苏联大使传递的都是同一类信息，即过去的事已经过去，英苏关系应揭开新的一页。海军大臣丘吉尔在 10 月 6 日会见迈斯基时，甚至直截了当地指出英苏反德的共同利益并大谈两国共同进行反对纳粹德国的斗争的必然趋势。

但是，英国为改善英苏关系所作的努力并未获得预期的进展。苏联方面对于英国态度的转变是心存疑虑的。鉴于英国政府以往的绥靖政策，苏联认为英国此举的目的在于"将德国与马克思主义隔离开来以削弱它，从而便于与它在一个合理的妥协的基础上达成协议"[2]，并非真心联苏抗德。因此，为避免被英国拉下水，卷入与德国的战争，苏联的态度就是恪守中立，对英国改善彼此关系的努力淡然处之。当丘吉尔发表了英苏联合对抗德的长篇大论之后，迈斯基的回答使他感到无可奈何："我不敢对未来妄加评断，时间将会证明一切。但目前，我对苏联采取的中立政策很满意，因为它使苏联置身于恐怖的战争之外。"[3]

除了苏联对于英国改善两国关系所持的消极态度外，另一个妨碍双方接近的因素来自英国国内绥靖分子的阻挠。英国外交部内部成员对于改善英苏关系的看法就不一致，其中典型人物是菲特瑞·麦卡林，他在

---

① 平洛特：《休·多尔顿的政治日记》（Pimlott, Ben, ed., *The Political Diary of Hugh Dalton*），伦敦 1986 年版，第 305 页。
② 迈斯基：《一个苏联大使的回忆》（Naisky, Ivan, *Memorirs of a Soviet Ambassador*, The War 1939—43），纽约 1968 年版，第 34 页。
③ 迈斯基：《一个苏联大使的回忆》，第 32 页。

苏联出兵波兰后强烈抨击苏联政策，公开宣称英国的目标应该是"在不引起事实上的战争的前提下，想方设法地毁坏苏联的利益"①。另一位绥靖分子保守党议员、前航空大臣伦敦德瑞勋爵在报纸上撰文写道："我真不明白，为什么我们不能和德国采取这样或那样的一致立场去反对共产主义？"② 英国《新闻纪事报》在评论国内绥靖分子的活动时一针见血地指出："我们的死硬分子仍在玩弄让俄德互卡脖子而我们得利的把戏，大谈与德国保守政府讲和并一起反对赤色威胁，而不打算增进英苏间的真诚。这种言论随处可见。"③

不言而喻，这种来自双方的离心力不仅使英苏政治关系的改善显得渺茫，而且对于双方贸易协定的谈判也产生了极为不利的影响。英国方面对于贸易协定签字后能否安然实施没有把握，甚至担心苏联会事先通知德国击沉往英国运送原木的船，然后再要求英国履行协定向苏联提供橡胶和锡。10 月 24 日，英国战时内阁讨论英苏签订贸易协定的有关问题。当时苏芬关系趋于紧张，工党议员斯坦福·克里普斯建议只要苏联不侵略芬兰，便要尽快派出一个贸易代表团赴莫斯科，并力主由一名内阁成员亲自领队。但内阁以规格过高为由未予采纳。最终内阁达成协议：英苏贸易谈判将在政治条件允许的情况下进行，如果苏联进攻芬兰则终止。④ 10 月 25 日，哈利法克斯将英国意见通知苏联大使 M·迈斯基，但在 11 月底以前没有得到苏联的答复。11 月 30 日苏芬战争爆发，英国改善与苏联关系的努力就此告一段落。

总之，二战初期，英国在总体上对苏联采取了一种谨慎的和解态度。当时英国总体战略的首要目标是战胜德国，波兰的利益始终处于次

---

① 基钦：《第二次世界大战中英国对苏政策》，第 6 页。
② 科茨：《英苏关系史》（Coates, *A History of Anglo-Soviet Relations*），伦敦 1945 年版，第 627 页。
③ 科茨：《英苏关系史》，第 628 页。
④ 伍德沃德：《第二次世界大战中的英国外交政策》（Woodward, Sir Llewellyn, *British Foreign Policy in the Seconed World War*），伦敦 1962 年版，第 16 页。

要地位，因而，在苏联出兵波兰问题上，英国从战胜德国优先的战略基点出发，暂时容忍了波兰灭亡的现实，对苏联的行动采取了克制的谅解政策，并且进一步通过贸易谈判的方式，致力于英苏关系的改善。其目的在于改变苏德互不侵犯条约签订后不利的国际形势，利用矛盾防止苏德进一步接近。英国外交大臣哈利法克斯在 1939 年 11 月 1 日向自治领事务大臣艾登解释了英国采取上述决策的动机，谈话中并未隐讳对苏联的潜在威胁的担忧，他说："（苏德互不侵犯）协定的一个重要后果就是布尔什维主义在西欧扩散的危险。时间将会表明要么是希特勒可以左右这个运动，要么是这个运动导致他的灭亡。这确是一个我们不得不面对的危险，而且我们必须下决心来应付这个危险：要么疏远俄国、要么甚至对它开战。然而，如果我们这样做的话势必会将俄国进一步推入德国的怀抱。另一种可供选择的政策是先集中对付德国的威胁，而这也正是英国政府已决定采纳了的。这就我们应该尽力避免与俄国的公开交恶……"[①] 正是这种"两害相权取其轻"的政策使英国在苏联进占波兰后加强了改善英苏关系的努力，这种努力一度被芬苏战争所打断，但在战争结束后又迅速恢复，直到 1941 年苏德战争爆发后英苏联盟的最终形成。尽管由于苏联方面的消极态度及英国国内绥靖势力的阻挠，英苏关系的改善在 1941 年以前成效不大，但不得不承认，英国在战争初期针对苏联所采取的政策为日后二者能迅速地建立同盟关系奠定了基石。

（原载《首都师范大学学报》1996 年第 4 期）

---

① 卡尔顿：《安东尼·艾登》，（Carlton, David, *Anthony Eden*），莱恩 1981 年版，第 156 页。

1939 年苏芬战争爆发与英国的反应

1939 年 11 月 30 日苏联发动对芬兰的军事进攻，苏芬战争爆发。这是苏联继 1939 年 9 月 17 日出兵波兰东部之后，为确保自身安全而对邻国采取的又一军事行动。苏联的行动受到了世界舆论的普遍谴责。英国在事态发生后从自身战略利益出发采取了较为谨慎的外交政策，虽然支持国际联盟开除苏联的决议，但反对制裁苏联，从而为日后英苏联合抗德奠定了基础。本文拟通过对英国政府外交决策过程的初步考察，深入探讨其决策的真实动机与影响。

一

作为苏联筹建东方战线的重要步骤之一，苏芬战争的爆发本质上是苏联在二战之初所采取的"避战自保"政策的必然产物。1939 年 8 月 23 日《苏德互不侵犯条约》的签订是苏联外交政策由积极倡导集体安全、筹建反德联盟转变为消极的避战自保，进而与德国妥协、划定彼此势力范围的标志。依据该约所附秘密议定书，芬兰及波罗的海沿岸国家划归苏联的势力范围[1]。二战爆发后，苏联为确保自身安全，急于加强

---

[1] 1939 年 8 月 23 日的《苏德互不侵犯条约秘密议定书》曾就苏德两国在"东欧的势力范围的界限问题"达成以下协议："属于波罗的海国家（芬兰、爱沙尼亚、拉脱维亚、立陶宛）的地区如发生领土和政治变动时，立陶宛的北部边界将成为德国和苏联势力范围的界限。"载齐世荣主编《世界通史资料选辑·现代部分》第一分册，商务印书馆 1998 年版，第 173—174 页。

西北部国防，其主要措施是利用苏德有关秘密协议，通过一系列军事和外交手段，落实和加强对划归苏联势力范围的地区的控制。1939 年 9 月 17 日苏军出兵波兰东部就是上述行动的第一步。10 月初，苏联又开始与芬兰及波罗的海沿岸三国进行谈判，希望以和平方式实现其战略目标——御敌于国门之外。用苏联驻芬兰大使的话说就是："红军将不会待在边界等待敌人，而是会尽可能远地前去迎击他们。"①

苏联的战略设想在波罗的海沿岸三国没有遇到阻碍，到 10 月底，通过与立陶宛、爱沙尼亚和拉脱维亚三国分别缔结互助条约，苏联先后获得了在上述三国驻军的权利。然而，苏联有关调整苏芬边界以及租借芬兰军事基地的要求却遭到芬兰政府的抵制，11 月 13 日苏芬谈判破裂。苏联决定动用武力解决问题。11 月 29 日，苏联外长莫洛托夫发表广播讲话，指责芬兰在谈判中采取的"不妥协和敌对态度"导致了谈判破裂，宣布苏联需要"立即采取行动以确保国家的外部安全"②。次日凌晨，苏军兵分八路越过苏芬边界，苏芬战争爆发。

二

苏联进攻芬兰的消息在英国掀起一股反苏的狂潮，要求与苏联断交或开战的论调不时见诸报端。英国驻芬大使斯诺甚至建议政府与日本和意大利组建军事同盟，共同进攻苏联③。然而，英国政府在这个问题上

① 萨蒙：《大不列颠、芬兰、苏联与第二次世界大战的爆发》（Salmon, *Great Britain, the Soviet Union and Finland at the Beginning of the Second World War*），载希登《波罗的海地区与第二次世界大战的爆发》（Hiden, *The Baltic and the Outbreak of the Second World War*），剑桥大学出版社 1992 年版，第 97 页。
② 甘顿宾编：《第二次世界大战背景文件 1931 1941》（Gantenbein, James W., *Documentary Background of World War Ⅱ, 1931-1941*），纽约 1948 年版，第 602 页。
③ 《英国外交事务文件：外交部绝密报告与文件》（*British Documents on Foreign Affairs: Reports and Papers from the Foreign Office Confidential Print*），第 2 部分，第 F 辑，第 67 卷，美国大学出版公司 1996 年版，第 321 页。

却从一开始就采取谨慎态度。12 月 2 日，英国战时内阁第一次正式开会讨论苏芬战争问题。鉴于国内舆论，内阁首先就是否公开谴责苏联问题达成了一致："考虑到苏联在芬兰的行动与德国入侵波兰的相似性，要想避免更加明确的谴责在政治上将会是困难的。"但是内阁对苏芬战争的后果并不感到过分忧虑，与会大臣一致认为苏芬战争对英国没有"直接影响"。当天的内阁决议指出："如果俄国人的侵略发生在东南欧，那么无论我们喜欢与否，我们都将不得不向它宣战。"① 言外之意是内阁并不认为芬兰值得英国为之与苏联发生冲突。12 月 3 日，首相张伯伦在一封私人信件中表明了自己对苏芬战争的真实看法："我同任何人一样对于俄国人的行动感到愤慨，但我必须要说的是，我不认为盟国的事业会因此而受到伤害。"② 从上述立场出发，英国政府在应付苏芬战争问题上采取了两面手法，一方面顺从国内舆论，对苏联的行动大加声讨，承诺对芬兰提供援助；另一方面极力左右舆论导向，压制有可能引发英苏冲突的主张。英国新闻司官员海格事后承认，英国政府当时控制舆论的主要目的就是要驳斥那些认为"俄国已成为头号公敌，来自俄国的严重危险达到如此的程度，以至于德国的危险已经可以忘记"的论调③。12 月 9 日，英国政府明确表示，除非苏联在进攻芬兰后再进攻斯堪的纳维亚其他国家，否则"不存在任何充分的根据来改变我们避免与苏联作战的政策"④。

① 内瓦基维：《未发出的呼吁》（Nevakivi, *The Appeal That Was Never Made*），伦敦 1976 年版，第 43 页。
② 法伊林：《内维尔·张伯伦的一生》（Feiling, *The Life of Neville Chamberlain*），伦敦 1947 年版，第 427 页。
③ 萨蒙：《大不列颠、芬兰、苏联与第二次世界大战的爆发》（Salmon, *Great Britain, the Soviet Union and Finland at the Beginning of the Second World War*），载希登《波罗的海地区与第二次世界大战的爆发》（Hiden, *The Baltic and the Outbreak of the Second World War*），剑桥大学出版社 1992 年版，第 97 页。
④ 伍德沃德：《第二次世界大战期间的英国外交政策》（Woodward, *British Foreign Policy in the Second World War*），伦敦 1962 年版，第 18 页。

　　英国政府在对苏政策上的谨慎态度在国联介入苏芬战争问题后表现更为明显。12 月 3 日，芬兰政府将苏芬冲突提交国联，英国政府极为不满。在英国人眼中，芬兰此举不会有任何实际意义，相反还会给国联的声誉造成损害。英国外交部的一份备忘录甚至断言：由于国联事实上无法采取什么有效措施，因此"每一次这种集会都会使国联陷入更大的羞辱，并且使战后处理任何事务都更加困难"①。此外，英国决策者担心国联介入可能导致作出制裁或开除苏联的决议，这是希望避免与苏联发生冲突的英国极不愿意见到的。12 月 5 日，英国外交部常务次长巴特勒向瑞典大使普里茨明确表示，英国政府对于国联将召开会议讨论苏芬战争感到难堪，希望国联的决议不要走得太远②。

　　12 月 7 日，英国内阁专门开会研究英国出席国联大会的原则立场，最终明确了英国的态度："英王陛下政府反对对苏联实施制裁的主张，因为在目前情况下，制裁不会有效，而且只会给国联的声誉带来损害"；"至于开除苏联，如果该问题被提出，看情况再决定是否支持"③。为实现上述意图，内阁特意指派一贯主张改善英苏关系的外交部次长巴特勒作为出席国联大会的代表，并指示他要尽力防止有关制裁的建议提出。同一天，英国外交大臣哈利法克斯在写给巴特勒的信中也明确要求他尽力避免开除苏联："我越想越不喜欢开除俄国这个主意，如果你办得到，应试着防止这个事情发生，如果你办不到，我想你也不应该帮助投票支持它。"④

　　12 月 11 日，国联召开全体大会讨论芬兰问题。会上，法国和以阿根廷为代表的一些拉美国家强烈要求对苏联采取强硬政策。他们认为将

①　伍德沃德：《第二次世界大战期间的英国外交政策》，第 17 页。
②　《英国外交事务文件：外交部绝密报告与文件》，第 2 部分，第 F 辑，第 67 卷，美国大学出版公司 1996 年版，第 322 页。
③　《英国外交事务文件：外交部绝密报告与文件》，第 2 部分，第 F 辑，第 67 卷，美国大学出版公司 1996 年版，第 325—326 页。
④　内瓦基维：《未发出的呼吁》（Nevakivi, *The Appeal That Was Never Made*），伦敦 1976 年版，第 58 页。

苏联开除出国联是最起码的制裁。法国总理达拉第甚至宣称："除非国联采取一些积极行动，否则法国还是退出的好。"同一天，法国驻英大使也奉命向英国外交大臣哈利法克斯转达法国的态度，对英国施加压力。法国的态度与国联大会的舆论倾向使英国政府意识到，要想保住英国的国际形象不受损害，就不得不对既定政策作出一定的调整。11 日当天，哈利法克斯在答复巴特勒的请示电报中写道："至于要采取的行动，我们认为，在目前情况下实施（对苏）制裁并不是一个可行的建议，而且我们的确希望能够防止提出任何这样的建议。如果提出开除（苏联）的问题，英国代表可以投票支持它。"哈利法克斯的指示虽然表明英国政府在开除苏联的问题上改变了态度，但其反对制裁苏联的立场却仍然没变。12 月 12 日，当苏联宣布拒绝国联的调解建议后，哈利法克斯立即致电巴特勒再次强调："英王陛下政府强烈反对制裁，而且非常希望不要提出这个问题。"①

在这种情况下，12 月 14 日通过的国联大会决议最终没有涉及制裁问题，除谴责苏联的侵略行动并紧急号召国联成员国尽力给芬兰提供援助外，最强硬的措施是建议国联行政院考虑开除苏联。当天，国联行政院作出了有关的简短决议。在上述过程中，英国代表都投了赞成票。值得指出的是，英国代表参与拟订的行政院决议是以一种非常委婉的措辞来表述开除苏联的决定的，即国联行政院"发现苏联以自己的行动把自己置于国联之外"，"这意味着苏联已不再是国联的一员"②。显而易见，尽管英国最终在国联开除苏联的问题上投了赞成票，但它希望避免恶化英苏关系的意图是十分明显的。

---

① 《英国外交事务文件：外交部绝密报告与文件》，第 2 部分，第 F 辑，第 67 卷，美国大学出版公司 1996 年版，第 330 页。

② 《英国外交事务文件：外交部绝密报告与文件》第 2 部分，第 J 辑，第 8 卷，美国大学出版公司 1995 年版，第 197 页。

三

苏芬战争爆发后，英国在对苏问题上采取谨慎政策是有深刻历史背景的。概括地讲，由于英国当时已与德国处于战争状态，因此，其外交决策的基点就是如何能够更有利于实现自己的战略目标——打败德国。具体到苏芬战争问题，影响英国对苏政策的因素主要有以下几个方面。首先，苏联制衡德国的潜在价值使得英国在二战爆发后一直寻机改善与苏联的关系。1939 年 8 月 23 日《苏德互不侵犯条约》的签订使苏联在英国人眼中成为"一个敌对的中立国"。因此，尽可能改善英苏关系，孤立德国，是有利于英国对德作战的战略利益的。11 月 1 日，外交大臣哈利法克斯明确地阐述了与苏联改善关系的动机："（苏德互不侵犯）协定的一个重要后果就是布尔什维主义在西欧扩散的危险……这确是一个我们不得不面对的危险，而且我们必须下决心来应付这个危险：要么疏远俄国，要么甚至对它开战。然而，如果我们这样做的话，势必将俄国进一步推入德国的怀抱。另一种可供选择的政策是先集中对付德国的威胁，这正是英国政府决定采纳的，这就是我们应该尽力避免与俄国公开交恶……"① 事实上，9 月下旬英国就开始考虑改进英苏关系的可能性。为此，英国不但对苏联出兵波兰东部予以谅解，而且对苏联针对波罗的海三国的行动也采取了默认态度。芬兰外长当时对此曾一针见血地指出："法国与英国政府正急于寻求机会恢复与莫斯科的谈判，这就是为什么没有对俄国宣战，而且也是为什么法国和英国没有对波罗的海国家提供丝毫帮助的原因。"② 不幸的是，这一分析同样适用于芬兰自己。

---

① 卡尔顿：《安东尼·艾登》（Carlton, David, Anthony Eden），莱恩 1981 年版，第 156 页。
② 内瓦基维：《未发出的呼吁》（Nevakivi, The Appeal That Was Never Made），伦敦 1976 年版，第 31 页。

1939 年 10 月开始的苏芬边界谈判期间，英国关注的重点仍在于如何改善同苏联的关系。10 月 23 日，哈利法克斯向内阁提交了一份备忘录，力陈与苏联签订贸易协定的"重大政治价值"，还建议英国海外贸易大臣斯坦利应亲自赴莫斯科签字。10 月 24 日，战时内阁讨论并批准了哈利法克斯的建议，同意以一项贸易协定作为改进英苏关系的措施，并要求海外贸易大臣亲自去莫斯科完成谈判。但考虑到苏联对芬兰的要求，决议规定，英苏谈判的前提是苏联不能进攻芬兰："应该指明的是，英国代表团只能在政治条件允许的情况下才能前往莫斯科。这作为一项警告，很容易理解为如果苏联对芬兰采取侵略行动，我们将无法继续前往。"① 次日，哈利法克斯将内阁决议通知了苏联大使。必须指出的是，内阁决议对英苏贸易谈判提出的附加条件并不表明英国重视芬兰独立，恰恰相反，它只是向苏联表明了英国可能的反应力度——仅仅局限于暂时停止而非放弃贸易谈判。哈利法克斯在备忘录中上述政治条件之后紧跟着写道："事实上，在某种带有明确政治含义的情况下，如果我们可以达成这项非常好的贸易协定，那将是极为有益的。"②

正是由于力求与苏联改善关系，英国在苏芬战争爆发后不可能对苏联采取极端行动。哈利法克斯当时由于担心处理不妥会与苏联发生冲突，甚至在内阁中表示他"拿不准如何处理这件事"。

其次，英国政府认为，苏联在东北欧扩张对英法在西欧的战略利益不构成损害，相反还有间接的好处。这为英国在苏芬战争期间倾向于维持英苏关系提供了现实基础。

英国人认为，苏联陷入东北欧的冲突之中，这在客观上有利于英法而不利于德国。英国外交部北欧司司长科利尔的观点最有代表性："能

① 萨蒙：《大不列颠、芬兰、苏联与第二次世界大战的爆发》（Salmon, *Great Britain, the Soviet Union and Finland at the Beginning of the Second World War*），载希登《波罗的海地区与第二次世界大战的爆发》（Hiden, *The Baltic and the outbreak of the Second World War*），剑桥大学出版社 1992 年版，第 97 页。
② 萨蒙：《大不列颠、芬兰、苏联与第二次世界大战的爆发》。

够加强苏联对世界其他地区的关注的任何事情都将提高我们与苏联政府讨价还价的地位，而且，任何可能使德国分心于波罗的海的事情都必然对我们在西欧大有裨益。"① 英国外交部官员拉塞尔斯也认为，如果苏联进攻芬兰，其结果将减少英国在中亚受到的威胁，同时也会削减苏联向德国提供战争物资的能力。他在 10 月 9 日提出的备忘录中明确指出："苏联所采取的任何军事行动，即便是针对像芬兰一样弱小的国家的行动，都不仅会消耗苏联的石油、粮食和战争物资——这些东西原本都有可能运往德国，同时还可以分散苏联对其他地区的注意力，例如中亚，它在这个地区的扩张活动对我们是极为有害的。"拉塞尔斯还强调说："可以肯定的是，苏联征服芬兰的战争必定会导致美国公众舆论要求美国政府，即便不中断苏美关系，至少也封锁对苏物资出口，而这对于我们将是最大的好处。"② 英国海军大臣丘吉尔一直相信英国最终将会和苏联并肩对德作战，因此，在苏芬问题上反对支持芬兰。他在 10 月 16 日内阁会议上解释说："毫无疑问，苏联利用目前时机夺回俄国在上次战争后丧失的一些领土是有理由的，在上次战争之初，它还曾是法国和英国的盟友。这种提法不仅适用于波罗的海地区，而且也适用于芬兰。苏联应该增大自己在波罗的海地区的力量，限制德国统治那一地区的冒险，这是有利于我们的利益的。由于这个原因，我们鼓励芬兰人拒绝向苏联人让步将是一个错误。"③ 毫无疑问，在英国的战略天平上，芬兰与波兰和波罗的海沿岸各国一样，其分量远远比不上苏联。

第三，担心与苏联发生军事冲突会在战略上产生消极后果，是英国避免与苏联关系恶化的另一个重要因素。

1939 年 11 月 1 日，英国三军参谋长委员会奉命向内阁提交了题为

---

① 萨蒙：《大不列颠、芬兰、苏联与第二次世界大战的爆发》。
② 内瓦基维：《未发出的呼吁》（Nevakivi, *The Appeal That Was Never Made*），伦敦 1976 年版，第 31 页。
③ 基钦：《第二次世界大战期间英国对苏政策》（Kitchen, *British Policy towards the Soviet Union during the Second World War*），麦克米伦 1986 年版，第 8 页。

《苏联侵略芬兰或其他斯堪的纳维亚国家》的备忘录，全面分析了苏芬战争爆发的可能性及其对英国的影响。备忘录得出三点结论：第一，除非苏联在占领芬兰后继续进攻挪威，否则"对芬兰一国的入侵不会对盟国带来军事威胁"①；第二，无论在任何情况下，盟国都不能为芬兰提供有效的军事帮助，否则可能会加强德国与苏联之间的联盟；第三，强调避免与苏联发生冲突的重要性："在我们看来，我们和法国目前还没有准备好承担额外的负担，因此，从军事观点讲，我们无法建议我们应该对俄宣战。"② 外交大臣哈利法克斯支持军方反对承担军事义务的主张，他在 10 月份写给英国驻芬大使斯诺的私人信件中解释道，为了拯救波兰，英国已经身陷生死存亡的斗争中，在这种情况下，如果要英国承担超过它的能力的义务，英国将会被打败。那么，拯救小国的希望也将成泡影。他认为，小国复国的希望只有在英国打胜这场战争后才能实现。从这个角度来说，"公开宣告我们的目标是彻底结束侵略的威胁，与回避采取某些可能超出我们力量的行动以赢得战争并由此实现我们的目标，这两者间没有真正的矛盾"③。因此，当斯诺 12 月 9 日提出组建反苏同盟军的建议后，很快便遭到外交大臣的批评。哈利法克斯在 14 日发给斯诺的电报中写道："你所建议的反苏联盟在目前不是现实的政治。在当前形势下，如果我们从长远考虑，并且把目前的危机作为一个整体来考察的话，可以肯定的是，即使我们拥有全世界绝大多数人的同情，通过我们与俄国交战能够反馈给芬兰的微小的实际益处肯定是远远比不上我们与俄国作战带来的害处的……仅仅中断外交关系（俄国

---

① 安东尼·厄普顿：《芬兰史 1939—1940》（Upton, *Finland*, 1939–1940），伦敦 1974 年版，第 27 页。
② 基钦：《第二次世界大战期间英国对苏政策》，第 9 页。
③ 内瓦基维：《未发出的呼吁》（Nevakivi, *The Appeal That Was Never Made*），伦敦 1976 年版，第 166 页。

的邻国在任何情况下都承受不起）不会帮助芬兰而只会有利于德国。"[1]

　　1939 年 12 月 19 日举行的英法最高军事会议期间，英国首相张伯伦由于担心损害英苏关系，甚至主张慎重考虑对芬兰提供援助的问题，他说："这样做将会对我们与俄国的关系产生重要影响，而我们不打算与它开战。"[2] 1940 年 2 月 6 日和 19 日，三军参谋长委员会针对国内要求对苏联宣战的主张一再强调说，与俄国的战争只有在可以加速打败德国的情况下才能被接受，而目前情形并非如此[3]，"从纯军事的角度来看，与俄国的战争将使实现我们在这场战争中的最初目标——打败德国——变得更加困难。"[4]

　　上述几方面的考虑使英国在苏芬战争爆发之初处处考虑维护与苏联的关系，以至于在整个苏芬战争期间，英国政府除了在国联投票支持开除苏联以外，没有作出任何直接针对苏联的敌对行动。

四

　　事实证明，苏芬战争爆发后，英国在对苏政策上采取了谨慎而留有余地的政策。虽然英国从 1939 年 12 月底开始逐步加强对芬兰的援助，甚至在法国的压力下一度开始讨论派遣远征军和轰炸苏联高加索油田的计划，但总体上说，直至苏芬战争结束，英国不愿卷入对苏作战的初衷基本没有改变。

---

[1]　《英国外交事务文件：外交部绝密报告与文件》第 2 部分，第 F 辑，第 67 卷，美国大学出版公司 1996 年版，第 342 页。

[2]　贝达里达：《奇怪战争中的秘密战略》（Bedarida, *La Strategie Secrète de la Drôle de Guerre*），巴黎 1979 年版，第 221 页。

[3]　戈罗迪特斯基：《克里普斯出使莫斯科 1940 1942》（Gorodetsky, *Stafford Cripps' Mission to Moscow* 1940-1942），剑桥 1984 年版，第 18 页。

[4]　基钦：《第二次世界大战期间英国对苏政策》，第 19 页。

实际上，1939年底到1940年3月间，英国策划有关军事计划的真正目的是希望借苏芬战争之机实现自己的战略目的。热闹一时的派遣远征军计划的真正目的是要控制瑞典的铁矿，切断对德国的矿产供应，而不是针对苏联。该计划的倡议者、当时的英国海军大臣丘吉尔事后回忆说："我们的真正目标当然是确保拥有（瑞典的）铁矿，（因为）那样必将缩短战争并且避免巨大伤亡。"[1] 正是由于这个原因，英国对于法国提出的直接干涉苏联的计划，如轰炸高加索油田并不积极，有关讨论屡屡议而未决，直至苏芬战争结束也未能实施。

与此相反，英国对于恢复与苏联的谈判表现得非常积极。1940年3月27日，苏芬战争结束两周后，苏联大使会见哈利法克斯，建议恢复英苏贸易谈判[2]。一天后，英国战时内阁指示外交大臣重新开始与苏联谈判，甚至同意将轰炸巴库的计划通知苏联以增加谈判筹码。1940年7月2日，英国外交部常务次长巴特勒曾就苏芬战争前后英国的对苏政策做了一番概要的回顾，他指出："英王陛下政府的政策一贯是要改善和加强我国与苏维埃社会主义共和国联盟的关系。自从今年3月苏联向英王陛下政府表示亲善并建议恢复贸易谈判以来，这种政策取得成功的可能性愈益明显。苏联的这一举动，相对其去年8月政治谈判破裂后采取的不友好态度来看，是个令人欣慰的改变，因而英王陛下政府立即对苏联政府的亲近作出反应……以期最终消除苏联可能会为德国的利益而在经济或军事上对抗英国的危险。"[3]

总之，苏芬战争期间，虽然英国的反苏呼声甚高，两国关系也一度出现停滞，但英国当局出于集中力量打击德国的最终目的，自始至终态度谨慎，没有轻易采取反苏军事行动，从而在客观上为日后英苏结盟留

[1] 基钦：《第二次世界大战期间英国对苏政策》，第18页。
[2] 《英国外交事务文件：外交部绝密报告与文件》第3部分，第A辑，第1卷，美国大学出版公司1997年版，第12页。
[3] 科茨：《英苏关系史》（Coates, *A History of Anglo-Soviet Relations*），伦敦1945年版，第642页。

下了余地。当芬兰于 1941 年 6 月追随德国向苏联发动进攻时，英苏结盟已经接近既成事实了。

（原载《首都师范大学学报》2000 年第 1 期）

"弩炮计划"的缘起

——1940 年法国单独停战与英国的对策研究

1940 年 6 月 27 日，英国战时内阁制订了"夺取、控制乃至消灭法国舰队"的计划，即"弩炮计划"。这是英国政府在法德停战协定签字后做出的一项至关重要的决策。该计划于 7 月 3 日开始实施，历时 11 天，结果法国本土以外的舰队的绝大部分均被英军控制或摧毁①。表面上看，"弩炮计划"不过是法国败降后英国政府为消除德国利用法国舰队的潜在威胁而采取的一次预防性的军事行动，但事实上，"弩炮计划"的酝酿和制订决非仅限于军事层面，其中蕴含的政治、外交等多重因素同样不容忽视。鉴于二战后西方学者、特别是英法等国学者对"弩炮计划"的研究多侧重于计划的实施过程及其对英法关系的影响，而鲜有从外交决策角度深入探讨该计划者②，因此本文希望从考察"弩

---

① "弩炮计划"包括针对法国舰队的一系列军事行动，其中以 1940 年 7 月 3 日英国特遣舰队炮击停泊在奥兰湾米尔斯克比尔港的法国舰队最有代表性。该行动击沉了港内法国舰队的绝大部分，包括四艘战列舰中的三艘，并导致 1297 名法国海军官兵丧生。英国人称这次袭击为奥兰事件，法国人则称为米尔斯克比尔事件。

② 西方学者关于"弩炮计划"的研究多见于探讨法国停战前后英法关系或米尔斯克比尔事件的二战史专题著作中，目前尚无有关"弩炮计划"的决策研究专著。关于法国停战前后英法关系的著作中涉及"弩炮计划"较多的有 P. M. H. Bell, *A Certain Eventuality*: *Britain and the Fall of France*, Saxon House, 1974; Eleanor M. Gates, *End of the Affair*: *the Collapse of the Anglo-French Alliance*, 1939–1940, Berkerley, 1981; R. T. Thomas, *Britain*

炮计划"制订的背景和过程入手，深入分析英国政府此举在政治、军事和外交等多个层面的动机及其内在联系，以此揭示战时英国政府在危机关头的外交取向及其影响。

一、"法国舰队问题" 的提出

"法国舰队问题"是随着法国战场形势恶化以及法国开始寻求单方面停战而逐渐成为英国政府关注焦点的。

1940 年 5 月下旬到 6 月上旬，随着马其诺防线失守以及英国远征军撤离，法国面临着战败投降的命运。6 月 10 日法国政府被迫从巴黎迁往图尔，14 日巴黎沦陷后再迁往波尔多，这期间法国政府内部主张停战谈判的呼声日渐高涨。15 日，在抵达波尔多的当天，法国内阁举行会议，正式决定向德国人问询停战的条件。会后，法国总理雷诺将内阁的决定照会英国政府并征求其认可，行文中第一次正式提及法国舰队问题："为了确知德国和意大利的和平条件，内阁决定请求英国政府同意，通过美国政府探询德国和意大利政府将对法国提出什么样的停战条件。如果英国政府同意法国政府采取这一步骤，法国总理受权向英国政

and Vichy：The Dilemma of Anglo-French Relations 1940-1942, *New York*, 1979；*Roy Douglas*, New Alliance 1940-1941, *London*, 1982 等。而有关米尔斯克比尔事件的个案研究则以法国学者的著作为多，有代表性的有 *Jules Roy*, Une Affaire d'honneur：Mers-el-Kbir, 3 juillet 1940, *Paris*, 1983；*Jean Jacques Antier*, Le drame de Mers-el-Kbir：1940, *Paris*, 1990；*Herve Coutau-Bgarie*；*Claude Huan*, Mers-el-Kbir, 1940：la Rupture Franco-Britannique, *Paris* 1994；Francois Beltjens, MerselKbir：3 juillet 1940；Excution, ou Bataille Perdue, *Paris*：*Godefroy de Bouillon*, 2000. 关于"弩炮计划"的制订，英国学者阿瑟·马德 1974 年的著作：《从达达尼尔到奥兰：1915—1940 年战争与和平时期的皇家海军研究》(*Arthur J. Marder*, From the Dardanelles to Oran：Studies of the Royal Navy in War and Peace 1915-1940, *London*, 1974) 的最后一章虽有涉及，但是该书主要从军事角度进行分析，且成书较早又受资料局限，其研究并不深入。

府声明，把法国舰队交给德国将被认为是一个不能接受的条件。"①

　　法国政府在照会中率先提及舰队问题并表明立场，主要是担心英国人会因法国舰队归属问题而反对法国单独与德国媾和。当时法国海军是欧洲大陆诸国中实力最强的，其规模在欧洲仅次于英国。具体来讲，1940 年法国海军拥有 2 艘战列巡洋舰，7 艘战列舰，7 艘装备 8 英寸口径舰炮的巡洋舰和 11 艘装备 6 英寸口径舰炮的巡洋舰，外加 27 艘轻型巡洋舰，26 艘驱逐舰，27 艘潜艇和一艘航母以及大量小型舰只②。与英国数量庞大但多已老旧的海军舰只不同，法国海军的舰只绝大多数都是二三十年代建造的新型战舰。如两艘战列巡洋舰 "敦刻尔克号" 和 "斯特拉斯堡号" 就是 1937 年和 1938 年刚刚建造的，各自装备有 8 门 13 英寸口径舰炮，火力强大。另外 7 艘战列舰中的 "黎塞留号" 和 "让·巴尔号" 是两艘即将完工的最新型战舰，装备的舰炮都是 15 英寸口径的。更重要的是，如此强大而现代的一支舰队的归属对于交战双方的海军力量对比来说必将产生决定性的影响。以当时的海军主力舰只为例，1940 年 6 月英国海军拥有战列舰 14 艘（均为 1927 年以前建造的，其中一艘还在修理），法国 9 艘，意大利 6 艘，而德国只有 1—2 艘。在这种情况下，英法联手，其实力会远远超过德意；但若法国舰队易手，则上述力量对比将被彻底改变，英国将丧失原有的海上优势③。所以，为打消英国人的顾虑，法国率先在舰队问题上表态，目的就是换取英国对法国单独停战的认可。

　　6 月 16 日英国政府的答复印证了法国人的担心。在这份由英国首相丘吉尔亲自拟订的照会中，舰队问题成了英国政府同意法国停战的必

①　威廉·夏伊勒：《第三共和国的崩溃——对 1940 年法国战败的研究》，南海出版公司 1990 年版，第 1060 页。

②　P. M. H. Bell, *A Certain Eventuality：Britain and the Fall of France*, Saxon House, 1974, p. 137.

③　Roy Douglas, *New Alliance 1940-1941*, London, 1982, p. 17.

要条件。该照会写道："关于禁止单独进行停战或媾和谈判的协定，是我国与法兰西共和国，而不是与法国某届政府或个别政治家缔结的。因此，它关系到法国的荣誉。尽管如此，假定，也只是假定，法国舰队在谈判期间立即驶往英国港口，则英王陛下的政府完全同意法国政府就停战条件而进行探询。"[1] 英国方面如此反应是事出有因的。事实上，自法国战局恶化以来，英国人就料到法国有可能单独停战，并开始担心法国舰队会因此而对英国构成威胁。早在6月3日英国驻法大使坎贝尔就曾提醒政府：一旦法国停战，德国必然会要求法国交出舰队，而他估计法国会做出让步，所以他建议政府提前考虑法国舰队问题[2]。坎贝尔的报告引起了英国外交部和军方的重视。6月7日，在外交部建议下，第一海务大臣达德利·庞德海军上将、汉基勋爵和卡多根爵士专门开会研究这一问题。他们一致认为，"最好的解决办法"是让法国舰队沉在海底而不是投降。他们甚至提出："如果法国人不愿意沉没自己的舰队，作为最后一招，我们可以替他们做。"[3] 总之，"我们的目标是消灭这只舰队"[4]。6月11日英国三军参谋长向内阁正式提交报告，其结论是："我们不能坐视法国的舰只和潜艇编入德国和意大利的海军，因此对我们来说只有两个选择：A，努力劝说尽可能多的法国舰只加入我们的舰队——我们并不认为这种努力会很成功；B，如果A失败，迫使法国人凿沉其全部的舰队。"[5] 同日，英国外交部也提出了同样的建议："如果法国政府请求停战，德国肯定会要求法国舰队投降。因此，最好的做法

[1] *The Churchill War Papers*, vol 2, New York, 1995, p. 346.

[2] Sir Llewellyn Woodward, *British Foreign Policy in the Second World War*, London, 1962, p. 59.

[3] Eleanor M. Gates, *End of the Affair: the Collapse of the Anglo-French Alliance*, 1939–1940, Berkerley, 1981, p. 342.

[4] Sir Llewellyn Woodward, *British Foreign Policy in the Second World War*, London, 1962, p. 59.

[5] J. R. M. Butler, *Grand Strategy*, vol. 2, September 1939 – June 1941, London, 1957, p. 218.

是要求法国在停战之前把舰队凿沉。"① 英国首相丘吉尔在 6 月 15 日召
开的内阁会议上将确保法国舰队不落入德国人手中称为"首要问题",
并表示一旦法国政府在波尔多建立,他将亲自前往商谈这一极端重要的
问题②。

在这种背景下,英国对于法国请求停战的回应自然会集中在舰队问
题上。在 6 月 16 日上午召开的英国内阁会议上,丘吉尔一再强调:"在
法国舰队问题没有确切落实前,同意法国的请求是非常危险的";他建
议:为了消除隐患,"我们应该以此作为同意(法国停战)的一项绝对
条件,即在讨论任何停战条款期间法国舰队应驶向英国港口"③。内阁
接受了丘吉尔的主张,并责成他拟订了上述答复照会。

然而,法国人对于英国的要求不以为然。法国总理雷诺评价说:
"正当需要法国舰队来对付意大利人以保卫地中海和北非的时候,要求
法国舰队驶进英国海港真是太愚蠢了。"④ 雷诺的反应预示着法国舰队
问题将成为妨碍英法两国未来相互信任与合作的"金苹果"。

二、法国停战与"弩炮计划"的制订

"弩炮计划"是英国政府在法国单方面与德意缔结停战协定后,为
消除德国利用法国舰队进攻英国的潜在威胁而采取的预防性措施。

6 月 16 日,德军攻破了在法国人眼中固若金汤的马其诺防线,法
国内阁决定立即寻求停战并组建了以贝当为首的新政府。6 月 17 日凌

---

① Sir Llewellyn Woodward, *British Foreign Policy in the Second World War*, London, 1962, p. 59, 注 1.
② *The Churchill War Papers*, vol 2, New York, 1995, p. 335.
③ *The Churchill War Papers*, vol 2, New York, 1995, p. 344.
④ 威廉·夏伊勒:《第三共和国的崩溃——对 1940 年法国战败的研究》,南海出版公司 1990 年版,第 1067—1068 页。

晨1点，法国外长博杜安通知英国大使坎贝尔，法国政府已通过西班牙政府向德国询问停战条件。当天中午贝当发表广播讲话，宣布法国停止战斗。对于法国的单方面行动，英国政府做出了迅速反应：一方面在17日训令驻法大使坎贝尔向法国政府重申英国政府同意法国停战的前提条件，并要求法国政府立即命令其舰队开往英国港口[1]；另一方面进行了相应的军事方面的准备。第一海务大臣庞德当天给英国地中海舰队司令坎宁安海军上将的命令是："如果法国单独媾和，应尽全力使法国舰队归我方指挥，否则就击沉它。"[2] 同一天，丘吉尔还批准了庞德要求加派战列舰"胡德号"、航母"皇家方舟号"以及"解决号"等舰只到直布罗陀以监视法国舰队的计划，这些舰只构成了日后执行"弩炮计划"的H舰队的核心[3]。6月18日英国海军大臣A.V.亚历山大和第一海务大臣庞德奉命亲赴法国，与统率法国海军的达尔朗上将进行直接会晤。后者承诺，决不会让法国舰队落入德国人手中，宁肯自己毁掉它们。这让英国人暂时松了口气。

然而，形势的发展使法国来不及履行自己对英国的承诺。6月19—20日夜里，德军逼近波尔多，法国政府决定在波尔多接受德国的停战条件。次日夜里，法国政府收到了德国的停战条件，其中第8款涉及法国舰队："除法国保卫帝国利益的船只外，都要集中到指定港口在德国监督下解除武装。德国同时宣布无意使用这些船只为自己服务。"[4] 法国外长博杜安随即向坎贝尔通报了情况。当后者询问法国对舰队问题的态度时，博杜安表示，法国将建议把舰队派往北非，如果有危险将自沉。其后，法国内阁举行会议，采纳了博杜安的建议。6月22日上午

[1] *The Churchill War Papers*, vol 2, New York, 1995, pp.356-357.
[2] 威廉·夏伊勒：《第三共和国的崩溃——对1940年法国战败的研究》，南海出版公司1990年版，第1109页。
[3] Eleanor M. Gates, *End of the Affair: the Collapse of the Anglo-French Alliance*, 1939-1940, Berkerley, 1981, p.343.
[4] Walter Consuelo Langsam, *Historic Documents of World War II*, New York, 1958, p.40.

在贡比涅森林，法国与德国签署了停战协定。

英国政府事后才得知法德停战协定的具体内容，其中第 8 款让英国人极为不安。丘吉尔认为该款意味着要法国交出舰队，他抱怨说："曾经给我们的郑重承诺是，在任何情况下舰队都不会落入德国手中……但从这项条款（第 8 款）看，很明显，法国的舰只将全副武装地移交德国或意大利的控制之下。"① 在 22 日当晚的内阁会议上，丘吉尔点名强调法国几艘主要战列舰决不能落入德国人手中。但由于对于达尔朗的保证还存在幻想，内阁最终决定由海军大臣和第一海务大臣通过私人信笺的形式向达尔朗以及其他法国海军将领进一步发出呼吁。英国政府当天下午指示坎贝尔："法国政府显然无能为力，我们只能指望达尔朗海军上将。提出的条件使舰队完全由德方支配，德国的许诺决不可靠。坎贝尔必须向达尔朗上将坚决表示，如果不能把舰队交给英国或美国，就必须把它凿沉。"②

但是达尔朗并不愿意配合英国人，他怀疑英国正试图借机"把法国舰队和法国殖民地弄到手中"。他在 7 月 1 日同美国大使布利特的谈话中表示："法国决不会把舰队派往英国，因为他有把握地认为，英国人决不会归还法国舰队的任何一艘舰只。如果英国打赢这场战争，它将给予法国的待遇不会比德国所给予的更慷慨。"③ 因此，达尔朗虽然表面上多次向英国保证法国舰队绝不会落入德国人手中，但实际上从未打算满足英国人的要求。6 月 24 日达尔朗向全体海军舰队下达的最后密码命令是："秘密进行准备，在敌人或前盟国试图接管并使用舰只时将

① Charles Eade compiled, *The War Speeches of the RT Hon Winston S. Churchill*, vol. 1, London, 1967, p. 220.
② US Department of State, *Foreign Relations of the United States*: *Diplomatic Papers* 1940, vol. II, Washington, 1959, p. 458.
③ US Department of State, *Foreign Relations of the United States*: *Diplomatic Papers* 1940, vol. II, Washington, 1959, p. 462.

舰只凿沉……在任何情况下，舰只不得完整无损地落入敌人手中。"①
次日，达尔朗又请求英国允许停泊在英国港口的法国舰队返回本土，这
反过来加剧了英国人的不安。

鉴于法国的立场，英国内阁在 24 日中午 12 点、下午 6 点和晚上 10
点半连续三次召开会议，讨论法国舰队问题。丘吉尔在会上评价法国停
战造成的后果时指出："他们破坏了他们与我们之间达成的郑重的条约
义务，而且目前完全处于德国的控制下；他们将允许他们的全部资源落
入敌人手中，并被用来对付他们先前的盟友。"② 24 日下午 6 点的内阁
会议决定，禁止法国舰只驶离英国港口；公海上的法国船只全部要被引
导到英国港口。晚上 10 点半的内阁会议探讨了摧毁法国舰队计划的可
行性。丘吉尔一再强调不要看重那些私下的保证，他指出："不能指望
有关法国当局可以凿沉舰队这种暗含的建议……一旦德国完成对法国的
占领，法国政府将完全处于被支配地位，没有什么可以阻止德国提出比
法国人为停战而接受的条款更严厉的条款。"③ 最后内阁得出结论："无
论法国人可能从德国人那里得到什么样的保证，我们都无法防止敌人获
取这些船只，除非它们都被凿沉或为我所控制……如果我们决心阻止这
些舰只易手，我们就应该赶快行动。"④

6 月 25 日，停泊在喀尔港的法国军舰黎塞留号突然驶离港口不知
去向，这加剧了英国人的恐惧，英国内阁当即命令海军部，无论采取任
何手段都要拦截或俘获该舰。尽管该舰在 27 日返回了原锚地，但英国
海军部担心停泊在奥兰湾的法国分舰队驶回法国港口，所以要求政府尽

---

① 威廉·夏伊勒：《第三共和国的崩溃——对 1940 年法国战败的研究》，南海出版公司
　　1990 年版，第 1152 页。

② R. T. Thomas, *Britain and Vichy*: *The Dilemma of Anglo-French Relations* 1940–1942, New
　　York, 1979, p. 41.

③ *The Churchill War Papers*, vol 2, New York, 1995, p. 408, 411.

④ Arthur J. Marder, *From the Dardanelles to Oran*: *Studies of the Royal Navy in War and Peace*
　　1915–1940, London, 1974, p. 202.

快采取措施。在这种背景下，英国战时内阁在 6 月 27 日中午召开会议，正式决定对法国舰队采取军事行动，目标是"夺取、控制所有英国人能接近的法国舰队，或有效地使之失去作用，或予以击毁"。时间暂定在 7 月 3 日，具体行动方案由海军方面拟订。该方案后来被命名为"弩炮计划"。为实施该计划，特别是针对停泊在奥兰湾的法国"突击舰队"，英国特意组建了"H 舰队"，其使命是"确保在奥兰和米尔斯克比尔的法舰移交、投降或摧毁，以保证这些舰只不落入德国人或意大利人手中"①。

6 月 29 日，英国第一海务大臣庞德在海军部会议上明确阐述了解决法国舰队问题的必要性："根据法国与意大利停战协定的条款，法国舰队要驶回本土港口。这样的话，他们将完全处于德国和意大利控制之下……法国人说他们将凿沉舰只，但是在德国和意大利的控制下这将是不可能的。此外，联系到已经宣布的对法国的封锁，德国人将会对法国人说，英国人现在已经是敌人了，并鼓动法国人对我们宣战。在这种情况下，法国舰队将被调动来对付我们。因此，最重要的是我们应该控制法国的舰只或击沉它们。"② 6 月 30 日，英国三军参谋长向内阁提交了一份《筹划中针对某些法国舰只的行动的意义》的报告，着重强调尽早实施针对法国舰队的突袭行动的必要性。其结论是："经过全面权衡行动的利弊，从军事观点来看，'弩炮计划'应尽可能快地实施"；因为"最近的事态表明，我们不能再相信法国人的保证，也不能肯定任何有关移交法国舰队到本土港口之前使之失去作用的保证在事实上可以实施。一旦这些舰只抵达法国本土港口，我们就别无指望，能够肯定的

---

① Eleanor M. Gates, *End of the Affair: the Collapse of the Anglo-French Alliance*, 1939–1940, Berkerley, 1981, p. 348.

② Eleanor M. Gates, *End of the Affair: the Collapse of the Anglo-French Alliance*, 1939–1940, Berkerley, 1981, p. 554, 注 25.

就是德国迟早将用它们来对付我们"①。军方的意见对于内阁决策来说无疑是决定性的。当晚 7 点英国内阁作出决定："针对奥兰的法国舰队的行动应在 7 月 3 日实施。"② 虽然 6 月 29 日和 7 月 1 日达尔朗曾先后两次致信英国海军部，重申法国的保证，但是已经于事无补。

1940 年 7 月 3 日"弩炮计划"开始按计划实施，到 7 月 11 日行动结束时，法国本土以外的舰只大部分被英国人控制或摧毁，其中最令英国政府担心的 9 艘战列舰被击沉或摧毁了 7 艘。"弩炮计划"最大限度地消除了法国舰队的潜在威胁。

三、"弩炮计划"决策分析

"弩炮计划"是英国政府在极端严峻的形势下，经过深思熟虑做出的意义深刻的决定。表面上看，"弩炮计划"是针对法国舰队的一项具体的军事行动计划，其直接目的在于消除未来可能的潜在威胁。但是倘若把"弩炮计划"的制订与当时的历史大背景联系起来分析，就会发现，"弩炮计划"的内涵决非如此简单。事实上，"弩炮计划"的制订是一个直接关系到英国战略决策的重要事件，是与英国政府决心排除动摇、坚持对德国作战并争取外援的努力密不可分的。

1940 年 5 月下旬到 6 月上旬，英法联军在法国战场的溃败以及法国准备停战的动向使英国面临着有可能单独面对德国入侵的严峻形势。由于英国远征军撤退时将大批辎重和装备丢弃在敦刻尔克海滩，致使英国本土防御装备严重匮乏：可用于实战的重炮不超过 500 门，其中还包括陈列在博物馆里的；空军的装备也供不应求，如 5 月下旬生产的喷火

---

① R. T. Thomas, *Britain and Vichy: The Dilemma of Anglo-French Relations* 1940-1942, New York, 1979, pp. 43-44.

② *The Churchill War Papers*, vol 2, New York, 1995, p. 448.

式战斗机只有 39 架，而同期损失的就有 75 架，以至于英国空军司令道丁曾无奈地声称，如果德国人立即进攻英国，他无法保证超过 48 小时的空中优势。这一切使英国能否单独抵抗德国入侵成了未知数。为此，英国外交大臣哈利法克斯在 5 月 26 日的内阁会议上曾沮丧地承认："我们不得不面对的事实是，目前的问题已不是彻底击败德国的问题，而是如何保卫我们帝国的独立，如果可能的话，还有法国的独立的问题了。"① 在这种情况下，英国政府内部对于是否应该坚持对德作战出现分歧，甚至出现了倾向停战的苗头。5 月 17 日，英国内阁组成了以前首相张伯伦为首的特别委员会，研究法国投降对英国的影响。两天后张伯伦在日记中写道："我们应该继续战斗，但只是为了更好的（停战）条件，而不是为了胜利。"② 5 月 25 日，外交大臣哈利法克斯甚至对意大利驻英大使明确表示："英王陛下政府并不排除在适当的机会就有关欧洲的广泛问题进行讨论的可能性。"③ 显而易见，严峻的形势需要英国的决策者尽快在战与和的问题上做出抉择。

当时英国能否继续对德作战主要取决于两点：一个是英国能否凭借英吉利海峡这个天然屏障使自己的本土免遭德国的直接军事入侵；另一个就是能否得到美国充分有力的支持与援助。很明显，在英国远征军一败涂地、英国空军实力不足的情况下，能否保住英国的海上优势，直接关系到英国本土能否免遭德国的军事入侵，而本土免遭直接入侵是英国克服国内已经出现的投降倾向、坚持对德作战的必要条件之一。从这点看来，法国舰队的归属问题自然至关重要。因为如果庞大的法国舰队落入德国手中，英国就会失去海上优势，凭借英吉利海峡继续抵抗的希望

---

① Christopher Hill, *Cabinet Decisions on Foreign Policy：The British Experience October* 1938-*June* 1941, Cambridge University Press, 1991, p. 156.

② Christopher Hill, *Cabinet Decisions on Foreign Policy：The British Experience October* 1938-*June* 1941, Cambridge University Press, 1991, p. 154.

③ Christopher Hill, *Cabinet Decisions on Foreign Policy：The British Experience October* 1938-*June* 1941, Cambridge University Press, 1991, p. 159.

就会落空。所以，在法国提出停战请求后，英国的决策者一直对法国舰队问题忧心忡忡。同时，由于事关重大，对于德国和法国的保证均不敢相信。6月25日丘吉尔在下院演讲时，对德国表示的不利用法国舰队的承诺嗤之以鼻："从该条款行文中我们可以清楚地知道，法国战舰要全副武装地移交德国和意大利的控制之下。当然，我们也注意到，德国政府在同一条款中郑重地保证在战争期间不打算为自己的目的而去利用它们。这有什么价值？可以去找半打国家问一问，这种庄严的保证有什么价值？"① 丘吉尔在回忆录中曾清楚地解释了当时他对法德停战协定的不信任，他写道："揆之希特勒过去毫无信义的言行和当时的事实，有头脑的人谁能相信他的话呢？"因为"停战协定可以在任何时候、根据任何不遵守协定的借口而予以废除"，所以"我们要不惜任何牺牲，甘冒任何风险，想尽一切办法，绝对不让法国舰队落入敌人之手，否则也许会使我们和其他国家遭到毁灭"②。

　　丘吉尔对德国不信任，对法国的承诺同样放心不下。当一些内阁成员对达尔朗的承诺还抱有希望时，丘吉尔回答："在事关整个英帝国安全的重大问题上，我们不能把一切只寄托在达尔朗的诺言上。"③ 6月25日的"黎塞留号事件"对英国内阁最终下决心采取行动具有决定性的影响。外交部官员卡多根在26日的日记中写道：英国一直对使用武力解决法国舰队迟疑不决，"然而当黎塞留号起航后，我们感到不能再完全相信达尔朗海军上将的保证了，于是下达了行动命令"④。由此可见，担心法国舰队成为英国坚持对德作战的障碍是促使英国政府最终实施"弩炮计划"的根本原因，而"弩炮计划"实施的结果也确实有效地消除了英国人的后顾之忧。

① *The Churchill War Papers*, vol 2, New York, 1995, p. 415.
② 温斯顿·丘吉尔：《第二次世界大战回忆录》（第二卷《最辉煌的时刻》上部第二分册），商务印书馆1975年版，第342页。
③ *The Churchill War Papers*, vol 2, New York, 1995, p. 395.
④ Darid Dilks, ed, *The Diaries of Sir Alexander Cadogan 1938-1945*, New York, 1971, p. 307.

除此之外，英国决心实施"弩炮计划"也有争取美国援助的考虑。法国战场形势恶化后，英国决策者普遍认为，如果没有美国的支持，英国是不可能单独坚持下去的。5月25日，三军参谋长在向内阁提交的报告中甚至明确表示：英国单独坚持战斗的基础是美国"给予我们全面的经济和财政支持"；并且断言："没有这些援助，我们不可能继续这场战争，也不可能有任何胜利的机会。"① 而丘吉尔相信，英国的艰苦抵抗有助于美国克服孤立主义的束缚，提前介入战争。他曾明确表示："一个有关我们在任何情况下都将坚持继续战斗的声明，将会被证明是对美国给予我们支持的最好的邀请。"② 从这个角度看，实施"弩炮计划"不但是英国本土防御的需要，也是向美国展示英国抗战决心的绝好机会。丘吉尔曾在对美国国务卿赫尔谈及自己坚持实施"弩炮计划"的目的时说："全世界很多人都相信英国即将投降，而他想利用这次行动来表明，英国将坚持战斗。"③ 7月1日，罗斯福总统在获悉"弩炮计划"后，对英国驻美大使洛西恩表示：美国支持英国夺取法国舰队，因为美国希望法国舰队由英国人控制而不是落入德国人手中。他还表示，他本人愿意尽力在他权力允许的范围内帮助促成此事④。8月13日，即"弩炮计划"实施一个多月后，罗斯福又致信丘吉尔，表示美国可以考虑满足英国5月中旬提出的援助请求，立即向英国提供至少50艘急需的驱逐舰⑤。此举揭开了战时英美结盟的序幕。由此可见，"弩炮计划"的实施，在增强美国的信心，从而进一步争取获得美国援

① Eleanor M. Gates, *End of the Affair*: *the Collapse of the Anglo-French Alliance*, 1939－1940, Berkerley, 1981, p. 128.

② Christopher Hill, *Cabinet Decisions on Foreign Policy*: *The British Experience October* 1938－*June* 1941, Cambridge University Press, 1991, p. 168.

③ Cordell Hull, *The Memoirs of Cordell Hull*, vol. 1, New York, 1948, p. 799.

④ P. M. H. Bell, *A Certain Eventuality*: *Britain and the Fall of France*, Saxon House, 1974, p. 159.

⑤ Warren F. Kimball, *Churchill & Roosevelt*: *The Complete Correspondence*, vol. 1, Princeton University Press, 1984, pp. 58－59.

助方面，的确起到了积极作用。

还需要强调的是，在法国先行败降的特定环境下，"弩炮计划"的制订也含有抑制国内投降倾向的意图。7月4日，即"弩炮计划"实施次日，丘吉尔在下院的演说中明确表达了这层意思。他说："我们采取的行动本身应该足以一举消除那些由德国的宣传和第五纵队到处传播的、关于我们有准备……谈判的打算的全部谎言和谣言。"① 事实上，随着"弩炮计划"的制订和成功实施，英国政府内部的投降倾向基本得到抑制。7月22日，一度动摇的哈利法克斯在回应德国的和平建议时发表广播讲话，声明"我们在获得自由之前决不停止战斗"，从而正式拒绝了德国的劝降。这表明，英国最终选择了坚持抗战的道路。

综上所述，"弩炮计划"本身虽然只是一个具体的军事行动计划，但其决策动机不仅限于军事考虑，而是直接关系法国败降后英国是战是和的战略大局。从某种角度说，"弩炮计划"是英国战时内阁贯彻单独对德作战战略的有机组成部分，其决策过程也是英国政府在国家存亡的危机关头进行战略决策的一个缩影。"弩炮计划"的制订与实施可谓一石多鸟：既消除了潜在的军事威胁，又加强了潜在盟友的信任；既克服了国内消极投降的倾向，又粉碎了德国不战而胜的企图。总之，借助"弩炮计划"，二战初期身处险境的英国政府和人民以异乎寻常的勇气和毅然决然的行动展示了自己战斗到底的决心，从而在最终赢得反法西斯战争胜利的道路上迈出了谨慎而关键的一步。

(原载《首都师范大学学报》2005年第2期)

---

① *The Churchill War Papers*，vol 2，New York，1995，p. 475.

全球视阈下的中国抗战纪念：历史与启示

　　第二次世界大战是迄今为止人类历史上最大规模的暴力冲突，以世界人民反抗法西斯侵略的伟大胜利结束。战后，无论是战胜国还是战败国都非常重视对这场战争的纪念或反省，分别设立了不同的战争纪念日。① 每逢战争纪念日，各国政府或民间都纷纷组织不同形式的纪念活动，对战争的纪念活动成为国家记忆的一部分。而中国作为最早参与反法西斯战争的主要国家之一，其抗战的时间最长、牺牲最大、历史的记忆也最丰厚，但是其对于抗日战争的纪念活动却在相当长的时间内没有正常进行。事实上，中国从国家记忆的高度来开展抗战纪念的活动是在战争结束40周年的时候才开始的。人们不禁想了解，中国人对于抗日战争的纪念活动到底是如何认识的？其历史的演进经历了哪些曲折，带有什么时代特点？本文试图结合战后世界历史发展的时代背景，从全球的视角出发来追溯和梳理60多年来中国在抗战纪念问题上的活动轨迹，以求厘清中国纪念二战的历史脉络和突出特点，并从中获取一些有益的启示。

---

① 二战后欧美各国普遍将德国、日本签署投降书的5月8日和9月2日分别定为"欧洲胜利日"和"对日作战胜利日"，苏联将5月9日定为"卫国战争胜利日"。此外，各国还结合本国的参战或解放等情况设立纪念日，如加拿大则把11月11日参战日作为"二战纪念日"，日本把8月15日定为"终战日"，荷兰则把5月4日定为"死难者纪念日"，韩国把8月15日定为"光复节"，朝鲜则定为"解放纪念日"等。

历史回顾

中国抗战胜利是世界反法西斯战争胜利的重要组成部分。战后 60 多年来，中国的抗战纪念受到国内国际形势发展变化的直接制约，带有非常鲜明的时代烙印。

1. 战后国民政府时期：1945—1949 年

国民政府对于抗战胜利的纪念最初是稳中有序的，但随着内战的爆发和升级而逐渐被冲淡。国民政府最早获知日本投降的消息是在 1945 年 8 月 15 日清晨 5 点一刻。当时中国外交部次长吴国桢收到了美国国务卿贝尔纳斯发来的电报，通报日本已经宣布无条件投降，并约定当天早上 7 时 30 分（重庆时间）英、美、苏、中四国同时对外公布这一消息。但由于《中央日报》当天的报纸已排好版，因此，日本投降的消息只能以加印号外的形式散发。[①]

虽然中国政府在获知抗战胜利的消息时略显被动，但是对于战争胜利的纪念活动的筹备却是稳中有序。8 月 16 日，国民政府即成立了庆祝大会筹备会，同时发布公告，要求各界筹备三天的庆祝活动，并明确提出了庆祝口号等，而活动具体的时间尚需等待盟国消息。[②] 蒋介石在当天发表了题为"正义终胜过强权，强调民主合作可实现永久和平"的讲话，同时宣布全国征兵即行停止。[③]

9 月 2 日，盟军在东京湾停泊的密苏里号战舰上举行了日本签署投

---

① 《中华民国史事纪要（初稿），中华民国三十四年（1945 年）八至九月份》，台北："国史馆" 1988 年版，第 299 页。

② 《中央日报》1945 年 8 月 17 日。

③ 《中央日报》1945 年 8 月 16 日。

降协议书的仪式，中国代表参加。美国总统杜鲁门当天发表演讲，宣布
9 月 2 日为"战胜日本日"。① 英、美、法、苏各国群众纷纷自发地举
行庆祝活动。国民政府筹备已久的庆祝活动正式开始，9 月 3 日全国放
假一天，蒋介石率政府官员遥祭中山陵，发布告全国同胞书，乘车巡游
市区，与民同庆，活动持续了 3 天。中共领导的陕甘宁边区政府也同时
放假 3 天，并在 9 月 5 日举行庆祝抗战胜利群众大会。其后，国民政府
宣布今后每年 9 月 3 日为"对日战争结束日"②。9 月 9 日，在中国南京
举行了在华日军投降签字仪式，持续了 8 年的全面抗日战争最终画上了
句号。

此后，为了永久纪念抗战胜利，国民政府开始在各地修建标志性的
纪念建筑。如 1946 年 2 月在湖南芷江国军受降驻地开始修建"受降纪
念坊"③，同年 10 月 31 日在战时首都重庆修建"抗战胜利纪功碑"④。
显然，与欧美各国大多数的群众性自发纪念活动相比较而言，中国的纪
念活动在官方的组织和引导下显得稳中有序。

然而，战后的和平纪念活动没有持续多久，纪念抗战胜利的喜庆很
快被内战冲淡。1946 年 6 月，随着国共摩擦升级，曾经在抗日战场上
并肩作战的国共军队开始兵戎相见。1946 年 9 月 3 日，国民党政府只
举行 200 余人参加的简单隆重的纪念典礼，国防部长白崇禧致辞。同

---

① 杜鲁门：《杜鲁门回忆录》上，李石译，东方出版社 2007 年版，第 437 页。
② 《中华民国史事纪要（初稿），中华民国三十四年（1945 年）八至九月份》，台北："国
史馆" 1988 年版，第 763 页。1946 年 4 月 8 日，中国国民党中常会和国防最高委员会常
务会议临时联席会议通过了国民党中央宣传部提请核议的"定九三为胜利纪念日案"，
同意 9 月 3 日定为国定纪念日。1948 年 9 月 8 日，蒋介石签署总统令，公布"修正国定
纪念日日期表"，对抗战胜利纪念日及其纪念办法作了更为明确的规定。
③ 芷江受降纪念坊位于湖南芷江机场南端七里桥磨溪口，1947 年 8 月 30 日落成，"文革"
期间遭毁坏，1985 年 8 月在抗战胜利 40 周年时复修落成。
④ 1945 年 8 月日本投降后，重庆市参议会提议修建纪功碑，获批后于 1946 年 10 月 31 日奠
基开工，1947 年 10 月 10 日"双十"节竣工落成，碑身高 24 米，直径 4 米，外为八角
形。碑身刻有"抗战胜利纪功碑" 7 个大字。当年《申报》曾称，这是"唯一具有伟大
历史纪念性的抗战胜利纪功碑"。

时，行政院通过了修正兵役法及实施细则。① 1947 年 3 月，随着美国总统杜鲁门抛出所谓的杜鲁门主义，开始推行对苏遏制政策，美苏冷战爆发。国际形势的恶化使得国共双方的对抗也进入了高潮。1947 年 9 月 3 日《中央日报》发布《胜利日致全国军民》社论，核心是对国民党政府的动员戡乱进行辩解，指出"这一次的剿共军事，根本就是对外抗日战争与对内统一战事之继续"②。对于各地举行的纪念活动，《大公报》也只是刊登了一则简短消息："今为九三胜利二周年纪念，我全国各地咸热烈庆祝其于八年苦战艰巨备尝之余之此一光荣之胜利日，京、沪、平、津、渝、蓉、济、青、并、汉、杭、长春、台北、长沙各地均举行纪念会，并公祭抗战阵亡将士及死难同胞。"③

1947 年 10 月 10 日，重庆抗战纪功碑落成典礼之时，内战已经全面爆发。此后，酣战中的国共双方对抗战纪念活动基本无暇顾及，每逢纪念日，大多只在报纸发表社论以示纪念而已。1949 年秋，国民党溃败已定，9 月 3 日，《中央日报》刊登纪念文章《胜利四周年》，已是满纸凄然之感。社论说："胜利日是一个光荣的节日。但今年，我们不得不以沉痛的心情，来纪念这个光荣的节日。抗战胜利才四年。我们回想四年前今日陪都重庆及全国各地举行庆祝时的热烈狂欢情况，历历如在眼前。当时全国人民，满以为八年苦难的日子，已经告一结束，从此就能收获胜利的果实，埋头建设，使国家走上富强康乐的道路……"④ 同日，李宗仁代总统在《中央日报》发文表示共产主义的威胁尤甚于过去的德意日法西斯主义，号召各民主国家和全体同胞共同为反共而奋斗，同时还"明令通缉毛泽东、朱德、周恩来等十九人叛国，务仰全

---

① 《中华民国史事纪要（初稿），中华民国三十五年（1946 年）七至十二月份》，台北："国史馆" 1990 年版，第 464、466 页。

② 《中央日报》1947 年 9 月 3 日，第 2 版。

③ 《大公报》（天津），民国三十六年九月四日，第 2 版；《中华民国史事纪要（初稿），中华民国三十六年（1947 年）七至九月份》，台北："国史馆" 1996 年版，第 777 页。

④ 《中央日报》1949 年 9 月 3 日。

国军民一体缉拿"①。而短短二十几天后,新生的中华人民共和国宣告成立,国民党被迫退守台湾。

2. 新中国改革开放前:1949—1978 年

1949 年 10 月中华人民共和国成立后,新生的人民政权对纪念抗战胜利的问题更加重视,这突出表现在抗战胜利纪念日的确认和修订上。

1949 年 12 月 23 日下午,中央人民政府政务院第十二次政务会议讨论和制定了统一全国年节和纪念日放假办法,并于次日颁布,通令全国遵行。该办法除明确规定了元旦、春节、五一等假期天数外,还明确把"抗战胜利纪念日"列入条文。其中第二条明文规定:"其他各种纪念节日如二七纪念、五卅纪念、七七抗战纪念、八一五抗战胜利纪念、九一八纪念、护士节、教师节、记者节等,均不必放假。"② 这表明在中华人民共和国建立之初,国内百废待兴的情况下,中央政府并没有忽视对抗战胜利的纪念,只是把日本宣布投降的 8 月 15 日确定为抗战胜利纪念日。

其后有人指出,严格意义上的抗战胜利日,应该以日本签署投降书为准。这一建议很快得到了采纳。1951 年 8 月 13 日,中央人民政府政务院发表通告:"查日本实行投降,系在一九四五年九月二日日本政府签字于投降条约以后。故抗日战争胜利纪念日应改定为九月三日。"同时通告强调:"每年九月三日,全国人民应对我国军民经过伟大的八年抗日战争和苏军出兵解放东北的援助而取得对日胜利的光荣历史举行纪念。"③

通告中对于苏联抗战贡献的强调是有客观原因的。事实上,中国设

---

① 《中华民国史事纪要(初稿),中华民国三十八年(1949 年)七至九月份》,台北:"国史馆" 1997 年版,第 389—391 页。
② 《人民日报》1949 年 12 月 24 日,第 1 版。
③ 《人民日报》1951 年 8 月 14 日,第 1 版。

置和修订抗战纪念日期间正值美苏冷战日益激烈的时刻。美苏之间的对峙最终导致了德国的分裂。而新生的中国在对外关系上，采取了一边倒的外交政策，与苏联签署中苏同盟条约，加入了苏联为首的社会主义阵营。在冷战中也不能置身事外，先后参与朝鲜战争、越南战争等地区热战，因此，这一时期，中国的"抗战胜利日"几乎成为强化中苏友谊的规定动作：每逢抗战胜利纪念日，《人民日报》便发表社论或署名文章，表达一下纪念之情。如早在 1950 年 8 月 15 日，《人民日报》就曾刊登过一组文章：《谁使日本强盗屈膝投降？——战胜日寇五周年纪念》、《纪念"八一五"，我们感谢苏联红军》①，文章重点突出苏联在抗日战争中对中国的帮助。这为 20 世纪五六十年代的中国官方纪念抗战胜利定下了基调。

1951 年，冷战正酣，为扶植日本在远东对抗社会主义阵营，美国操纵召开旧金山和会，意图为日本松绑，同时将中国排斥在和会之外，引起新中国强烈不满。1951 年 8 月 31 日，《人民日报》刊登了"关于九月三日抗日战争胜利日纪念办法的通知"，要求"全国各报纸、杂志、广播电台和其他宣传教育机构，应在九月三日及其前后，进行关于中国人民在中国共产党的领导下，在苏联军队解放东北的援助下，取得抗日战争胜利的光荣历史的宣传。宣传内容应着重反对美国单独对日媾和、重新武装日本、继续侵略朝鲜和我国领土台湾、破坏开城谈判这一切事实，继续增进全国人民对于苏联和人民民主国家的兄弟友谊，继续提高全国人民对于反帝国主义斗争的胜利信心，继续加强全国人民关于抗美援朝的正义斗争"。文章所附"今年九月三日抗日战争胜利日的宣传要点"规定：（1）抗日战争以日本帝国主义的失败而结束，这是近百年来中国人民的反帝国主义斗争由失败走向胜利的伟大转变；（2）打败日本主要是中国人民和苏联的功劳；（3）美帝国主义是今天中国

① 《人民日报》1950 年 8 月 15 日，第 3 版。

人民的死敌；（4）中国人民有力量战胜美国的侵略计划。① 可见，抗战胜利纪念日成了加强中苏友谊、反对美帝国主义的桥头堡。

此后十余年间每逢抗战胜利纪念日，就是中苏高层重申和加强彼此友谊的契机。双方相互发表贺电。如 1952 年 9 月 3 日《人民日报》发表了《毛主席电斯大林大元帅贺抗日战争胜利七周年》电文，对苏联在抗日战争中给予中国人民的巨大援助以及苏联和中华人民共和国关于共同防止日本侵略势力再起的巩固同盟"表示深切的感谢"，强调"中苏两国在反对日本帝国主义和维护远东和平的正义事业中的伟大友谊"。次日，刊登了《答谢对抗日战争胜利七周年的祝贺斯大林大元帅复电毛主席》；1953 年 9 月 3 日《人民日报》刊文《祝贺抗日战争胜利八周年毛主席周总理致马林科夫莫洛托夫电》，9 月 4 日刊文《祝贺抗日战争胜利八周年马林科夫莫洛托夫致毛主席周总理电》等等。

1951 年 9 月 3 日，在中山公园音乐堂举行首都各界 5000 多人纪念反法西斯战争胜利 6 周年大会。一个论调便是："第二次大战中苏联是摧毁法西斯轴心国联盟的主力和决定因素"，"我们要加倍热爱我们伟大的盟邦苏联。我们要加倍憎恨美帝国主义。"②

1955 年 9 月 3 日，抗战胜利 10 周年，《人民日报》刊登了多篇文化界名人如老舍等人的纪念文章，并有专栏文章宣传《苏联击溃日本帝国主义的历史意义》。9 月 4 日，中苏共同为旅大市"胜利纪念塔"揭幕。塔身刻着"光荣归于战胜了日本帝国主义和捍卫了远东和平的苏联人民及其武装部队力量"。这种中苏共同庆祝对日作战的情况一直持续到 1950 年代末 60 年代初。

进入 60 年代，随着中苏关系的逐渐恶化，中国抗战纪念的调子也相应发生了改变，不再提苏联的贡献，而是侧重突出八路军和新四军的

---

① 《人民日报》1951 年 8 月 31 日，第 1 版。
② 《人民日报》1951 年 9 月 3 日，第 1 版。

抗战贡献。如1965年抗战胜利20周年，《人民日报》于9月3日所刊发的林彪的纪念文章《人民战争胜利万岁：纪念中国人民抗日战争胜利二十周年》中对苏联的出兵和援助只字未提。[①] 相反，由于与美国、苏联同时交恶，中国的外交环境极为凶险，或许正是由于这个原因，当年的抗战纪念活动规模超越了此前历年。在北京，9月3日下午在人民大会堂召开万人大会庆祝抗战胜利20周年。中共中央副主席、中华人民共和国主席刘少奇，中共中央副主席、国务院总理周恩来，中共中央副主席、人大常委会委员长朱德，中共中央总书记、国务院副总理邓小平出席了大会。在地方，各省、市、自治区主要城市都在9月3日和4日举行了庆祝集会。文化部和各有关单位也纷纷组织出版反映抗日战争的优秀小说、诗歌和其他文艺作品，上映和演唱反映抗日战争的优秀影片和戏剧、歌曲，举办反映抗日战争的各种展览，以纪念抗日战争胜利20周年。这是改革开放前中国政府纪念抗战的最大规模活动。

此后，中国大陆进入"文革"期间，政治风浪频起，人心惶惶，抗战胜利纪念日几乎被人遗忘。到1975年抗战胜利30周年到来时，虽然中国的外交环境因中美关系和中日关系改善而有所缓和，但抗战纪念活动基本处于停滞状态。《人民日报》9月3日发表的纪念文章的主题是"反帝、反殖和反霸"[②]。由此可见，冷战背景下中苏同盟的兴衰以及大国关系的演变，为新中国改革开放前的抗战纪念抹上了极为浓厚的时代色彩。

3. 新中国改革开放后：1978年至今

1978年后，随着改革开放的逐步深入，社会经济的持续发展，对外交流的增多，中国官方对抗战胜利的纪念活动开始复苏。其中国家级别的、大规模的正式纪念活动从1985年开始，大体上10年一次，至今

---

① 《人民日报》1965年9月3日，第1版。
② 《人民日报》1975年9月3日，第1版。

已分别于 1985、1995、2005 年进行过 3 次。总体而言，这三次纪念活动都以凝聚人心、加强民族团结、弘扬爱国主义为主题，在组织规模和层次方面都在逐渐提高。

1985 年抗战胜利 40 周年纪念是改革开放后第一次由政府主导的全国性的大规模纪念活动。当时，中美已建交，两岸关系也开始松动，因此，这一年抗战胜利日纪念的主题是通过抗战纪念来促进两岸统一。各地纷纷通过组织会议、发表文章、策划演出、修建纪念建筑等多种形式开展纪念活动，影响较大。其中对于国民党抗战贡献的肯定特别引人注目。纪念日前夕，新华社和《人民日报》先后发表纪念文章《伟大的全民抗战》和《中国抗日战争是全民族的反侵略战争》，首次公开肯定了国民党及其军队在抗战中发挥的作用，文章明确指出："抗日战争是在中国共产党倡导的，以中国国民党和中国共产党合作为中心的抗日民族统一战线旗帜下进行的。"[1] 与之相呼应，国内各地方的抗战纪念遗址、特别是国民党抗战的遗迹和墓园等也开始得到修缮和保护。如位于云南腾冲县城西南的、曾经在"文革"期间被破坏的国军抗日将士陵园——国殇墓园在 1984 年开始修复。[2] 1985 年第一部反映国民党正面战场的影片《血战台儿庄》开机，1986 年公映，引起了很大反响。此外，有关抗战胜利的纪念性建筑也逐步开始建设。特别要指出的是，此次纪念活动催生了新中国两大抗战纪念馆的建造，一个是 1985 年开始修建的中国人民抗日战争纪念馆，[3] 另一个是同年在南京开始修建的侵

---

[1] 《人民日报》1985 年 8 月 27 日，第 4 版；《人民日报》1985 年 8 月 23 日，第 5 版。

[2] 国殇墓园始建于 1944 年，是当地人民为纪念中国远征军第 20 集团军抗日阵亡将士及死难民众而修建的烈士陵园，也是抗战中全国最早建立的抗日烈士陵园，"文革"期间曾遭破坏，1984 年 12 月动工修复。1996 年，被列入第四批全国重点文物保护单位。1997 年，被云南省委公布为省级爱国主义教育基地。

[3] 该馆由邓小平题词，1987 年建成，是国内唯一全面反映中国人民抗日战争历史的大型综合性专题纪念馆，也是全国重要的爱国主义教育示范基地和北京市优秀爱国主义教育基地。

华日军南京大屠杀遇难同胞纪念馆①。前者是目前唯一的国家级抗战综合纪念馆。

20世纪80年代末90年代初，随着苏东剧变和东西方冷战状态的结束，国际社会开始关注纪念二战胜利的问题。在1995年二战胜利50周年时，苏联解体后独立的俄罗斯联邦继承了苏联纪念二战的传统，以立法的形式规定每年的5月9日为永久胜利纪念日，全国放假一天，举行阅兵式，鸣放礼炮，并在莫斯科的无名战士墓长明火旁设立固定哨位。② 英、美、法、德、日等各国也纷纷开展纪念活动，甚至从未庆祝过二战的加拿大政府也首次举行大规模集会庆祝战胜日本法西斯。面对国际社会的这种历史纪念热潮，中国的抗战纪念活动也受到了前所未有的重视。1995年9月3日，抗战胜利50周年纪念日当天，以江泽民为首的党和国家领导人在天安门广场举行了向人民英雄纪念碑敬献花圈的仪式，晚上还举行了中央领导人和抗战老兵参加的大型晚会。各地纷纷举行不同形式的纪念活动。同年，抗日战争胜利纪念碑以及抗战胜利纪念雕塑园的修建计划获得批准。③ 中国人民抗日战争纪念馆二期工程和南京大屠杀遇难同胞纪念馆扩建工程也开始启动。④ 与此同时，有关国民党的抗战纪念建筑也开始修建。如湖南芷江受降纪念馆为纪念抗战胜利50周年而建，建成于1995年，建筑面积1500平方米，在受降坊原址。造型独特，气势磅礴。现为省级文物保护单位，全省爱国主义教育基地，被誉为国内首家"抗战胜利受降博览窗"。

进入21世纪，各国纪念二战的活动更加活跃，其规模和国际化程

---

① 该馆1985年8月15日建成，是我国第一座抗战史系列专题纪念馆。2005年12月13日，南京大屠杀遇难同胞纪念馆扩建工程开工，2007年12月竣工。

② 2010年7月14日，俄罗斯联邦委员会批准将9月2日设定为该国新的纪念日——二战结束日。这是俄罗斯设立第二个二战官方纪念日。

③ 2000年7月19日，抗战雕塑园建成。8月15日，北京市举行了纪念中国人民抗日战争胜利55周年大会暨抗日战争纪念雕塑园落成仪式。

④ 1997年7月7日，中国人民抗日战争纪念馆二期工程竣工。

度明显加深。2000 年美国开始在首都华盛顿兴建国家级的二战纪念碑工程。工程历时 3 年多，总投资预算近 2 亿美元，于 2004 年 4 月 29 日正式建成揭幕；法国于 2004 年 6 月 6 日举行了大规模的纪念诺曼底登陆 60 周年活动，邀请了盟国的元首参加；2005 年 5 月 9 日，俄罗斯举行大规模纪念卫国战争胜利纪念活动，多国元首应邀参加了在红场举行的纪念苏联卫国战争胜利 60 周年阅兵式。这是俄罗斯自苏联解体以来最大型的纪念阅兵，胡锦涛主席应邀出席了此次阅兵式。

随着这股国际热潮开始升温，中国政府对于抗战纪念的重视也达到了空前的高度。2002 年和 2003 年的全国人大和全国政协会议上，都有人大代表和政协委员提议和呼吁在抗战纪念日应举行国家级别的纪念活动。因此，2005 年抗战胜利 60 周年之际，中国政府组织了迄今为止规模最大、层次最高的庆祝活动。9 月 3 日，中央政治局常委悉数出席活动，在人民大会堂举行千人纪念大会，向人民英雄纪念碑敬献花篮、为国共老兵颁发抗战胜利 60 周年纪念勋章等。本次抗战纪念活动旨在突出中华民族在抗战中的整体性贡献，如《人民日报》发表的题为《牢记历史 不忘过去 珍爱和平 开创未来》的社论中，"全民族抗战"的观念贯穿始终。由此可见，这次纪念活动的出发点完全站在民族的立场上进行的，其纪念的规模和重视的程度已经与其他国家基本一致。

值得一提的是，这次纪念活动虽然没有阅兵，但邀请了来自世界各地的 200 多名二战老兵，包括由美国空军、海军和海军陆战队退役将军组成的美国军种代表团、国民党抗战老兵以及白求恩、柯棣华等为中国抗日战争作出杰出贡献的国际友人、抗战名人和名将的遗属，彰显了中国政府在纪念抗战胜利问题上的国际视野。对此，新加坡《联合早报》曾发表署名文章，对中国抗战胜利 60 周年纪念活动给予积极评价。文章说："中国政府采取了实事求是的态度，客观面对国民政府在抗战期间的贡献，邀请国民党抗战老将领和遗属参加纪念活动，向国民党抗日将领和老战士颁授纪念章等等。中国政府迈出这一步，不仅是对历史的尊重，更显示出恢宏的气度。"上述史实，说明中国的民族记忆已经开始走上了国际化的道路。

纵观改革开放后三次全国规模的抗战纪念活动，其特点有三：第一，政府把对于战争的国家纪念活动视为引导国民铭记历史、凝聚人心、弘扬爱国主义精神的重要举措，对其重视的程度日益增加。1985、1995、2005 年的三次纪念活动规模一次比一次大，级别一次比一次高。第二，注意借鉴其他国家的纪念活动，不断改进自身的纪念活动的形式和内容。各国纪念二战胜利活动的升温客观上对丰富中国抗战纪念的形式和内容都有着深远的影响。第三，中国的纪念活动逐步突破党派立场的局限，事实上 2005 年抗战胜利 60 周年的纪念已经成为国家主导下的全民纪念。

特点与启示

通过以上对中国抗战纪念的历史考察，我们可以清楚地看到，在长达 60 多年的历史进程中，中国的抗战纪念历尽曲折，饱受时代和历史的局限，呈现出以下两个鲜明的时代特点。

第一，中国对抗战纪念的历史演进与国际国内政治形势的变化直接相关。二战胜利后，无论是没落的国民政府还是新生的人民政权，对于抗战纪念都非常重视，先后确定了抗战胜利纪念日并每年例行纪念。但限于内战和冷战等特殊的时代背景和历史原因，在相当长的时间里难以正常地进行。冷战期间中国抗战纪念的形式比较简单和单一，基本是以官方报纸在纪念日发表社论为主的文字纪念，少有群众性的大规模的纪念活动。特别是国内和国际形势紧张的时候，对立双方都无暇进行纪念活动。事实上，从新中国建立到改革开放期间的三四十年中，由于国内外形势错综复杂，中国的抗战纪念活动少有全国性的、大规模的、群众性活动。相反，多数时间只是在"逢五、逢十"的纪念日于《人民日报》发表社论或署名文章，表达一下纪念之情。由政府主导的、国家层面的、全民性的、大规模的群众纪念活动是在中国大陆实施改革开放后才出现的。冷战结束后，中国抗战纪念无论是规模和层次都有了很大的提升。进入21世纪，随着全球联系的日益紧密，中国的抗战纪念开始呈现出一种空前的国际化趋势。目前大规模的纪念活动基本上保持10周年一次的频率。

第二，中国的抗战纪念历来是由政府主导，其出发点经历了由政党纪念到民族纪念的质的升华。60多年来，有关的纪念活动都是政府主导下进行的。为数不多的几次政府组织的纪念活动，其实质也是基于政党利益的限制。在新中国改革开放以前，中国关于抗战的纪念多是政党主导的纪念，意识形态色彩浓厚，且出于现实政治斗争的需要，往往片面强调自己和自己同盟的贡献，诋毁或忽视政治斗争对方的战时贡献。对于赢取全民抗战胜利的伟大历史意义认识不足，总体上缺乏站在中华民族立场上全面客观地纪念和认识这段历史的高度。如1949年重庆解放后曾把昔日国民政府树立的抗战胜利纪功碑改名为人民解放纪念碑，① 1955年台湾当局把抗战胜利纪念日改为军人节以鼓励将士反共救国②等，都彰显了国共对立的激烈程度。改革开放以后，随着中美关系的改善和思想解放、政治稳定、经济实力的增长以及中国与国际社会友好交往的深入，中国的纪念活动出现了一些全新的变化，立足于中华民族利益的国家级的大规模纪念活动开始出现。其出发点已经从侧重政党

---

① 1949年11月30日，重庆解放，1950年4月，为消除国民党统治的痕迹，西南军政委员会将"抗战胜利纪功碑"改名为"人民解放纪念碑"并加以改建（简称解放碑）。同年9月竣工，碑名由西南军政委员会主席刘伯承亲笔题写。

② 1955年9月3日，蒋介石在率文武百官在圆山忠烈祠秋祭阵亡将士后宣布：将抗战胜利日改作了"军人节"，同时派出5辆"反共抗俄"公路宣传列车绕行全岛以鼓舞士气。参见《中华民国史事纪要（初稿），中华民国四十四年（1955年）七至十二月份》，台北：国史馆，1990年版，第402—403页。此后，每年的9月3日，台湾都以纪念军人节为主要内容。

利益逐步向全民族纪念转化。2005 年中国纪念抗战胜利 60 周年的设计已经充分说明了这一点。

此外，回顾中国抗战纪念 60 多年的历史发展进程，剖析其特点，我们可以得到以下三点启示：

第一，历史纪念的本质是历史记忆，而历史记忆是需要传承的。举行历史纪念活动的目的就是强化和延续历史记忆，纪念的形式多样，但旨在传承历史。由于时间的侵蚀，不同的目的以及当事人的存亡等情况，某些历史记忆存在变形和消失的可能。日本侵略者在南京犯下的罪行迟至 1985 年才被揭示，原因就是当事者的蓄意掩盖和受害者的无奈隐忍。中国抗战纪念与外国基本同步，本质上也与国外的战争纪念并无二致。

第二，历史记忆是可以被选择的。现实中的历史纪念是特定历史条件下的人为活动，因此多是有选择的记忆。不同立场、不同利益关系的人的选择是不同的。事实上，历史上中国抗战纪念的目的和内涵曾因纪念主体的不同而有差异。如国共对立时期，对立双方都有意忽视对方在抗战胜利中的贡献，片面夸大支持自己的盟国的战时功绩。这对于公正客观地传承历史真相有着极大的负面作用。因此，未来的抗战纪念必须要极力避免类似问题。

第三，国家级别的历史记忆承担着全面客观传承历史真相的责任，政府在组织纪念活动中起着引导和主导的作用。各国纪念二战的形式多种多样，但目的基本相同，都是以凝聚人心、弘扬爱国主义和巩固历史文化认同为核心目的。其形式也是可以相互借鉴、相互影响的。全球化时代，对于第二次世界大战这样的国际性的历史事件的纪念，仅仅立足于单一国家的立场难免有局限，要使后人更全面、更深刻、更客观地记忆这段历史，多国互动、多国参与的国际化纪念活动将是未来发展趋势。

（原载《社会科学战线》2012 年第 10 期）

中国放弃日本战争赔款的来龙去脉

按照国际惯例，在每一份战后签署的和约中都包括战争赔偿的内容。这种由战败国向战胜国缴纳的赔偿，款额往往大得惊人，如1894—1895年甲午战争结束后，战胜的日本就通过《马关条约》以战争赔偿的名义从战败的中国清政府手中掠走白银两亿两。第二次世界大战中，作为世界反法西斯同盟重要组成部分的中国，在长达14年的抗日战争中，付出了巨大的民族牺牲。然而，令人惊异的是，在战争结束后，战败的日本却没有向作为主要战胜国之一的中国缴付赔款，更令人不解的是，那些受战争破坏远较中国为轻的东南亚国家却不同程度地获得了赔偿，其中缅甸、菲律宾、印度尼西亚所得赔款分别为2亿美元、5.5亿美元和2.23亿美元，甚至连当时尚未统一的越南南方吴庭艳政权也获得了赔款3900万美元。这究竟是怎么一回事？我们还是让历史本身作出回答吧。

一、张群曾在国民党六届四中全会上
   大声疾呼："决不放弃我们对日
   要求应得的赔偿！"

1945年8月15日，伴随着广播中日本天皇裕仁停战诏书的公布，在中国大地上飞扬跋扈了整整十四个年头的太阳旗颓然坠地——中国抗日战争作为世界反法西斯战争中不可分割的一部分最终取得了胜利。

1945年9月2日上午10时，日本代表在停泊于东京湾的美国战舰"密苏里号"上，签署了投降书。在德意日法西斯三国轴心集团中，日本是最后一个在投降书上签字的。在此之前，意大利与德国已分别于1943年9月3日和1945年5月7日向盟军投降。

从表面上看，日本是在包括美国投掷原子弹和苏联出兵东北的行动在内的盟军联合打击下乞降的，但实际上，对促使日本投降真正发挥决定性作用的是中国八年的全面抗战。正是中国在全世界面临法西斯侵略的淫威时，在远东坚持抗击着武装到牙齿的日本法西斯侵略，其中从1931年到1941年的十年中是处于独立无援的处境中的；正是中国坚持抗战牵制了日军的主力、消耗了日军的精锐，才使得盟军能够实现先欧后亚的战略，率先集中力量击败德国，才使得盟军在对日反攻时有如神助般地势如破竹、所向披靡。

中国的抗日战争贡献最大、损失也最大。据统计，在这场历时持久的战争中，中国军民伤亡人数总计高达3500万；各种损失折合当时美元计算数额高达1000亿以上。

面对如此惨重的经济损失，要求罪魁祸首日本给予中国战争赔偿是天经地义的。中国政府对此态度相当明确，当时的国民政府外长王世杰在阐述战后中国对日基本政策时指出：尽管中国不主张采取狭隘的报复主义，但就赔款问题则"应一本正义与公道之要求，以从事解决"。为此，中国政府特意成立了一个调查委员会，负责调查和统计战争中各项人力、物力损失的情况，以便对日提出赔偿要求。

中国要求日本赔偿的政策与盟国战后对战败国总的政策是一致的。早在1945年2月英美苏首脑举行雅尔塔会议时，便制定了要求德意日法西斯国家给予盟国战争赔偿的原则。规定德国应赔偿200亿美元，其中100亿归苏联，80亿归英美，20亿归其他国家。战后，英、美、法、苏对德国实行分区占领，成立盟国管制委员会，德国的赔偿以盟国从各占领区拆迁工业设施抵偿。同时，对于追随德国与盟军作战的意大利、罗马尼亚、保加利亚、匈牙利、芬兰五国同样提出了赔偿要求。1947年2月10日盟国与上述五国订立的和约中规定，意、罗、保、匈、芬五国分别向苏联、南斯拉夫、埃塞俄比亚、希腊四国赔偿2.55亿、3亿、0.7亿、4亿和3亿美元。

对于日本，以美英苏中为首的同盟国在日本投降后成立了一个赔偿委员会，专门协商日本赔偿问题。1945年11月5日，该委员会一致认为，为了剥夺日本进行战争的产业能力，防止军国主义复活，决定加重日本的战争赔偿。方式是把日本工业设备的一大半拆迁给各战争受害国作为赔偿。为此，指示各国分头调查、统计战争期间的损失，以便具体确定赔偿的方案。

1947年10月25日，经过两年多的调查核实，同盟各国向日本提出了索赔要求，总计金额为540亿美元，中国也在其中。但是在赔偿如何分配的问题上，各国意见不一，英国要求占有赔偿的25%，美国要求34%，苏联要求14%，法国要占12%，澳大利亚要占28%，仅这几个国家，还未包括受害最重的中国的要求，分配比例总和已超过了100%。

中国在会上以"受害最久，牺牲最烈"为由据理力争，坚持应获日本赔偿总数的40%，但各国不依，仅同意占30%，此后各方争执不休，问题一拖再拖，久而未决。国民党政府由于忙于打内战，因而后来对日本赔偿的分配问题也就无心顾及了。不过，国民党政要张群在1947年9月9日国民党六届四中全会上所作的外交报告中仍大声疾呼："决不放弃我们对日要求应得的赔偿！"这充分表明了当时国民党政府的态度。

而日本方面，直到旧金山对日和约签字，从未向任何国家提起过战争赔偿问题。这中间一晃就是四年。

二、美国为称霸世界，操纵旧金山
会议把中国拒之门外

1951 年 7 月 12 日，美国公布了对日和约草案，并在 7 月 20 日向同盟各国发出了召开旧金山会议的邀请函，从而把一度被搁置的对日和约问题再次提上议程。

但是，令世界各国大为惊讶的是，在美国起草的对日和约草案中所列的对日作战国家的名单中没有中国，其后中国也没有收到出席旧金山和会的邀请函。这意味着中国这个在反抗日本法西斯作战中历时最长、贡献最大、损失最重的国家，将不得参加盟国对日和约的拟订和签署工作。旧金山和会把中国关在了门外。

毫无疑问，美国是策划将中国排除在对日集体缔约之外的主谋。此举的出笼与当时美苏对立的国际形势及美国战后称霸世界、遏制苏联的全球战略有着密切的关系。

二战结束后，美国凭借战争中壮大起来的军事和经济实力，急于在世界建立"美国式的和平"，充当世界的霸主。但是战后实力同样强大的苏联以及在苏联影响下在东欧建立的一系列新兴的社会主义国家的存在，打破了美国的梦想。美国便在"遏制共产主义扩张"的幌子下，纠合西方资本主义国家在世界各地与苏联展开角逐。于是，在反法西斯战争中曾经并肩浴血奋战的昔日盟友开始分道扬镳。至五十年代初，美苏对峙的冷战格局已经形成。此间发生的国际事件如中国人民解放战争的爆发，东、西德的分裂以及朝鲜三八线的划分，无不被打上美苏冷战的时代烙印。其中，中国事态的发展最典型地反映了这一时代特色。

从 1947 年至 1951 年，对中国人来说的确称得上是天翻地覆、江山易主的 4 年。这期间，点燃内战战火的蒋介石退踞台湾；而毛泽东领导的共产党人则于 1949 年 10 月在北京升起了第一面五星红旗，宣告了新中国的诞生。面对中国形势的变化，美、苏两大战后强国采取了截然相反的态度。苏联于 1949 年 10 月立即承认了新生的中华人民共和国，而美国则极力否认新中国的合法地位，执意拉扯着日趋没落的蒋介石政府。

为了平衡新中国的诞生给资本主义阵营带来的冲击，就必须在远东重新扶植一个新的反共堡垒，以遏制共产主义的发展。美国选中了日本。1948 年 1 月 6 日，美国陆军部长亚罗尔在一次演讲中公开宣布："今后对日占领政策是扶植强有力的日本政府，……以便起到可以防御今后在远东方面发生新的共产主义威胁的堡垒作用。"这标志着美国对日政策来了个 180 度的大转变——由战后初期的抑日变为扶日。此后，美国走上了重新武装日本的道路。

1950 年 6 月，朝鲜半岛爆发的战争点燃了美苏两大阵营间的第一次武装冲突。随着美国和中国先后的介入，朝鲜战争已由单纯的内战升级为一场国际战争。

美国为了打赢这场所谓"遏制共产主义扩张"的战争，急欲启用日本这一反共先锋。为此，美国力主尽快与日本缔结和约，解除对日本的军事管制，恢复其主权，以便使日本尽快加入反共的行列中。召开旧金山会议的建议，就是在这种火药味极浓的气氛中提出的。

但是，由于美苏对中国政府的认同不一，在邀请国、共哪一方出席旧金山会议的问题上双方发生了争执：美国不承认中华人民共和国政府，主张由台湾蒋介石政府参加和会，这遭到了苏联政府的坚决反对。眼看旧金山会议有搁浅的危险，美国为了早日实现其扶日反共的目的，竟然置中国作为主要战胜国的权益于不顾，借口盟国对中国政府的认同有分歧而单方决定不邀请中国代表出席旧金山和会，主张中国应在会外与日本单独缔结和约。对于将由中国哪一方与日本缔约，美国强调"应由日本去决定"。

这种把中国排除在对日和约谈判之外并且给予日本选择缔约对象权利的做法，使中国在对日和约问题上失去了主动地位。中国海峡两岸对美国无视中国权益的做法均表示了强烈的反对：7 月 16 日，蒋介石在台湾发表谈话指出："中国被拒绝参加对日和约签字，乃破坏国际信义之举，政府决不容忍。"8 月 15 日，周恩来外长代表新中国政府对此提出了抗议，指出将于 9 月 4 日在旧金山召开的对日和约会议，背弃了国际义务，中国不予承认。

然而，美国当局不顾中国方面的强烈抗议，一意孤行，于 9 月 4—8 日召开了有 52 个国家出席的旧金山会议，并操纵会议通过了对日和约。

旧金山和约是很不公正的条约，它把对日作战的起始时间定为 1941 年 12 月 7 日，从而抹杀了中国人民自 1931 年 9 月 18 日起，特别是 1937 年 7 月 7 日至 1941 年 12 月 7 日这几年对日寇的单独抗击的历史。同时，和约在赔偿问题上极力宽大日本，只是泛泛地规定："日本国对战争中造成的损害及痛苦，将向盟国支付赔偿。"对于具体数额根本没有提及，同时对战胜国的赔偿要求作了原则上的限制：只能"利用日本人民在制造上、打捞上及对各该盟国的贡献的其他服务上的技能与劳作，作为协定赔偿各国修复其所受损失的费用"，而且必须在"日本可以维持生存的经济范围内进行"。这种重重限制的赔偿规定就是以日本人的劳务充作赔偿，实际上是变相减免日本的战争赔偿，与 1945 年盟国赔偿委员会作出的加重赔偿的原则是相抵触的。因而遭到了亚洲、欧洲正义国家的反对。除了中国、朝鲜、越南未被邀请赴会外，缅甸和印度拒绝出席会议，而出席会议的苏联、捷克斯洛伐克和波兰会后拒绝签字。这样，由于中、印、苏等国的抵制，当时世界上有一半的人口是不承认旧金山和约的。

9 月 18 日，周恩来外长代表新中国政府严厉谴责了旧金山和约。指斥它是"一个复活日本军国主义，敌视中苏，威胁亚洲，准备新的侵略战争的条约"。同时声明，"旧金山和约由于没有中华人民共和国参加准备、拟制和签订，中央人民政府认为是非法的、无效的，因而是绝对不能承认的。"

然而，与新中国政府捍卫民族权益的严正态度相反，退踞台湾的国民党当局为了争得与日本缔约的所谓"正统地位"，转而承认旧金山和约，追随美国的意愿走上了与日本单独缔约的道路。1951年9月12日，台湾当局"外长"叶公超发表声明表示：台湾当局愿意以旧金山和约为蓝本与日本签订双边和约。

三、日本利用旧金山和约玩弄花招，美国
推波助澜，台北为争正统放弃赔款

1951年9月8日签订的旧金山和约，极大地改善了日本战后所处的不利地位，因而11月26日，日本国会便非常痛快地批准了这个和约。与旧金山和约同样给日本带来好处的，即日本对于中日双边和约缔结对象的选择权。日本当时的首相吉田茂很兴奋地宣布："日本现在有选择媾和对手之权，对于如何行使此权，应考虑客观环境，考虑中国情形以及其与日本将来之关系，不拟轻予决定。"言下之意即日本一定要充分利用这一权利谋取最大的益处。事后证明，吉田政府的确在这个问题上绞尽脑汁，大做文章，极尽阴险、奸诈之能事。

为了等待时机，日本政府在与中国缔和问题上采取了拖延的对策，但为了防止盟国指责它蓄意拖延，吉田政府煞费苦心地搞了一个民意测验，让日本国民就同北京还是台北缔结和约表态，但得出的结果却令人哭笑不得：支持与台北或北京缔约的比例一模一样，均为38%，而余下的24%则是无所谓的。这样，吉田政府便以民意难辩，难以作出决断为由，理直气壮地拒不表态，静观事态的发展。而私下里针对台湾急

于与之缔约的心理，不时散布一些可能与北京缔和的言论。

1951年10月25日，蒋介石派驻日本代表董显光拜会日本内阁官房长官冈崎胜男，询问有关缔约的事宜。冈崎不慌不忙地答道："我国现在若与贵国订立双边和约，势将引起大陆中国国民对我之仇视"，因此，"我们现在的政策是要慢慢等待时机，以待日本实现独立自主后，研究何时向中国签订和约或选择中国的哪一方问题，我国历来尊重'中华民国'政府，遗憾的是，'中华民国'政府的领土只限于台湾。"言下之意似乎是并不准备与台湾方面缔约。

五天以后，吉田在日本参议院的演讲更让台湾心惊。吉田公开表示："如果中共在今后三年内提议根据旧金山和约与日本讨论缔结和约，日本政府自然愿意谈判并缔约，丝毫不会提出反对。"事后吉田还在会见董显光时表示："日本不能忽视大陆上四亿五千万中国人的感情。"

日本政要的一系列言论，使台湾当局如坐针毡，台湾当局为了保住所谓的正统地位，一方面连续电令驻美"大使"顾维钧策动美国对日施加压力，一方面又在草拟的对日和约当中广作让步，特别是在日本方面尤为敏感的赔偿问题上更为明显。如草案中规定：中国"承认日本国如欲维持足以生存之经济，则其资源目前不足以完全赔偿所有此类损失及灾难，同时并承担其他义务"，因此，只要求"利用日本国民为'中华民国'从事生产打捞及其他工作，以作为补偿。除此以外，'中华民国'放弃一切赔偿要求，放弃该国及其国民因日本国及日本国民在作战过程中所采取任何行动而产生之其他要求"。这个草案已初步放弃了日本赔偿，仅仅保留了一部分劳务补偿内容。

与此同时，台湾当局又处处小心谨慎，生怕惹恼了日本，丧失了缔约的机会。有个小插曲充分表现了这一点，即当驻美"大使"顾维钧遵命与美方交涉后，美国合众社发了一个消息，内称顾"大使"对日本拖延双边和约表示不快。台湾"外交部"闻讯大惊失色，立即查询此事，并发表否认声明，指称电讯报导有误等等，由此可见台湾诚惶诚恐到了何种程度。

由于美国当时出于反共目的，在亚洲奉行的是扶日而不弃蒋的政策，因此，在台湾力争与日本签约的问题上给予了大力支持。1951年11月5日，美国白宫表示："坚决反对日本与中共拉拢关系之任何企图。"此后又于12月10日，派旧金山和约的主要策划人之一，负责对日缔约的杜勒斯作为特使赴日，以促成日蒋和约而对吉田政府施加压力。杜勒斯直截了当地要求日本与台湾缔约，并威胁道："如果日本政府不同中华民国签订和约，美国国会就不批准旧金山条约。"

在美国的强硬干预及台湾方面作出了重大让步的情况下，日本政府才"不情愿"地改变了态度。12月24日，吉田表示不承认共产党中国，愿与台湾缔结和约。1952年1月30日，日本委任河田烈为中日和谈首席全权代表赴台，与国民党政府"外长"叶公超进行双边谈判。

1952年2月20日谈判正式开始，至4月28日和约签字，前后进行了正式会谈3次、非正式会谈18次，历时67天。谈判期间，日本方面又一次暴露了其阴险、狡猾的面目。

战争赔偿问题是和约的重要内容，因而在这个问题上争论十分激烈。根据中方起草的和约草案，在赔偿问题上只要求日本对中国提供劳务补偿，其他赔偿已经放弃，这是台湾当局作出的重大让步，而且与旧金山和约的原则一致。但日本对此却坚决反对，蛮不讲理地坚持台湾可以根据旧金山和约没收日本在华财产和资产作为补偿，不应再提劳务补偿的要求。由于双方观点相差悬殊，谈判多次陷入僵局。不仅如此，日本仿佛把战败国的身份忘在了脑后，竟多次提出自己起草的和约草案，气焰嚣张至极。

而台湾方面在谈判初期自恃有美国撑腰，认为只要美国以不批准旧金山和约相威胁，便不难最终迫使日本就范，因而在谈判中据理力争，态度甚为坚决。对中方草案只作细节修改，重大原则毫不让步。谁知至

3月下旬，风云突变，美国先于3月20日，操纵国会以66票对10票批准了旧金山和约，后于4月16日宣布旧金山和约将于4月28日生效。美国的行径对台湾当局来说不啻于背后一刀。因为美国国会承认旧金山和约，使台湾在对日谈判中失掉了最有力的王牌；同时，美国限定了和约生效时间等于给了日本有力支持。因为一旦和约正式生效，日本解脱了战败国的束缚，恢复了主权，在对华缔约问题上将更为主动，这对台湾来讲极为不利。

在这种形势逆转的情势下，蒋介石政府为了赶在旧金山和约生效前与日本达成和约，被迫在赔偿问题上作出全面让步，于3月25日决定放弃全部赔偿。仅在条约草案中列入下述文字："日本承认其赔偿之义务，我方亦承认日本无力作出全部赔偿，为此……我方宣布放弃以劳务进行赔偿之要求。"

然而，得了势的日本变本加厉，居然抓住台湾方面急于签约的心理，对上述行文也不接受，坚持在和约中取消有关赔偿问题的条款，否则采取拖延的方法，拒不谈判。台湾当局无可奈何，于4月12日答应了日本的要求。但是，蒋、日和约的最后签字直到4月28日下午3时才告完成，此时距旧金山和约生效仅仅还剩7个小时。

因此，在蒋日和约的正文中通篇找不到赔偿二字，其相关内容仅是在和约以外的议定书中加以确认的。

议定书第一条乙项原文为：

"为对日本人民表示宽大与友好之意起见，'中华民国'自动放弃根据旧金山和约第十四条甲项第一款日本国所应供应之服务之利益。"

另一处相关内容是在和约正文附录的记录中，原文是：

日本国全权代表：

"本人了解：'中华民国'既已如本约议定书第一项乙款所述自动放弃服务补偿，……是否如此？"

'中华民国'全权代表：

"然，即系如此。"

蒋日和约的缔结，引起了新中国人民的强烈抗议，1952 年 5 月 5
日，即和约签字一周后，周恩来总理代表中华人民共和国政府严正声
明："对于美国所宣布生效的非法的单独对日和约，是绝对不能承认
的；对于公开侮辱并敌视中国人民的吉田蒋介石和约，是坚决反对
的"。并且指责蒋介石所谓放弃赔偿要求的允诺是"慷他人之慨"，中
国政府和人民绝对不予承认。

中日间战争赔偿问题的最终解决，是二十年以后的事。

四、中日邦交正常化联合声明指出：
为了中日两国人民的友好关系，
中国放弃对日本的赔偿要求

1972 年 2 月 21 日上午 11 时 27 分，当那架银白色的总统专机掠过
浩瀚的太平洋，在中华人民共和国首都北京机场降落的一刹那，以中美
苏三国为基点的国际战略新格局便诞生了。

美国总统尼克松访华的实况，通过卫星向世界各地进行转播。这次
行动改善了自 1949 年 10 月 1 日起中美间相互敌视的历史，在世界范围
内引起的震动不亚于一场大地震。

受到冲击最严重的莫过于中国东部近邻日本。面对美国 180 度的急
转变，一贯追随美国敌视中国的日本措手不及，当时的日本首相佐藤荣
作是歪着嘴看完电视转播的。

但是政治是排斥感情的，"识时务者为俊杰"，佐藤内阁深谙此理。
尽管内心不满，但为了跟上美国的步伐，日本政府在尼克松访华后，便
秘密地委托东京都知事美浓部在访华时给周恩来总理捎信，表示佐藤首
相"要求亲自访华"。谁知当即被周恩来以"佐藤政府说了不做"为由

加以拒绝，并宣布中日谈判不以佐藤为对象。佐藤政府碰了一鼻子灰。

周恩来回绝佐藤的试探，并非表示中国不愿与日本复交，相反，新中国早在1949年6月20日便发表过迅速准备对日和约的社论。仅仅因为日本政府追随美国，承认蒋介石政权并与之缔结非法和约，才导致中日两国长期的敌对。尼克松总统访华后，形势的发展有利于解决中日历史上遗留的问题，因此毛泽东曾明确指出：中日恢复邦交问题"应该采取积极的态度，谈得成也好，谈不成也好，总之，现在到了火候，要抓紧"。周恩来回绝佐藤，一方面体现了欲擒故纵的外交策略，一方面也是对长期敌视中国人民的佐藤政府的一个惩诫。

果然，6月17日，佐藤荣作内阁被迫下台，7月7日，田中角荣内阁登场。田中在就职当天便表示了要与中国恢复邦交的愿望。对此周恩来于7月9日迅速作出了反应，他在欢迎也门民主共和国政府代表团的宴会上专门加了一句："田中内阁7日成立，在外交方面声明要加紧实现中日邦交正常化，这是值得欢迎的。"随即又让中日友协副秘书长孙平化借率领上海舞剧团在东京访问演出之机，转告田中："只要田中首相能到北京当面谈，一切问题都好商量。"

当时日本政府要想恢复中日邦交必须解决两个问题，一个是如何对待中国一再坚持的中日复交三原则（三原则的主要内容是：一、中华人民共和国是代表中国的唯一合法政府；二、台湾是中华人民共和国领土不可分割的一部分；三、日台条约是非法的、无效的，必须废除），另一个就是有关日本战争赔偿问题。关于这一问题，中国政府在不承认日台条约时已强调指出："日本军国主义者杀害了上千万中国人，使中国蒙受数百亿美元的公共财产和私人财产的损失。中国拥有要求赔偿这些损失的权利"。这就意味着日本对中国的赔偿数额将相当大。日本既然避免不了这一问题，便转而指望中国高抬贵手。为了探摸中国的态度，预先就双方的争执点达成谅解，需要一个从中穿针引线的人。当时日本公明党委员长、正在访华的竹入义胜充当了这个重要的角色。1975

年竹入义胜在他的回忆录中记述了他于 1972 年 7 月 25 日与中国方面会晤的细节：

"我把我们的意见全说了，共有十几条，并告诉他们，如果你们赞成这些意见，事情就好办了。……周总理最后问我，假如我们接受你们的建议，日本政府会采取行动吗？于是，我就从北京打电话给田中先生，请他作出决断。田中回答'行'，很干脆。最后一次拜会周恩来总理的时候，周总理拿出一份打印文件并对我说'这基本上是我们关于日中联合声明的原始方案'。我很吃惊，内容和后来的日中联合声明差不太多。"竹入义胜的活动为中日邦交谈判打下了基础。

关于日本战争赔偿的问题，在中方草案第七条这样写着："为了中日两国人民的友谊，中华人民共和国政府放弃对日本国要求战争赔偿的权利。"但是在日后中日联合声明的正文中行文有了个别改动，去掉了"权利"二字换上了"要求"。

外交文件上的一字之差，往往掩盖着谈判桌上的翻云覆雨，唇枪舌剑。在中方放弃赔偿的问题上，中日双方果然有一场短兵相接的较量。

1972 年 9 月 26 日，田中首相抵达北京的第二天，中日两国在人民大会堂举行第一轮外长谈判。当谈判进行到中方草案第七款赔偿问题时，日方代表高岛忽然狂妄地声称，根据 1952 年日本与台湾缔结的和约，日本战争赔偿问题已经解决，因而不存在中国放弃什么赔偿权利的问题。同时对中日间终止战争状态等提法一一表示拒绝，会谈因此不欢而散。

次日，周恩来会见田中，一反前一天温和的态度，以严厉的口气谴责了日本的行为。他说："听了今天上午外长会谈的汇报。高岛条约局长是破坏日中邦交正常化来的吧。日中邦交正常化是个政治问题，不是法律问题。高岛局长是搞讼棍那一套嘛！我不认为高岛局长的意见是田中首相和大平外相的本意。"同时周总理对中日赔偿问题再次重申不承认台湾的允诺，指出："当时蒋介石已逃到台湾，他是在缔结旧金山和约后才签订日台条约，表示所谓放弃赔偿要求的。那时他已不能代表全中国，是慷他人之慨。遭受战争损失的主要是在大陆上。我们是从两国人民的友好关系出发，不想使日本人民因赔偿负担而受苦，所以放弃了赔偿的要求。毛主席主张不要日本人民负担赔款，我向日本朋友传达，而你们的条约局长高岛先生反过来不领情，说蒋介石已说过不要赔款，这个话是对我们的侮辱，我们绝对不能接受。我们经过 50 年革命，蒋介石早已被中国人民所推翻。高岛先生的说话不符合你们两位的精神。"面对周恩来总理义正词严的声明，田中一行垂头丧气，连晚饭都吃不下去了。第二天，中日联合声明起草小组再次开会，高岛一上来便对他上次的言行表示道歉，声言日本国民对中国放弃战争赔款的要求深为感动。至此，由于战争赔偿问题引起的风波方才平息下去。不过中方体谅到日本方面的难处，同意将声明中有关赔偿的"权利"一词换为"要求"。

1972 年 9 月 29 日上午 10 时 20 分，中日两国代表在人民大会堂签署了中日邦交正常化的联合声明。声明第七条写道：

"中华人民共和国政府宣布：为了中日两国人民的友好关系，放弃对日本国的战争赔偿要求。"

至此，中日两国间悬而未决达 27 年之久的赔偿问题，以中国政府的大义放弃而画上了句号。

（原载《炎黄春秋》1995 年第 9 期，《新华文摘》
1995 年第 11 期全文转载）

欧美战争百科全书中的中国抗战述评

    百科全书是传承、展示人类文明的重要载体。作为汇记人类一切知识的工具书，百科全书在古代是被当作教科书来编写的，只是近代以来，随着一些大部头的多卷本百科全书的问世，其作为备查工具书的特点才逐渐显露。一般而言，百科全书多由各个领域的专家集体编写，因此其内容的权威性是不容置疑的。据统计，目前世界上的百科全书不下两三千种，2/3 的国家都有自己的百科全书。各大国更是以编辑多卷本的大型综合性百科全书为荣。如英美的《不列颠百科全书》（*Encyclopedia Britannica*）和《美国百科全书》（*Encyclopedia Americana*）享誉世界，其影响不仅仅局限于工具书范畴。此类大型的综合性百科全书尽管为数不多，但它们在学术界和社会上却极具影响力，甚至在某种程度上堪称国家文化软实力的一种象征。① 事实上，各国编写的百科全书，无论是大部头的多卷本综合型，还是单卷本专题型，虽然收录的条目各有特色，但大多数侧重于本国的知识积累，因而基本上能够体现一个国家的文明程度，包括其对自身历史文化的认知程度。从这个意义上

---

① 目前世界上主要影响最大的综合类百科全书不超过 10 种，其中最著名的是《美国百科全书》、《不列颠百科全书》、《科利尔百科全书》（*Collier's Encyclopedia*），被赞誉为"百科全书 ABC"。其他如《苏联百科全书》、《中国大百科全书》等也是多卷本的大型综合百科全书。

讲，一部得到社会认可的百科全书，其条目和释义中体现出的观点无疑是带有典型性和普遍性意义的，特别是其中有关历史的叙述基本上能够反映出一个国家主流的历史认识。因此，值此中国抗日战争和世界反法西斯战争胜利七十周年之际，笔者认为认真梳理欧美主流百科全书中有关中国抗日战争的叙述，对于我们深入了解各国有关中国抗日战争的历史认识及其演变有着重要的意义。本文即试图通过对欧美有代表性的百科全书中有关中国抗战的行文进行比照分析，以期从一个侧面揭示当今欧美各国对于中国抗战历史的主流认识及其历史演进。

西方百科全书的编纂规制基本成形于近代，从内容上可以分为 2 类，即综合型和专题型。综合型一般涉及哲学、政治、科学、医学卫生、文学、艺术、历史、地理、体育等各个学科的所有知识，比如历史悠久且享有盛誉的《不列颠百科全书》和《美国百科全书》这两大巨著随着时代的变迁，本身也多有变型和变化，[1] 其中文版的出版又经过中方的全面严格的修订，[2] 因此不好对之进行比较，故在此不做重点分析。本文的述评将聚焦于战争专题的百科全书，并以"南京大屠杀"等重要词条为参照，为此，笔者重点收集了欧美各国编写的有关战争专

---

① 《不列颠百科全书》第一版问世于 1768—1771 年，在 20 世纪 20 年代版权卖给了美国，1974 年第 15 版全面改版，24 卷，题名也改为《新英国百科全书》。自 1994 年起开始出版网络版（Encyclopedia Britannica Online），到 2012 年停止出纸版的，网络百科内容随时更新，目前收录词条近 10 万。《美国百科全书》第一版问世于 1829—1833 年，共 13 卷，后不断修订，到 1977 年增补为 30 卷。1995 年后开始出版光盘版和网络版。目前《在线美国百科全书》（Encyclopedia Americana Online）提供的条目超过 45000 条，总字数逾 2500 万字，相关链接超过 15 万个以上。

② 目前，我们可以利用的中文纸版《不列颠百科全书》主要有 1986 年不列颠百科全书公司与中国大百科全书出版社合作出版的 10 卷本《简明不列颠百科全书》（Concise Encyclopedia Britannica）（1990 年增补了第 11 卷）以及《不列颠百科全书》国际中文版（Encyclopedia Britannica International Chinese Edition）。后者是中国大百科全书出版社和美国不列颠百科全书公司合作于 1999 年推出的，最新版本于 2007 年出版。全书共 20 卷，共收条目 84300 余条，附有图片 15300 余幅，地图 250 余幅；总字数约 4400 万字。此版对其中的中国条目都进行过修订，相比原版，新增条目约 450 条，参阅条目约 1200 条，使得总条目由原来的 2450 条增约 4000 条。

题的百科全书十余种，大体可细分为战争史、二战史和太平洋战争三个专题进行考察。以下依次按其出版的时间分别加以介绍：

一、战争史百科全书

战争史专题百科全书中首推《哈帕—柯林斯世界军事历史全书》（*The Harper Encyclopedia of Military History*）。① 该书全面而系统地阐述从公元前 3500 年人类最早的军事行为一直到海湾战争期间 5000 多年的世界军事历史，是世界军事史上首屈一指的权威著作。该书字数约 307 万字，囊括了人类有史以来所有的重要军事活动，是一部结构严谨、规模庞大的世界军事历史工具书。主编 T. N. 杜派是一位职业军人和全球知名的世界军事史学权威，他编辑此书费时 30 多年，参考了上千种著作，历经大大小小几十次的修订，还亲自三次来到中国，因此，其中有关中国战争的历史比较全面。对于抗日战争的叙述主要围绕在"中国"和"中国事变"两大条目下，前者按时间顺序涵盖了自 1925 年五卅运动至 1937 年七七事变前，包括"9·18 奉天事变"、"第一次上海会战"等主题。后者则从 1937 年七七事变开始，直至 1945 年战争结束。其中包括：平型关战斗、南京大屠杀、台儿庄战役、百团大战、皖南事变、仁安羌战役等。分年度以大事记的方式记录了中国战场的战斗历程，对于中国战场的正面战场和敌后战场的重大史实均有所涉及，行文描述全面、简明、扼要。该书附有 400 多种重要的参考文献，极富参考价值。1995 年中国友谊出版公司引进出版了中文版。但不得不提的是，中文版有关中国的条目内容都是经过核对和修订的，并非英文版的原貌。

2012 年英国 DK 公司出版的单卷本《战争百科全书：从古代埃及

---

① 该书第一版出版于 1970 年，1977、1986、1993 年共三次再版。1995 年由中国友谊出版公司引进，1998 年翻译成中文出版。

到伊拉克》（*The Encyclopedia of War: from ancient Egypt to Iraq*）是一本图文并茂的军事史著作，[1] 由英国著名军事历史学家索尔·大卫（Saul David）做编辑顾问。[2] 该书内容涵盖从公元前 3000 年古代埃及的苏美尔战争直至 21 世纪的伊拉克战争前后 5000 年的战争历史。与其他百科全书不同，该书并非按字母顺序编写条目，而是按照时间先后次序将古今重要的战争依次介绍，分 7 个阶段，即古代、中世纪、近代早期、革命年代、商业战争、世界大战、二战后冲突。其中中国部分包括"日本侵华"、"满洲征服"、"国民党与共产党"、"战争准备"和"南京大屠杀"等。其中对于南京大屠杀栏目突出，但文字保守：其表述为"日本军队四处横行，屠杀了至少 4 万平民并强奸了 2 万城市人口中的妇女。这种残暴的屠杀以及早期对上海的轰炸，促使国际舆论转而反对日本"[3]。该书名为百科全书，但事实上并非一部专业的工具书，它是在 2009 年的《战争：从古代埃及到伊拉克》一书基础上更名而来，因而本质上是一部主要面向非专业读者的战争图史。

2012 年问世的真正意义上的百科全书是 5 卷本《战争百科全书》（*The Encyclopedia of War*）。[4] 该书规模庞大，共 150 多万字，内容涵盖了从古代到当前进行的全球范围的反恐战争。其主编是北英属哥伦比亚大学和维多利亚大学历史系名誉教授、著名的战争史专家、《国际史评

---

[1] Saul David, editorial consultant, *The Encyclopedia of War: from Ancient Egypt to Iraq*, London: Dorling indersley, 2012.

[2] 索尔·大卫是英国白金汉大学教授、知名的军事历史学家和战争题材的影视节目主持人。他的成名作是《印度兵变，1857》（*The Indian Mutiny: 1857*. London: Penguin 2003）、《祖鲁：祖鲁战争期间的英雄主义悲剧》（*Zulu: The Heroism and Tragedy of the Zulu War*. London: Penguin. 2004）和《子弹，靴子和绷带：如何真正赢得战争》（*Bullets, Boots and Bandages: How to really win at war*, 2012）以及其他十多部历史著作和小说，并拍摄了部分帝国和军事题材纪录片。

[3] Saul David, editorial consultant, *The Encyclopedia of War: from Ancient Egypt to Iraq*, p. 283.

[4] Gordon Martel, *The Encyclopedia of War*, Chichester, West Sussex; Malden, M: Wiley-Blackwell, 2012.

论》主编马特尔·戈登（Gordon Martel）。① 作为第一部 5 卷本的战争
专题百科全书，该书条目按 A—Z 字母顺序排列，收录了与战争有关的
最重要的人物和事件，从布匿战争到反恐战争；从奥斯曼苏丹到苏联的
军事统帅；从弩到化学战等等。每个词条释义详细，从 1000 到 6000 字
充满细致的分析和精辟的观点。该书的编辑团队是国际性的，经验丰
富，所参考的资料都是最权威和最新的学术研究成果。其中有关中国的
条目内容明显丰富，如"1931/1937—1945 侵华战争"、"蒋介石"、
"毛泽东"、"南京大屠杀"等词条的释文都长达 2—3 页，参考文献也
增加了很多，且多为 2007—2008 年的新资料。②

　　除了上述贯通古今的战争通史类百科全书外，还有两本专论二十世
纪战争历史的百科全书。一本是英国著名军事历史学家和军事评论员谢
尔福德·比德韦尔（Shelford Bidwell）③ 主持编写的《二十世纪陆战百
科全书》（*The Encyclopedia of Land Warfare in the 20th Century*）。④ 该书
1977 年出版，参与此书编写的有 12 人，此书篇幅不大，只有 249 页，
全文分 1900—1918、1918—1939、二战、太平洋战争、和平中的世界
等五章。绝大部分为图片和彩色插图，地图有几十幅。其中第三章
"二战"论述的只是欧洲战场，没有亚洲战场，也未提及中国抗战问
题。有关中国抗战的内容只是在第二章"1918—1939"中才有所涉
及。此部分附有日军占领南京的多张照片，没有提及南京大屠杀，也

① 马特尔·戈登在现代战争史上著述颇丰。他最著名的书是《帝国外交》（1985）和《第
　一次世界大战的起源》（第 4 版，2008）。他还主编过两个系列的历史著作"历史研讨系
　列"和"小历史、大创意"系列。他还编辑过许多学术出版物包括《第二次世界大战读
　本》（2004），《欧洲指南，1900—1945》（Blackwell，2006）和《国际史指南，1900—
　2001》（Blackwell，2007）。
② Gordon Marte，*The Encyclopedia of War*，pp. 420-425；pp. 1135-1137；pp. 1313-1315.
③ 谢尔福德·比德韦尔专长 20 世纪的军事战争，曾担任过 5 年皇家联合军种国防研究所学
　报的主编。
④ Shelford Bidwell，*The Encyclopedia of Land Warfare in the 20th Century*，London：Spring
　Books，1977.

没有提及慰安妇，更没有利用有关中国历史的参考资料。显然，1939年前发生在中日之间的战争是被当作二战爆发的背景来处理的。严格来讲，该书也是一本欧洲视角下的二战图史，并非真正意义上的百科全书。

另外一本以二十世纪的战争为主题的百科全书，即英国历史学家、帝国战争博物馆馆长诺布尔·弗兰克兰博士（Dr. Noble Frankland）主持编写的《二十世纪战争百科全书》（*The Encyclopedia of Twentieth Century Warfare*）。[①] 该书1989年问世，参与编写此书的有近30位学者和博物馆研究人员。该书按字母顺序收录了有关二十世纪战争的战役、战略、将领、武器等3000多条。分"现代化战争的前夜"、"二十世纪的陆地战争"、"海上战争"、"空军实力的展现"、"核时代的有限战争"、"核对峙"等7大主题进行编写。每一主题开始有一位历史专家撰写的说明。书中收录了"蒋介石"、"中日战争1931—1945"等少数几个条目，"南京大屠杀"词条没有收录，只是在"中日战争1931—1945"条目中，谈及日军攻占南京后进行了屠杀，估计有5万平民遇难。此外，还估计整个中日战争期间，中国军人战死133万，负伤188万，平民数字估计更高一些。相比而言，该书在"南京大屠杀"问题上从无到有，比前一本书提供的信息要多得多。这说明了十多年间欧美学界对于中国战场的了解有了一定的进步。

二、二战史百科全书

二战结束后，欧美各国编辑出版的有关二战专题的百科全书数量并不多，不过在不同的历史时期都有比较典型的代表。笔者按其出版的时

---

① Dr. Noble Frankland ed., *The Encyclopedia of Twentieth Century Warfare*, Orion Books, 1989.

间，大体分为三个阶段：冷战期间（70—80 年代），冷战结束至 20 世纪末，21 世纪至今。

据笔者掌握的材料，冷战期间问世的二战专题百科全书最早诞生于 70 年代下半期，其中影响较大的就是 1977 年出版的由英国军事史专家约翰·基根（John Keegan）领衔主编的《第二次世界大战百科全书》（*Encyclopedia of World War II*），[1] 这是美苏冷战缓和时期西方学术界编写的一部大型的二战专题百科全书。其写作团队均是各方面的专家，如主编约翰·基根是当时公认的世界最负著名的军事历史学家，其著作很多；参编者之一伊恩·霍格（Ian Hogg）是世界上首屈一指的轻武器专家；罗纳德·海福尔曼（Ronald Heiferman）教授和威廉·凯尼格（William Koenig）博士是精通远东和缅甸战场的专家等。全书 22.5 万字，内容丰富，涉及战役、武器、人物以及政治事件等，近乎每一种主要的飞机、坦克、战舰都有详细的介绍，人物除了希特勒、斯大林、丘吉尔等首脑，也包括次一级的领导人，如巴顿、艾森豪威尔、蒙哥马利等。300 多幅战役地图、武器的照片和绘图并重，图文并茂。书中关于中国抗日战争的内容收录于"中国事变"词条内：其中概括了自 1931 年九一八事变、1937 年卢沟桥事变直至 1941 年日本偷袭珍珠港前夕的历史，期间提及日军攻占南京期间的大屠杀，称"南京由 3 万守军防卫，然而最终在 12 月 12 日沦陷。此后，8 万日本兵在南京肆意妄为，有组织地强奸了至少 2 万名妇女，并屠杀了至少 20 万人"[2]。这是西方较早提到南京大屠杀史实的著作，不过没有用"南京大屠杀"这个概念。

同一年欧洲出版的另一部重要的二战百科全书是法国学者马塞尔·博多（Marcel Baudot）等人编写的《第二次世界大战历史百科全书》

[1] John Keegan, *Encyclopedia of World War II*, HAML YN, London, New York, Sydney, Tororto, 1977.

[2] John Keegan, *Encyclopedia of World War II*, p. 51.

（*The Historical Encyclopedia of World War II*），①本书是由法、英、德、比、美等6国的36名历史和军事科学的学者、教授按百科全书的形式编写的一部学术性著作，原书为法文版，1977年问世后被美国学者译为英文，先后于1980和1981年分别在美国和英国出版。本书收录词条960多条，涉及著名战役、人物、武器、条约、事件等各个方面，有些内容如反犹主义、地下报刊、教堂与第三帝国等在一般著作中都比较少见。正文前后有关战争起源和后果的两篇文字长达2万—3万字。与以往的二战著作不同，全书所用资料均取自战后各国陆续公布的档案材料和官方文献，并经过作者严格筛选核对，确保了材料的可靠性。书后所附的参考文献还带有一定程度的评介，非常有价值。由于编者主要是欧洲国家的学者，因此书中关于欧洲各国、特别是法国和德国的内容十分详细。一般英美著作不太提及的人物和事件都有介绍，如书中用法国将领吉罗的论述有150行之多，而我们耳熟能详的蒙哥马利只有31行；美国名将麦克阿瑟是16行；德国名将隆美尔是12行；美国将军布拉德利才9行。因此这是一个典型的欧洲为主的百科全书。有关中国的内容有"中国"、"毛泽东"、"周恩来"等三条；日本的条目有"日本"、"日本的投降决定"、"日本人民的反抗"、"日本秘密情报机构"、"日本1942年4月30日大选"等。行文比较细致，内容丰富。比如关于南京大屠杀："日军实际占领中国首都南京后，随之而来的是日军纪律的败坏。南京暴行是如此之久、野蛮和广泛（被称为'南京大洗劫'），使外国观察家感到这是有意组织的一场恐怖和屠杀，想要摧毁'顽固的'中国国民政府的抵抗意志。日本军人在将近两个月的时间里成了杀人狂。他们的圣战伪装蜕化为类似匪类、流氓、海盗的卑鄙的掠夺、纵火、暴行和屠杀。中国男人不谨慎旋即被残酷地用各种方式处死，主

---

① Marcel Baudot, ed, *The Historical Encyclopedia of World War II. Facts on File*, Inc., New York, 1980；本书中译本见法国二战史家马塞尔·博多等主编：《第二次世界大战历史百科全书》，解放军出版社1988年版。

要用军刀、刺刀和轻武器。试图逃跑的人被当场杀死或像野兔一样被射杀。10 岁至 76 岁的妇女不分昼夜和场合，被单人或集体强奸，有时还被杀死或肢解。虐待和酷刑很普遍。据外国人估计或战后搜集的战争罪行材料，估计有 2 万妇女被强奸，3 万至 5 万男性平民和 10 万至 15 万男性'战俘'被屠杀。被杀人数的最高估计是 40 万。而日军坚持说他们的目的只在于捕获中国士兵和逃兵，惩治违法的中国人员和搜集劳工。① ……尽管日方否认，又对南京封锁了几个月，在该城内还是有二十几个外国人（美国、德国、英国、俄国传教士和教师等）亲眼看到了这些暴行和当时的整个惨状。一些最有说服力的报告来自德国目击者。他们谴责日本人的行为是一种兽性发作。此外，一大批长期处于恐怖状态中的中国受害者，他们设法在大屠杀中幸存下来，讲述了他们的经历。从长远看，日本陆军在南京的暴行是日本军事荣誉中洗刷不掉的污点。"②

　　由于该书后所附文献资料中没有中文资料，也没有关于中国战场的著作，因此，书中的观点来源尚需探讨。但总体上有关中国的叙述还是比较客观全面的。1989 年，该书还曾被出版社冠以纪念二战爆发 50 周年的名义再版。

　　1989 年问世的另一部二战专题百科全书是美国学者布莱恩·佩雷特（Bryan Perrett）主编的《第二次世界大战百科全书》（*Encyclopedia of the Second World War*），③ 该书诞生于冷战后期，其特点是开始侧重于突出这场战争的全球性。如该书主编布莱恩·佩雷特在前言中指出的："我们把本书命名为百科全书是因为我们相信我们已经在书中为大多数读者提供了有关二战的全部基本信息，包括重要的人物、战役、战斗、

---

① 马塞尔·博多等主编：《第二次世界大战历史百科全书》，第 844 页。
② 马塞尔·博多等主编：《第二次世界大战历史百科全书》，第 845 页。
③ Bryan Perrett, *Encyclopedia of the Second World War*, Novato, Calif.: Presidio, 1989.

事件、战舰、航母、陆地武器、电子战、情报、密码等。"① 该百科全书没有详细的目录和索引，只是按字母编排，图文并茂。其中有关中国的内容都放在"中国，1937—1945"、"蒋介石"、"中缅印战场"，但其中没有提到"毛泽东"、"周恩来"、"南京大屠杀"、"慰安妇"等内容。这是与前述多部20世纪80年代出版的百科全书一样，是受限于时代局限的产物。

与之类似的还有1990年Castle Books出版公司出版的由伊丽莎白-安妮·威尔、斯蒂芬·波普和詹姆斯·泰勒（Elizabeth-Anne Wheal, Stephen Pope, and James Taylor）等人共同编写的《第二次世界大战百科全书》（*Encyclopedia of the Second World War*）。该书前身是1989 Peter Bedrick Books公司出版的《第二次世界大战词典》（*Dictionary of the Second World War*），其中涉及中国的条目同样只有"中国抗战"、"蒋介石"、"国民党"、"毛泽东"、"满洲国"和"南京"等少数几个。但值得一提的是后者尽管没有单列出"南京大屠杀"这一词条，但是在"南京"的条目中指出的被日军杀害的受难者人数为25万，② 这在20世纪90年代初是比较少见的。

冷战结束后至20世纪末西方编纂的二战百科全书的代表作是美国学者诺曼·波尔马和托马斯·B. 艾伦（Norman Polmar and Thomas B. Allen）1996年编辑出版的《二战百科全书：1941—1945战争年代》（*World War II: the Encyclopedia of the War Years 1941-1945*）。③ 这是冷战结束后出版的一部专题百科全书，是一本完全以美国人的视角编写的百科全书，因而把战争的起点放在1941年珍珠港事件。作者在前言中极

---

① Bryan Perrett, *Encyclopedia of the Second World War*, 参见前言。

② Elizabeth-Anne Wheal, Stephen Pope, and James Taylor, *Encyclopedia of the Second World War*, Castle Books, 1990, 1993.

③ Norman Polmar and Thomas B. Allen, *World War II: the encyclopedia of the war years 1941-1945*, Bill Mauldin, 1996. 该书于2012年由Dove Publication再版。

力标榜这一点。该书收录词条 2400 多，包括军事战役、人物、政治、文化等各个方面，不少命名不一的重要战役名称都用交叉引证的方式，列出多种名称。根据其时间断限，中国抗日战争被列入战前阶段。正文条目中内容也不多，根据编者列出的 18 大战役，其中有关中国的只是"日本在远东的战役 1937—1943"和"盟军中缅印战役 1941—1945"等两节。其他条目有"中国"、"中国军队"、"蒋介石"、"周恩来"、"毛泽东"。其中关于南京大屠杀只是在"南京"词条内有一句话："日本人对南京的占领——在西方被称为'南京大屠杀'——震惊了文明世界，超过 5 万平民被屠杀和 2 万例强奸后来被记录在案。"[①] 虽然只是简单一句话，但是却肯定了南京大屠杀的存在。本书于 1999 年、2012 年先后两次再版，影响比较大，可以说这部百科全书反映了典型的美国人的观点。

　　进入新世纪以来，随着全球化进程的深入，有关二战百科全书编写开始升温，出现了几部有特点的著作。首先值得一提的是 2005 年由斯宾塞·C. 塔克博士（Dr. Spencer C. Tucker）、罗伯特·玛丽博士（Dr. Priscilla Mary Robert）等人主编的《二战百科全书：政治，社会，军事历史》（*Encyclopedia of World war II：a Political，Social and Military History*）。[②] 该书在二战胜利 60 周年问世，是第一部有关第二次世界大战的多卷本著作，共 5 卷，百万字的篇幅，有 270 余名来自多个国家的专家学者，是跨国合作的结果。作者还编辑了词条 1400 条，300 余幅图片，89 幅地图，内容涵盖了政治、军事、社会等各个方面。第五卷是文件集，收集了 238 个文件。

　　该书中涉及中国的词条有"中国"、"中国海军"、"中国空军"、

[①] Norman Polmar and Thomas B. Allen, *World War II：the encyclopedia of the war years 1941-1945*, p. 572.

[②] Dr. Spencer C. Tucker, Dr. Priscilla Mary Robert, *Encyclopedia of World war II：a Political, Social and Military History*, ABC CLIO, 2005.

"中国内战"、"中国东部战役"、"中国战时地位"、"蒋介石"、"毛泽东"、"1937 中国事件"、"南京大屠杀"等。叙述比较具体客观,史料来源比较丰富。比如南京大屠杀,该书运用了很多新的英文成果,包括张纯如 1997 年出版的《南京大屠杀:被遗忘的二战浩劫》,明确指出时间是 1937. 12. 13—1938. 1. 22。行文很细致:"12 月 13 日,日军进入城市后向街道上挤满的难民、受伤的士兵和平民开枪射击。他们还向数千企图游泳逃过江去的难民开枪射击。日本占领军用机枪扫射、刀砍、剑刺、火烧、活埋、毒气等方式大规模屠杀被俘的中国士兵和任何被怀疑的年轻人。随处可见的暴行和极为血腥的谋杀,伴随着疯狂的掠夺在整个城市持续了六周。关于到底有多少士兵和平民在南京大屠杀中遇难存在比较大的分歧,对死亡人数的估计从 42000 到 300000 不等,在这一时期,据估计,有大约 2 万妇女被日本兵强奸,而且事后大多数被杀死。……这是二战初期通过有组织的暴行恐吓平民的典型案例。进入二十一世纪,南京大屠杀的苦难记忆在中国依然清晰:南京建有一座纪念大屠杀的大博物馆。相反,日本的官员几十年来一直否认事件曾经发生,或至少试图减少其数字,这是日本官方回避历史的表现。然而,在上世纪 90 年代末,几位日本记者和学者们对此问题的调查和研究令这一事件引起了日本人民的关注。"① 显然,书中有关南京大屠杀的叙述比以往要详细得多。根据其所引资料显示,张纯如的《南京大屠杀》是其主要的资料来源。这反映了西方学者对该书的关注。同年,塔克还编辑过另一本号称是专门给学生编写的百科全书《第二次世界大战:学生百科全书》(*World War II: a student encyclopedia*),② 共 5 卷。除标题外,内容与前书基本一致。

---

① Dr. Spencer C. Tucker, Dr. Priscilla Mary Robert, *Encyclopedia of World war II: a Political, Social and Military History*, Vol. III, ABC CLIO, 2005, p. 1048.

② Dr. Spencer C. Tucker, Dr. Priscilla Mary Robert, *Encyclopedia of World war II: a student encyclopedia*, Vol. 1-5, ABC CLIO, 2005.

此外，艾伦·阿克斯罗德（Alan Axelord）主编的《第二次世界大战百科全书：事实与文件》（*Encyclopedia of World War II*）是另一本比较重要的有关二战的单卷本百科全书。① 该书于 2007 年出版，其中专门论及南京大屠杀，并将之与欧洲犹太大屠杀相提并论："12 月 13 日，日军进入南京，在其后至少六周内制造了包括强奸、抢劫、纵火和对非战斗平民和战俘肆意屠杀的暴行。现代中国的历史学家坚持中国共产党的估计，有 30 多万名平民丧生在南京。有些受害者可能实际上是伪装成平民的中国国民党士兵，但不容置疑的是，大量的妇女和儿童被杀害。在战争后举行的东京审判期间，日本政府官员声称南京的全部死亡都是军事性质的，并且否认屠杀和暴行的发生。法庭通过宣判驻南京日本军最高指挥官松井石根，确定了平民死亡人数大约在 10 万人。即使在今天，日本和中国当局双方就南京大屠杀的遇难人数和性质仍有争议，尽管没人否认那些可怕的事发生。"②

由此可见，该书对于有关南京大屠杀的多种观点都有关注，文中不仅介绍了中国官方有关遇难的人数 30 万，又提到了东京审判所断定的遇难人数 10 万，结论是中日现实中有争论但均不否定发生过大屠杀。通过检索该书所附的参考资料，我们可以看到作者注意追踪和利用最新问世的材料，特别是 20 世纪末问世的新论著，可见编者的严肃治学态度和扎实的研究功力。

本世纪相对最新的百科全书是美国波士顿大学国际史教授卡瑟尔·诺兰（Cathal J. Nolan）主编的两卷本《简明二战百科全书》（*The Concise Encyclopedia of World War II*）。③ 该书于 2010 年出版。其中有关中国的条目相对较多，如"中国事变"、"战争中的角色"、"中缅印战场"、"中国军队"、"中国共产党军队"、"中国国民党军队"、"蒋介

---

① Alan Axelord：*Encyclopedia of World War II*，Facts on Flie，2007.
② Alan Axelord：*Encyclopedia of World War II*，Facts on Flie，2007，p.
③ Cathal J. Nolan，*The Concise Encyclopedia of World War II*，two volumes，Greenwood，2010.

石"、"毛泽东"、"南京大屠杀"等等。后者对于南京大屠杀的叙述如下："在接下来的七周里，日军横行，残酷甚至残忍屠宰平民、妇女、儿童。军队在总司令部命令下杀死所有的中国士兵，枪击或刀刺兵役年龄的男性，并烧毁在城市的商业区和工业区……

"很多日本士兵在几天，甚至几周的时间内终日喝酒，所有的权威都已崩溃。当他们最后试图恢复军纪时，军官甚至无法约束自己的人。喝醉了的士兵成群结队地强奸和杀戮，横行街道。当孩子的母亲被轮奸时，孩子常常由于啼哭而被杀害。抗拒的妇女要么被刺刀刺死，要么被枪杀。强奸后杀人灭口很普遍。除夕之夜，一轮新的饮酒、强奸和屠杀的高潮再度上演。

"死亡人数一直存在争议，但被屠杀的可能有 10 万人，30 万人是中国官方的数字，而盟军的战争罪行调查人员把数量确定在 20 万人。在日本占领亚洲的未来八年里，小规模的南京的暴行不断在各地上演。'南京大屠杀'震惊了国际舆论并严重损坏日本的形象，此后日本被视为一个贱民国家。"①

显而易见，这本新近问世的百科全书中有关南京大屠杀的史实描述和观点是比较详细和客观的，与以往问世的其他百科全书相比差异是很明显的。

三、太平洋战争百科全书

在欧美编辑的战争专题百科全书中，涉及中国抗战内容最为详细的当数有关太平洋战争的百科全书。目前有两种比较有代表性，首先要提及的就是由美国学者詹姆斯·F. 邓尼根（James F. Dunnigan）和阿尔

---

① Cathal J. Nolan, *The Concise Encyclopedia of World War II*, Volume 1, p765.

伯塔·A. 诺菲（Albert A. Nofi）共同主编的两卷本《太平洋战争：百科全书》（*The Pacific War：Encyclopedia*），① 这本 1998 年问世的书是以美国人的视角来考察太平洋战争的历史。因此，词条中有关中国的内容比较多而且比较具体：如"中国长沙"、"蒋介石"、"蒋介石夫人"、"中国"、"中国空军"、"中国军队的建制"（包括"八路军"、"新 22 师"、"38 军"、"新 38 军"、"57 师"、"88 师"、"93 师"、"200 师"、"中国驻印军"、"中国军队中的日本兵"、"中国海军"等十多个名词）、"中国抗日"、"中国与日本单独媾和"、"中国事变"，关于南京大屠杀，只是纳入日本的暴行词条，作为与美军战俘并列中的一个分支。行文非常简单："30 万男人、妇女和儿童被强奸、杀害和肢解。无数的囚犯被谋杀，而且大约有 2 万名适龄参军的年轻人被机关枪射死。"②

此外，该书条目中还提及"慰安妇"，并明确指出截止到 1945 年日本一共征召 13 万慰安妇，其中从日本征招了 55000 人，以减少军队的强奸事件。③ 其主要参考的是澳大利亚学者乔治·希克斯（George Hicks）1994 年出版的《慰安妇》（*The Comfort Women*）一书。这是编者及时吸收最新研究成果的结果。此外，2001 年美国学者斯坦利·桑德勒（Stanley Sandler）主编的《太平洋上的二战：百科全书》（*World War II in Pacific：An Encyclopedia*）出版，这是另一本比较有特点的太平洋战争专题百科全书。其中有关于中国的词条，"蒋介石"、"中缅印战场"、"大东亚共荣圈"、"南京大屠杀"等。有关南京大屠杀的词条解释要详细得多，并且明确指出遇难人数的变化："虽然可靠的统计数据很难得到，当时的估计是受害者人数为 8000 到 2 万之间。许多人在被

① James F. Dunnigan and Albert A. Nofi, *The Pacific War：Encyclopedia*, Facts On File, Inc., 1998.
② James F. Dunnigan and Albert A. Nofi, *The Pacific War：Encyclopedia*, p. 71.
③ James F. Dunnigan and Albert A. Nofi, *The Pacific War：Encyclopedia*, p. 175.

强奸后杀害。有关南京大屠杀期间中国人死亡的最终统计数字仍然有争议。中国官方的数字是二十五万。二十世纪末的研究表明，在南京和当时的郊区，有超过三万人被杀"。① 特别需要注意的是，书中明确提到了"慰安妇"，并且用两页的篇幅详加叙述。② 其资料大多是 1993—1994 年期间出版的英文材料。除了 1994 年出版的澳大利亚学者乔治·希克斯的《慰安妇》以外，还参考了 1997 年新出版的张纯如的《南京大屠杀》等影响极大的著作。总体上讲，就有关中国抗战的内容来说，太平洋战争百科全书的内容比战争史和二战史的专题百科全书提供的信息量更大。

结　　论

通过对以上不同历史时期的三种类型的 15 部专题百科全书的梳理，我们可以很清楚地看到，在貌似杂乱无章的百科全书编辑工作中，时刻体现着一些共性的东西。其中反映在有关中国抗战的行文叙述上大致有以下几个特点：

第一，欧美战争专题百科全书大多从欧美的视角出发，侧重欧洲和太平洋的战事，对于中国战场的历史叙事总体上偏少，其条目的取舍大多以是否与英美战时作战有关为标准。早期的百科全书一般只收录蒋介石、毛泽东、周恩来等少数几个人物，涉及中国正面战场和敌后战场战况的条目也不多。而且即便像"九一八事件"、"卢沟桥事变"等通常被收录的抗战条目，也大多是作为战前的起源部分一带而过，对于中国战场在二战期间坚持抗战的作用和贡献等基本没有涉及。相反，类似"中缅印战场"等与盟军合作有关的条目几乎每本必录。究其原因，既

① Stanley Sandler ed., *World War II in Pacific*：*An Encyclopedia*，p. 405.
② Stanley Sandler ed., *World War II in Pacific*：*An Encyclopedia*，pp. 159-161.

有主观上西方大国对中国战场的轻视，也有客观上西方学界缺乏对中国抗战进行深入研究的局限。事实上，二战结束后西方学者专注于中国战场研究的人寥寥无几，而且几乎没有涉及中国抗战贡献的著作出现。

第二，西方百科全书的编写多数是由著名的军事历史专家担纲，由多国或各有专长的专家集体合作完成的，其词条释义的撰写依据是前人研究的成果，多数百科全书都在其词条释义后面或本卷后面介绍相关的主要参考书目以供读者进一步阅读。但是事实上，上述欧美百科全书的编写者所利用的史料来源基本上都是依赖英文著作。这导致了他们对于中国的研究成果的忽视。如我国学者苏智良有关慰安妇研究的专著不少，但始终没被列入上述任何一本百科全书的参考书目。从这种意义上看，20世纪70—80年代以来西方编辑的百科全书少有关于中国战场的词条，南京大屠杀问题在1997年张纯如的英文著作出版以后才受到西方学界重视等现象说明，东西方学术交流所受语言和材料的限制之大，应该引起人们的重视。

第三，西方百科全书不断修订完善的制度，为编者在材料运用上随时吸收最新的研究成果奠定了条件。上述不少百科全书都是不断地在吸收新的材料更新条目和释义。一般来说，出版后市场反响大的、后续不断修订再版的百科全书说明它已得到了社会的认可。其中蕴含着编者的思想和观点已经被读者所接受，纵向地考察一部百科全书在特定条目中的行文变化能够体察出编者思想的变化。百科全书作为承载一个国家的历史文化认识的载体，对于公民的历史观的形成和延续有着不可忽视的意义。如何让国内学者的研究成果尽可能快地被国际学术界知晓并接受，这是一个值得思考的问题。

第四，纵观上个世纪70年代以来欧美出版的战争百科全书，我们可以清楚地看到，冷战前后的百科全书的编写呈现出明显的分界：70、80年代的百科全书总体上缺乏对中国战场的深入了解，且数量稀少。冷战结束后，随着各国高调纪念二战，有关二战专题的百科全书的编写日益受到重视，百科全书类型也日益多样，不同类型的百科全书的行文记述也不一样。但总体的发展趋势是有关中国的词条数量上越来越多，内容上越来越细，观点上越来越趋于客观。这反映出随着中国的改革开放及实力的不断增强，西方学者对于中国学者的研究越来越关注，对于与中国战场有关的历史认识也在逐步加强。就中国抗战来说，百科全书的专题越具体，其内容就越丰富。这表明，关于中国抗战的历史认知目前主要局限在史学研究的专业人士层面，若要西方社会普遍有所了解还需假以时日。

总之，我们有理由相信，尽管今天欧美社会对于中国抗战的历史认识还差强人意，但这些百科全书演进的历史轨迹已经表明，随着中国实力的进一步提高，西方学者对中国的兴趣和关注会进一步升温，全面公允地反映中国抗战的历史功绩并非遥不可及。因此，希望国内的二战史专家能够共同努力，在广泛吸收欧美百科全书优点的基础上，早日编写出一本既能充分反映中国主流历史认识、又可以被国际社会接受和认可的二战百科全书，进而切实推进我国二战史研究的国际化的发展。

（原载《历史教学问题》2015 年第 4 期）

近年中国史学界关于二战时期日本侵华遗留问题的研究成果述评

所谓二战遗留问题，是指因第二次世界大战而生成的、至今尚未得到根本解决的问题。我国史学界关于二战遗留问题（主要是日本侵华战争的遗留问题）的研究起步于 20 世纪 80 年代中期，到 20 世纪末已初具规模。① 进入新世纪，随着新问题、新材料、新成果不断涌现，有关研究更加成熟和深入。这不仅极大地拓展了我国二战史研究的领域，而且为促进战争遗留问题的合理解决提供了历史依据，具有积极的现实意义。值此反法西斯战争胜利 60 周年来临之际，笔者对 2000 年以来国内史学界的相关研究成果进行了尽可能全面的回顾和梳理，以期对该领域的研究进展和特点作一个阶段性的总结。

一、二战遗留问题的研究成果

目前国内学术界关注的战争遗留问题主要集中在日本的战争责任认

---

① 关于 2000 年以前的二战遗留问题的研究状况请参阅荣维木：《中日战争遗留问题研究述评》，《江海学刊》2001 年第 6 期；何天义：《日本侵华战争遗留问题概述》，《抗日战争研究》1997 年第 4 期。

识问题、修改历史教科书问题、钓鱼列岛的领土归属问题、南京大屠杀的史实考证问题、慰安妇问题、劳工问题、中国抗战损失问题、日军在华进行化学战及战后遗弃的化学武器的处理问题等 10 个专题。这些专题研究虽然各自起点不同，但在新世纪其深度和广度都有了进一步的发展，成绩显著。

1. 日本战争责任问题

所谓日本的战争责任问题实质上是日本战后对战争责任的认识问题。多年来，日本从政府到民间否认战争责任的逆流一直存在，而且随着时间的推移，其势力在逐步加强。从日本政府官员不断发表的否认战争侵略性质的右翼言论到多次修改历史教科书，这些事实充分表明日本政府始终没有对自己的战争责任进行真正的反省和正确认识，所以日本对战争责任的认识问题堪称今天二战遗留的最大的问题。

中国的学者针对日本的战争责任以及日本逃避责任的活动进行了大量的研究，取得了一定成果。著作方面近期无新作问世，只有日本学者吉田裕的《昭和天皇与战争责任》（台北，水牛图书出版公司 2001 年版）和美国学者比克斯的《真相：裕仁天皇与侵华战争》（新华出版社 2004 年版）两部译著出版。论文方面，国内学者发表了不少文章和论文。其中黑龙江省社科院王希亮的《论日本战争责任长期搁置的历史原因》[①] 和《试析日本战争责任问题尖锐化的趋势》[②] 两篇论文较为重要。前文从历史和现实的角度对二战后日本右翼否认战争责任活动日益猖獗的国内外因素和前景进行考察和预测；后文则考察了 20 世纪 80 年代以来日本右翼在否认战争责任问题上日益猖獗的活动及其原因，指出日本政府在战争责任问题上的认识问题与其政治右倾化和国内和平反战运动以及东南亚国际关系的变化密切相关。李建军的文章《论日本昭

①　王希亮：《论日本战争责任长期搁置的历史原因》，《日本学刊》2001 年第 5 期。
②　王希亮：《试析日本战争责任问题尖锐化的趋势》，《日本学刊》2004 年第 4 期。

和天皇的战争责任——兼驳日本右翼"天皇无罪史观"》① 和高凡夫的
《日本天皇裕仁与南京大屠杀》② 则通过对历史的考察认定了裕仁天皇
对日本的侵略战争负有难以推卸的责任。此外，步平的《慰安妇问题
与日本的战争责任认识》③、忻平的《日本佛教的战争责任研究》④、林
敏的《从〈花之城〉看日本"征用作家"的战争责任》⑤ 等文章都从
不同角度针对日本战争责任问题进行了有创造性的探讨，拓展了课题的
研究领域。

2. 修改历史教科书问题

战后日本右翼多次修改中学历史教科书的问题实质上是日本否认侵
略战争历史、逃避战争责任的具体实践，与日本的战争责任认识问题密
切相关，因此国内学术界一直非常关注，近年来出版了三部关于教科书
问题的专著，即王智新、刘琪编著的《揭开日本教科书问题的黑幕》
（世界知识出版社 2001 年版）、苏智良著的《日本历史教科书风波的真
相》（人民出版社 2001 年版）和张海鹏、步平主编的《日本教科书问
题评析》（社会科学文献出版社 2002 年版）等。其中张海鹏、步平主
编的《日本教科书问题评析》既介绍了近代以来日本教科书编写的历
史发展过程，说明日本的历史教科书从战前开始，经历战争时代到战后
的沿革，特别是近年来新编历史教科书出笼的历史与社会背景，又对日
本在新编历史教科书中歪曲篡改历史事实的问题进行揭露和批判，是比
较全面而深入地论述这一问题的学术专著。此外，还翻译出版了日本学

---

① 李建军：《论日本昭和天皇的战争责任——兼驳日本右翼"天皇无罪史观"》，《贵州大
学学报》2002 年第 5 期。
② 高凡夫：《日本天皇裕仁与南京大屠杀》，《南京社会科学》2004 年第 8 期。
③ 步平：《慰安妇问题与日本的战争责任认识》，《抗日战争研究》2000 年第 2 期。
④ 忻平：《日本佛教的战争责任研究》，《华东师范大学学报》2001 年第 5 期。
⑤ 林敏：《从〈花之城〉看日本"征用作家"的战争责任》，《四川大学学报》2003 年第
5 期。

者不破哲三的著作《历史教科书与日本的战争》（中国社会科学院日本研究所译，世界知识出版社 2003 年版），为中国学者了解日本学者的观点提供了有益的借鉴。

此外，近年来国内学者还发表了三十多篇文章和论文。但其中概述性文章居多，如步平的《关于日本历史教科书问题》①、钟严的《日本教科书的由来与实质》②、沈美华的《日本教科书问题的由来及其实质》③ 等。同时也有一些对教科书问题产生的深层原因进行分析的论述出现，比较重要的有李秀石的《日本历史教科书问题剖析》④、李守福的《日本历史教科书问题社会心理探源》⑤、王春良的《论日本靖国神社与"历史教科书"问题》⑥、孙智昌的《日本右翼势力与历史教科书问题》⑦ 姜良芹的《日本教科书问题的经济背景》⑧ 等，这些论文分别从不同的角度对教科书问题的成因进行了深度探讨，具有较强的学术价值。2001 年南京侵华日军大屠杀遇难者纪念馆馆长朱成山在参加南京大屠杀国际研讨会上曾作了题为《日本修改历史教科书问题之思考》报告，报告中指出了教科书问题的出现有历史、现实社会矛盾、国内政治斗争、历史文化背景和传统民族习惯心理等多重原因，对日后的相关研究很有启发性。希望今后能有更多深层次的、全面的研究专著问世。

3. 钓鱼列岛的归属问题

钓鱼列岛的主权归属问题是当前中日两国关系中时有摩擦的敏感问

---

① 步平：《关于日本历史教科书问题》，《抗日战争研究》2000 年第 4 期。
② 钟严：《日本教科书的由来与实质》，《日本学刊》2001 年第 4 期。
③ 沈美华：《日本教科书问题的由来及其实质》，《广西社会科学》2003 年第 4 期。
④ 李秀石：《日本历史教科书问题剖析》，《历史研究》2002 年第 5 期。
⑤ 李守福：《日本历史教科书问题社会心理探源》，《比较教育研究》2001 年第 5 期。
⑥ 王春良：《论日本靖国神社与"历史教科书"问题》，《聊城大学学报》2002 年第 2 期。
⑦ 孙智昌：《日本右翼势力与历史教科书问题》，《历史教学》2003 年第 1 期。
⑧ 姜良芹：《日本教科书问题的经济背景》，《扬州大学学报》2003 年第 3 期。

题，同时也是名副其实的战争遗留问题。近年来，随着日本右翼分子不断挑起事端，国内学者对钓鱼列岛问题也越发关注，发表的论文专著也在逐渐增多。目前中国学者主要侧重于从历史和地理的角度论证钓鱼岛是中国的固有领土。从专著方面看，2001 年出版了第一档案馆研究员鞠德源历经 20 余年写就的鸿篇专著《日本国窃土源流·钓鱼列屿主权辩》（首都师范大学出版社 2001 年版），这是继 1994 年吴天颖的《甲午战前钓鱼列屿归属考》问世后我国学者关于钓鱼岛主权归属问题的又一考证力作。该书分三编，首先对日本窃取钓鱼岛的历史进程进行了系统的考察和论述，其次对我国拥有钓鱼岛主权的事实进行了全面的论证，最后收集了中外大量有关钓鱼岛为中国领土的图文证据，全书共计110 多万字，为迄今国内关于钓鱼岛问题最丰富翔实的学术著述，堪称维护我国海疆领土主权的扛鼎之作。台湾学者郑海麟的《从历史与国际法看钓鱼台主权归属》（台北海峡出版社 2003 年版）是中国学者关于钓鱼岛问题的最新的著述。此外，资料整理方面，在香港和日本两地同时出版的由中日两国学者共同编辑的资料集《钓鱼台群岛（尖阁诸岛）问题研究资料汇编》（香港：励志出版社 2001 年版）则不能不提。该资料集收录了中国大陆、台湾、香港和日本各方的官方声明、讲话、社论等一手资料，是目前最全面的资料集。至于新近关于钓鱼岛问题的普及性的读物则只有张平的《钓鱼岛风云》（国际文化出版公司 2000年版）。

从文章方面看，尽管学术论文数量远不如政论、报道等文章多，但相对以往还是有了一些新的变化。概括起来讲，近期的学术研究主要集中在历史地理考证、国际法角度论证以及对现实问题考察三个方面。在历史考证方面，南开大学日本研究中心教授米庆余的《钓鱼岛及其附属岛屿归属考——从明代〈使琉球录〉谈起》引证 1534 年明代琉球册封使陈侃上呈的《使琉球录》考证了当时中、日三方已有明确划定的边界，钓鱼岛为中国领土并为三方公认。从历史的角度为钓鱼岛为中国

固有领土提供了有力佐证。① 方堃的《琉球、钓鱼岛与中日关系》② 和
王银泉的《钓鱼岛主权考》③ 也从历史的不同角度对该岛屿主权归属中
国进行了论述。在法律论证方面，北京大学国际关系学院的博士生吴辉
的《从国际法论中日钓鱼岛争端及其解决前景》从法律角度论证了日
本所谓"无主地先占"原则的无效并为钓鱼岛争端的解决前景提出了
三种选择。④ 桐声的《关于中国东海的钓鱼岛、专属经济区和大陆架问
题的法律分析》则从另一侧面对钓鱼岛的相关问题提出了法律借鉴。⑤
此外，在现实问题考察方面，刘文宗的《石油资源与钓鱼岛争端》⑥、
李中邦的《日本调查大陆架及台湾地区政治形势对钓鱼岛主权的影
响》⑦、张植荣的《蜕变——钓鱼岛问题在台湾》⑧ 以及张世钧的《钓
鱼岛问题的由来与中国人民的保钓斗争》⑨ 等文章也从不同角度涉及
钓鱼岛问题的方方面面。最后，值得一提的是李国强的《近 10 年来
钓鱼岛问题研究之状况》⑩ 对 20 世纪 90 年代以来国内学者有关钓鱼
岛问题的研究做了较细致的梳理，为进一步研究该问题起到了承上启
下的作用。

---

① 米庆余：《钓鱼岛及其附属岛屿归属考——从明代〈使琉球录〉谈起》，《历史研究》
2002 年第 3 期。
② 方堃：《琉球、钓鱼岛与中日关系》，《中国边疆史地研究》2002 年第 1 期。
③ 王银泉：《钓鱼岛主权考》，《军事历史》2002 年第 6 期。
④ 吴辉：《从国际法论中日钓鱼岛争端及其解决前景》，《中国边疆史地研究》2001 年第
1 期。
⑤ 桐声：《关于中国东海的钓鱼岛、专属经济区和大陆架问题的法律分析》，《日本学刊》
2003 年第 6 期。
⑥ 刘文宗：《石油资源与钓鱼岛争端》，《中国边疆史地研究》2001 年第 1 期。
⑦ 李中邦：《日本调查大陆架及台湾地区政治形势对钓鱼岛主权的影响》，《日本学刊》
2003 年第 6 期。
⑧ 张植荣：《蜕变——钓鱼岛问题在台湾》，《国际论坛》2003 年第 4 期。
⑨ 张世钧：《钓鱼岛问题的由来与中国人民的保钓斗争》，《重庆教育学院学报》2004 年第
1 期。
⑩ 李国强：《近 10 年来钓鱼岛问题研究之状况》，《中国边疆史地研究》2001 年第 1 期。

4. 南京大屠杀的史实考证问题

否认南京大屠杀是战后日本右翼势力歪曲历史、借以逃避战争责任的又一卑鄙伎俩，而且随着时间的推移，此类活动越演越烈：2000 年 1 月 23 日，日本右翼团体在大阪举行集会，称"南京大屠杀是 20 世纪最大的谎言"。这是战后日本否认南京大屠杀的一次令人瞩目的闹剧。日本右翼的翻案逆流引起了中国政府和人民的强烈愤慨，同时也使得中国学者对于南京大屠杀的研究用力卓著。3 年来，中国的学者不断著书刊文，取得了相当的成果。而且，特别需要注意的是，近期国内学者的研究突破了以往的摆事实、讲道理的框架，无论是在史料编辑、出版著作和发表论文各方面都明显突出了对日本右翼学者歪曲历史的针锋相对的正面回击，体现了鲜明的历史使命感和责任。

材料收集整理方面。翻译出版了有关南京大屠杀的一手材料《魏特琳日记》（江苏人民出版社 2000 年版）和《东史郎战地日记》（世界知识出版社 2000 年版）；同时编辑和翻译了中日双方当事人的证言，其中较重要的有朱成山主编的《侵华日军南京大屠杀幸存者证言集》（南京大学出版社 1994/2000 年版）和松冈环编著《南京战——寻找被封闭的记忆：侵华日军原士兵 102 人的证言》（上海辞书出版社 2002 年版）。此外还编发了一些图片资料集。如侵华日军南京大屠杀遇难同胞纪念馆为配合东史郎诉讼案编写的《东史郎日记案图集：正义与邪恶交锋实录》（新华出版社 2000 年版）和中国人民抗日战争纪念馆编《强盗自白——来自日本随军记者的秘密照片》（台海出版社 2000 年版）。

专著出版方面。重点翻译出版了一些有影响的日本学者的著作，其中既包括日本进步学者的著作，如本多胜一的《南京大屠杀始末采访录》（北岳文艺出版社 2001 年版），也包括日本右翼学者的著作，如东中野修道的《南京大屠杀的彻底检证》（新华出版社 2000 年版）和松村俊夫的《南京大屠杀大疑问》（新华出版社 2001 年版）。这些译著的出版对于国内学者知己知彼、有的放矢有着非常的意义。同时，国内学者围绕南京大屠杀专题也有不少力作问世。朱成山主编的论文集《千年之交的较量——抗议大阪反华集会与日本最高法院对东史郎案不公正判决文集》（新华出版社 2000 年版）是对日本右翼大阪闹剧的回击；程兆奇的专著《南京大屠杀：日本虚构派批判》（上海辞书出版社 2002 年版）是一部战斗式的学术力作；魏丕桂的《屠城血泪：南京大屠杀》（中国友谊出版公司 2001 年版）是又一部关于南京大屠杀的专著。此外还出版了一些当事人的传记等，如黄慧英所著《南京大屠杀见证人拉贝传》（百家出版社 2002 年版）；南京师范大学南京大屠杀研究中心编写的《魏特琳传》（南京出版社 2001 年版）和胡华玲著的《南京大屠杀中的活菩萨：舍命抢救中华妇女的魏特琳》（九歌出版社有限公司 2003 年版）。而章开沅教授新著《从耶鲁到东京：为南京大屠杀取证》（广东人民出版社 2003 年版）则回顾了作者发现南京大屠杀的史料的经过并用事实驳斥了日本右翼学者对于贝德士证词公正性的攻击。

　　同期发表的论文数量很多，涉及的领域也在不断扩展。最突出的特点是近期的研究主要集中在日本学者提出疑义的诸如南京大屠杀的遇难人数、是否存在日军高层下达的屠杀令等一些具体而重要问题的考证方面，并取得了突出的成绩。针对日本学者对南京大屠杀遇难人数的质疑，江苏省社科院研究员孙宅巍撰写《论南京大屠杀遇难人数认定的历史演变》一文，系统回顾了战后针对日本一书中列举的中国大陆、台湾、香港等地区关于南京大屠杀遇难人数的不同说法，详细回顾和梳理了不同数字的由来，用事实论证了南京大屠杀 30 万遇难人数的真实性，驳斥了日本右翼拓殖大学讲师田中正明《南京大屠杀之虚构》中对中国随意变换数字的污蔑。[①] 南京师大南京大屠杀研究中心的张连红教授《南京大屠杀前夕南京人口的变化》一文也通过对南京城陷前后人口数量的考察，从侧面论证了南京大屠杀遇难人数在 30 万以上这个

---

① 孙宅巍：《论南京大屠杀遇难人数认定的历史演变》，《江海学刊》2001 年第 6 期。

结论。同时还揭示出日本右翼学者摒弃不利史料、置换南京市人口和南京城区人口、南京常住人口与南京城内人口等不同概念，从而否定南京大屠杀的伎俩。① 针对日本学者否认南京大屠杀是有组织犯罪的观点，上海社科院历史研究所的程兆奇则在《南京大屠杀中的日军屠杀令研究》一文中根据现存的日军组织和官兵个人记录等材料考证了南京大屠杀是日军自上而下的有意识、有组织的犯罪事实。② 同时他还撰写《南京大屠杀是东京审判编造的么?》③、《〈拉贝日记〉是"无根的编造"么? ——对〈真相·南京事件——检证拉贝日记〉的检证》④ 和《再论"百人斩"》⑤ 等文章，驳斥了日本右翼学者对历史的歪曲和狡辩。此外，孙宅巍的《论南京大屠杀的早期传播》一文还用大量事实证明南京大屠杀事件当时就曾为中外记者报道过的客观事实，有力地回击了日本右翼学者关于南京大屠杀是事后编造的谬论⑥；华中师大博士彭剑的文章《仇日乎? 反日乎——试析南京大屠杀期间美国传教士对日军的态度》⑦ 和《被忽视的受害者——南京大屠杀中美国传教士的另一面相》⑧ 则针对日本学者关于南京外侨反日所以其日记等材料不足为信等说法，对美国传教士战时对待日军的态度和处境进行考察，认为他们只是反对日军暴行并非反日，从而在一个侧面揭示了日本学者的错误论断。彭剑的另一篇论文《角色紧张与南京大屠杀期间外籍人士揭露

① 张连红：《南京大屠杀前夕南京人口的变化》，《民国档案》2004 年第 3 期。
② 程兆奇：《南京大屠杀中的日军屠杀令研究》，《历史研究》，2002 年第一6 期。
③ 程兆奇：《南京大屠杀是东京审判编造的么?》，《近代史研究》2002 年第 6 期。
④ 程兆奇：《〈拉贝日记〉是"无根的编造"么? ——对〈真相·南京事件——检证拉贝日记〉的检证》，《近代史研究》，2002 年第 2 期。
⑤ 程兆奇：《再论"百人斩"》，《江苏社会科学》，2002 年第 6 期。
⑥ 孙宅巍：《论南京大屠杀的早期传播》，《抗日战争研究》2004 年第 2 期。
⑦ 彭剑：《仇日乎? 反日乎——试析南京大屠杀期间美国传教士对日军的态度》，《南京社会科学》2004 年第 6 期。
⑧ 彭剑：《被忽视的受害者——南京大屠杀中美国传教士的另一面相》，《南京社会科学》2003 年第 8 期。

日军暴行的延误——兼驳松村俊夫的"豹变"论》① 则从另一个角度直接回应了日本右翼学者的挑战。刘家峰、彭剑还针对日本学者东中野修道的专著《南京大屠杀的彻底检证》撰写了《检证〈南京大屠杀的彻底检证〉》，对书中的谬误进行了有理有力的驳斥。② 与此同时，孙宅巍的《论南京大屠杀中的性暴力问题》③《论南京大屠杀的准备、实施和延伸》④《"广田电报"和南京大屠杀》⑤ 等文章和高兴祖的《南京大屠杀中栖霞、江宁、句容农民的苦难和德、丹友人的国际救援活动》⑥、张连红的《南京大屠杀时期的日军当局与南京安全区》⑦、经盛鸿的《侵华日军在南京大屠杀期间对新闻舆论的控制》⑧ 等文章都从不同侧面丰富了南京大屠杀的研究内容。尤其需要注意的是，南京师大张连红的系列文章《南京大屠杀之前南京市民的社会心理》⑨《南京大屠杀对南京市民心理的影响》⑩ 和《南京大屠杀与南京市民的创伤记忆》⑪ 和刘燕的《人民、群体及其他：南京大屠杀与日本人的精神构造》⑫ 则从社会学、心理学的角度拓展了南京大屠杀的研究领域，这是一种对传统研究领域的突破。项锷的《论"南京大屠杀"研究之目的和视野》⑬

---

① 彭剑：《角色紧张与南京大屠杀期间外籍人士揭露日军暴行的延误——兼驳松村俊夫的"豹变"论》，《福建论坛》2003年第5期。
② 刘家峰、彭剑：《检证〈南京大屠杀的彻底检证〉》，《抗日战争研究》2001年第1期。
③ 孙宅巍：《论南京大屠杀中的性暴力问题》，《民国档案》2000年第4期。
④ 孙宅巍：《论南京大屠杀的准备、实施和延伸》，《江海学刊》2000年第5期。
⑤ 孙宅巍：《"广田电报"和南京大屠杀》，《抗日战争研究》2000年第4期。
⑥ 高兴祖：《南京大屠杀中栖霞、江宁、句容农民的苦难和德、丹友人的国际救援活动》，《抗日战争研究》2000年第4期。
⑦ 张连红：《南京大屠杀时期的日军当局与南京安全区》，《近代史研究》2001年第3期。
⑧ 经盛鸿：《侵华日军在南京大屠杀期间对新闻舆论的控制》，《南京师范大学学报》2004年第6期。
⑨ 张连红：《南京大屠杀之前南京市民的社会心理》，《抗日战争研究》2002年第4期。
⑩ 张连红：《南京大屠杀对南京市民心理的影响》，《江苏社会科学》2000年第6期。
⑪ 张连红：《南京大屠杀与南京市民的创伤记忆》，《江海学刊》2003年第1期。
⑫ 刘燕：《人民、群体及其他：南京大屠杀与日本人的精神构造》，《日本学刊》2001年第2期。
⑬ 项锷：《论"南京大屠杀"研究之目的和视野》，《上海师范大学学报》2000年第1期。

则从学术研究的方法论方面提出了自己的理论思考。

5. 战争赔偿问题

战争赔偿问题包括国家间的官方赔偿和民间赔偿两个方面。1972
年 9 月 29 日中日两国政府签署的联合声明宣布为了中日两国人民的友
好，放弃对日本国的战争赔偿要求。中日两国政府间的赔偿问题就此算
是解决了，但是按国际惯例，民间的受害损失还没有解决。近年国内学
者主要侧重于国家赔偿的放弃原因和背景的考察，而且多从日本的赔偿
政策和美国的影响两个方面进行考察。关于战后日本的赔偿政策，中国
社科院近代史所编审曾景忠的论文《1952 年台北和议中日本利用中国
不统一逃脱战争赔偿》① 和武汉理工大学的李运祥、孟国祥的《日本逃
避对华战争赔偿责任的历史与现实》② 分别考察了战后日本利用中国分
裂的形势玩弄手腕最终逃避战争赔偿并拒绝民间赔偿的历史事实。贵州
师范大学杨绍先教授的《日本的战争赔偿与战争认罪》考察了战后日
本给予受害国的有限的战争赔偿，指出日本至今认罪态度暧昧的原因之
一就是没有偿付足够的战争赔偿。日本从战争中得到的甜头远大于苦
头，使其缺乏内在的认罪感。③ 袁成毅的《日本对亚洲国家战争赔偿立
场之比较——以国家间的赔偿为中心》④ 则针对国家间的赔偿考察了战
后日本对亚洲各国赔偿立场的不同，指出日本对东南亚各国采取的赔偿
政策与各国对日政策和国际形势有直接关系。

关于美国的政策对战后日本赔偿问题的影响也是国内学者探究的焦

---

① 曾景忠：《1952 年台北和议中日本利用中国不统一逃脱战争赔偿》，《抗日战争研究》
2000 年第 2 期。

② 李运祥、孟国祥：《日本逃避对华战争赔偿责任的历史与现实》，《武汉大学学报》2003
年第 4 期。

③ 杨绍先：《日本的战争赔偿与战争认罪》，《贵州师范大学学报》2002 年第 3 期。

④ 袁成毅：《日本对亚洲国家战争赔偿立场之比较——以国家间的赔偿为中心》，《抗日战
争研究》2002 年第 3 期。

点所在。赵文亮的《美国远东政策与日本的战争赔偿》①，翁有利的
《美国与国民党政府对日索赔问题浅议》②，胡德坤、徐建华的《美国与
日本战争赔偿方式的演变》③ 等文章都从不同侧面对美国主导战后日本
战争赔偿的方式和结果进行了深刻的探讨，揭示出美国战后对日政策的
调整是日本逃脱赔偿重负的必要条件。需要指出的是，陕西教育学院的
王剑华在《中国放弃日本战争赔偿的反思》一文中则首次对中国放弃
日本赔偿的决策背景和影响作出分析。文章指出中国的决策固然有着眼
中日友好的长远利益考虑，但更多的是一种无奈的选择，其影响是复
杂的。④

对于民间索赔，国内学者大多局限于间接地为相关诉讼案提供史实
考证。黑龙江省社会科学院研究员步平《关于"跨国诉讼"——中日
民间战争赔偿诉讼评述》⑤ 一文对于截止到 2003 年中的 23 起中日跨国
诉讼的情况进行了初步统计和介绍。这是国内第一次对战后中国受害者
向日本政府提出的索赔诉讼案进行全面统计和介绍。文中指出这些跨国
诉讼的出现与战后国际形势的发展和日本谋求政治形势密切相关，同时
对相关诉讼存在的问题进行了探讨，强调诉讼的结果固然重要，但过程
本身也是促进日本社会深刻认识战争责任问题的重要手段。

6. 慰安妇问题

日军战时强征被侵略国家的妇女充当慰安妇的问题是 20 世纪 80 年
代中期进入中国学者视线的，上海师范大学的苏智良教授是较早研究这

① 赵文亮：《美国远东政策与日本的战争赔偿》，《郑州大学学报》2000 年第 4 期。
② 翁有利：《美国与国民党政府对日索赔问题浅议》，《松辽学刊》2000 年第 3 期。
③ 胡德坤、徐建华：《美国与日本战争赔偿方式的演变》，《武汉大学学报》2002 年第 4
期。
④ 王剑华：《中国放弃日本战争赔偿的反思》，《西北大学学报》2000 年第 3 期。
⑤ 步平：《关于"跨国诉讼"——中日民间战争赔偿诉讼评述》，《抗日战争研究》2003 年
第 4 期。

一问题的专家，近几年其学术成果丰硕。1999 年出版的《慰安妇研究》是他在利用中日两国文献和广泛的调查基础上写成的国内第一部有关该问题的学术专著。该书于 2000 年再版。此后，他又出版了《日军性奴隶：中国慰安妇真相》（人民出版社 2000 年版）、《滔天罪孽：二战时期的日军慰安妇制度》（学林出版社 2000 年版）和《血泪慰安妇》（光明日报出版社 2001 年版）等关于慰安妇问题的史实和战后索赔的著作，为推进我国学术界慰安妇问题的研究起到了不小的推动作用。一些纪实性的著作，如孙逊著的《慰安妇血泪》（太白文艺出版社 2001 年版）也在同期出版。与此同时，国内学者也翻译出版了不少国外学者的专著，如韩国挺身队问题对策协议会，韩国挺身队研究会编《被掠往侵略战场的慰安妇》（中国文史出版社 2001 年版）和澳大利亚学者乔治·希克斯的专著《慰安妇》（新华出版社 2002 年版）。前书是韩国挺身队研究会对依然健在的 34 位当年被日军强征入伍的韩国慰安妇的访谈录，后者是对二战期间日军在亚洲各国通过建立慰安妇制度奴役各国妇女的罪行的全面考察。此外，台湾省文献委员会编辑出版的《台日官方档案慰安妇史料汇编》（台湾省文献委员会，2001 年版）则为该专题的研究增添了新的资料。

在发表论文方面，近年来国内学者的研究兴趣主要对战时慰安妇制度的考察上。其中苏智良的《现代军事性奴隶——日本慰安妇制度散论》[1] 和经盛鸿的《侵华日军南京慰安妇制度述论》[2] 做了比较深入的介绍。此外，步平《慰安妇问题与日本的战争责任认识》[3] 一文回顾了慰安妇问题在战后被重新提出的历史背景、90 年代以来慰安妇的诉讼活动，并指出慰安妇问题难以顺利解决与日本右翼否认战争责任的错误认识有密切联系，作者建议加强慰安妇的实证研究。

---

[1] 苏智良：《现代军事性奴隶——日本慰安妇制度散论》，《学术月刊》2000 年第 8 期。
[2] 经盛鸿：《侵华日军南京慰安妇制度述论》，《江海学刊》2000 年第 6 期。
[3] 步平：《慰安妇问题与日本的战争责任认识》，《抗日战争研究》2000 年第 2 期。

7. 日军强制劳工问题

有关日本侵华时期强制征用和奴役中国劳工问题的研究近几年在史料编辑、专著和论文的出版和发表等方面也有所进展。在史料整理方面，突出成果是居之芬、庄建平主编的《日本掠夺华北强制劳工档案史料集》（社会科学文献出版社 2003 年版）的出版。该资料集分上、下两册，以中国各地档案馆新发掘的日伪劳工档案为主，辅以日本满铁资料及日本在战争中驻华北各地经济情报机关形成的有关劳动调查统计资料，较全面地反映了日本战时掠夺中国华北强制劳工的情况，为战时强制劳工史的研究提供了丰富的资料。此外，辽宁省档案馆也编辑出版了一部关于东北劳工生活的资料辑《满铁与劳工》第一辑（广西师范大学出版社 2003 年版），其中收集了 1907 年到 1944 年期间日本奴役、运输中国劳工的满铁公司压榨中国劳工的罪证档案，为进一步研究东北的劳工历史提供了第一手资料。在专著出版方面介绍历史史实的比较多，如于佐臣主编、青岛市档案馆编著的《铁蹄下的罪恶：日本在青岛劫掠劳工始末》（中国档案出版社 2003 年版）、魏丕植著的《血和泪的控诉：日军掳掠迫害中国劳工》（中国友谊出版公司 2001 年版）、张凤鸣、王敬荣主编的《残害劳工》（黑龙江人民出版社 2000 年版）等。同时也有一些专著问世。如比较重要的是刘宝辰、林凤升著的《日本掳役中国战俘劳工调查研究》（河北大学出版社 2002 年版）和解学诗与日本学者松村高夫共同主编的《满铁与中国劳工》（社会科学文献出版社 2003 年版）。前书收集了抗战时期中国的战俘劳工幸存者的口述记录，对分布各地的战俘劳工的个案进行了微观剖析，展示了中国被掳战俘劳工在日本的矿山、码头、建筑工地受虐待、受压迫的情况。后者是11 位中日学者密切合作的产物，内容论及伪满劳动统制政策、劳务体制以及战时日本在满铁奴役中国劳工的情况。

同期发表的论文则主要集中在对受害劳工的人数和日本征用劳工的政策两个方面。关于劳工人数，美国南伊利诺斯大学教授吴天威《日本在侵华战争期间迫害致死中国劳工近千万》一文收集了日军战时在华北和东北各地使用中国劳工的统计资料，指出从 1931 年到 1945 年长达 14 年的日本侵华战争期间，在东北和华北大量奴役中国劳工，其总数达到 3700 万人。其中被虐待迫害致死的近千万。作者同时列举了德国承担战时奴役国外劳工的责任的情况以及被俘美军生还者要求日本赔偿的情况，强调日本应当承担起赔偿责任。中国社科院近代史所研究员居之芬的《二次大战期间日本使用中国强制劳工人数初考》参照纽伦堡国际军事法庭审判德国使用强制劳工罪时形成的法规，运用最新发掘的大量日本和伪政权的重要档案对二战期间日本在中国沦陷区使用强制劳工的人数和类别进行简要考证和计算。1935—1945 年间大约有 1500 万劳工被日军奴役。此外，其另外两篇论文《关于日本在华北劳务掠夺体系与强制劳工人数若干问题考》和《论太平洋战争爆发后日本强掳虐待华北强制劳工罪行》也从不同侧面考察了战时日本在华北征用劳工的情况。关于日本战时在华征用劳工的政策，国内学者也开始涉及。比较重要的有孙玉玲、孙永安合作的《东北沦陷时期日伪的劳工政策及其后果》① 和刘淑梅的《论日伪时期战时劳工统制政策及劳工的斗争》② 两篇文章。前者考察了东北沦陷时期，日伪实行的劳工政策的演变，后者论述了七七事变后日本制定的劳动统制法和国民勤劳奉公法等奴役中国劳工的情况。

　　总体而言，国内关于战时强制劳工的研究处于起步阶段，与慰安妇等问题相比，其研究领域有待进一步拓展。希望今后史学界和法学界加强合作研究，以便为有关诉讼案提供更加充实有力的史实依据和法律依据。

---

① 孙玉玲、孙永安：《东北沦陷时期日伪的劳工政策及其后果》，《社会科学辑刊》2000 年第 5 期。
② 刘淑梅：《论日伪时期战时劳工统制政策及劳工的斗争》，《齐齐哈尔大学学报》2001 年第 6 期。

8. 日军在华进行化学战及其战后遗弃化学武器的问题

最近几年随着二战期间日军在华遗留化学武器伤人事件的发生，有关日军在华实施化学战及其遗弃化学武器的问题再次逐步引起中国学者的关注。近年有两部新著问世。一部是张海泉著的揭示日军侵华期间实施毒气战的纪实性著作《太阳旗下的毒魔：侵华日军毒气战真相》（解放军出版社 2003 年版）。作者在深入调查、采访、查阅了大量档案资料的基础上，以严肃认真的态度、形象生动的笔触将日军侵华期间秘密推行毒气战中大量鲜为人知的罪行给予了无情地揭露。另一部是由步平、高晓燕等共同撰写的学术专著《日本侵华战争时期的化学战》（社会科学文献出版社 2004 年版），该书全面、系统地清理了日本在二战期间在华进行化学战的筹备、组织、实施情况以及战后逃避国际法庭审判的问题，是迄今关于日军在华进行化学战及其战后遗弃化学武器的最新、最全面的论述。

在论文方面，步平的《日本在中国的化学战及战后遗弃化学武器问题》以 2003 年 8 月 4 日发生在黑龙江省齐齐哈尔市的居民受到日军遗弃的化学武器伤害为例全面介绍了二战期间日军在华进行化学战以及战败后隐瞒事实、遗弃物证的史实。[①] 黑龙江省社科院历史研究员高晓燕《日军遗弃化学武器综考——兼评"5·15"判决书》一文围绕 2003 年 5 月 15 日，日本东京地方法院驳回日军遗留化学武器的中国受害者的诉讼判决，回顾了战后日军遗留的化学武器的概况、处理和中国人受害的情况以及对日本东京判决书进行分析，揭露了日本政府逃避责任的伎俩。祝宁波在《试论日军遗留化学武器问题》一文中也对这一问题进行了集中考察。此外，朱文奇的《从国际法上驳日本在其遗弃在华化学武器问题上的立场和观点》则是第一篇从法律的角度对日本的有关观点进行驳斥的学术论文。

---

① 步平：《日本在中国的化学战及战后遗弃化学武器问题》，《民国档案》2003 年第 4 期。

9. 日本战争期间劫掠中国财物问题

二战期间日军在疯狂掠夺财物的同时还大量劫掠中国的珠宝、文物和图书资料。战后只归还了一少部分，大量的文物至今下落不明。如今欧洲各国仍在追讨被德国抢去的文物珍宝，我们也有必要进行统计追查，要求返还。目前有关中国抗战期间财产损失的考察和统计问题是近年国内学术界研究的新问题。由于起步较晚，目前尚无系统研究的学术专著问世。但一些论文值得注意。其中第二历史档案馆研究员戴雄《抗战时期中国图书损失概况》和《抗战时期中国文物损失概况》两篇论文分别对中国抗战期间图书和文物的损失做了总结。前文概述了1931年日本侵略中国以来长期掠夺中国各地图书文献的情况，指出战时中国各级各类图书馆及私人藏书的损失在5000万册以上，其中珍贵藏书1000万册以上，普通百姓家庭图书损失尚未包括，其价值无法估算；后文则通过复杂的考证推断出战时中国文物损失在1000万件以上。此外，广东省档案馆的黄菊艳则在《抗日战争时期广东损失调查述略》一文中深入考察了广东省的财物损失情况。这些初创性的研究无疑具有重要的学术价值和现实意义，为日后相关课题的研究奠定了良好的基础。

10. 日本战时公债遗留问题及其他

除上述几个方面的问题外，近年来国内学者关于战后遗留问题的研究还涉及一些新的领域，如战时日军发行的公债和军票等问题也开始纳入学者研究的范畴。战时日本为支付庞大的军费开支，在中国沦陷区发行了大量公债，这些债券的种类多样、形式不一，但总的特点是期限长，利率高。随着日本战败，遗留在中国人手中的公债基本没有兑现。据不完全统计战后遗留在中国的公债总值471亿日元。这是日本强加给中国人民的负担。根据国际惯例，日本政府和银行财团应该赔付这笔债款。日军战时在华南、华中、华北等地发行的军票也有类似问题。但是国内有关的研究刚刚起步，还未形成规模，相关的研究成果是零星的。

关于公债问题，戴建兵的论文《抗日战争时期日本在台湾的公债政策研究》和《日本投降前后对中国经济的最后榨取和债务转移》则分别探讨了战时日本在台湾大量发行公债从而将台湾经济纳入日本战时经济体系的史实和日本战败前夕疯狂掠夺中国财富的历史。关于军票的研究，曹大臣的《论日本侵华时期的军票政策》[①] 和张赛群的《抗战时期日本的军票侵略》[②] 两篇论文比较重要。前文揭露了1937年日本全面侵华后在中国发行军票的背景、政策演变及其最后结局。后者则侧重日军在华中、华南地区发行军票的政策和实施情况。二者均认为军票政策是日本掠夺中国财产、支持侵略战争的重要经济手段。有关公债和军票问题的研究在相当程度上充实了战争遗留问题研究的内容，值得进一步深入探讨。

总之，近4年国内的战争遗留问题的研究成果丰硕，但不同的专题研究的深度和广度各有不同，总体上都有进一步发掘和探讨的余地。2004年4月，在杭州召开的《中日战争与战争遗留问题学术研讨会》是国内学术界有关战争遗留问题的一次全面聚会，与会学者提交的论文体现了国内学术界有关战争遗留问题研究的最新进展。其中郭必强《战后对南京大屠杀伤亡人口及财产损失的调查——以行政院赔偿委员会工作为中心的评价》、张连红的《南京大屠杀与战后社会调查1945—1947》、步平的《日本战争责任认识的社会思想层面研究》和管建强的《中国战争受害者劳工对日索赔的回顾和展望》分别在原有专题的研究方面深入了一步，值得关注。

二、二战遗留问题研究的新特点与走向

综观2000年以来国内有关战争遗留问题的研究，虽然研究课题和

---

① 曹大臣：《论日本侵华时期的军票政策》，《江海学刊》2001年第6期。
② 张赛群：《抗战时期日本的军票侵略》，《甘肃社会科学》2003年第3期。

领域各有不同，但不难发现其中蕴含着一个日益明显的共同特征，即总体上学术研究国际化色彩日渐浓厚。这主要体现在以下几个方面：

第一，国内学界对国外的相关研究成果和动态的关注程度空前提高，对国外学者、特别是日本学者的著作的翻译和介绍的力度在不断加大。一些日本学者的著作常常在中国的刊物上被介绍或发表。如《抗日战争研究》、《江海学刊》等杂志就多次发表日本学者的论文。日本学者笠原十九司曾先后在《江海学刊》发表了两篇有关南京大屠杀的文章《南京大屠杀期间日军性暴力的构造》和《南京大屠杀与教科书问题》。①　而《抗日战争研究》则在 2004 年第 1 期发表了日本中央大学教授吉见义明的《日本军队的毒气战与美国——美国国家档案馆资料调查》，该文收集检索了 2002 年 5 月新公开的美国档案文件中有关日本在中国进行毒气战的材料，②　颇具参考价值。在关注国外学者的研究成果的同时，国内学者还注意介绍日本学者有关战争遗留问题的研究动态，如张植荣的《日本有关钓鱼列屿问题研究评述》③　和潘德昌的《日本学术界"慰安妇"问题研究述论》④　就是近年发表的有代表性的两篇动态综述。需要指出的是，国内对日本学者著述的翻译不止局限于翻译日本进步学者的著作，对日本右翼学者的代表性著作也有选择地翻译，从而加深了国内学者对日本同行研究的认识，同时也使得国内学者驳斥其谬论更加有的放矢。

第二，各种形式的国际学术交流在不断加强。例如 2000 年以来，有关战争遗留问题的学术会议、讲座十多次，规模大小不等，但有影响的多是国际性的学术会议。如 2000 年 3 月 30 日—4 月 1 日，上海师范

---

① 笠原十九司：《南京大屠杀期间日军性暴力的构造》和《南京大屠杀与教科书问题》，《江海学刊》2001 年第 6 期、2003 年第 1 期。

② 吉见义明：《日本军队的毒气战与美国——美国国家档案馆资料调查》，《抗日战争研究》2004 年第 1 期。

③ 张植荣：《日本有关钓鱼列屿问题研究评述》，《中国边疆史地研究》2002 年第 1 期。

④ 潘德昌：《日本学术界"慰安妇"问题研究述论》，《社会科学辑刊》2004 年第 4 期。

大学中国慰安妇问题研究中心、《历史研究》编辑部和《抗日战争研究》编辑部联合主办的"中国'慰安妇'问题国际学术研讨会",便吸引了来自美、日、朝鲜、韩国、菲律宾、法国、新西兰、中国等地学者175人与会。2000年7月8—9日,中国社会科学院"日本军国主义史研究"课题组在北京举行的"日本的战争责任学术讨论会"也有中、日、美三国的学者等20多人参加,其中还包括部分原日本军官的子女。2001年5月12—14日在南京师范大学进行的"纪念魏特琳逝世60周年暨南京大屠杀国际学术研讨会"有来自美、日、德和中国港台及北京等地的学者80多人与会。此外,2001年10月29—30日,日中友好协会、中国抗日战争史学会、中国人民抗日战争纪念馆等单位联合举行的"日本侵华战争遗留问题——2001年中日学者研讨会"则是双方自1998年以来的第4次会议。而2004年9月18日,来自中国、日本、美国、韩国、新西兰、加拿大等国家的200多位学者会聚在北京卢沟桥畔的中国人民抗日战争纪念馆,参加由世界抗日战争史实维护联合会、中国抗日战争史学会、中国人民抗日战争纪念馆、北京大学历史系联合主办的"战争遗留问题暨中日关系"研讨会,更充分说明中国的战争遗留问题研究的国际影响在逐步增大。

第三,中外(日)合作研究在不断深入。1997年日方与中国社会科学院达成合作开展学术研究的意向。中国社科院中日历史研究中心正式成立"中日历史研究课题",通过课题指南方式,在国内招标研究者,经费由日本方面提供。1998年开始,每年一次,每次有10—20项。结题成果由中国社会科学院中日历史研究中心文库择优出版。步平的《日本侵华战争时期的化学战》一书就是该文库丛书之一。同时地方性的合作也在逐步展开,吉林省社科院较早便开始了与日本学者合作,开展了关于日军对华细菌战的调查研究,并在1997年出版了研究成果《战争与恶疫》。2003年出版的《满铁与中国劳工》(社会科学文献出版社2003年版)是两国学者合作研究的第二批成果之一。此外,与其他国家学术界的合作也在深入。

第四，中日学者间的互动在加强，而且学者的学术研究与现实需求的结合日益密切。这种源自现实需要的互动包括合作与对立两个方面。对于公正、正直的日本学者，国内学术界一贯全力给予支持和配合，如围绕东史郎案，中日两国的学术界人士尽力提供帮助。中国不但出版了东史郎的两本战地日记，而且在该案开庭前后，出版多种图书进行声援。反之，对于日本右翼的歪曲历史，近年来国内学者也针锋相对地加强了辩驳性的回应研究。这在有关南京大屠杀的史实论证方面表现得非常突出。例如，上海社会科学院的程兆奇研究员运用日本侵华官兵的第一手资料驳斥日本右翼学者的谬论，取得了令人瞩目的成绩，其专著《南京大屠杀：日虚构派批判》和有关论文当属近年来直接回应日本右翼学者挑衅的最有力的反击。

由此可见，国内史学界关于战争遗留问题的研究的国际化趋势已然是个客观存在的现实。事实上，战争遗留问题，特别是日本侵华战争的遗留问题本质上就带有国际色彩，而对于国际性问题的研究离不开国际间的合作与交流，这是推进相关研究的必然趋势。目前中国史学界在战争遗留问题研究方面所呈现出的新特点是符合这一发展趋势的，尽管现阶段我们看到的国际合作只是一些初步尝试，但我们有理由相信，随着国内外学术界合作和交流的逐渐深入，在不久的将来，中国的战争遗留问题研究必将会取得更加丰硕的成果。

（原载《世界历史》2005 年第 4 期）

中国第二次世界大战史研究状况

前　言

作为第二次世界大战的主要参与国之一，中国是亚洲战场的抗日主力。中国在世界反法西斯的战争中投入最早，坚持时间最长，受损失最大，它的贡献不容忽视。中国史学界对这次战争非常关注，因为这是中国近代以来第一次反抗外来侵略取得胜利的战争，对于中国有着历史转折点的意义。六十年来，中国对于二战的研究取得了相当的成果，值此世界沟通交流日益密切的今天，向世界同行学者通报中国的学术成果和动态有着非常重要的意义。

一、简单的历史回顾

中国的二战史研究大体上经历了四个时期：起步阶段 1945—1949；沉寂阶段 1949—1978；复苏阶段 1978—1985；发展阶段 1985—2005。

1. 起步阶段 1945—1949

从 1945 年二战结束到 1949 年新中国成立，这短暂的 4 年构成了中国二战史研究的第一个阶段，也是起步阶段。① 这阶段的二战史研究在资料收集和专著的出版方面一度非常活跃。其中比较重要的资料是1941—1946 年逐年编辑出版的 6 卷本《二次世界大战史料》（大时代书局出版）和 1943—1946 年陆续出版的《第二次世界大战军事参考资料（全 4 册，军用图书社出版），马皓、智建中编辑的《世界反法西斯战争文献初编》（东北书店）等。此外，由中国学者编写的反映二战全貌的著作也开始出现。据统计，在此期间，我国共出版二战史书籍 174部；其中中国学者著作 105 部，国外学者译著 69 部。如 1946 年问世的《抗战画史》和《第二次世界大战画史》（舒宗侨编著，联合画报社出版）就是两本图文并茂、资料丰富、参考价值较高的专著。

2. 沉寂阶段 1949—1978

新中国建立后，由于海峡两岸的分裂与对峙，以及国际上的冷战和国内文革等方面因素的影响，大陆方面的二战史研究进入了近三十年的沉寂期。这主要表现在这期间几乎没有任何有关二战的学术巨著和文章问世。新中国成立初期，一些军队和地方院校曾开设了二战史的课程。但 60 年代后，随着"文革"开始，二战史课程纷纷被取消。50 年代中后期围绕着第二次世界大战的起点、性质、阶段划分等问题，中国学术界曾掀起了一次二战史研究的热潮，但只是昙花一现。这期间，大陆方面只是翻印和出版过一些回忆性的资料，如延安时期编写的《抗战的中国》丛书（包括中国政治、经济、军事、文化教育）等。缺乏专门、系统和深入研究二战史的著作。

---

① 1945 年前中国学者对二战的关注最初表现为一些战地记者对于若干重大问题所撰写的评论和报道。如刘思慕从 1939 年 9 月起，就连续发表了 40 余篇文章，对战争期间的重大问题进行了评述。同时，也有一些学者撰写了一些相关的书，但因战争期间，基本上难以进行系统而深入的研究，故忽略不计。

3. 复苏阶段 1978—1985

1978—1985 年是中国二战史研究开始复苏并逐渐步入正轨的阶段。1978 年中共十一届三中全会后，随着中国全方面的改革开放，学术界的思想解放，中国抗战的历史开始重新受到重视，中国的二战史研究开始恢复了生机。1980 年第二次世界大战史研究会成立，极大地推动了中国二战史的研究，标志着中国二战史研究开始进入了一个规范、系统的阶段。这期间有关抗日战争的研究成为中国二战史研究的最大热点，学术专著和论文开始增多。1985 年纪念二战胜利四十周年时达到了一个小高潮。

4. 发展阶段 1985—2005

1985 年到 2005 年是中国二战史研究飞速发展并取得丰硕成果的二十年。这主要表现在以下几个方面：

第一，发表了大量论文，出版了大量著作。

据统计，中国大陆学者在改革开放后的 20 多年里，出版有关第二次世界大战史的图书 1778 部（公开出版 1415 部，内部印刷 363 部），其中中国学者著作 1054 部（公开出版 823 部，内部印刷 231 部），外文译著 724 部（公开出版 592 部，内部印刷 132 部）；撰写和翻译有关第二次世界大战史的文章 8629 篇，其中中国学者撰写的文章 7995 篇，译文 634 篇。这些文章或资料，有 7770 篇刊登在期刊上，295 篇刊登在报纸上，564 篇收在论文集中。应该指出的是，在中国学者的著作中，含博士、硕士论文 43 篇。研究成果涉及第二次世界大战史的方方面面。

第二，1985—2004 年间，随着中国改革开放的深入，中国学者与国外研究二战史同行的交流和沟通日益增多。多次召开和参加有关第二次世界大战的学术会议和形式多样的学术交流。

八十年代中期以来，中国大陆学者举办了 60 多次学术研讨会，其中国际学术会议有十多次。同时开展了各种形式的交流和进修。特别值得一提的是 2001 年 12 月国际历史学会会长、德国柏林自由大学教授于尔根·科卡（Jürgen Kocka）来北京访问期间，在首都师范大学与中国二战史研究会副会长徐蓝教授和张海麟教授以及部分在京理事进行了交流，为中国二战史学会加入国际二战史学会（International Committee for the History of the Second World War，ICHSWW）牵线搭桥。这些国际学术往来极大地推动了中国二战史的研究。

第三，二战史研究的学科和研究机构纷纷建立，并形成了一支相对稳定的教研队伍。

早在 20 世纪 70 年代末 80 年代初，武汉大学和华东师范大学就先后建立了二战史研究室。80 年代中期以来，国内高校关于二战史课程的建设进一步深入。目前，武汉大学和首都师范大学的二战史教学已经涵盖了本科生和研究生，武汉大学从 1993 年起开始招收第二次世界大战史（含中日战争和抗战时期的中外关系方向）专业博士研究生，至今已连续招生 12 届；首都师范大学从 1982 年开始招收的现代国际关系史的硕士和博士研究生的研究课题也涉及二战史的研究，这为二战史研究的人才培养奠定了坚实的基础。

总体上讲，这时期，虽然有关抗日战争史的研究仍然是中国学者关注的重要领域，但是中国学者的研究视野已经扩展到其他战场、国家和地区。在研究成果方面，无论是资料的编辑、学术专著的出版和专题论文的发表都呈现迅速增长的状态。在学术研究机构和人员等方面也已经有了十几个相对稳定的中心和一支逐渐扩大的专业研究队伍。

二、主要研究机构和代表人员

六十年来，中国史学界从事二战史研究的学者在日渐增多，主要分布在国家直属的科研机构、大专院校等教育机构和民间的学术团体这三类机构和组织中。换句话说,中国的二战史研究的物质依托主要在上述三类机构中。

科研机构

科研机构中涉及二战研究的主要包括中国军事科学院、中国社会科学院世界历史研究所和中国近代史所、中国抗日战争纪念馆、中国国家历史博物馆、中国南京大屠杀遇难者纪念馆等。这些机构一般有稳定的经费、资料和人员编制,是二战史研究的主力之一。

大专院校

在全国上千所大专院校中,只有部分高校开设二战史研究的专题课程,如武汉大学、首都师范大学、华东师范大学、国防大学、山东大学等,它们一般都有二战史研究的资料中心和专门的研究人员。其中军事院校有关二战史研究主要侧重于军事方面,而一般高校则涉及战时政治、外交、经济、社会、文化等各个方面。

目前中国史学界从事二战史研究人员难以精确计算。但目前比较活跃的、有声望的前辈学者十多人,中青年学者中影响较大的有二三十人,他们的姓名、单位和主要研究成果见附录2。

民间团体

中国涉及第二次世界大战史研究的学术团体有十多个,其中全国规模的、影响比较大的主要有以下两个:中国第二次世界大战史研究会和中国抗日战争史学会。

中国第二次世界大战史研究会(Chinese Association for the History of the World War II,缩写为 CAHWWII)

中国第二次世界大战史研究会是中国规模最大的有关二战史研究的

全国性的民间学术团体，成立于 1980 年 6 月，1991 年注册为全国性学术团体。由中国社会科学院世界史所、军事科学院、武汉大学、华东师范大学、安徽师范大学等单位联合发起。首批成员共 129 人，遍及全国21 个省市的 56 个单位。20 多年来，中国第二次世界大战史研究会的队伍和影响不断扩大，会员人数稳步增加，截止到 2004 年已达到 370 多人，来自 134 个单位。与此同时，中国第二次世界大战史研究会还编辑出版会刊《二战史通讯》，及时向广大会员和二战史爱好者通报国内外二战史研究的最新动态并刊登代表性文章。截止到 2004 年已经编辑 20期。此外，研究会还致力于推进国内有关二战史的研究，每年都主办和协办各种类型和专题的学术研讨会，据统计，自成立以来，二战史研究会共主办或协办学术会议 33 次。会议主题涉及二战研究的各个方面。会后往往将与会者提交的论文结集出版，至今已经有十多部论文集问世。具体情况参见附录 1。

中国抗日战争史学会

中国史学界侧重研究中国战场的学术团体，成立于 1991 年 1 月。同年 9 月，由中国抗日战争史学会和中国社会科学院近代史所共同编辑的《抗日战争研究》问世。该刊物目前为中国大陆集中反映抗日战争研究成果的最重要的专题学术期刊之一。

三、主要研究领域和代表成果

中国学者关于二战的研究总体上分两类，一类是以中国战场为主，即专门考察中国抗日战争的历史；另一类则不仅仅局限于中国战场，而是从世界大战的角度关注这场战争的各个方面的情况。两相比较，总体上说，限于语言和材料等条件，中国学者关注抗日战争的人数较多，研究成果也相对突出。

1. 中国抗日战争/中国战场研究

有关抗日战争的研究一直是中国学者关注的重点。六十年来，无论在资料的收集、整理和历史专题的研究方面都取得了丰硕的成果。

资料汇编

在资料汇编方面，有一系列大部头的权威史料结集出版。如：中央档案馆、吉林省社科院和中华书局合作编写的《日本帝国主义侵华档案资料选编》，分为"九·一八"事变、华北事变、伪满和汪伪政权、东北历次大惨案、伪满警宪法西斯统治、华北大扫荡、细菌战、经济掠夺多卷，迄今各卷已经陆续出版问世。中国人民政治协商会议全国委员会文史资料委员会编《原国民党将领抗日战争亲历记》丛书收录了许多国民党重要将领的回忆。中国第二档案馆编《抗日战争正面战场》（上、下册），收集了有关正面战场的许多原始资料。此外，由章伯锋、庄建平主编的近千万字的 7 卷本《抗日战争》史料集是一部综合性的资料汇编，列为中国社会科学院"八五"重点项目、中国史学会主编的"中国近代史资料丛刊"之第 13 种。全书涉及抗日战争时期政治、军事、经济、对外关系、日伪政权与沦陷区等诸多方面，所收资料包括文献档案、政府公报、有关专著、回忆录、各地文史刊物中的"三亲"史料，以及美、英、日、苏、德、法等国的外交文件。全书共分 7 卷，依次为《绪论——九一八至七七》、《抗日战争时期的正面战场和敌后战场》、《抗战时期的国内政治》、《抗战时期中国的对外关系》、《抗战时期国民政府与大后方的经济》、《日伪政权与沦陷区》、《日军暴行日志》。全国和地方新闻媒体和史学界称赞该书是迄今为止国内外第一部全面展现中国人民抗日战争的综合性权威性史料集。

专题学术成果

中国学者关于抗日战争的专题研究主要从以下两个方面入手，即日本侵华策略与罪行研究和中国人民抗日斗争的各方面研究。关于日本侵华研究包括伪满洲国史研究、汪伪政权研究、日本侵华暴行研究、日本侵华战略研究等几个方面。中国社会科学院近代史所编《日本侵华七十年史》是代表性的通史性著作。

而有关中国抗日情况的研究则主要涉及中国抗日民族统一战线、中国共产党与敌后战场、中国国民党与正面战场、抗日战争的起点、抗日战争的领导权、抗日战争在历史上的地位和作用、抗日时期的中外关系及抗战时期的社会、经济和文化等几个方面。军事科学院编纂的三卷本《中国抗日战争史》是大陆方面迄今篇幅最大的学术著作。中国抗日战争史学会和中国抗日战争纪念馆主编《中国抗日战争史丛书》，共20多本，是目前规模最大的一套抗战史丛书。

2. 对第二次世界大战的整体研究

有关第二次世界大战的整体研究在中国同样取得了比较显著的成绩。这一方面体现在六十年来，中国学者翻译出版了外国有关二战的史学著作，还体现在中国学者积极用自己的视角来诠释二战的重大问题。

翻译出版国外著作

六十年来，中国史学界非常重视翻译外国有关二战的史学著作。世界主要国家有关二战历史的经典著作和主要当事人的回忆录基本上都被译成了中文。如 A. J. P. Taylor 的《第二次世界大战的起源》，英国利德尔·哈特的《第二次世界大战》，法国亨利·米歇尔的《第二次世界大战》，苏联的《第二次世界大战史》等，德国蒂佩尔斯基的《第二次世界大战史》，丘吉尔的《第二次世界大战回忆录》，戴高乐《战争回忆录》，以及二战著名将领朱可夫、艾森豪威尔、巴顿、蒙哥马利、隆美尔、古德里安、曼施坦因等人的回忆录等。据统计，截止到2004年底，中国翻译有关二战的外文著作724部，其中公开出版592部，内部印刷132部。这些译著的出版帮助中国的学者了解了国外二战史研究的材料和成果，极大地推进了中国二战史的研究。

专题研究

六十年来，中国学者对二战的研究重点在中国战场，即对中国抗日战争历史的考察。对于二战其他战场的关注集中在一些重大问题，如二战起源研究、二战起点研究、二战重大战役与事件研究（始终是核心，其他问题如珍珠港事件、苏德互不侵犯条约、初期苏军败退原因、法国沦亡原因等）、战前以及战时大国的国际关系等。1985 年中国学者出版了改革开放以来第一本二战史著作，即朱贵生等撰写的单卷本《第二次世界大战史》。20 世纪 90 年代，中国军事科学院编写的 5 卷本《第二次世界大战史》是中国学者第一部有关二战的多卷本代表作，比较全面地反映了 20 世纪中国学者关于二战的基本看法。

四、目前热点领域与问题

进入 21 世纪以来，中国二战史研究领域进一步拓展，目前主要集中在以下几个热点：第二次世界大战的起源问题、第二次世界大战的起点和性质问题、法西斯与法西斯主义的问题、战前与战时各大国对外政策与国际关系、中国抗日战争在世界反法西斯战争中的地位和作用、关于雅尔塔体系与战后和平的问题、联合国问题、关于日本对华战略与中国抗日战略、战争遗留问题。

1. 第二次世界大战的起源问题

有关二战根源问题是中国学者一直关注的问题，以往只是从帝国主义争夺世界政治经济霸权的角度进行分析，多局限于几个主要大国的历史考察。目前，随着苏联的解体和冷战的结束，考察面进一步深入，不仅开始深入探讨凡尔赛体系所带来的负面影响与二战爆发的关系，而且开始关注东欧各国战前的外交以及其在二战起源问题上的历史作用。

2. 第二次世界大战的起点和性质问题

有关第二次世界大战的起始时间问题是我国二战史研究中较早引起关注和争鸣的问题。虽经史学界多年研讨，但至今仍未能形成共识。其主要学术观点有五：1."1931 年说"；2."1937 年说"；3."1939 年说"；4."1940 年说"；5."过程说"。目前较新的观点是军事科学院军事部世界军事史研究室出版的五卷本《第二次世界大战史》所采取的"九一八"揭开序幕、大战在东西方两个战场先后爆发的观点。1931 年9 月18 日"九一八"事变为大战的序幕，1937 年 7 月 7 日卢沟桥事变标志着大战在亚洲的爆发，1939 年 9 月 1 日德军袭击波兰标志着大战在欧洲的爆发，颇具新意。

3. 法西斯与法西斯主义的问题

中国史学界从 20 世纪 80 年代起开始把法西斯主义作为一个重要的研究课题，迄今为止先后出版了《法西斯新论》、《法西斯体制》、《法西斯与法西斯运动》、《墨索里尼与意大利法西斯》等专著。从不同角度论述了法西斯主义的兴起以及法西斯政权在德、意、日三国的确立，揭示了德意日法西斯实行极权主义国家体制的特点以及与第二次世界大战起源的内在关系。代表了我国史学工作者关于法西斯主义研究的水平。

4. 战前与战时各大国对外政策与国际关系

中国学者自 20 世纪 80 年代以来就开始关注战前各大国外交政策与二战爆发的关系研究。其中对于英法的绥靖政策和 1939 年 8 月苏德互不侵犯条约的研究一度成为热点。首都师范大学的齐世荣教授的《绥靖政策研究》代表着 20 世纪 80 年代末中国史学界关于绥靖政策的研究的水平。今天有关战前大国的外交的研究已经扩展到美、英、法、日、德、苏、中等国双边关系和多边关系，大大扩充了原有的研究领域。此外，战时的国际关系也是学者们近年研究的热点，中国学者关注较多的是中国的战时对外关系及大国之间的关系。

5. 国共合作共同抗战研究

由于二战后中国陷入内战分裂局面，国共两党长期对立。对于抗日战争往往贬低或忽视对方的贡献，结果不能客观地反映中国全民族抗战的整体状况。如大陆有关国民党正面战场的抗日行动一度被忽视，中国改革开放前，这一领域的研究基本上是空白。近年来，中国学者开始从全民族抗战的角度重新审视抗日战争，出版了一系列兼顾国民党正面战场和共产党敌后战场的著作和文章。其中有关国民党军队抗战的研究日渐升温，如黄玉章的《中国人民抗日战争正面战场作战记》影响较大。

6. 中国抗日战争在世界反法西斯战争中的地位和作用

这个问题是中国学者探讨的热点问题，从 1985 年起，不断有文章和著述问世。中国学者一般公认中国战场是亚太地区反对日本法西斯侵略的主战场，中国人是打败日本法西斯的决定性力量。中国坚持长久抗战从战略上有力地支援了苏联、美国、英国等盟国的反法西斯战争，对世界反法西斯战争做出了巨大的、不可磨灭的历史性贡献。其作用主要表现在：太平洋战争爆发前后，中国长期的抗战始终把日本陆军主力牢牢地牵制在中国战场并给日本法西斯以沉重打击。使日本无法集中兵力"北进"苏联，使苏联避免了两线作战，使德国企图勾结日本夹击苏联的阴谋破产。与此同时，中国战场抵制了日本"南进"的侵略步伐，并迫使日本处于陆海两面作战的困境，大大减轻了日本在太平洋战场对美、英等盟国的压力，为盟军在太平洋战场迅速转入反攻并取得胜利，赢得了时间，支援了同盟国在太平洋战场的作战，从而对世界反法西斯战争的进程，起了积极的推进作用。因此，任何贬低与抹杀中国战场在二战中的地位与作用的观点都是错误的。

7. 关于雅尔塔体系与战后和平的问题

战争与战后和平问题是事关二战研究的世界历史意义的问题。雅尔塔体系是指在二战中后期以雅尔塔会议为主的一系列大国首脑会议所通过的决议和协定为载体的各大国对战后世界的安排和设想，它是第二次世界大战期间和结束时大国之间实力对比和妥协的产物。虽然大国强权政治和秘密外交依然存在其中，但是总体上雅尔塔体系与一战后的凡尔赛—华盛顿体系相比，有着明显的历史进步性，对于战后世界的总体和平状态和战后历史的发展演进有着深远的影响。

8. 联合国问题

20世纪90年代以来，中国学者对联合国的研究开始成为一个热点。目前中国学者比较关注联合国的建立以及发展历程、联合国的历史作用和局限、联合国在建立战后国际政治经济秩序方面的作用、中国与联合国的关系等方面，目前已有博士研究生深入探讨美国与联合国建立的关系。

9. 战争遗留问题

所谓战争遗留问题主要是与现实有关的历史问题。中国学术界关于二战的遗留问题研究主要集中在日本侵华战争遗留的问题，如战争赔偿问题（主要是民间赔偿问题）、战犯处置问题、领土争端问题（钓鱼列屿问题）、日军在华遗留化学武器问题、日本战后民主化与战争认识问题等十几个专题。此外，有关德国战后赔偿以及战争认识问题也是中国学者比较关心的问题，德日两国关于战争认识问题的比较是研究热点之一。

结 束 语

总之，中国的第二次世界大战史研究在经历了风风雨雨的六十年后，已经逐步走上了一条健康、正规的发展道路，随着中国改革开放的进一步深化，中国学者与国外同行交流的机会日益增多，中国的二战史研究必将获得更大的发展。

附录 1　1979—2004 年中国第二次世界大战史研究会主要学术会议及论文集一览表

序号	时间	地点	主题内容	主要成果
1	1979. 7. 11—19	黑龙江哈尔滨	首次全国第二次世界大战史学术讨论会。	决定成立中国第二次世界大战史研究会。
2	1980. 6. 16—24	云南昆明	第二次全国二战史学术讨论会暨中国第二次世界大战史研究会（简称中国二战史研究会）成立大会。	宣告中国第二次世界大战史研究会的成立。选举产生了二战史研究会第一届理事会。
3	1980. 11. 4	上海	"二次大战前夕国际关系"专题学术讨论会。	会议论文整理、汇编为《第二次世界大战史论文集》，华东师范大学历史系编印，1982 年。
4	1981. 6. 15—19	黑龙江牡丹江	"太平洋战争史"专题学术讨论会。	会议论文汇编为《第二次世界大战史论文集》，哈尔滨师范大学历史系编印，1982 年。
5	1982. 8. 10	北京	第三次全国二战史学术讨论会。	会议论文整理、汇编为《第二次世界大战史第三次学术讨论会论文选（全4 册）》，中国二战史研究会编印，1982 年。
6	1983. 10. 28	上海	"二次大战起源"专题学术讨论会。	会议论文收入华东师范大学历史系第二次世界大战史研究室编写的《第二次世界大战起源研究论集》，华东师范大学出版社 1986 年版。

序号	时间	地点	主题内容	主要成果
7	1984.9.20—25	北京	"二次大战的战争初期"专题学术讨论会。	会议论文整理、出版为《第二次世界大战史论文集》，三联书店1985年版。
8	1984.11	山东烟台	"关于欧洲法西斯主义"专题学术讨论会。	会议论文整理、汇编为《法西斯主义学术讨论会论文集》，二战史研究会编，1984年；并有部分收入朱庭光主编的《法西斯主义与第二次世界大战》，华夏出版社1988年版。
9	1985.8.28—9.2	北京	"纪念中国抗日战争和世界反法西斯战争胜利40周年"学术讨论会。	有关论文收入《第二次世界大战史论文集（2）》，国防大学出版社1986年版。
10	1987.6.22—28	江苏南京	纪念七七事变五十周年："世界反法西斯战争中的中国抗战"专题学术讨论会。	会议论文整理、出版为《世界反法西斯战争中的中国抗战》，黄玉章主编，国防大学出版社1989年版。
11	1987.7.4	北京	"七·七事变"学术讨论会。	论文结集《七七事变五十周年纪念文集》，人民出版社1987年版。
12	1987.10.19—26	广西桂林	"关于法西斯主义研究"专题学术讨论会。	会议论文及研究成果编入朱庭光主编的《法西斯新论》（重庆出版社1991年版）一书。
13	1987.12.9—12	北京	"关于二次大战的军事学术"专题讨论会。	会议论文整理、出版为《第二次世界大战中的军事学术》（张海麟主编），国防大学出版社1989年版。
14	1989.8.15—17	北京	"第二次世界大战全面爆发五十周年"学术讨论会。	会议论文整理、出版为《三十年代主要国家的战略与军备》，军事科学出版社1990年版。
15	1992.8.5—7	北京	"第二次世界大战对战后世界影响"专题学术研讨会。	会议论文整理、汇编为《第二次世界大战对战后世界的影响学术讨论会论文汇编》，军事科学院图书馆编印，1992年版。

续表

序号	时间	地点	主题内容	主要成果
16	1994.6.10—16	云南保山	"第二次世界大战中缅战场"国际学术讨论会。	会议论文整理、汇编为《第二次世界大战中缅战场学术讨论会论文提要》，保山行署等编印，1994年版。
17	1995.8.18—20	河北石家庄	"纪念中国抗日战争暨世界反法西斯战争胜利五十周年"学术研讨会。	会议论文收入《第二次世界大战史论文集（3）：五十年的深思》，李殿仁主编，军事谊文出版社1996年版。
18	1996.10.19—22	安徽黄山	"第二次世界大战与科学技术发展"专题学术研讨会。	会议论文整理、出版为《第二次世界大战史论文集（5）：科学技术的力量》，戚世权主编，解放军出版社1999年版。
19	1997.7.3—4	北京	"纪念抗日战争全面爆发60周年"学术讨论会。	会议论文整理、出版为《第二次世界大战史论文集（4）：人民战争的胜利》，刘鲁民、徐根初主编，金盾出版社1998年版。
20	2001.9.16—18	北京昌平	"九一八事变与近代中日关系——九一八事变70周年国际学术讨论会"。	会议论文整理、出版为《九一八事变与近代中日关系：九一八事变70周年国际学术讨论会论文集》，社会科学文献出版社2004年版。
21	2001.10.12—15	湖北武汉	第五届年会，议题为"第二次世界大战与二十世纪世界历史进程"。	会议论文收入胡德坤主编的《第二次世界大战与二十世纪世界历史进程》，武汉大学出版社2002年版。
22	2002.10.19—21	重庆	二战史研究会2002年年会及学术研讨会。	会议论文收入苑鲁、谢先辉主编的《第二次世界大战与亚太国际合作》，重庆出版社2003年版。
23	2003.10.13—15	河北石家庄	"第二次世界大战与战后局部战争"学术研讨会。	会议论文收入李小军主编的《第二次世界大战与战后局部战争》，军事谊文出版社2003年版。

续表

序号	时间	地点	主题内容	主要成果
24	2004.11.8—9	江苏南京	"二战及其遗留问题对国际关系的影响"学术讨论会。	会议论文经二战史研究会和南京陆军指挥学院整理、汇编为《二战及其遗留问题对国际关系的影响》一书。

附录2 中国大陆近年来在二战史研究方面的部分学者简介（以拼音顺序）

姓名	单位	代表作
包奕诚	山东大学	包奕诚：《第二次世界大战史论集》，山东大学出版社2002年版
步平	黑龙江省社会科学院	步平、高晓燕等：《日本侵华战争时期的化学战》，社会科学文献出版社2004年版
曹胜强	枣庄学院	曹胜强：《二十世纪国际关系史论》，济南出版社2001年版
陈 兼	华东师范大学	陈兼：《走向全球战争之路：二次大战起源研究》，学林出版社1989年版
陈祥超	中国社科院世界史所	陈祥超：《墨索里尼与意大利法西斯》，中国华侨出版社2004年版
程兆奇	上海社科院历史研究所	程兆奇：《南京大屠杀：日本虚构派批判》，上海辞书出版社2002年版
高兴祖	南京大学历史系	高兴祖：《日军侵华暴行：南京大屠杀》，上海人民出版社1985年版
韩永利	武汉大学历史系	韩永利：《绥靖与抗衡：太平洋战争爆发前美国远东政策研究》，武汉大学出版社1994年版 韩永利：《战时美国大国战略与中国抗日战场》，武汉大学出版社2003年版
胡德坤	武汉大学历史系	胡德坤：《中日战争史》，武汉大学出版社1988年版 胡德坤：《七七事变》，解放军出版社1987年版 胡德坤与罗志刚合编：《第二次世界大战史纲》，武汉大学出版社1989年版
黄玉章	国防大学	黄玉章：《第二次世界大战》，世界知识出版社1984年、1995年重印
金重远	复旦大学历史系	金重远：《炮火中的文化：文化和第二次世界大战》，淑馨出版社1992年版

姓名	单位	代表作
居之芬	中国社科院近代史所	居之芬、庄建平主编：《日本掠夺华北强制劳工档案史料集》，社会科学文献出版社 2003 年版
李嘉谷	中国社会科学院近代史研究所	李嘉谷：《合作与冲突：1931—1945 年的中苏关系》，广西师范大学出版社 1996 年版
李巨廉	华东师范大学	李巨廉、潘人杰：《第二次世界大战》，华东师范大学出版社 1990 年版 李巨廉：《血碑：震撼全球的两次世界大战》，西苑出版社 2000 年版 李巨廉，金重远主编：《第二次世界大战百科词典》，上海辞书出版社 1994 年版 李巨廉：《战争与和平：时代主旋律的变动》，学林出版社 1999 年版
李世安	中国人民大学历史系	李世安：《太平洋战争时期的中英关系》，中国社会科学出版社 1994 年版
梁占军	首都师范大学历史系	梁占军：《纳粹德国阴影下的英法关系研究 1933—1936》（博士论文），首都师范大学，1998 年
刘大年	中国科学院近代史研究所研究员，已故	刘大年：《抗日战争时代》，中央文献出版社 1996 年版 《中国复兴的枢纽：抗日战争的八年》，北京出版社 1997 年版
刘庭华	军事科学院军事历史研究部	刘庭华：《中国局部抗战史略：从"九一八"到"七七"》，军事科学出版社 1995 年版
罗志刚	武汉大学历史系	罗志刚：《中苏外交关系研究：1931—1945》，武汉大学出版社 1999 年版
马 骏	国防大学战略教研室	马骏主编：《二战骁将与名战》，中国社会科学出版社 1995 年版
潘迎春	武汉大学历史系	潘迎春：《第二次世界大战与加拿大独立外交的形成》（博士论文），武汉大学，2004 年
彭训厚	军事科学院	彭训厚：《第二次世界大战史教程》，军事科学出版社 2000 年版
齐世荣	首都师范大学	齐世荣主编：《绥靖政策研究》，首都师范大学出版社 1998 年版
任东来	南京大学—霍普金斯大学中美文化研究中心	任东来：《争吵不休的伙伴：美援与中美抗日同盟》，广西师范大学出版社 1995 年版
荣维木	中国社会科学院近代史研究所	荣维木：《炮火下的觉醒：卢沟桥事变》，广西师范大学出版社 1996 年版

姓名	单位	代表作
时殷弘	中国人民大学	时殷弘：《美苏从合作到冷战》，华夏出版社 1988 年版
苏智良	上海师范大学	苏智良：《慰安妇研究》，上海书店出版社 1999 年版
孙宅巍	江苏省社科院	孙宅巍：《南京大屠杀》中国抗日战争史学会，中国人民抗日战争纪念馆编，北京出版社 1997 年版
王春良	山东师范大学历史系	《王春良主编：世界现代史文献与要论选编：1900—1988》，东方出版社 1990 年版
王斯德	华东师范大学	《第二次世界大战起源历史文件资料集》，华东师范大学出版社 1985 年版
王 真	海军大连舰艇学院	王真：《动荡中的同盟：抗战时期的中苏关系》，广西师范大学出版社 1993 年版
王振德	中国社科院世界史所	王振德：《第二次世界大战中的中国战场》，社会科学文献出版社 1991/1995 年版
吴友法	武汉大学	吴友法：《德国法西斯的兴起：第二次世界大战起源研究》，湖北教育出版社 2002 年版 吴友法：《希特勒夺权备战之路》，解放军出版社 1987 年版
武 寅	中国社科院世界史所	武寅：《从"协调外交"到"自主外交"：日本在推行对华政策中与西方列强的关系》，中国社会科学出版社 1995 年版
熊伟民	湖南师范大学历史系	熊伟民：《战时美国的欧洲战略》，湖南教育出版社 1997 年版
徐康明	云南大学历史系	徐康明：《中国远征军战史》，军事科学出版社 1995 年版
徐 蓝	首都师范大学历史系	徐蓝：《英国与中日战争：1931—1941》，北京师范学院出版社 1991 年版 徐蓝：《埋葬法西斯》，华夏出版社、广东人民出版社 1996 年版
徐 勇	北京大学历史系	徐勇：《征服之梦——日本侵华战略》，广西师大出版社 1993 年版
严双伍	武汉大学政治学与国家关系学系	严双武、胡德坤：《第二次世界大战时期的美法关系》，武汉大学出版社 1997 年版
杨宁一	北京师范大学历史系	杨宁一：《日本法西斯夺取政权之路》，北京师范大学出版社 2000 年版
姚有志	军事科学院战略部	姚有志：《第二次世界大战战略指导教程》，军事科学出版社 1999 年版

续表

姓名	单位	代表作
余辛焞	南开大学历史系	余辛焞:《唇枪舌剑:九一八事变时期的中日外交》,广西师范大学出版社 1997 年版
臧运祜	北京大学历史系	臧运祜:《七七事变前的日本对华政策》,社会科学文献出版社 2000 年版
张海麟	国防大学	张海麟:《红山撷文:二战史论文选》,中国文史出版社 1999 年版 张海麟等:《第二次世界大战经验与教训》,世界知识出版社 1987 年版
张海鹏	中国科学院近代史研究所	张海鹏、步平主编:《日本教科书问题评析》,社会科学文献出版社 2002 年版
张继平 (已故)	武汉大学	张继平:《历史的反思:第二次世界大战的战略与政略》,时事出版社 1990 年版
章开沅	华中师范大学历史研究所	章开沅:《从耶鲁到东京:为南京大屠杀取证》,广东人民出版社 2003 年版
郑寅达	华东师范大学	郑寅达:《会议桌上的世界:第二次世界大战中大国安排战后世界纪实》,上海人民出版社 1995 年版
周希奋	暨南大学历史系	周希奋:《西班牙民族革命战争》,商务印书馆 1983 年版
朱成山	南京侵华日军大屠杀遇难者纪念馆	朱成山主编:《侵华日军南京大屠杀江东门"万人坑"遗址的发掘与考证》,江苏古籍出版社 2002 年版
朱贵生	中国社科院世界史所	朱贵生等:《第二次世界大战史》〔2 版〕(修订版),人民出版社 1995 年版
朱庭光	中国社科院世界史所	朱庭光主编:《法西斯新论》,重庆出版社 1991 年版
左立平	海军学术研究所	左立平、王立东:《精锐之师:20 世纪世界王牌主力部队写真》,世界知识出版社 1998 年版

(原载《第二次世界大战与人类持久和平》,
重庆出版社 2007 年版)

《二战研究在中国》评介

  2006 年 5 月，由赵文亮同志编著的《二战研究在中国》一书由武汉大学出版社出版。作为第一本全面介绍中国学者二战史研究成果的著作，该书对我国学者 60 年来研究二战史所取得的成果进行了系统的总结。它的出版无论对中国的二战史学界还是对国际二战史学界来说都是一件可喜可贺的事，值得给予更多的关注。

  国际二战史学界非常重视对以往研究成果的总结，这主要表现在以英美为代表的西方国家为数众多的有关二战史研究书目的编辑和出版。事实上，自 1971 年美国加利福尼亚大学图书馆馆员珍妮特·齐格勒女士将战后 20 年出版的二战史英文著作汇编成一部全面系统的书目《第二次世界大战：英文著作 1945—1965》① 出版后，有关二战的西文专题书目便开始不断涌现。其中比较重要的有马蒂·布卢姆伯格与汉斯·H·韦伯编著的《二战及其根源：英文图书选评书目》②，A. G. S. 恩瑟编著的《第二次世界大战主题书目：英文著述，1939—1974》③ 及其续编④，

---

① 珍妮特·齐格勒：《第二次世界大战》（Jan et Ziegler, *World War II*：*Works in English*, 1945-1965），斯坦福 1971 年版。

② 马蒂·布卢姆伯格等编著：《二战及其根源》（Marty Bloomberg and Hans H. Weber. *World War II andits Origins*），科特尔顿 1975 年版。

③ 恩瑟：《第二次世界大战主题书目》（A. G. S. Enser, *A Subject Bibliography of the Second World War*），博尔德 1977 年版。

④ 恩瑟：《第二次世界大战主题书目》（A. G. S. Enser, *A Subject Bbibliography of the Second World War, and Aftermath*），布鲁克菲尔德 1985 年版。

二战历史美国委员会编辑出版的《第二次世界大战：1975 年以来出版的英文图书选目》①。此外，还有迈克尔·帕里什编著的反映苏联二战史研究成果的书目《二战中的苏联：在苏联出版的点评书目》② 和罗伯特·德·V·布伦科夫编著的反映美国学者成果的《美国视角的二战：点评书目》③ 以及洛伊德·E·李编著的《二战在欧洲、非洲和美洲：一般性的资料》④ 等等。这些书目的问世，为各国学者了解二战史研究的相关动态和进展提供了高效、便捷的途径。

　　值得注意的是，随着二战研究成果的与日俱增，西方学者编辑的二战史书目越来越细化，特别是 20 世纪 80 年代以来，有关二战个案或专题的书目越来越多。如珍妮特·西姆斯·伍兹编著的《非洲人与二战：点评书目》⑤、史蒂文·钱伯斯基编著的《第二次世界大战的政治和军事领导人：书目》⑥、沃尔特·奥康斯基编著的《战时波兰 1939—1945：英文选评书目》⑦ 以及德里克·G·劳编著的《二战中的英国皇家海军：点评书目》⑧ 等等。这些成果的问世，对于国际二战史研究的深入和拓展均有着极为重要的推动作用。

---

① 二战历史美国委员会：《第二次世界大战》（Aurthur L. Funk, *the Second World War: a Select Bibliography of Books in English Since* 1975），加利福尼亚 1985 年版。

② 迈克尔 · 帕里什主编：《二战中的苏联》（Michael Parrish, ed., *The USSR in World War II: an Annotated Bibliography of Books Published in the Soviet Union*, 1945-1975），纽约 1981 年版。

③ 布伦科夫：《美国视角的二战》（Robert de V. Brunkow, *World War II from an American Perspective: an Annotated Bibliography*），加利福尼亚 1983 年版。

④ 洛伊德·李：《二战在欧洲、非洲和美洲》（Loyd E. Lee, *World War II in Europe, Africa and the Americas, with General Sources*），格林伍德出版社 1997 年版。

⑤ 珍妮特·西姆斯·伍兹：《非洲人与二战》（Janet Sims-Woods, *Africans and World War II*），黑人历史报告 1993 年版。

⑥ 钱伯斯：《第二次世界大战的政治和军事领导人》（Steven Chambers, *Political Leaders and Military Figures of the Second World War*），达特茅斯 1996 年版。

⑦ 奥康斯基：《战时波兰 1939—1945》（Walter Okonski, *Wartime Poland 1939-1945*），格林伍德出版 1997 年版。

⑧ 德里克·劳：《二战中的英国皇家海军》（Derek G. Law, *The Royal Navy in World War II*），兰汉姆 2003 年版。

反观国内，我们不难发现这类承上启下的书目编辑工作开展得并不尽如人意。虽然，近年来国内学者也陆续出版了一些有关二战研究的总结性的著作，如中共中央党史研究室第一研究部编写的《抗日战争史研究述评》（中共党史出版社 1995 年版），刘德军编著的《抗日战争研究述评》（齐鲁书社 2005 年版），杨青等编著的《近十年来抗日战争史研究述评选编 1995—2004》（中共党史出版社 2005 年版），但是这些著作大多集中在中国抗日战争研究这个特定的范围，并非针对二战全局。而赵文亮同志编著的《二战研究在中国》可以说是一本全面系统反映我国学者二战研究的成果汇编和指南。

赵文亮同志积六年之功，查阅了国内 15 家主要图书馆的馆藏。在翻阅了大量的文献索引和书目的基础上，最终呈现给读者一部内容丰厚的"大部头"著作。总的说来，该书主要有如下三个方面的特点：

首先，该书融学术性与工具性为一体，编辑安排别具特色。全书共分四编。第一编是"第二次世界大战史研究的历程和研究成果分析"；第二编为"第二次世界大战史若干重大学术问题研究综述"；第三编为"第二次世界大战史著作目录索引"，第四编为"第二次世界大战史论文目录索引"。作者在第一部分"研究历程和研究成果分析"中宏观回顾和梳理了 60 年来中国学者对于二战的研究历史与阶段性特点，并对相关的研究成果作了量化分析，从而比较全面、客观地反映了我国二战史研究 60 年的概况。第二部分"若干重大学术问题研究综述"选取了60 年来在二战史研究中比较有影响的 15 个专题进行学术评述，如战争起源问题、战争起点问题、绥靖政策、中国抗日战争的地位与作用等等，基本上涵盖了我国学者关于二战史研究的重要领域，内容详尽，结论公允。第三部分（第三、四编）"论著目录索引"则分门别类地将有关二战的研究著作和论文一一列出，方便读者进一步检索和查阅。在著作索引中，作者将 1949 年前后分成两个阶段，同时把论著和译著分别编排，便于读者完整清晰地了解中国关于二战史的著作出版情况。显然，前两部分内容不同于一般的书目汇编，而是学术点评性质的。而后两编则是详尽的检索指南。如此将研究成果的收集与评述相整合，既保证了著作的工具性又兼顾了著作的学术性，这是本书的一大明显特色。

其次，该书是迄今为止国内学者有关二战史研究成果比较全面、详尽的汇总。其著作的篇幅近千页，总字数过百万。书中收录了近60年来大陆和港台地区出版的2529种有关二战的图书和大陆学者发表的8863篇论文，规模庞大，内容丰富。从收录的材料的时间跨度看，该书收录的著作并没有拘泥于二战后期出版的著作，而是从全面梳理二战因果的线索出发，将部分早在20世纪20年代出版的有关著作也纳入其中，如20年代中国关于法西斯主义的相关著作。从收录材料的研究领域来看，其收录的内容覆盖的面非常宽，不仅涉及政治、经济、外交、军事等方面，而且涉及人物、事件、条约、理论等方面。特别是某些内部发行的著述或一般图书馆难以见到的版本也收录其中。如1927年出版的夏文运著《意大利法西斯运动》等。此外，该书在收录材料过程中还注意区分不同的成果形式，从专著、译著、论文到文章等都分类归纳，便于读者全面了解和查阅。

尤为值得一提的是，该书对于中国二战史研究的主体——中国第二次世界大战史研究会进行了全面细致的介绍，内容不仅包括学会成立的背景和演变，还包括历届会长理事的构成以及学会组织的学术会议和交流活动。对于普通读者了解二战史学会情况会有很大帮助。

最后，该书在全面系统地收集材料的基础上，对60年来二战史研究成果进行了量化的统计和分析。这对于读者了解中国二战史研究的重点、热点和薄弱领域有着直观的借鉴意义。

当然，任何著作都有它的不足和缺憾。就本书的不足来说，虽然细小，但也不能不提。

一、关于中国抗日战争史的研究成果，书中应适当将有关研究述评的著作、文章和成果目录收录进去，给读者以间接的介绍和了解。

二、近年来，我国学者对法西斯主义的研究颇有建树，作者在"若干重大学术问题研究综述"中应给予关注。

三、该书的论著索引是按专题分类编排的，但篇首总目录中只是将分目录细分到章和节，对于个别章节以下细分的目录没有列入，这对于检索资料多少有些不便。像第七章"第二次世界大战重大问题探讨"中的第二节"西欧——大西洋战场研究"标题下，细分了"德国侵略波兰与波兰的败亡"、"奇怪战争"、"敦刻尔克大撤退及其成因"、"对1940年法国败降的原因及其影响研究"、"不列颠之战"、"大西洋运输线的战斗"、"欧洲第二战场问题与诺曼底登陆"等八个子目，但是由于总目录中没有列出这些子目，读者要想了解有关情况必须逐页翻阅该节内容才能如愿。再如，个别子目内收录的条目排列有些无序，如果统一按发表或出版时间顺序排列效果会更好。此外，如能在书末附上作者索引，则更是锦上添花之举。

（原载《世界历史》2007年第2期）

中国慰安妇研究概要（1994—2007）

所谓慰安妇问题，是指第二次世界大战期间日本强迫其占领区的各国妇女随军充当性奴隶的犯罪问题。作为"二战"遗留的问题之一，慰安妇问题的真相直到 20 世纪 90 年代初期才引起世人的广泛关注。中国学者对于慰安妇问题的研究始于 20 世纪 90 年代初期，迄今不过十几年，总体上尚属起步阶段，但由于事关现实中的中日关系，因此相关研究从一开始就成为国内外学术界关注的热点之一。大陆学者的研究成果也引起了国内和国际学术界的广泛注意。

本文将就以下三个方面进行简要的归纳和评述：第一，中国慰安妇研究的缘起、机构和研究人员的基本情况；第二，中国学者的研究成果；第三，目前中国慰安妇研究的热点和存在的问题。

一、历史回顾

1. 关于研究的缘起

中国大陆学者对于慰安妇的研究始于 20 世纪 90 年代。具体地讲，是伴随着 90 年代初亚洲各国原慰安妇要求日本政府赔偿的国际诉讼的展开而逐步深入的。1991 年 12 月韩国原慰安妇上诉日本政府的爆炸性新闻把"慰安妇"这个概念投入了中国公众的视野，次年 7 月，中国山西的 4 名幸存慰安妇向日本大使馆递交请愿书的消息更引起了国人的广泛关注。在这种背景下，1992 年底中国报刊开始陆续发表相关的文章，这中间，《上海滩》记者徐平的"慰安妇泪痕"一文是国内最早发表的有关慰安妇的文章①。其后的 1993 年间，中国大陆连续出版了 3 部由中国作者撰写的有关慰安妇的书：吴海峰著《中国慰安妇》、李秀平著《十万慰安妇》和江皓著《昭示：中国慰安妇》。虽然这些著作多属纪实类，还谈不上严谨的学术研究，但毕竟可以视为中国大陆学者探讨慰安妇问题的开端。

大陆的史学工作者的研究成果问世要更晚些：1999 年 3 月上海师范大学苏智良教授的专著《慰安妇研究》的出版，标志着中国大陆第一部有关慰安妇问题的学术专著的问世。同年 3 月 15 日，上海师范大学率先成立了中国慰安妇研究中心。这是中国大陆第一个、同时也是目前唯一的一个专门研究慰安妇问题的学术研究机构。该中心的成立直接带动了国内慰安妇问题的研究，经过十多年的不懈努力，中国大陆学者在慰安妇问题的研究方面取得了较大的进展。在慰安妇制度的史实考证、慰安妇幸存者调查以及慰安所遗址保护等方面作出了很大的贡献。特别值得一提的是，2007 年 7 月 5 日，中国第一个"慰安妇"受害者资料馆在上海诞生，这不仅标志着中国慰安妇问题的研究已经取得了阶段性的成果，而且还意味着中国慰安妇的研究开始进入了一个新的阶段，这是中国大陆学者对慰安妇问题研究做出的重要贡献。

2. 关于研究机构

上海师范大学中国慰安妇研究中心（China's Comfort Women Research Center）成立于 1999 年 3 月 15 日，是目前中国大陆唯一的一

---

① 徐平："慰安妇泪痕"，《上海滩》1992 年第 11 期。

个专门研究"二战"时期日本实施慰安妇制度的研究机构。中心主任是苏智良教授，其成员的主要研究方向是二战中日本实施"慰安妇"制度的真相及日本在二战中的暴行。该中心目前是中国学者慰安妇研究的一个最重要的机构。

中心成立后积极开展有关慰安妇研究的学术活动，其主要活动有：一、组织大型的国际学术会议，如 2000 年 4 月该中心主办了首届中国慰安妇问题国际学术研讨会，当时与会者有来自 7 个国家的 150 多人，会后出版了论文集《罪孽滔天——二战时期日本的慰安妇制度》，内收了与会者的 100 多篇论文和文章。二、对战后国内各地幸存的慰安妇进行走访和调查，确认受害的事实情况，并为受害者提供适当的经济和法律援助。三、积极参与国内外有关"慰安妇"问题的各类活动，呼吁保护慰安所遗址并支持中国受害者的对日诉讼等。

3. 关于研究人员

关于研究人员的人数，很难精确地统计。因为中国学者一般分散在全国各地，且专门研究慰安妇的学者并不多，大多数学者是部分涉及慰安妇的研究。目前上海师范大学、南京师范大学、南京大屠杀遇难者纪念馆等是研究慰安妇问题的学者比较集中的单位。其中，有代表性的学者首推苏智良——上海师范大学历史系教授，中国慰安妇研究中心主任。他从 1992 年起开始专门研究慰安妇问题，先后有《慰安妇研究》等多部专著问世，发表学术论文十多篇，是目前国内慰安妇研究的权威人物之一。

二、研究成果

十多年来，中国大陆学者关于慰安妇的研究著述主要集中在五个方面：史实的考证与调查、档案文献的收集与整理、慰安妇制度及其成因、慰安所遗址调查和受害者访谈等方面。据笔者统计，截止到 2007 年底，中国学者在各种期刊上就中国慰安妇问题发表的学术论文（不含介绍性文章）超过 150 篇，编写和译著相关书籍 40 多部。

1. 史实考证与调查

关于慰安妇的史实考证与调查是中国学者研究的重要内容。目前出版的论著中绝大部分侧重解释慰安妇的悲惨遭遇，建立在实际调查和考证研究基础上的学术著作并不多。在实际调查方面，社会影响较大的是江浩编著的《昭示：中国慰安妇——1993 跨国跨时代调查白皮书》（作家出版社 1993 年版），这是国内学者涉及"慰安妇"问题最早的专著之一。该书运用中、日、韩三国的史料（日军军事密件、士兵书信、老兵回忆录、忏悔文章）和对现存"慰安妇"的采访，对中国"慰安妇"问题进行了一次较大规模的调查，收集到许多第一手资料。5 年后，江浩又结合新的史料和研究成果，出版了两本相关著作：《昭示——中国慰安妇》（青海人民出版社 1998 年版）和《跨国档案：中国慰安妇》（香港天地图书有限公司 1998 年版）。

从专业史学研究的角度衡量，苏智良著的《慰安妇研究》（上海书店出版社 1999 年版），则堪称中国"慰安妇"问题研究最高水平的代表。该书充分利用中日两国档案文献资料，并辅以实地调查资料，深入、系统地阐述了慰安妇制度的根源、确立、展开、扩大、运作的全过程，剖析了慰安妇制度产生的背景和本质，揭露了日军在各地建立慰安所的事实，同时对于中国的慰安妇数量提出了自己的看法，并用历史的眼光，提出了如何解决中国"慰安妇"问题的对策。目前该书是了解慰安妇问题的必读书。

在论文方面，有关慰安妇真相和幸存者调查的论文数量不少，但大多散见于各种报纸杂志中，从各个角度对慰安妇问题进行探讨，难以一一评述。唯有苏智良、荣维木、陈丽菲主编的论文集《滔天罪孽——二战时期的日军"慰安妇"制度》（学林出版社 2002 年版）值得一提，它收录了一百余篇关于"慰安妇"问题研究的代表性论文和文章。用功甚巨，可以说是涵盖了 2000 年前发表或未发表的相关论文的主体。

2. 档案文献的收集和整理

目前中国学者在慰安妇问题的档案文献整理方面还没有特别大的进展，主要是一些散见的各地材料的挖掘和整理，没有全面、系统地汇总和梳理。也没有专门的、规范的、大部头的资料集问世。

目前比较重要的资料汇编是符和积编的《铁蹄下的腥风血雨——日军侵琼暴行实录》（海南出版社 1996 年版），该书通过对 20 多位幸存慰安妇的实地采访，收集了日军对海南妇女的性暴力侵犯的罪证，为研究海南慰安妇提供了不可多得的资料。其他的都是历史材料的零星挖掘，涉及上海、南京、北京、海南、山西等地，数量不少，但难以统一评述。

3. 慰安制度及成因

有关"二战"期间日军实施的慰安妇制度及其成因是中国学者研究的一个重点。目前中国大陆出版的专门探讨慰安妇制度的著作有 2 部，论文 10 多篇。

专著方面，最重要的著作是陈丽菲著《日军慰安妇制度批判》（中华书局 2006 年版）。该书是上海市重点学科中国近代史规划项目的结题成果。该书详细讲述了日本近代独特的性政治、海外妓业与日本的近代殖民扩张、军队性奴隶制的萌芽与确立等内容。

论文方面，苏智良、陈丽菲《侵华日军慰安妇制度略论》（《历史研究》，1999 年）较系统地对日军实施慰安妇制度和各地的慰安所情况进行了论述，分析了慰安所的类型，并提出"二战"期间慰安妇的人数应该在 36 万至 41 万之间，中国是慰安妇受害者最多的国家等观点。陈景彦的《日本侵华期间强征中国慰安妇问题》认为，日军实施"慰安妇"制度的原因是为了温暖远离故乡从事战争的官兵之心，用"慰安妇"来满足他们的性欲。此外，高凡夫《日本社会传统与日军慰安妇制度》，高凡夫，赵德芹合作的《日本军人的性心理与慰安妇制度》等论文从社会心理等不同的层面论证了日军在华实施慰安妇制度的原因，拓宽了史学研究的视野，颇有新意。

4. 慰安所遗址考察

"慰安妇"制度的实施主要是在慰安所进行的，因此对历史上慰安所的实地考察是揭露日军实施"慰安妇"罪恶制度的有力证据。据相关研究成果显示，"二战"期间日军在中国占领区设立的慰安所总数超过 1000 个。

目前关于日军慰安所研究的专著并不多，其中最主要的是苏智良、陈丽菲、姚菲合著的《上海日军慰安所实录》（上海三联书店出版社 2005 年版），该书以上海师范大学中国"慰安妇"问题研究中心 13 年来的调查为基础，依据各种史料，列举了遍布上海的 149 个日军慰安所，并附有标示图和照片，为研究上海的日军慰安所提供了可靠的依据。此外，经盛鸿主编的《南京沦陷八年史》中专门章节论述了南京慰安所的分布和活动，其中新书《武士刀下的南京》集中介绍了南京地区的 40 多所慰安处的情况。张子峰著的《侵华日军战犯手记文档揭秘》（中国青年出版社 2007 年版）也对北京地区慰安所的情况进行了考察，揭示了比较少见的材料，使北京地区慰安妇的研究取得了突破。

而论文方面则主要集中在上海、南京等地慰安所的局部调查和考证上。苏智良《日军的第一个慰安所》与《关于上海四个日军慰安所的调查》等论文重点考证了日军在上海最早设立的慰安所情况，指出东沈家宅娱乐所才是日军在上海最早设立的一个慰安所的结论。经盛鸿主笔的《慰安妇血铸的史实——对南京侵华日军慰安所的调查》与《侵华日军南京慰安所调查研究》等文则根据对南京60多家慰安所遗址及相关的中、日、韩史料进行了系统的调查和研究，论述了南京"慰安妇"制度的由来、途径和慰安所的分布、活动情况，揭露了日军"慰安妇"制度给中、日、韩三国妇女造成的伤害。房建昌《日寇铁蹄下汉口的日本陆军慰安所》一文重点考证1938年10月日军占领武汉后，日本陆军秘密在武汉积庆里设立的第一个慰安所的情况。

此外，还有一些文章介绍了其他地区的慰安所情况。如凌以安《湖州的日军慰安所》一文揭露了日军在浙江湖州设立的慰安所的基本情况；汪业新《凤宜楼慰安所始末》考证了日军在安徽芜湖设立慰安所的罪证；田苏苏的《新发现的日军在华北设置慰安所的罪证》等揭示了日军在华北地区的罪行。

总体上讲，目前中国学者有关慰安所的研究已涉及全国十多个省市，考察的重点集中在南京、上海等地，相关研究成果最多，其深度和力度也最甚。

5. 慰安妇受害者访谈

根据上海师范大学中国慰安妇研究中心的调查统计，已被确认的中国慰安妇的受害者160多人。这些幸存者是日军在"二战"期间推行慰安妇制度的活证人，由于有关慰安妇的文献资料相对稀少，因此，中国学者重视对于慰安妇幸存者的访问与调查。现有的研究成果在很大程度上是以她们的证言为基础的，即便是纪实类的历史普及读本也都是在走访慰安妇受害者的基础上撰写完成的。1993年后中国大陆出版了不少此类纪实著作，其中比较重要的有苏智良的《日军性奴隶：中国"慰安妇"真相》（人民出版社2000年版），孙逊的《慰安妇血泪》（西安太白文艺出版社2001年版），李碧华的《烟花三月》（上海文艺出版社2002年版），陈庆港的《血痛：26个慰安妇的控诉》（北京出版社 2005 年版），蔡雯、李根志的《记忆的伤痕：日军慰安妇滇西大揭秘》（昆明辰光出版社 2006 年版），陈庆港的《真相：慰安妇调查纪实》（江苏文艺出版社 2007 年版），曹保明的《慰安妇考察手记》（吉林文史出版社 2007 年版），朴宣泠、刘宝春的《历史的漩涡：一个韩国慰安妇的悲情故事》（上海文艺出版社 1995 年版）等，这些著作多来自于中韩各国幸存者的口述记录，有一定的参考价值。但是由于并非严格的史学著作，因此多数著作在口述史料运用方面还有待规范。

三、目前热点问题

中国的慰安妇研究是随着亚洲各国原慰安妇的跨国诉讼而兴起，并伴随着这些诉讼而逐步深入发展的，其现实的需求与历史研究之间的互动关系体现得比较突出。

1. 研究热点

目前中国学者关注的热点主要集中在三个方面：

第一，关注民间对日索赔诉讼，加紧对史料进行挽救式收集和整理。

自 1995 年中国的慰安妇制度受害者向日本政府提出诉讼请求以来，民间对日索赔的案例便成为世人关注的焦点之一。中国学者对此保持高度关注，并尽力在资金募集、法律援助和证据收集等方面提供力所能及的支持。2005 年由中华全国律师协会、中国法律援助基金会已在国内率先设立了"民间对日索赔法律援助专项基金"，为对日民间索赔诉讼提供法律援助。

2007 年 4 月 28 日，中国"慰安妇"问题研究中心发表了一份抗议声明，并决定开始对所有在世的慰安妇受害者进行录像，保存她们的口述资料，并对这些资料进行法律公正。这对于全面收集整理慰安妇的第一手材料有着非常重要的意义。

2007 年 4 月 27 日，日本国最高法院就有关"二战"时期中国劳工案、日军"慰安妇"制度中国受害者申诉案，做出终审判决。判定中国慰安妇提出的上诉全部败诉，这意味着中国慰安妇提出的全部上诉都被驳回。

第二，开展慰安妇问题的全国性普查。

2007 年 7 月 2 日，由中华全国律师协会与中国法律援助基金会共同发起成立了中国原慰安妇受害者事实调查委员会，决定在全国范围内系统地调查慰安妇的受害事实，经过半年多的调查，公布了中国第一份慰安妇受害事实的调查报告（第一阶段）。调查显示，慰安妇制度在侵华日军中至少持续了 16 年。目前居住在中国内地的已确认身份的原慰安妇有 60 人，其中除参与对日诉讼的 27 名原告外，经调查证实，新发现 17 位慰安妇幸存者，即在山西的 4 个县内尚有 16 名幸存者，海南省某县有 1 名幸存者。这 17 位受害者当年最大的 21 岁，最小的年仅 12 岁。

这是中国大陆首次有组织的全面系统的有关慰安妇问题的调查，其结果对于加深大陆学者关于慰安妇问题的研究有着直接的推动作用。

第三，呼吁政府对慰安所遗址进行保护。

"二战"期间日军在中国各地的占领区都建有形式不一，但为数众多的慰安所，目前调查的结果显示，仅上海一地的慰安所数量就达 149 所。然而绝大多数慰安所在经历了战后半个世纪的时间后已经消失或破损严重。特别是改革开放 30 多年来，城市建设速度快，旧城改造步伐大，也使得许多历史建筑被拆除。目前现存的少量慰安所也面临着损毁严重或即将被拆除的命运。因此，如何保护好历史遗迹，是中国学者特别关心的问题。中国慰安妇研究中心近年来积极奔走，呼吁政府能够保留一两处慰安所遗址，建成纪念馆，以便警示后人，目前此活动仍在进行中。

2. 存在的问题

中国的慰安妇问题研究起步较晚，经过十多年的努力，虽然取得了相当大的成绩，但仍有一些不足和需要改进的地方，具体可归纳为以下3点：

第一，有关资料的系统收集和整理不足。这包括对幸存者口述史料收集和整理，也包括对档案文献资料的归纳整理。迄今为止，中国方面有关慰安妇资料的收集和梳理基本上属于个别学者或团体的零星的挖掘，全面系统的史料整理工作没有突破性进展。比如相对于已经出版55卷的《南京大屠杀史料集》而言，慰安妇问题的史料整理工作还任重道远。值得关注的是，上海师范大学中国慰安妇研究中心已开始利用现代化的影音设备和技术记录和保存幸存者口述史料，无疑是在材料收集方面迈出了新的一步。

第二，中国的慰安妇问题研究与国外相比，特别是与韩国和日本相比还有不小的差距，这主要表现在我们的研究在成果质量、人员构成等方面存在两多两少，即一般纪实类的书多，有分量的学术研究的书少；介绍性的文章多，专门从事研究的学者少。这固然与我们有关慰安妇的研究开展时间不长有关，但也与慰安妇问题研究的历史考证和史料收集方面客观上存在困难有关。

第三，中国的慰安妇研究与国外同行的横向交流还有待拓展。慰安妇问题是个国际性的课题，因此，单纯靠一国的学者利用本国的材料是很难得出高水平的研究的。目前国内学者的研究在材料利用方面普遍还有局限，特别是对日、韩、美等相关国家的档案文献等第一手材料的利用明显不足。同时，大陆学者与国外同行的学术交流也亟待加强。

然而，尽管存在诸多不足，中国慰安妇问题的研究前景是明朗的，我们有理由相信，在前期十几年的学术积累的基础上，通过培养、扩大青年史学工作者的研究队伍，深入挖掘和整理国内外文献和史料，鼓励和加强与日、韩、美及相关国家的横向的国际学术交流，拓展相关研究的广度和深度，我国关于慰安妇研究的整体水平在经过 10 多年的初步积累之后一定会有一个较大的提升。

（原载《占领历史研究 1931—1949》，

武汉大学出版社 2010 年版）

教研探究篇

国际冲突研究的新动态

　　自 20 世纪 60 年代以来，国际学术界关于国际冲突的理论分析和实证研究一直是国际关系研究的重点之一。冷战结束后文化因素在国际冲突中的作用和影响开始引起学者的关注。1993 年美国学者亨廷顿在美国《外交》季刊发表的《文明的冲突》一文揭开了国际冲突研究中的文化热。1996 年美国学者麦克摩查在《华盛顿季刊》发表的《文化与国际关系》一文则对 90 年代以来学术界有关文化与国际关系的五种分析模式进行了总结。1997 年亨廷顿的《文明的冲突与世界秩序的重建》一书问世，进一步推动了国际关系研究中对文化因素探讨的深入展开。进入 21 世纪，国际学术界对于国际关系中的文化冲突、国际冲突中的文化因素、文化因素在国际冲突中的作用和影响等专题的研究不断拓展，甚至一些传统的国际关系史课题也开始从文化的视角被重新审视，相关的研究机构、网站、学术研讨会等也日益增多。时至今日，文化与国际冲突的关系已成为各国学者关注的热点，新一轮国际冲突研究中的文化热已经形成。

　　国际冲突研究中文化热的兴起是与冷战后国际冲突的常态化和国际冲突中文化因素凸显这两个时代特点紧密联系在一起的。首先，冷战后国际冲突的常态化是引发学者对国际冲突研究关注的主要动因。众所周知，冷战结束后，原有的国际格局随着苏联的解体而坍塌，但新的格局尚未确立，国际社会的无序特征凸显，且局部地区出现了许多权力真空。在新的国际秩序重构的过程中各种政治力量的矛盾和斗争使得世界局部地区动荡不定；各种原因导致的国际冲突不仅数量上大幅增加，而且延续不断。再加上相当一部分区域冲突、甚至国内冲突又因为外部力量的介入而演变成国际冲突，这使得目前在世界范围内，国际冲突已成为国际社会生活中的常态化现象。如何减少和预防国际冲突的发生成为需要研究解决的现实问题，这自然引起了学术界对国际冲突研究的重视。此外，当前国际冲突中文化色彩的日益凸显是促使学者关注国际冲突的文化层面的另一个动因。冷战后国际冲突无论在起因、性质、数量、频率等都呈现出许多与以往不同的新特点，其中最突出的就是国际冲突中文化因素的作用和影响日益凸显。冷战期间敌对双方在特定的历史条件下，运用文化手段进行宣传、渗透的历史经验强化了各国对于文化软实力重要性的认识。因而，在处理后冷战时代的国际事务和国际冲突中，文化开始作为一种工具或手段被特别强调和运用。这一现象同样引起了各国学者的关注。其结果就是今天的国际关系和国际冲突研究中，文化已经与政治、经济并列成为解析国际问题的三大维度之一。

相比国际学界对于国际关系和国际冲突研究的文化热，国内学界的相关研究起步较晚。我国学者对于国际冲突的研究由于多种原因，直到20世纪末21世纪初才受到应有的重视，总体上属于起步阶段。近几年发展较快，成果也不断增多。据笔者掌握的资料，近年来国内学界关于国际冲突研究的主要进展集中体现在理论建构、前沿跟踪和个案研究三个方面。

首先，在国际冲突理论的构建方面，国内学界整体上仍然以译介国外学者相关的理论著作为主，但是已经出现了在借鉴国外学者理论的基础上独立研究的著述。国内学界对于译介国外学者理论和专题著作历来非常重视，相关工作开始得比较早。近年比较重要的译著有以下几部：

首先要提及的是美国学者小约瑟夫·奈的《理解国际冲突：理论与历史》（上海人民出版社 2009 年版）。该书是一部简明扼要、深入透彻地介绍国际冲突理论的教科书。因作者在政府任过职，既是学者又是政策制定的参与者，这种双重身份使得他能够在书中熟练地把历史与理论结合起来，深入浅出地阐述从第一次世界大战到信息时代反恐战争的国际冲突的历史。该书在国外享有盛誉并多次再版。另一部新译的重要著作是世界知名的国际冲突理论的代表人物、澳大利亚学者约翰·伯顿（John W. Burton）的《全球冲突：国际危机的国内根源》（上海人民出版社 2007 年版）。该书通过分析冷战时期以美苏两极为首的国际冲突和对抗过程，重点探讨了国内制度的缺陷及权力政治的传统观念对决策者的影响，提出了"国内制度缺陷必然外溢到国际领域从而导致冲突和危机"的著名理论。他指出，解决冲突的关键在于如何处理意识形态的差异以及发掘事实背后隐含的动机和意图。国内学者的同类著作首推外交学院秦亚青教授 2008 年再版的专著《霸权体系与国际冲突：美国在国际武装冲突中的支持行为 1945—1988》（上海人民出版社 2008 年版），这是国内学者借鉴国际系统理论的框架、深入探究冷战时期美国在国际武装冲突中立场选择的规律的研究成果，其结论含有许多有启发性和挑战性的思考。与此同时还有三部专门探讨最高级别的国际冲突——战争的原因的著作被译成中文。众所周知，解释战争爆发的原因一直是国际冲突研究的重要课题之一。已有对战争根源的解释经历了从单一角度到多元视角的发展。早在 20 世纪 80 年代，美国的沃尔特·S. 琼斯（Walter S. Jones）教授就概括了关于战争根源的 14 种理论，即权力不对称、权力转移、民族主义和分离主义、国际社会达尔文主义、缺乏沟通、军备竞赛、通过对外战争提高国内凝聚力、国内冲突的国际化、相对剥夺、种族侵略、经济和社会刺激、军工联合体、人口限制、武力解决冲突等。新近出版的三部译著则是从更新的视角开展研究。其中美国麻省理工学院政治系教授斯蒂芬·范·埃弗拉是防御性现实主义理论的代表人物之一，他的《战争的原因》（上海人民出版社 2007 年版）重点探讨了引发现代大战的近因和远因，并对引起战争的原因提出了五点假设：（1）对危机和战争的结果持有错误的乐观主义情绪，或者低估战争所需要的成本，容易导致战争。（2）如果首先有所行动或发起攻击的一方占有一定的优势，那么战争就越容易爆发。（3）相对权力（作者称为"窗口"）的变化容易导致战争。（4）当对资源的控制使一个国家要去保护其他一些资源时战争更容易爆发。（5）征服越容易，战争就越容易爆发。另外，2011 年翻译出版的澳大利亚学者的同名著作《战争的原因》则梳理了 1700 年至 20 世纪 80 年代近三个世纪的所有国际战争，指出无论战争的开始、延续、结束还是和平时期的延长或缩短都有着同样的因果框架。而 2008 年出版的美国青年学者、弗吉尼亚大学政府和外交事务系副教授科普兰的《大战的起源》（北京大学出版社 2008 年版），则重点探讨了第二次世界大战的起源、进程和结局。作者娴熟地将理论模型与史实分析予以融合，指出国家之间力量对比的变化会加剧大战爆发的危险。对于上述主题中国学者也发表了自己的见解。外交学院的林民旺借助西方规避损失的战争决策理论，写出《选择战争：基于规避损失的战争决策理论》（世界知识出版社 2010 年版），对战争的原因作了另类的理论探讨和解读。而夏征难则通过《马克思主义战争根源学说辨析》一文（《南京政治学院学报》2009 年第 4 期）系统阐述了马克思主义理论中的战争起源说，为国内战争根源的研究增加了浓重的一笔。

其次在追踪国际学术前沿，即针对国际冲突中文化因素的探讨方面，国内学界也有相当的进展，不过大多数成果侧重于国际文化关系或国际文化冲突，对于文化在国际冲突中的作用和影响的深入探讨则刚开始起步。国内学者对国际文化关系的研究始于 21 世纪。2005 年浙江大学潘一禾教授的《文化与国际关系》（浙江大学出版社 2005 年版）问世，首次对"国际文化关系"的研究领域、学科特点和基本方法进行界定。同年出版的俞新天等编著的《国际关系中的文化：类型、作用与命运》（上海社会科学院出版社 2005 年版），则尝试把国际关系理论与文化理论结合起来，试图创建国际关系研究的第三个分支，即与世界政治学和世界经济学并行的国际文化学，并重点研究文化因素如何在国际关系中发挥作用。俞新天主编的《强大的无形的力量：文化对当代国际关系的作用》（上海人民出版社 2007 年版），则集中探讨了 20 世纪 80 年代以来文化对当代国际关系的作用和影响，同时对于文化冲突和文化融合的特点作了分析。新近出版的姜秀敏的《全球化时代的国际文化关系研究》（中央编译出版社 2011 年版），则从国际文化关系研究中的核心概念出发，全面分析了全球化时代国际文化关系领域出现的新变化、新特征、新问题，研究了全球化背景下的文化自觉与文化交流、文化霸权与文化冲突以及文化全球化的发展与融合。

与此同时，国内学者对国际关系中的文化因素的探讨也有一些进展。其中辛旗的《诸神的争吵：国际冲突中的宗教根源》（华艺出版社 2007 年版），重点从"文明冲突与融合"的视角对近年来国际政治格局的变迁，中东、北非局势动荡中的宗教因素进行开创性研究；张战、李海军的《国际政治关系中的宗教问题研究》（中国社会科学出版社 2009 年版），则全面论述了宗教与国际政治的关系、历史上的宗教冲突及其对国际政治的影响、当今国际政治中的宗教因素等。此外邢悦的《文化如何影响对外政策：以美国为个案的研究》（北京大学出版社 2011 年版）和董秀丽的《美国外交的文化阐释》（知识产权出版社 2007 年版），则从不同角度系统地对文化在美国的对外政策中的作用展开了研究。前者着重于理论建构和实证研究，以美国为个案，分析文化在对外政策中的运行机制及在对外政策中的表现形式的理论框架；后者从民族特性、文化传统、意识形态、宗教因素与决策者的文化背景等因素分析文化对美国外交的影响。上述研究成果基本展现了中国学者对国际前沿问题的敏感追踪与深入思考。

此外，在国际冲突个案研究方面，国内学者的研究体现了他们对现实热点问题的关注，但是总体上成果数量不多，而且研究的领域尚待开拓。近几年国内学者的选题和成果多有交叉，其中最典型的是关于当代非洲达尔富尔问题的研究。刘鸿武、李新烽主编的《全球视野下的达尔富尔问题研究》（世界知识出版社 2008 年版），是中国学者撰写的全面系统论述达尔富尔问题的第一部专著。该书全面论述了达尔富尔的历史与现实、资源与环境、宗教与文化、冲突与维和、内外矛盾与大国角力、中国与苏丹关系等多方面的内容；并从全球化时代非洲民族国家经济发展面临严峻挑战的角度，综合探究了达尔富尔问题的特殊性质及影响后果。此外还有不少从不同的角度对该问题进行研究的成果。如姜恒坤《达尔富尔问题的历史溯源》（《西亚非洲》2008 年第 9 期）、王玉玉《试论达尔富尔冲突与非洲三十年战争的关系》（《首都师范大学学报》2010 年第 5 期）、彭远《达尔富尔问题的由来与发展》（华东师大硕士论文 2012 年版）与《达尔富尔问题与国际干预》（上海外国语大学硕士论文 2008 年）等。此外关于近代国际冲突的研究成果主要有王华的《萨摩亚争端与大国外交》（中国社会科学出版社 2008 年版）。该书从大国外交政策和外交关系的角度全面论述了 1871—1900 年的列强为争夺萨摩亚而引发的外交争端及其最终解决。该研究填补了国内相关领域的空白，具有较高的学术价值。最后，必须提及的是军事科学院世界军事研究部编的多卷本《战后世界局部战争史》（共 3 卷，军事科学出版社 2008 年版）。这是国内学术界针对第二次世界大战结束后世界各地的局部武装冲突和战争进行的第一次系统梳理和完整呈现，为深入探讨各种现实中的国际冲突奠定了坚实的基础，体现了国内学界相关研究的最高水平。

总之，近年来国内学界对于国际冲突研究中的文化因素的重要性已经有了长足的认识，相关的理论构建和紧跟国际学术前沿的文化专题研究也开始起步。虽然在个案研究的广度和深度上与国外学界相比还存在明显差距，但是一个值得期待的、关于国际冲突研究的文化拓展的乐观前景已经出现。

（原载《世界历史》2013 年第 4 期）

论题：国际冲突研究的文化视野

梁占军教授：今天和大家一起讨论的题目是"国际冲突研究的文化视野"，即如何从文化的视角来深化国际冲突的研究。这个问题涉及近年来国际关系研究中的文化热。大家知道，自 20 世纪 60 年代古巴导弹危机发生以来，关于国际冲突的理论分析和实证研究就成为国际学术界重点研究的内容之一。冷战期间欧美学者发表了相当多的著作和论文，但多从政治、经济、军事、外交等传统的考察视角进行探讨，对于文化因素的作用重视不够。冷战结束后，特别是 21 世纪以来，文化因素在国际冲突中的作用和影响开始引起学者们的关注，国际学术界对于国际关系中的文化冲突、国际冲突中的文化因素、文化因素在国际冲突中的作用和影响等专题研究不断扩展，甚至一些传统的国际关系史课题也开始从文化的视角被重新审视，相关的研究机构、网站、学术研讨会等也日益增多。比如美国学者亨廷顿提出的"文明的冲突论"引发了世界各国学者的强烈反响，其追随者众，反对者也不少，堪称引发思考文化与国际冲突关系问题的导火索。可以说，时至今日，文化与国际冲突的关系已经成为各国学者关注的新热点，新一轮国际冲突研究中的文化热已经形成。

杨东：老师，据我所知，亨廷顿的文明冲突论源自他 1993 年在美国《外交》季刊发表的一篇题为《文明的冲突?》的文章，后经修改充实于 1997 年成书出版，书名就是《文明的冲突与世界秩序的重建》。这本书问世后反响巨大，仅我国就出版了多种中译本。亨廷顿的文明冲突论引发了从文化视角探究国际冲突的热潮。从时间上讲，恰恰是冷战结束后不久。我想知道的是，哪些原因促使冷战后开始出现国际冲突研究中的文化热呢？

梁占军教授：这正是我今天要讲的第一个问题。概括地讲，冷战后国际关系研究中这种文化热的兴起主要是与以下两个原因，即冷战后国际冲突的常态化和国际冲突中文化因素凸显这两个时代特点紧密联系在一起的。

首先，冷战后国际冲突的常态化是引发学者对国际冲突研究关注的主要动因。随着苏东剧变，冷战结束，原有国际格局也随之坍塌，但新的格局尚未确立，在新的国际秩序重构过程中，各种政治力量的矛盾和斗争使得世界局部地区动荡不定，各种原因导致的国际冲突从数量和发生的频率上都已经超过冷战前，成为国际社会生活中的常态化现象。有学者统计，冷战结束后最初 10 年中的国际冲突平均每年高达 12 起，特别是 1990—1992 年这三年间的国际冲突最为典型，冲突总数达 55 起，平均每年 18 起，大大高于冷战期间平均每年 7 起的频率。因此，如何减少和预防国际冲突的发生成为需要研究解决的现实问题，这自然引起了学术界对国际冲突研究的重视。这是国际冲突研究文化热产生的一个必要前提。

除此之外，当前国际冲突中文化色彩的日益凸显促使学者进一步关注国际冲突的文化层面，这从另一个方面促发了文化热的形成。虽然历史上国际冲突时有发生，原因也多种多样，但是冷战后国际冲突无论在起因、性质、数量、频率等各方面都呈现出许多与以往不同的新特点，其中最突出的就是国际冲突中文化因素的作用和影响日益突显。其直接原因就是冷战期间敌对双方在特定的历史条件下，运用文化手段进行宣传、渗透的历史经验强化了各国对于文化软实力重要性的认识。因而，在处理后冷战时代的国际事务和国际冲突中，文化开始作为一种工具或手段被一些国家特别强调和运用。这一现象同样引起了各国学者的关注。其结果就是在今天的国际关系和国际冲突研究中，文化已经与政治、经济并列成为了解析国际问题的三大维度。

肖文超：老师，你所说的文化因素的内涵是什么？现在有关文化的定义非常多，有人统计已经超过几百种。您认为我们该怎样给文化加以定义呢？宗教是否可以包含在文化的范畴内？

梁占军教授：你提的问题很好，厘清概念是理论构建的前提。我认为，文化是一个内涵非常丰富的概念，可以从广义和狭义两个方面理解。广义的文化应该是指人类在漫长的生产和生活实践中积累下来的认识和利用自然的知识、技能以及运用这些知识和技能所创造出的一切成果；狭义的文化则可单指人类脱离蒙昧、完善自身以及构建人类社会的过程中形成的见识和技能。世界上现有的文化因地域、族群或发展阶段的不同而在语言、意识形态、宗教信仰、历史传统、风俗习惯等方面千差万别，但其核心不外乎世界观、价值观、生死观等内容。

宗教的核心涉及生死观，天然是文化的组成部分。当代许多国际冲突的背后都有宗教对立的背景，甚至有些冲突本身就是宗教纷争。如南亚印巴冲突反映的就是印度教与伊斯兰教的紧张关系；中东阿以冲突则是犹太教和伊斯兰教的直接对抗。这些宗教色彩鲜明的冲突本质上就是文化的冲突。

王波：如此看来，历史上的很多国际冲突都与文化有直接或间接的联系，只是以往没有注意到罢了。现在国内外学术界有关的研究进展如何？

梁占军教授：国外学界从文化层面对国际冲突进行研究已经有了不少成果。其中美国学者的贡献最突出。如美国学者、《华盛顿季刊》主编麦克·摩查在 1996 年发表的《文化与国际关系：基本理论述评》一文中便对 20 世纪 90 年代以来美国学术界有关文化与国际关系的研究进行了梳理和总结，概括出了五种分析模式：第一，把文化作为生活技能和修养看待；第二，把文化当成透镜和过滤器探讨其对人的影响；第三，把文化看作是社会、经济构建时的工具；第四，把文化视为文明冲突的根源；第五，认为全球化削弱了文化的影响力。此外，小约瑟夫·奈1990年提出的软实力概念、亨廷顿1993年提出的文明冲突论，特别是1997年亨廷顿的《文明的冲突与世界秩序的重建》一书的问世等，更是进一步推动了国际关系研究中对文化因素的深入展开。进入21世纪，各国学者更是纷纷著书立说，各抒己见。

与国际学界相比，我国学者对于国际冲突的研究始于20世纪80年代，但在相当一段时间内属于边缘，没有得到应有的重视，近些年虽然有了比较明显的进步，但仍缺乏系统的理论建构和实证研究，对国际冲突中的文化因素的研究更显薄弱。据笔者掌握的资料，国内学者在国际冲突研究方面的着力点主要集中在理论建构和专题研究两个方面。

首先，在国际冲突理论的构建方面，总的来说，国内学界整体上仍然以译介国外相关的理论著作为主，但是已经出现了在借鉴国外学者理论的基础上独立研究的著述。比较重要的译著首先要提及的是美国学者小约瑟夫·奈的《理解国际冲突：理论与历史（第7版）》（上海人民出版社2009年版）。该书是一本简明扼要、深入透彻地介绍了国际冲突理论的教科书，作者在政府任过职，既是学者又是政策制定的参与者，这种双重身份使得他能够在书中熟练地把历史与理论结合起来，深入浅出地阐述从第一次世界大战到信息时代反恐战争的国际冲突的历史。该书在国外享有盛誉并多次再版。另一部新译的重要著作是世界知名的国际冲突理论的代表人物、澳大利亚学者约翰·伯顿的《全球冲突：国际危机的国内根源》（上海人民出版社2007年版）。该书通过分析冷战时期以美苏两极为首的国际冲突和对抗过程，重点探讨了国内制度的缺陷及权力政治的传统观念对决策者的影响，提出了"国内制度缺陷必然外溢到国际领域，从而导致冲突和危机"的著名理论。与此同时，还有三本专门探讨最高级别的国际冲突——战争的原因的著作被译成中文。即美国麻省理工学院政治系教授斯蒂芬·范·埃弗拉的《战争的原因》（上海人民出版社 2007 年版）。另外，2011 年翻译出版的澳大利亚的学者杰弗里·布莱内的同名著作《战争的原因》（商务印书馆 2011 年版）则梳理了 1700 年至 20 世纪 80 年代近三个世纪的所有国际战争，指出无论战争的开始、延续、结束还是和平时期的延长或缩短都有着同样的因果框架。而 2008 年出版的美国青年学者、弗吉尼亚大学政府和外交事务系副教授科普兰的《大战的起源》（北京大学出版社 2008 年版）则重点探讨了第二次世界大战的起源、进程和结局，作者娴熟地将理论模型与史实分析予以融合，指出国家之间力量对比的变化会加剧大战爆发的危险。上述国外学者著作的引进翻译对于我们加深对国际冲突研究的理论认识无疑有着推动作用。值得欣慰的是，在引进评介的基础上，就上述两类主题，中国学者也发表了自己的见解。前者的同类著作首推外交学院秦亚青教授 2008 年再版的专著《霸权体系与国际冲突：美国在国际武装冲突中的支持行为 1945—1988》（上海人民出版社 2008 年版），这是国内学者借鉴国际系统理论的框架，深入探究冷战时期美国在国际武装冲突中立场选择的规律的研究成果，其结论含有许多很有启发性和挑战性的思考。后者关于战争根源的研究则是外交学院的林民旺借助西方规避损失的战争决策理论，写出《选择战争：基于规避损失的战争决策理论》（世界知识出版社 2010 年版），体现了中国学者的思考。

其次，在专题研究方面，可以分成两类。第一，在追踪国际学术前沿，探讨国际冲突与文化的内在关系方面，国内学界已有一些进展。如2005 年浙江大学潘一禾教授的《文化与国际关系》（浙江大学出版社 2005 年版）问世，首次对"国际文化关系"的研究领域、学科特点和基本方法进行界定。同年出版的俞新天等编著的《国际关系中的文化：类型、作用与命运》（上海社会科学院出版社 2005 年版）则尝试把国际关系理论与文化理论结合起来，试图创建国际关系研究的第三个分支，即与世界政治学和世界经济学并行的国际文化学，并重点研究文化因素如何在国际关系中发挥作用。俞新天主编的《强大的无形的力量：文化对当代国际关系的作用》（上海人民出版社 2007 年版）则集中探讨了 20 世纪 80 年代以来，文化对当代国际关系的作用和影响，同时对于文化冲突和文化融合的特点作出了分析。新近出版的姜秀敏的《全球化时代的国际文化关系研究》（中央编译出版社 2011 年版）则从国际文化关系研究中的核心概念出发，全面分析了全球化时代国际文化关系领域出现的新变化、新特征、新问题，研究了全球化背景下的文化自觉与文化交流、文化霸权与文化冲突以及文化全球化的发展与融合。

与此同时，国内学者对国际关系中的文化因素的专题探讨成果也有问世。辛旗的《诸神的争吵：国际冲突中的宗教根源》（华艺出版社 2007 年版）重点从"文明冲突与融合"的视角对近年来国际政治格局的变迁、中东、北非局势动荡中的宗教因素进行开创性研究；张战、李海军的《国际政治关系中的宗教问题研究》（中国社会科学出版社 2009 年版）则全面论述了宗教与国际政治的关系、历史上的宗教冲突及对国际政治的影响、当今国际政治中的宗教因素等。邢悦的《文化如何影响对外政策：以美国为个案的研究》（北京大学出版社 2011 年版）和董秀丽《美国外交的文化阐释》（知识产权出版社 2007 年版）则从不同角度系统地对文化在美国的对外政策中的作用展开了研究。前者着重于理论建构和实证研究，以美国为个案，分析文化在对外政策中的运行机制及在对外政策中的表现形式的理论框架，后者从民族特性、文化传统、意识形态、宗教因素与决策者的文化背景等因素分析文化对美国外交的影响。

上述研究基本展现了中国学者对国际前沿问题的敏感追踪与深入思考。只不过大多数成果侧重于国际文化关系或国际文化冲突，对于文化在国际冲突中的作用和影响的深入探讨则刚开始起步。

肖文超：老师，我曾经读过专门一本论述文化在国际关系中的作用的著作，记得其中有一节题目是"当今国际冲突的文化分析"，但正文谈的却是当今国际文化冲突，我觉得行文逻辑上有些跳跃，文不对题。您觉得应该如何从文化的角度分析或研究国际冲突呢？

梁占军教授：这是我们今天要重点谈的核心问题：从文化角度研究国际冲突的学者应该具备什么样的文化视野。把国际冲突的文化分析理解为研究国际文化冲突，这种做法存在明显的逻辑错误。文化不仅是考察的对象，还应该是考察的出发点和参照坐标，这才是对国际冲突进行文化解读的思路。因此，要以文化的视角考察国际冲突，首先要对国际冲突研究必需的文化视野有清醒的认识，这是开展深入研究的前提。我认为研究国际冲突的文化视野应该包括微观、中观和宏观三个层面。

首先，注重对国际冲突表象背后所蕴含的文化因素的探查与剖析，关注文化因素在国际冲突的发生、决策和平息等各个环节中的作用和影响，这是研究国际冲突所需的文化视野的微观层次。

我们可以说，无论是历史上还是现实中，每一次国际冲突的背后无不渗透着文化的影响。这主要表现在参与国际冲突的行为主体——无论是主权国家，还是以主权国家为依托的各级政府、各类团体或组织或跨国企业——往往各自有着不同的文化背景和强烈的文化认同。不同的文化差异明显，而且具有鲜明的民族性和排他性。因此，在多元文化并存的国际社会中，文化差异的客观存在，既可以促使异质文化在交流和互动中取长补短、相互完善，也可以使彼此相互排斥、抵制甚至对抗。事实表明，文化因素在各类国际冲突的引发、应对和平息等各个方面都有着重要的影响。

王若茜：老师，您能具体解释一下文化因素在引发国际冲突方面的影响吗？

梁占军教授：在引发国际冲突的方面，文化因素的作用主要体现在以下三个方面：

第一，异质文化间的差异和矛盾在一定条件下是诱发国际冲突的导火索，其中以宗教和民族问题最为突出。当代许多国际冲突的背后都有宗教对立的背景，甚至有些冲突本身就是宗教纷争。如南亚印巴冲突反映出印度教与伊斯兰教的紧张关系，中东阿以冲突则是犹太教和伊斯兰教的直接对抗。一般而言，有宗教等文化背景的冲突常常难以短期平息，且矛盾极易激化。如2000年9月28日，为宣示犹太人与圣殿山的宗教关系，以色列总理沙龙对东耶路撒冷圣殿山阿克萨清真寺进行了访问，此举就激起了巴勒斯坦人的强烈不满和抗议活动，导致波动难平的阿以冲突再度升级。

第二，异质文化交流互动的过程中，强势文化的扩张常常会导致文化冲突，进而升级为国际冲突。历史上，文化经常被作为工具应用于国际关系之中，即所谓文化外交。然而当某些强势文化借文化外交之名行文化扩张之实的时候，文化冲突就会激化，甚至导致国际冲突。如美国卡特总统任内极力推行所谓的人权外交，其实质就是对外推广美国的文化价值观。美国总统里根在1986年曾公开发表咨文，表示美国为捍卫人权，推进东欧各国的民主改革，"将随时准备在这些国家及其他国家帮助实现民主"。在人权高于主权的幌子下，美国加紧了对东欧各国的反政府力量的联系，直接或间接地支持他们的活动，在一定程度上导致东欧发生剧变并连续不断的武装冲突。

第三，不同文化背景下的民族心理、民族意识、民族感情等极易衍化出民族偏见、民族歧视、民族仇恨等民族情绪，这对于国际冲突的发生可以起推波助澜的作用。不同文化体系的政治制度、价值观念、哲学思想、文学艺术、道德伦理、历史传统、民族特质等因素都各不相同，这种文化体系间的矛盾与歧异导致了不同文化观念的人对同一事物会得出不同的认识和理解，对于异质文化采取排斥和蔑视的态度，在文化交流互动过程中极易引发误解和仇视，这是导致文化冲突乃至国际冲突的深层原因。刚才举出的例子都是含有宗教文化冲突的国际冲突，宗教文化因素在冲突中明显起着作用。由此我们可以引申得出这样的结论，即异质文化间的差异和矛盾在一定条件下可能是诱发国际冲突的导火索，这一点尤以宗教和民族矛盾表现得最为突出。

王波：听您这么讲，文化在引发国际冲突的过程中的确是不可忽视的因素。那么在应对冲突的决策方面，文化是如何发生作用的呢？我记得王晓德在《美国文化与外交》（北京世界知识出版社 2000 年版）中曾指出那些"活跃于国际舞台的人物是在特定的文化氛围中成长起来……在制定或执行政策过程中，必然有意或无意地把存在于他们意识深层中的文化价值体现出来，给本国的对外政策打上明显的烙印"①。这是不是说文化因素对于国际冲突的决策者的影响只限于其自身文化背景的影响呢？

梁占军教授：你的思路是对的，但不完全。文化因素作为影响国家对外政策制定以及危机处理行为的重要变量，其影响至少体现在以下三个方面：

第一，文化因素往往是通过决策者来对决策施加影响，各国决策者的决策一方面体现了他们各自代表的文化背景，另一方面几乎所有的重要政治家都毫无例外地把文化因素考虑为外交处理的重要组成部分。

第二，文化因素能够直接影响危机决策的内容和目标。在现代民族国家中，文化是综合国力的一部分，它涉及国家的形象和声望，关乎民族凝聚力的强弱，并赋予国家对外交往鲜明的特色，是国家外交决策制定和实施的基础。因此，文化利益是国家利益的重要组成部分，在国家外交决策中的地位和作用不仅不容忽视，而且往往成为解释国家对外政策合理性的有效工具。现实中，世界上没有任何一个主权国家愿意放弃自己的社会制度、价值观念、传统文化和政治信念等，相反在遇到针对本国核心文化价值观的挑战时，无不奋起反击。这反映在应对国际冲突

---

① 王晓德：《美国文化与外交》，世界知识出版社 2000 年版，第 2、3 页。

的过程中，当事国常常把捍卫自身文化利益的诉求作为危机决策的目标之一。显然，"任何政治领袖都必须在符合国家价值观念的前提下才能制定政策"。

第三，文化因素对应对国际冲突的决策和实施手段都有制约作用。国际冲突期间，尽管时间紧迫，但各项应对政策的考虑和选择仍然逃不脱文化因素的制约，其最终的抉择只能在文化传统许可的范围内实施。例如，古巴导弹危机期间，美国决策者最终选择了武力封锁的对策就是文化因素发挥作用的典型例证。起初，美国决策层有过通过突然的空袭或军事打击摧毁古巴的导弹基地的设想，但最终因意识到突然的空袭会伤及大量无辜平民，进而损害美国的道德声望，不符合美国的文化传统而放弃。当时的副国务卿鲍尔强调："我们不能对古巴发动一场突然袭击，因为那将损害我们的道义立场，与美国的传统格格不入，并因此而疏远我们的朋友和盟国。"① 罗伯特·肯尼迪也认为军事打击违背了美国的传统价值观。显然，文化因素在美国应对古巴导弹危机的决策过程中发挥了作用。

肖文超：老师，文化因素在平息冲突的过程中有没有类似的作用和影响呢？

梁占军教授：当然有。一般而言，在国际冲突发生的时候，文化在加强文化认同，分清敌我，聚合力量，舆论动员等方面作用十分明显。而在寻求解决冲突的阶段，冲突双方文化差异导致的原则性对立或误读则可能会增加冲突平息的难度，甚至会扮演阻碍冲突解决的角色。正如美国学者麦克·摩查比喻的："美国国务卿看待世界的眼光，会在性质上不同于伊朗国王看待世界的眼光"，其差异"部分地来自他们不同的个人偏好和意识形态，部分地来自他们各自扎根于几千年来不同的文明

---

① George W. Ball, *The Past Has another Pattern*: *Memoirs*, New York: Norton, 1982, pp. 290-291；赵学功：《十月风云：古巴导弹危机研究》，天津人民出版社 2009 年版，第 223、224 页。

世界里"。① 由于参与国际冲突的双方都会根据自己的价值尺度和道德标准对面临的危机进行评判，并寻求符合自身价值认同的解决办法，从而使冲突中物质利益的争夺最终上升为文化利益的层面。这样，对当事方来说，任何让步都将会因违反自身传统和道义的底线而招致民众的抵制和抗议，进而难以选择妥协。其结果，就是极大地增加了通过磋商解决国际冲突的难度，客观上使冲突陷入久拖不决的局面。

王若茜：老师，我们刚才的讨论主要偏重于具体的文化因素对国际冲突的影响，属于比较细致的微观层面，您说的中观层面是指什么呢？

梁占军教授：我说的中观，是指应该注重从文化的视角对国际冲突这一社会现象进行整体的认识和解读，揭示文化互动与国际冲突之间的辩证关系，即所谓国际冲突研究文化视野的中观层次。

我们可以这样理解：国际冲突是国际关系中常见的一种状态，其本质是国与国之间的互动。从广义上说，国际冲突也可视为一种文化互动或者是体现不同文明的特殊的互动。事实上，国际冲突与文化互动之间的辩证关系基本体现在两个方面：

首先，文化互动在某些特殊的情况下以国际冲突的形式表现出来。国际冲突大多发生于不同民族的国家互动交往中。理论上讲，世界不同国家间的文化交往主要包括交流、交锋、交融、交织等四种形式。其中交锋就是不同文化发生碰撞、冲突的对立状态。历史表明，有相当多的国际冲突是因为强势文化的扩张引发的，是文化互动过程中矛盾激化升级的结果。如国际社会中强权政治的观念贯穿于世界近现代史。近代史上的欧洲文化扩张，基本上都是伴随着殖民扩张的脚步进行的。欧洲殖民者的生活理念和价值观随着殖民者的脚印扩散到全世界，所到之处引起当地文化的抵抗。强势文化扩张引起的文化冲突，最终都有可能会演

---

① M. J. 麦哲：《文化与国际关系——基本理论述评》，《现代外国哲学社会科学文摘》1997 年第 4 期，第 14 页。

变为国际冲突。

杨东：老师，如果这样从文化层面去分析，我们对历史上的很多国际冲突都可以得出新的认识。

梁占军教授：没错。从文化的角度去看，中英鸦片战争隐含着东西方文化相互抵触、碰撞和排斥的结果；冷战期间，西方政治制度、宗教信仰、价值观念和生活方式等也成为西方对抗社会主义阵营的主要工具；作为西方对社会主义阵营实施和平演变的战略中的一部分，美国肯尼迪总统时期力推的和平队，卡特总统倡导的人权外交等，都是文化在冷战中作为一种斗争工具扮演过重要角色的例证。

冷战结束后，随着相互对抗的两大政治军事集团对峙消失，以往长期被意识形态对立所压制的民族分离主义和宗教纷争等矛盾突然释放，地区性的冲突急剧增多。进入 21 世纪以来，各种因素导致的地区纷争和国际冲突仍是频发不断，这为赢得冷战胜利后的美国等西方国家通过积极插手和干预世界各地冲突和纷争的处理，维护自身利益、构建符合西方价值观的国际秩序提供了机会。以美国为代表的西方国家提出"人权高于主权"、"人权无国界"、"人道主义干涉无国界"等新的"干涉理论"，并以此为旗号频频动武，引发国际冲突。

必须指出的是，冷战结束后全球化的进程日益加快，经济联系的加强使得过去仰仗炮舰的武力扩张已经受到极大的限制。随着世界多元文化的互动日趋深入，各国在注重经济政治、军事实力的同时，越来越清楚地意识到了文化的力量。今天的文化因素不仅仅是国际冲突的背景，它更是作为一种软实力在国际关系的各个层面发生影响。事实表明，外部势力卷入往往会导致地方性冲突的复杂化、扩大化和升级为国际冲突。近年发生的国际冲突中，有相当一部分并非是国家间为了争夺领土、资源，或维护民族利益、宗教信仰爆发的，而是外部势力打着"自由"、"民主"与"人权"等旗号强行介入导致国家内部冲突国际化的结果。可以说，今天国际上发生的国家之间的冲突，已越来越表现为西方强势国家输出文化和社会价值观念所引发的冲突。近些年，西亚、北非发生的动荡和冲突背后，无不闪现美国等西方国家强行输出自己的文化和价值观的影子。冷战后西方文化价值观的强力输出，客观上对不少非西方国家的内部稳定和统治权威都直接构成了威胁，帝国主义的文化扩张已经成为当代国际冲突的主要根源之一。

王波：如果从更长的历史周期来考察的话，我们是否可以说，国际冲突中内含的文化冲突，在客观上对于不同文化的互动有着直接的促进作用？据我所知，十字军东征结束了阿拉伯人和拜占庭人在地中海的统治地位，带动了欧、亚、非不同文化的交流。战争的残酷性，也迫使交战双方不得不认真地了解和认识对方的能力和智慧，并开始主动学习对方的长处。十字军东征结束后，东方运到欧洲的商品比以前增加十倍左右，推动西方开始走向开放的现代世界。再者，国际冲突对于对立的文化自身的发展，是否也有重要的作用？

梁占军教授：是的。这正是我们接下来要探讨的体现国际冲突与文化互动之间的辩证关系的第二个方面，即国际冲突的发生反过来也会对冲突方各自的文化产生影响。

国际冲突的结果对相关文化的后续发展影响很大。一般来说，经历了国际冲突的文化归宿只有三种可能：被迫消亡、自我更新、彼此融合。事实上，文化的消亡并不多见，因为国际冲突的特殊环境能够激发对抗中的文化活力，增强其抵御外来文化侵入的能力与自保能力。更常见的是，国际冲突伴随的文化碰撞为彼此相互借鉴采纳对方的文化优点提供了难得的机会。参与冲突的文化在碰撞中会自觉或不自觉地了解其他文化的存在与独特性，进而反省并重新估价自己文化的价值与意义。

总体上可以说，牵涉冲突之中的文化都会在不同程度上对原来的文化或多或少有所补充、修正或完善，获得更加成熟的文化适应能力。一般而言，同质或同源文化由于其自身强大的文化凝聚力和向心力，在国际冲突中比较容易结成同盟或促成国际合作。而异质文化之间可能因国家利益的矛盾而导致国际冲突。但是，拥有异质文化的国家之间在发生碰撞冲突的特殊条件下，也会吸纳与借鉴对方的文化优点。这使得国际冲突这种特殊的文化互动也会为国际合作奠定基础。

杨东：老师，您刚才关于微观和中观的论述给我们从文化的视角考察和理解国际冲突提供了不少启示。您所说的宏观视野又是指什么呢？

梁占军教授：前面中观和微观的分析基本上还是从个案研究的角度来讲的，核心围绕着国际冲突本身蕴含的文化关系。但是如果我们跳出来，从理论层面对国际冲突研究进行整体把握和文化解读，特别是从文化视角对国际冲突研究这一文化现象的理论构建进行考察和分析，则另有一番境界，这就需要更宏观的视野。

我们可以这么理解：国际冲突本身是一种社会现象，而国际冲突研究则是一种文化现象。把国际冲突研究作为一个文化现象来考察，我们会清楚地看到研究活动本身与文化的密切关系：其研究对象，研究主体，乃至研究理论和方法等基本构成因素与文化密不可分。比如国际冲突研究的对象，无论是政治、经济、军事还是外交层面均富有文化的内涵；而国际冲突的研究者本身也是受文化熏陶的产物，且在特定的文化环境下进行研究的人；更加值得注意的是研究者所利用的研究理论和方法也是人类文化成果的一部分，也就是说不管是过去、现在乃至将来的学者对国际冲突的研究成果既是对人类其他文化成果借鉴的结果同时也构成了人类文化的部分。

王波：您是说从文化传承的角度来看国际冲突研究的理论构建和发展演变？

梁占军教授：是的，马克思曾经明确指出："人们自己创造历史，但是他们并不是随心所欲地创造，并不是在他们自己选定的条件下创造，而是在直接碰到的、既定的、从过去承继下来的条件下创造。"[1]

---

[1] 马克思：《路易·波拿巴的雾月十八日》，《马克思恩格斯选集》，人民出版社1972年版，第603页。

现实中各国学者针对国际冲突的研究无不是在对前人的文化成果的吸收和借鉴下开展的。

作为既定条件的文化因素对国际冲突研究最直接的影响就是国际冲突研究在理论建构方面对文化成果的大量借鉴与运用。现有的国际冲突研究理论无不是借用了已有的文化成果。国际关系理论中充满着各种各样的概念和解释。但大部分都没有脱离已有的理论分析框架，甚至部分还直接搬用现有的文化成果。如国际关系理论中，有人受牛顿的机械平衡理论的启发，提出了势力均衡的理论；有人受达尔文的生物进化理论影响，提出国际关系的现实主义理论，等等。客观地讲，历史上在国际关系理论方面取得突破，进而对国际关系研究带来突破的人物，全都是在继承和借鉴已有的文化成果的基础上实现的。其中最典型的例证是国际关系理论认知心理学派代表人物罗伯特·杰维斯。他鉴于前人对于国际关系研究总是因循于国家、国际体系而忽视人的作用的不足，独辟蹊径，从决策者的心理认知这一最微观的分析层次入手，利用 20 世纪六七十年代心理学界的重要研究成果——心理认知学的理论和实验结果，如图式理论、归因理论、自我知觉理论、认知相符理论等，对国际冲突中决策者的心理层面进行研究，完成了名著《国际政治中的知觉与错误知觉》，揭示了决策者由于心理机制和认知过程而难以避免的错误知觉产生的原因及其对外交决策的影响。杰维斯的研究开拓了国际冲突研究微观层次的新领域，是跨学科借鉴文化成果的知名代表。

王若茜：亨廷顿的文明冲突论的理论是否也继承了前人的文化成果呢？

梁占军教授：当然，塞缪尔·亨廷顿在冷战后潜心文化研究，其《文明的冲突?》、《文明的冲突与世界秩序的重建》等著作引发了国际冲突研究领域的文化研究热。他的贡献同样借鉴了前人研究成果，诸如文明或文化史观、文明类型或文化形态的划分标准、文明或文化与宗教传统、文明或文化与身份认同等前人的文化成果，系统地构建和阐释了他的文明冲突理论，即未来的文明的差异将成为主导国际冲突的主要因素。他强调冷战后的世界是多种文明共存的世界，文化的共性和差异将会直接影响到国家的利益、对抗和联合。他甚至预言："未来的冲突将由文化因素而不是经济或意识形态引起，最危险的文化冲突是沿着文明的断层线发生那些冲突。"他夸大文明差异导致冲突的做法在学术界引发了不少批评之声。德国学者哈拉尔德·米勒的《文明的共存》和保加利亚学者亚历山大·利洛夫的《文明的对话》等著作都是对其论点的批驳性回应。客观地讲，尽管亨廷顿提出的文明冲突论存在很多不足和漏洞，他的研究毕竟是围绕文化对于国际关系的作用和影响所做的第一次比较系统的梳理，在一定程度上开阔了人们的学术视野。

到此为止，我们从微观、中观和宏观三个层面，对从文化视角开展国际冲突研究所应具备的文化视野进行了梳理，大体揭示了文化因素与国际关系和国际冲突的内在关联。显然，多层次的文化视野为我们全面、深刻地揭示国际冲突提供了新的研究空间。不过，需要指出的是，运用文化视角研究国际冲突切忌片面夸大文化的作用，毕竟文化因素与政治、经济、军事等因素一样，只是参与国际关系的重要驱动力之一。对于国际冲突的研究而言，文化分析只能和其他因素相结合才能发挥作用。

因为时间关系，今天的讨论没能涉及如何从文化视角开展具体的国际冲突研究，相关的方法和路径留待下次课再深入探讨。谢谢大家。

（原载《历史教学问题》2014 年第 1 期）

浅议"双语教学"的界定、目的及模式

近年来,"双语教学"在我国一直是教育界比较关注的热门话题。2007 年教育部为推动高等学校本科教学质量与教学改革工程,启动国家级双语教学示范课程建设项目后,① 各地高校对双语教学实践的支持力度明显增加,双语教学在各个学科中不断推广,其影响日益广泛。但是,在双语教学的实践过程中,关于双语教学的界定、双语教学的目的以及实施双语教学的形式等问题一直是见仁见智,众说纷纭。本文拟结合个人授课的心得,谈谈对于上述问题的看法,借以抛砖引玉并就教各位方家。

一、"双语教学"的界定

关于什么是"双语教学",至今为止国内尚无公认的定义。据笔者掌握的材料看,国内对于双语教学的理解和界定大体上可分为三类:

第一种观点认为,"双语教学"这个概念是由英语专门术语"Bi-

---

① 2007 年 6 月,《教育部、财政部关于实施高等学校本科教学质量与教学改革工程的意见》(教高〔2007〕1 号)出台,决定从 2007 年至 2010 年共支持建设 500 门双语教学示范课程。

lingual education"翻译而来，其内涵等同于国外的"双语教育"。所谓双语教育，国外有关的定义不下几十种，概括起来可分为广义和狭义两种。广义的双语教育是指学校使用两种语言进行教育，而狭义的双语教育则指的是学校使用第二语言或外语传授数学、物理、化学、历史、地理等非语言学科内容的教育。加拿大双语教育专家 W·F·麦凯曾明确指出："'双语教育'这个术语指的是以两种语言作为教学媒介的教育系统，其中一种语言常常是但并不一定是学生的第一语言"。① 但必须指出的是，国外只有"双语教育"（bilingual education）的概念，而"双语教学"是中国学者的创造，其英译文（bilingual teaching）在国外并不通行。

第二种观点认为，双语教学是实施双语教育的一种途径和手段。即所谓的双语教学，通俗地讲，就是用两种不同语言进行学科教育的教学活动。"一般是指在用母语进行部分学科教学的同时，用非母语进行部分或者全部非语言学科教学的教学模式。"② 也有人认为现代意义上的"双语教学"是指"教师在学科教育中交互使用本族语和外语甚至完全使用外语进行教学活动"等。虽然各种定义中对于如何运用外语进行教学见解有所不同，但大家有基本一致的共识，即在教学实践中，双语教学是通过运用两种语言作为教学媒介语，使学生通过课堂学习达到掌握两种语言的最终目标，"其本质上是实施双语教育的一种手段。"③

第三种观点认为，双语教学的本质是运用外语（主要是英语）进行课堂教学。英国《朗曼应用语言学词典》中有关"双语教学"的定义就是："在学校里使用第二语言或外语进行各门学科的教学"（The use of a second foreign language in school for the teaching of content sub-

---

① ［加］M. F. 麦凯、［西］M. 西格恩：《双语教育概论》，光明日报出版社 1989 年版。

② 张维佳：《双语教学的性质、条件及相关问题》，http://english.cersp.com/zhuanti/200605/613.html。

③ 朱浦：《双语教学的定位、分类、任务和模式》，《计算机教与学·现代教学》2004 年第3期。

jects)，因此，部分学者将双语教学理解为狭义的外语教学本身，认为"双语教学"的基本原则是教师坚持使用外语进行教学，"无论是传授知识，还是解答问题，教师都用英语进行"。因为"从理论上说，在进行'双语教学'时，教师除母语学科用母语教学外，其他学科的教学都必须用外语。"① 而事实上，"在中国，双语教学是指除汉语外，用一门外语作为课堂主要用语进行学科教学，目前绝大部分是用英语。"② 目前，此种观点较为流行，乃至教育部高教司在建设双语教学示范课程的文件中也采纳了类似的观点，指出，"双语教学是指将母语外的另一种外国语言直接应用于非语言类课程教学，并使外语与学科知识同步获取的一种教学模式。"

很明显，上述三种关于双语教学的界定从概念的内涵来看是层层递减，范围逐渐缩小而具体。不过，相对而言，经过几年的双语教学实践，笔者较认同第二种观点，即双语教学是实施双语教育的一种手段。因为，第一种关于双语教学的界定实际是对国外的知识体系的简单套用，既有把复杂问题简单化的弊病，同时也不符合我国的实际国情。因为中文"教育"和"教学"这两个概念差异很大，前者的内涵要远远大于后者。正如双语教育专家、华东师范大学课程与教学研究所双语教育研究中心主任王斌华教授在其专著《双语教育与双语教学》中所指出的："长期以来，我国（尤其是在教育界）非常强调'教育'和'教学'两个概念之间的差别。教育是指按照一定的教育目的要求，对受教育者的德育、智育、体育诸方面施以影响的一种有计划的活动，包括学校教育、社会教育、家庭教育等一切具有教育作用的活动。教学是指由教师传授学生学习组成的教学活动，主要是指课堂内的教学活动。教育与教学之间的关系呈主从关系，教学从属于教育，是教育的一个组

① 何全旭等：《关于开展双语教学的几个问题》，《赣南师范学院学报》2002 年第 3 期。
② 王旭东：《关于"双语教学"的思考》，http：//www. edu. cn/20020226/3021146_ 4. shtml.

成部分。"在实际的教学活动中,"我国的双语教学主要指课堂层面的双语教学活动,而不是指学校教育、家庭教育和社会教育层面的双语教育活动。因此,在我国,如同教学不等同于教育一样,双语教学同样也不等同于双语教育。"① 故简单地将二者画等号不符合客观实际。与此同时,第三种界定虽然非常具体和明确,在国外也非常普遍(如在加拿大,双语教育一般指用西班牙语进行的学科教学,而在澳大利亚双语教学是指用非母语(英语)进行的部分学科的教学),但是涵盖面过于狭小,以致存在淡化"双语"本意的风险,在实践中有鼓励片面追求外语授课之嫌。

因此,笔者认为,第二种界定将双语教学定义为用两种语言进行非语言类的教学是比较妥当的。由于课堂教学是学校教育的主要形式,双语教学主要是应用在课堂教学中,其本质是双语教育原则的一种贯彻。具体地说,双语教学应该是指围绕教学的实际需要,在课堂教学中恰当运用两种语言(母语和一种外语)以实现非语言专业教学互动的一种教学方式。从上述界定出发,任何使用单一语言的教学活动,无论运用外语还是母语,都不能算作是真正意义上的双语教学。

二、"双语教学"的目的

对于实施双语教学的目的,国内外学界同样存在着不同的解读。概括起来,大致也可以分成三种:

第一种观点认为,实施双语教学是维护多民族国家统一共荣的一种语言政策,即在推行官方语言的同时,尊重和保证少数民族语言的延续。它是双语教育的组成部分之一。国外双语教育的实施大多源于多元

---

① 王斌华:《双语教育与双语教学》,上海教育出版社 2003 年版。

文化共存的需要。其目的不仅涉及语言水平的提高，而且涉及多元文化的认同和社会的和谐共处。如在美国，"双语教育是指对于非英语国家的学生用其母语进行核心课程的教学活动"……"某些推动双语教学的人的目的是要保持其文化遗产的延续"。① 在我国，也存在针对少数民族以母语和汉语作为教学用语而言的双语教学，但其实质是双语教育："双语教育是指有自己民族语言文字的少数民族学生在基础教育或义务教育阶段中享有本族语文和汉语文两种语言文字的教育权利，因此在学校中并列实行本族语文和汉语文教学的教育体制，这种教育体制叫双语教育"。本文考察的目前高校推进的双语教学与此类双语教育在内涵和性质上都有很大差别。

第二种观点相对简单，认为双语教学是外语教学的一种有效形式。开展双语教学的目的重点在提高学习者的外语水平。甚至有学者刻意强调"双语教学"的目的是："将学生的外语或第二语言，通过教学和环境，经过若干阶段的训练，使之能代替，或接近母语的表达水平。"② 近年来这种观点在中小学外语教学中比较流行，国内最早引进和采用双语教学模式的大多是中小学，甚至幼儿园，其目的无一不是要改善学习环境，提高外语水平。然而，显而易见，这种观点是对双语教学的粗浅和片面的理解，并没有涵盖双语教学的全部内容。

第三种观点认为，实施双语教学的终极目标是培养应用型的双语人才。所谓双语人才，指的是实际上能熟练运用两种语言进行交际、工作和学习的人。双语的英文是"Bilingual"。《朗曼应用语言学词典》所给的定义是："一个能运用两种语言的人。在他的日常生活中能将一门外语和本族语基本等同地运用于听、说、读、写，当然他的母语语言知识和能力通常是大于第二语言的。"早在 20 世纪 30 年代，著名语言学家

---

① What is bilingual education? http：//www. proenglish. org/issues/education/beindex. html.
② 王旭东：《关于"双语教学"的思考》，http：//www. edu. cn/20020226/3021146_ 4. shtml.

布鲁姆菲尔德（Bloomfield）认为具备双语能力的人所掌握的两种语言都应达到母语的水平。他形容道："如果学外语学得跟本地人一样，同时又没忘掉本族语，这就是产生了双语现象（bilingualism），即同时掌握两种语言，熟练程度和本地人一样。"但这一要求过于苛刻，其后的多数学者认为，除了掌握第一语言外，略具第二种语言能力或能习惯地使用两种语言的人就已经具备了双语能力。如麦克纳麦拉（Macnamara）就曾指出，具有双语素质的人，是指掌握两种语言的听、说、读、写中的任何一种技能者。① 总之，今天所谓的双语人才，是指同时掌握本民族语和外语能力的人，而不论其掌握语言的熟练程度高低。

与之对应，为培养双语人才服务的双语教学，其动机就是要通过借助两种教学语言这一媒介，培养学生使用两种语言的能力，其最终目标是使学习者能同时使用母语和外语（主要是英语）进行专业学习和满足未来的国际化工作的要求。② 从双语人才参与社会工作的角度来看，只有语言能力是远远不够的，何况中国并非双语国家，外语不可能作为第二语言在生活中普遍应用，因此，在现实的双语教学实践中，大多强调把语言知识和专业知识结合，其目的也是双重的。这也是教育部关于双语教学的定义中强调"外语与学科知识同步获取"的意义所在。

我国高校承担着为祖国培养各行各业高层次、高水平、符合时代要求的建设者的重任，目前实行的双语教学改革无疑是顺应了全球化时代和改革开放的需要，其最终目标就是要培养具有较高职业技能的双语人才。

---

① 张维佳：《双语教学的性质、条件及相关问题》，http：//english. cersp. com/zhuanti/200605/613. html.
② 张维佳：《双语教学的性质、条件及相关问题》，http：//english. cersp. com/zhuanti/200605/613. html.

三、双语教学的模式

关于双语教学的模式，国内仍在探讨和摸索中，所幸的是可以借鉴国外已有的比较成熟的双语教育的经验。目前国外双语教育的形式大体可分以下三种：

第一种称为浸入型双语教学，即学校使用非学生母语的语言进行全部教学活动。在采用这种教育模式的学校中，几乎所有学科课程全部用外语进行教学，对新生亦不例外。学校的一切教学活动也全用外语进行，学生完全沉浸于非母语的语言环境之中，母语几乎不在校内使用。实践证明，此种模式对于学生熟练掌握第二语言有着明显的效果，但过于侧重语言的学习，对于学科知识的学习而言，学生掌握的程度较低。

第二种为保持型双语教学。指学生刚进入学校时使用本族语，然后逐渐地使用第二语言进行部分学科的教学，其他学科仍使用母语教学。这种模式比较注重在学习外语的同时，以母语来维持理解与交流的过程。注意学科知识和语言习得并重，降低了学生接受专业知识的难度，但是语言的提高效果不如第一种明显。

第三种为过渡型双语教学。学生进入学校以后部分或全部使用母语，然后逐步转变为只使用第二语言进行教学。在这种模式中，学生学习学科知识的重要性得到承认，采用适当地用母语教授课程，同时努力促进学生外语水平的提高，直至所学外语过关。在这一模式的教学中，母语与外语较为灵活地互为主体语言，注意学生学习的渐进性，但是周期较长，效果显现迟缓。

目前，国内学界大多倾向于采用第一种模式。教育部关于双语教学示范课的建设就明确要求课堂授课要全部使用外语就是借鉴浸入式的模式。这一方面是因为国外多年的实践效果已然证明了它的有效性。另一方面也是从培养双语人才的根本目的出发，需要尽可能创造外语环境，加快提高学生外语水平的客观要求所致。但是，从实际授课的经验来看，完全按照浸入式双语教学实施，我们面临着三大瓶颈问题。第一是双语师资的匮乏。双语教学对于授课教师的语言和专业能力都提出了极高的要求，而我国并非双语国家，精通专业又有双语能力的人才十分稀缺，现实中在国外短期留过学的教师很难达到双语师资的要求，这从根本上制约了双语教学改革的推广。其二是双语教材的限制，我国高校教学的内容大多是有中国特色的成果，使用外版教材固然在语言上没有问题，但是内容上却难尽如人意。相反，国人自编的外版教材又很难保证语言的规范和地道。其三是学生接受能力的局限。"双语教学"对学生外语水平的要求相当高，在现有外语教学的机制下，并非每个学生都可以轻松接受"双语教学"。学生对于用外语授课的接受能力会直接影响到双语教学的效果和进度。不注意这一点，双语教学效果会离预期的越来越远，直至会背离用教学语言来促使学生提升语言能力这一根本目标。

笔者认为，根据中国开展双语教学的实际需求，我们应该探索符合中国国情的双语教学模式，而且由于不同学科的多样性，其教学形式也应该是多样的。简单照搬或机械借鉴国外的教学模式效果不可能好。因为中国并非双语国家，不像新加坡、加拿大、印度等这些双语国家那样，有母语和外语并重的学习要求，本质上不可能实施国外模式的全民双语教育。所以中国的"双语教学"环境决定了它的目的性，即属于"外语"教学范畴，而不是"第二语言"的教学范畴。这使得我们的双语教学只能局限到课堂教学的层次。从这个意义上说，我国的"双语教学"最适合的形式应该属于"保持型双语教学"。中国未来的双语教学不能只侧重语言的提高这一个指标，专业知识的掌握同样应该被重视。因为，尽管随着改革开放以及我们越来越多地需要精通两种语言的高级双语人才，尽管英语作为世界通用的语言在中国得到了非同一般的重视，也不能改变其外语的地位而变身为第二语言。所以，如何实现教育部倡导的"外语与学科知识同步获取"这个根本目的，事关我国双语教学改革的未来。

通过近几年的教学探索，我深刻认识到：在双语教学过程中要实现"外语与学科知识同步获取"这个目标，最重要的是如何合理、有效地运用两种授课语言。我开设英汉双语《第二次世界大战史》课已经三年多，授课方式几经改进。个人的体会是：在实际授课过程中，从强化专业外语和传授专业知识的双重目的出发、结合讲授内容和学生实际接受能力、交替使用两种语言的效果比较好。通俗地讲就是该用英文用英文、该用中文用中文。这样既避免了相互翻译的无用功，也保持了专业和外语教学各自原汁原味的效果，突出了双语教学的特点。学生普遍反映良好。

综上所述，国外已有的双语教学在概念、目的和模式上并存多样性。我国各级教育部门目前开展的双语教学基本符合狭义的双语教育的界定，其教学目的侧重外语水平的提高。但结合中国的实际，培养各类高级双语专业人才是我国高等院校开展双语教学改革的主要任务。现阶段，我国的双语教学总体上还处在探索阶段，应鼓励多样的探索和尝试，以利各学科找到适合自身特点的教学模式。同时警惕任何脱离实际的一刀切等简单化做法，以便我国的双语教学能够尽快走出有自己特色的持续发展之路。

（原载《首都师范大学历史学院教政论文集》
（第一辑），首都师范大学出版社 2010 年版）

浅谈世界史教学网络资源的收集与利用

自从 20 世纪 70 年代网络技术问世以来，互联网的发展异常迅速，其海量的信息存储、便捷的传递及超越时空的交互特性极大地改变了人们的生活方式。今天的网络已经成为人们日常工作和学习中不可或缺的信息来源和资料宝库。对于高校教师来说，这种新型便捷工具更是辅助教学与科研的难得利器：随着网络技术的进步，网络资源不断丰富，并呈现出爆炸式的增长。各类信息量动辄数以亿计①，这不仅为我们利用网络资源进行教学和科研提供了物质上的保证，而且也使得网络资源的获取与利用成了一门必修的技能。本文拟结合个人多年的教学实践，就世界史教学网络资源的收集和利用谈几点浅见，以就教于方家。

一、世界史教学资源的种类和分布

网络资源存在的形式很多，但适用于世界史教学的资料大体可概括

---

① 据笔者利用谷歌、百度和雅虎三大搜索引擎进行检索统计，截止到 2011 年 9 月 1 日，谷歌和雅虎中收录有关 "History" 的英文信息条目高达 36 亿多条和 13 亿条，"World History" 分别超过 4.9 亿和 7 亿条；相关 "历史" 的中文信息条目也超过 6 亿条和 2300 万条，"世界历史" 则有 1300 多万条；百度中收录 "历史" 相关的中文网页也超过 1 亿条，"世界历史" 达到 1680 多万条。

为"图、文、影、音、件"五大类。其中,"图"指地图、照片、绘画(含漫画)等图像素材;"文"指论文、图书、期刊、新闻稿、档案文件等文献资料;"影"指电影、录像等视频资料,"音"指录音、音乐、广播等;"件"指课件、软件、动画等多媒体文件。这几类教学资源广泛分布在互联网,其中,专业网站、数字图书馆、网络数据库是其最重要的资料来源和载体。下面分别择例予以简单介绍:

1. 专业网站

历史类网络资源最常见的载体是各种与历史相关的专业网站。依据其内容和功能,此种网站大致可分为四类,即门户指南网站、历史主题网站、原始资料网站和专题研究网站等。

第一类门户指南网站,指专门对某类信息提供分类导航服务的网站。目前世界史类门户网站并不多,其中比较权威的是:"万维网虚拟图书馆"(The World Wide Web Virtual Library, http://vlib. iue. it/history/index.html)和主要为教师教学参考的"最佳历史网"(Best of History Web Sites, http://www.besthistorysites.net)。这类网站链接比较丰富,点击链接后可以打开相应的网址,各国历史的研究者几乎都能从中找到有价值的资料信息。

第二类历史主题网站,即有关历史知识的普及型综合网站。国外有关世界史的综合网站主要有:"历史网"History Net(http://www.historynet.com)、"在线超文本历史网"Hyper history Online(http://www.hyperhistory.com)等。一般以国别和地区为纲,以史事内容为目,内容丰富,图文并茂,既可以为教师备课提供素材,也可以开阔学生课下自学的视野。

第三类原始资料网站,指主要提供史料全文的专业网站。其中比较典型的是"世界史档案网"World History Archives(http://www.hartford-hwp.com/archives)、"二战资源网"World War II Resources(http://www.ibiblio.org/pha）和"美国国务院历史学家网站"Office of the Historians（http://history.state.gov）。前二者分别提供有关世界通史各阶段的相关文献和二战专题资料，属于综合性的资料汇总网站；后者则可以检索到 1861 年来美国外交文件全部出版目录以及战后解密的最新的档案资料，是典型的官方文件资料源。

第四类专题研究网站，多由研究组织或机构建立，内容以历史人物、事件或专题为中心收集相关史料、交流学术信息。这类专业网站国外机构建立的较多，例如，英国丘吉尔博物馆的"丘吉尔研究中心"网站 Winston Churchill Centre（http://www.winstonchurchill.org）、美国罗斯福协会的"新政网"NewDeal Network（http://newdeal.feri.org）、新全球史网站 The New Global History（http://www.newglobalhistory.com/index.html）以及美国伍德罗·威尔逊国际研究中心的"冷战国际史项目"网站 Cold War International History Project（http://www.wilson-center.org/program/cold-war-international-history-project），等等。这些网站往往收藏了大量相关历史的图文影音资料，是教学素材的宝贵来源。国内类似的世界史专题网站不太多，比较重要的有中国社会科学院世界历史研究所主办的"中国世界历史研究网"（http://www.worldhistory.cass.cn），中国世界古代史学会开办的"中国世界古代史研究网"（http://www.cawhi.com），中国世界中世纪史学会主办"中国世界中世纪史研究"（http://www.medhis.tongtu.com）等。这些网站查询方法简便，可以直接用搜索引擎查询。如直接与网站联系索取需要的资料，网站一般会及时提供相应的资源链接。

2. 数字图书馆

网上的数字图书馆也为我们提供了丰富的教学资料。这些数字图书馆既包括传统图书馆的数字化检索与管理网站，也包括提供电子书的数字化图书馆网站。前者常用的有美国国会图书馆 Library of Congress（ht-

tp：//www.loc.gov/index.html）、大不列颠图书馆 The British Library（ht-
tp：//www.bl.uk）、英国国家档案馆 The National Archives（http：//www.
nationalarchives.gov.uk）等，中国国家图书馆（http：//www.nlc.gov.cn）、
中国数字图书馆（http：//www.d-library.com.cn）等，其在线检索系统
是查阅资料的重要入口。后者比较重要的有网上虚拟历史图书馆（ht-
tp：//www.vlib.iue.it/history）、在线图书馆（http：//www.onlinebo oks.li-
brary.upenn.edu）以及"互联网档案网"Internet Archive（http：//www.
archive.org/index.php）等，此类公益性的网上虚拟图书馆，为所有的用
户免费提供电子图书、音频、图片、视频和软件的浏览和下载服务。它
们的信息储存量极大，种类齐全而且每日更新。读者可在其主页上利用
检索栏进行查找，部分馆藏提供全文下载。由于有些书籍文献国内难以
获得，故利用网络图书馆下载全文无疑非常有帮助。

3. 专业数据库

世界史教学资源的第三种来源在于数据库。如国内最常用的中文期
刊全文数据库有"中国学术期刊全文数据库"（http：//dlib.edu.cnki.
net），"人大复印报刊资料"（http：//ipub.zlzx.org）；西文过刊全文数据
库 JSTOR（http：//www.jstor.org/）、博硕士论文数据库（ProQuest
Digital Dissertations）、国际学术会议论文库（PAPERSFIRST）等。值得
一提的还有现代世界历史数据库 History Resource Center：Modern World
（http：//www.oclc.org/us/en/databases/thomson/histrescen.htm）等。这些
专业数据库大多由专业公司经营，把纸质文献数字化并通过网络让用户
使用，一般不提供免费的检索和服务，用户须注册付费后方可下载其中
的文献和资料。但通过数据库，教师可以快速、及时地获取数字化的相
关历史文献资料与相关研究信息，把握世界史研究的前沿信息。

此外，一些知名大学也会尽可能全面地收集网上相关学科的优质免
费资源，建立自己的数据库提供师生使用，比如香港中文大学图书馆制

作的"Eye on the world"栏目，即包含有各个学科的免费电子期刊、电子图书、网上讲座等非常丰富的内容；清华大学图书馆的电子期刊导航中也收录了上万种免费 OA 期刊列表。

二、世界史网络资源的获取途径和方法

有关世界史的网络教学资源的种类丰富，获取这些资源的途径也各不相同。事实上，现有的网络资源由于受限于版权等因素，还可分为无条件共享资源和有条件共享资源两类。前者利用普通网络搜索引擎可以直接搜索到，并且可以免费使用；后者则无法通过普通搜索引擎检索利用，它们往往存储在特定的网络空间，使用者必须通过注册登录为其用户才能检索利用，大多数还需支付一定费用。因此，利用不同属性的网络资源必须掌握不同的检索途径和方法。概括地讲，网络资源的收集可以有以下几种途径：

第一，利用常用的搜索引擎检索无条件共享的网络资源。目前常用的搜索引擎有以下几种：雅虎、谷歌和百度。其检索方式有主题目录型和关键词型两种。所谓关键词型搜索引擎，如：Google（http://www.google.com），就是采用关键词检索，利用电脑程序直接在网页中获取相关信息。但该搜索引擎只能搜索与其建立了联系的网站。别具特色的 Google 网页快照，可在目标网页服务器暂时中断时，利用 Google 暂存的网页救急，以免受找不到网页的错误信息之苦，同时在检索词中加入 Free 可以查到许多免费的学术网站。而主题目录型搜索引擎，如"Yahoo"（http://www.yahoo.com），其检索服务器是一个规模庞大的数据库，可分类提供不同专业的网站或网页信息。检索用户在主页上列出的主类别目录中查询下一层次或多层次的目录，直到找到所需的内容。目前，大多数搜索引擎都采用两种以上的检索方式。由于每一种检索引擎的索引规模、搜索范围及索引组织有差异，故使用中常因为不了解网络资源指南与检索工具的检索界面与功能，在查找信息时，费时费力还不能完成预期的工作。为有效地使用网络，除上述检索方法外，我们还可以通过专业网站中的相互链接，找到相关主题内容和所需资料。

第二，登录数据库，利用其自带引擎搜索有条件共享的资源。有条件共享的专业数据库均有自设的搜索引擎。如荷兰 Elsevier 公司开发的学术资源搜索引擎 Scientific Information Only（http://scirus.com），专门检索网站上的学术信息，且多数都是免费的全文资料。另外德国比勒费尔德大学图书馆研制的"比勒费尔德学术搜索引擎"Bielefeld Academic Search Engine（http://www.base-search.net）也值得一提，该学术搜索引擎旨在挖掘互联网上免费的学术文献资源和开放学术资源，实现了网络免费学术文献资源的一站式检索，免费向用户提供。此类搜索引擎的基本界面似 Google 般简洁，还有针对不同检索词的高级检索界面。利用这种专业搜索引擎能获得通常被商业搜索引擎忽略或隐藏在网络内部的深层资源。

第三，登录专题网站和图书馆，直接查阅库存信息。目前大多数专业的学术性网站都有自己的免费资料库。如前面提到的耶鲁大学法学院建设的资料网站 Avolon Project（http://avalon.law.yale.edu）。该网站是开放性的免费网站，收录自公元前 4000 年到今天的各种重要条约和文件。使用者可以通过登录该网站，依次点击链接，打开所需要的页面，查阅相关资料链接。在线阅读文件全文或通过复制等方式获得全文。

第四，利用各种邮件列表和讨论组或直接与网站或图书馆的管理员联系，用 E-mail 等方式获得所需资料。一般而言，如直接与网站联系索取需要的资料，网站大多会及时提供相应的资源或资源链接。上述几类搜索引擎的使用方法虽有不同，但是同属在线检索的获取渠道。在使用过程中要提高检索的效率必须要注意以下几点：（1）认真选择关键词。缩小搜索范围的简单方法就是添加搜索词，并在关键词中间留空格表示布尔与算符。（2）不要局限于一个搜索引擎。不同搜索引擎搜索的范围都有局限，当搜索不到理想的结果时，试着用另外一个搜索引擎。（3）可以使用强制搜索的方法。!!! 加英文双引号，此法在查找专有名词时效果明显。（4）遇到困难，应首先求助于每个搜索引擎自己的帮助系统。（5）错开高峰时间上网。选择流量较低时段上网会加快检索速度。一般来说，检索学术性较强的信息可选择在深夜或凌晨，此时上网人数少，网速快。

三、世界史教学网络资源的整理与应用

世界史教学的内容广泛，且大多数实物资源散落世界各地，研究者无法轻易获得，这使得传统的教学手段受资料的限制无法达到直观真实的效果。而当今网络技术的发展突破了这一瓶颈。事实上，丰富的网络资源对于世界历史教学的帮助是多方面的：对教师而言，海量的资源和信息有助于扩充其对世界史资料的个人占有量，从而丰富教师备课的内容和手段，完善课件制作的效果、提高课堂教学效率和质量；对学生而言，网络资源的存在也为培养他们搜集史料的能力提供了机会，通过自己动手接触历史文本、档案材料等，学生的自主学习能力也会得到提高；对教学效果而言，网络教学资源的收集和使用可以增加师生之间的互动，在教学实践中发挥双方的主动性，开阔视野、加深理解、优化教学效果。因此，重视和研究网络资源的教学运用有着不言而喻的意义。

根据笔者的体会，在具体的教学实践中，网络资源的使用实际上包含分类建库、素材整理和使用三个具体环节。

首先是史料的分类建库环节。由于网络素材的极大丰富，建好教学资源库是有效利用网络资源的前提。建库的原则是按教材知识体系分门别类地存储信息，以便使检索快捷，应用方便。这里的分类是指对收集来的资料按教学内容分类收集储存，每个文件夹下再分若干文件夹，将材料存入相应的文件夹之中，以便备课选用。因为网络史料来源广泛，鱼龙混杂、优劣并存，兼收并蓄往往事倍功半，且容易发生错误。为了将典型、高品质的素材应用于教学，必须对收集来的资料去粗取精，不断将重复的、质量差的淘汰更替，这样才能保证课堂使用的效率更高。与用传统手段收集到的资料一样，对于收集来的资料要保留来源信息或网址，以便再次登录核实。

其次是对资料的整理环节。这里的整理是指对史料进行具体修正以便适合教学使用。如教学中运用最多的图片资料，由于原上传者考虑到版权及浏览速度等因素，往往将原始图片加贴标签或进行缩小等处理，因此，并非所有下载的图片都能直接在课堂教学中使用。分辨率低的图片不适合在 PPT 中演示，而当图片像素大于 150×100 时，则可以用 Photoshop 等图片处理软件进行缩放处理或者直接在 Powerpoint 拉伸至合适大小。图片中的标签等也应利用软件加以去除。

最后是网络素材的使用环节。不同的网络资料应结合教学设计妥善加以使用。如文献资料多用于了解学术前沿动态、查询疑难问题和讲稿修订等备课工作。图片和影音资料多用于制作课件，展示世界历史上的人文和自然景观资料，加强直观教学效果。视频资料或课件可以单独播放或在幻灯中插入播放。但需要注意的是，视频文件因体积大，格式多样，并且需要相应的播放软件才能正常使用。所以，在利用影音资源时，必须注意选择配套的播放软件，且最好是最新的版本。因为此类软件只能"向下"兼容，即高版本能够播放老版本的文件，且越新功能越强大，支持格式越丰富。此外，必须说明的是，尽管互联网上的资源大部分是免费共享的，但并非可以拿来随便使用。有些资源明确要求注明版权所有者或者资料来源的必须遵照执行。而利用网络资源制作的教学课件等也只限于运用于课堂教学，如要用于商业目的则应慎重，以免引发版权纠纷。

综上所述，当今丰富的网络资源为世界史教学提供了近乎无限的资源，这是提高课堂教学质量的基本前提。为了充分利用这一宝贵资源，我们应熟悉各种学术信息源，对各种数据库、信息源的布局和获取渠道常加探索，建立自己所需教学数据库，以便及时更新和使用各类数字化的学术信息，利用网络技术的优势不断改进和完善自己的教学工作。

参考文献

何成刚、陈亚东：《历史教学网络资源的分类及开发》，《教学研究》2002 年第 12 期。

黄永、肖冬梅：《网络免费学术信息资源识别与利用》，《情报杂志》2009 年第 3 期。

毛娟：《网上免费资源的收集与整理》，《图书馆杂志》2004 年第 7 期。

潘迎春：《世界史网络资源利用》，《历史教学（高校版）》2009 年第 3 期。

王赳：《浅谈网络资源在世界史教学中的运用》，《丽水学院学报》2008 年第 4 期。

（原载《历史教学》2012 年第 3 期）

《英国外交事务文献：英国外交部机密印刷局的报告和文件·第三部分 1940—1945》简介

20世纪90年代，由英国学者编辑、美国出版公司出版的大型官方历史文献集《英国外交事务文献：英国外交部机密印刷局的报告和文件》1—4部分并始陆续问世。由于这套文件集涉及1850—1950年一百年的历史，而且材料全部来源于以往难得一见的英国外交部机密印刷局的机密印件，具有极高的史料价值，因此，从一开始就倍受世界各国史学界的关注。对于国内外研究第二次世界大战史的学者来说，最具吸引力的是这套文件集的第三部分，即1940—1945年系列。由于该系列收录的材料不仅全部是刚刚解密不久的文献，而且还填补了英国二战期间官方文献一直没有公开出版的空白，因此值得特别关注。

事实上，有关二战期间的英国外交文档一直是绝大多数从事第二次世界大战史研究的学者们可望而不可得的。因为，直到20世纪80年代，英国政府仅仅编辑出版了战争起源时期的文件——《英国外交政策文件集，1919—1939》①，而有关战争期间的文献迟迟没能出版。其原因虽然有财政方面的限制等因素，但更重要的是相关文件具有极高的敏感度，1940—1945年间的这些文件只是在最近几年才有可能与学者见面②。为了填补缺憾，英国政府组织编写的一套官方二战史，分系列记述二战期间英国的战略、情报、外交、经济政策各个方面情况。政府特许参与写作的作者可以利用未经解密的文献，因此其他学者只能从这套官方史书的注脚中探询有关档案的蛛丝马迹。所以，《英国外交事务文献：英国外交部机密印刷局的报告和文件·第三部分 1940—1945》的出版令人瞩目就在意料之中了。

与前两部分不同，第三部分收录了新近解密的英国外交部机密印刷局 1940—1945 年的全部机密文献。所谓机密印件是指英国外交部等政府部门对于一些驻外使节发回国内的有关驻在国情况的重要文件加以复制，并限定在小范围政府部门之间传阅的机密文件，其内容涵盖非常广泛，不仅仅局限于英国驻外使领馆与英国政府之间的官方信函，还包括一些私人的信件和电报以及有关专题或人物的备忘录和长篇报告等。由于此类文件一般人员无法轻易参阅，因此外界往往知之甚少。

英国外交部印制机密文件开始于 1850 年前后，到 1940 年为止，已经有近 100 年的历史了。而且在这近 100 年里，机密印件的构成和性质也在不断演变。第一次世界大战前，除外交部自己印制了大量的机密印件外，其他部门也分别印制自己的机密文件，如殖民部、印度部等，因此，文件的样式和来源五花八门，很不规范。

机密文献开始规范印制是 20 世纪初的事。1906 年英国外交部规定每天收到的电文和信函都要印制。一些重要的文件被优先印制，编入《一般通信》（General Correspondence），同时还要送入《进一步通信》（Further Correspondence），因此，这两个文件集中的大部分文件是重复的。

到 1940 年为止，英国外交部印制的《进一步通信》机密印件一共有 23 个系列。条目分类方面没有具体规律，大致可分为三类。首先是关于一般事务的，如"国联"、"苏伊士运河"、"战争"等；这些系列除"战争"系列是 1914—1919 年阶段性的外，全部是连续性的。其次是针对个别国家的，如阿富汗、埃及、苏丹、德国、摩洛哥、波西米亚、波兰、苏联和土耳其等。最后一部分是关于地区和国家集团的，如非洲、东方事务、远东事务、北美事务、西欧、南欧等，还有一个系列针对法国、比利时、荷兰、卢森堡，以及1940年单独出一个系列针对捷克斯洛伐克和匈牙利。上述分类方法一直持续到第二次世界大战爆发，战争初期对机密印件的复制分类工作几乎没有影响，到1940年，机密印件的印制工作仍然完全遵循旧例，甚至波罗的海沿岸三国并入苏联也没有促使英国调整机密印件的分类。1941年出现的唯一变化也只是一些微小的改动，即停止编辑波兰系列，而把有关内容并入捷克斯洛伐克和匈牙利系列。

但是，从1942年1月起，外交部机密印件的印制和分类工作发生了重要调整：将原来的23个系列减少为9个系列，即"综合事务"、"非洲事务"、"东方事务"、"西欧事务"、"东南欧事务"、"远东事务"、"北方事务"、"美洲事务"和"中欧事务"。而且除"综合事务"系列外，全部按地区来归类。在战争期间机密印件的印制工作基本上沿袭这种体例，没有大的变化，只是战争后期，为了留出篇幅以便收入更多方面的文献，因此减少了对长篇人物分析报告的印制和收入。

目前出版的《英国外交事务文献》规模庞大，其内容全部取材于《进一步通信》，时间跨度从19世纪中叶到20世纪中叶。该文件集全集由英国伦敦经济和政治学院著名教授D. C. 瓦特和肯尼思·伯恩主编。他们从1982年开始组织部分学者利用外交部机密印件编辑该文件集。至今出版了A—M共13个系列，即：

A 系列：俄国/苏联

B 系列：近东/中东

C 系列：北美洲

D 系列：拉丁美洲

E 系列：亚洲

F 系列：欧洲

G 系列：非洲

H 系列：第一次世界大战，1914—1918 年

I 系列：1919 年巴黎和会

J 系列：国联，1918—1941 年

K 系列：经济事务和外交部改革

L 系列：二战及概况，1940—1945 年

M 系列：国际组织、英联邦事务及概况，1946—1950

其中 A—G 系列按历史时段分四大部分顺序出版，即第一部分收录 19 世纪中叶到 1914 年前的文献；第二部分收录 1914—1939 年的文献；第三部分收录 1940—1945 年的文献；第四部分收录 1946—1950 年的文献。由于这套新近整理出版的档案文献，不仅时间跨度大，史料价值高，而且具有高度机密的特性以及新近解密等特点，同时披露了有关事件的发生、发展以及决策的全过程，集权威性和系统性于一身，因此是世界史研究不可多得的最有价值的第一手研究资料。

《英国外交事务文献》第一部分和第二部分有选择地收入了 1939 年以前的部分外交部机密印件，总计 425 卷。而涉及二战的第三部分则将 1940—1945 年外交部的机密印件全部收入。这部分文献共有 192 卷，3.3 万多页，由伦敦经济政治科学学院的保罗·普雷斯顿和圣玛丽大学学院的米歇尔·帕特里奇主编。在编排体例上力求保持文件的原貌，但在系列划分上却与机密印件不尽相同，基本上沿袭了第一、第二部分的系列分法，将外交部机密印件原系列拆分组合成 8 个系列，即 A—G 系列外加 L 系列①。具体情况如下表：

---

① 目前首都师范大学历史系现代国际关系研究室拥有 A 系列 6 卷、E 系列 8 卷、F 系列 26 卷以及 L 系列 5 卷。

系列	主题	收入内容及原属系列
A	苏联与芬兰	1940 年和 1941 年的苏联系列以及 1942—1945 年北方事务中有关苏联、波罗的海和芬兰的文献
B	近东和中东	1940—1941 年阿富汗、波斯、土耳其系列以及东方事务系列全部，1942 年后外交部东方事务系列全部和东南欧系列有关土耳其的文献
C	北美	1940—1941 年北美系列全部以及 1942—1945 年美洲系列中有关北美的文献
D	南美和中美	1940—1941 年南美和中美系列以及 1942—1945 年美洲系列中有关文献
E	亚洲	1940—1945 年东方事务系列全部
F	欧洲 西欧	1940—1941 年的西欧系列和法国、比利时、荷兰、卢森堡系列以及 1942—1945 年的欧洲系列
	南欧	1940—1941 年南欧系列，1942—1945 年东南欧系列除土耳其外的内容
	中欧和斯堪的纳维亚	1940—1941 年的德国系列，1940 年的波兰系列和捷克斯洛伐克、匈牙利系列以及 1941 年上述三个国家的系列，1942—1945 年包括中欧系列全部。另外还有 1940—1941 年斯堪的纳维亚和波罗的海国家系列中有关挪威、瑞典、冰岛、丹麦、格陵兰的文献和 1942—1945 年斯堪的纳维亚系列中除芬兰以外的内容
G	非洲	1940—1941 年包括非洲系列印件，摩洛哥系列印件、苏伊士运河系列、埃及系列和苏丹系列，以及 1942—1945 年非洲系列全部
L	战争	1940—1941 年外交战争系列以及 1942—1945 年综合系列的全部

《英国外交事务文献·第三部分 1940—1945》于 1997—1998 年由素以出版未曾公开发表过的或是刚刚解密的历史档案文献而负有盛名的美国大学出版公司出版。由于历史上历次大规模档案文献的解密都会带来相关领域的史学研究的高潮，因此，我们有理由相信，它的出版必将有力地推进我国史学界对于第二次世界大战史的研究，对世界现代史以及现代国际关系史的研究也将产生深远的影响。

（原载《第二次世界大战与世界历史进程》
论文集，武汉大学出版社 2002 版）

一战告诉我们什么

2014 年是第一次世界大战爆发 100 周年。这场战争始于 1914 年 7 月，结束于 1918 年 11 月，参战的国家超过 30 个。战争造成 900 万人死亡，2000 多万人受伤，350 多万人终身残疾；直接经济损失达 1800 多亿美元，间接经济损失达 1516 亿美元，是一场史无前例的人间浩劫。

对于这场人类历史上首次以世界大战冠名的战争，英、法、德、意等欧洲主要参战国有着切肤之痛，它们普遍将这场战争视为欧洲历史乃至世界历史的转折点。因此，在战争爆发百年之际，欧洲各国纷纷举行各种纪念活动，相关活动也不断见诸报端。喧嚣过后，理性的人们不禁要问，经过 100 年的研究和反思，人类对这场世界大战的认识有了哪些进展？这场大战究竟告诉了我们什么？

事实上，从一战爆发伊始，人们就开始探究这场自相残杀式战争的起因，甚至因此诞生了一个新的学科——国际关系学。不少人著书立说，试图从武器、同盟、均势等各种角度解读这场战争爆发的原因，并为未来如何避免战争提供建议。但事实是残酷的：一战结束仅 20 年后，规模更大的世界大战再度爆发：人们在汲取一战的历史教训方面似乎没有任何成效。对此，研究二战起源的修正学派代表人物、大名鼎鼎的史学家 A. J. P. 泰勒甚至无奈地嘲讽道，大多数研究历史的人只是"从过去的错误中学到如何犯下新的错误"。因此，如何真正地从一战中汲取教训还需要我们进一步深入思考。

众所周知，对于一战的性质及其爆发的根源，经典马列作家已经给出了深刻而精确的答案，即一战是帝国主义国家争夺世界霸权的战争，其起因是新老帝国主义国家之间重新瓜分世界的恶性竞争。但上述理论并不妨碍我们对一战的具体过程开展深入研究。笔者认为从一战的具体史实看，至少有以下五点教训值得汲取。

第一，对于可能引发战争的突发性事件必须慎重处理，在决策过程中对对手的意图和动机要详加甄别，防止主观误判恶化国际关系。1914年6月的萨拉热窝事件直接引发了战争，但一战前夕各国围绕此次刺杀事件的外交博弈告诉我们，对突发事件的不当处理会恶化国际关系，对对手步步紧逼会加速战争的爆发。1914年6月，英国的四艘战列舰还访问了德国，双方的水兵还一起逛街，英德关系似乎很好，但短短两个月后彼此就兵戎相见。当时，德国之所以无条件支持奥匈帝国，敢于对俄国总动员发出最后通牒，主要就在于德国的决策者对英国的立场出现了误判。当得知英国对德宣战时，德国的统治者后悔不迭。可见，战争爆发固然是历史的必然，但是对于引发战争的具体过程和偶然性因素也不能忽视，必须认真加以研究。

第二，对于战争的危害要有清醒的认识。一战前，人们对于战争的认识还停留在克劳塞维茨的《战争论》所阐述的工具说层面，即认为战争是国家推行政策的手段，是解决难题的法宝。当时的人们普遍对战争持赞颂态度，对战争的负面作用常加忽略。一战时期一本流行小说里的主人公布里特林先生，虽是个虚构的人物，但他对于战争的赞赏却有着很强的代表性。他认为，战争可能使"人类生活向前大大迈进一步……它既是危机，也是解决问题的办法……我们能够重新修订世界地图……世界是可塑的，人们想把它搞成什么样子就搞成什么样子。这是一个时代的结束，也是一个时代的开端……"然而历史证明，依靠武力对外侵略扩张，最终都是要失败的。一战后，德、俄、奥匈等帝国的崩溃，英法的衰落等史实都验证了中国的那句古话：国虽大，好战必亡。

第三，极端民族主义极易引发战争狂热，因此对极端民族主义必须加以警惕。战前欧洲各国对战争盲目狂热，在捍卫国家利益的幌子下，理智的和平主义者往往遭到排斥。开战前的法国处在一片躁动之中，法国社会主义者领袖饶勒斯坚决反战，但他的行为遭到了很多人嫉恨，甚至有些保守党的报纸，如《法国行动报》曾公开发文，暗示应该把他刺杀掉。1914 年 7 月 31 日，坚决反战的饶勒斯在街头咖啡馆被法国 29 岁青年拉乌尔·维兰刺杀。随后，法国的社会主义者纷纷转而支持战争。德国对俄国宣战的当天，聚集在柏林广场上成千上万的民众也是一片欢腾，他们不知道等待他们的将是一场他们从未预料到的漫长而痛苦的战争。

第四，现代化战争规模的扩大使得传统意义上的战场已经不复存在，参战国家的人力物力投入都是全国性的，这种后来被称为总体战或整体战的战争形式是历史发展的自然结果。虽然战争的特殊条件会促进武器的研发，推动科技的进步，但是这种发展最终会危及人类自身，二战后期原子武器的发明和使用即是明证。

第五，战后和平的重建必须公正，对战败国的处置必须适当，否则会为新的战争留下隐患。一战号称是"结束一切战争的战争"，但是由于战争的帝国主义性质，在战后巴黎和会期间，战胜国多是带着掠夺和压制战败国的动机拟订和约的。他们经过长达半年多的讨价还价，在凡尔赛和约中迫使德国单方面承担了发动战争的责任，全面裁减了德国的军队，瓜分了德国的海外殖民地，甚至以民族自决的名义肢解了德国东部的部分领土，这使得德国民族复仇的怒火一直在燃烧。同时，战胜国内部也因为分赃不均而矛盾重重，这最终导致德国再次发动世界大战。历史告诉我们，世界的持久和平应该以公正公平为基石，任何强制的、建立在不公正基础上的和平只会为新的战争埋下隐患。

今天，虽然一战的硝烟已经散尽，但世界仍然是个动荡的世界，全球范围内的各类战争和冲突仍然频发。如何在错综复杂的国际形势下避免突发事件再次在大国博弈中被人利用，进而引发世界大战？如何真正汲取一战的历史教训，切实维护世界的长久和平？这些都是值得我们每一个人深思的问题。

（原载《时事报告》2014 年第 9 期）

二战与 20 世纪国际战争观的演变

自古以来，战争便与人类社会如影随形。20 世纪发生的两次世界大战，严重冲击了人们固有的战争观，极大提升了国际社会对战争的认识。作为人类社会迄今为止规模最大的国际战争，第二次世界大战不仅对一战后形成的战争观产生了颠覆性的影响，而且引发了战后国际战争观的再度转向，并衍生出新的战争观，其影响至今犹存。

战争观的内涵及其代表

战争观是指人们对战争问题总的看法。具体地讲，战争观的理论构架，包括对战争的性质、起因、目的、历史作用以及对待战争的态度、控制战争的途径与方法等问题的基本观点。对此，各国学者曾从不同角度深入研究，其中不乏公认的力作。按照西方国际关系理论流派的划分，20 世纪影响比较大的战争观有传统的现实主义战争观、理想主义战争观以及正义与非正义的战争观等。其中，现实主义战争观一般把战争看作一种实现目的的必要手段或工具，同道德无关。理想主义战争观认为任何战争都是不道德的，应无条件禁止战争。正义战争论则是二战后兴起的新的战争观的典型代表，在整理前人见解基础上另辟蹊径，将战争划分为正义的和非正义的，至今仍有较大社会影响力。

战前国际战争观的演进

20 世纪初，西方社会主流战争观是以卡尔·冯·克劳塞维茨的《战争论》为代表的战争工具论，即把战争看作一种政治工具。克劳塞维茨认为，"战争无非是政治通过另一种手段的继续"。作为一种工具，战争只是达到目的的手段，与道德无关，因而也就无所谓正义与否。这种观点自诞生以来逐步被欧洲各国统治者普遍接受，并奉为经典。

第一次世界大战爆发前，各国的军事领导人在面对可能引发战争的争端时无不跃跃欲试，丝毫没有对战争后果的担忧，就是明证。此外，当时《战争论》不仅在欧洲译本繁多，且在 20 世纪初亦传到了亚洲：1903 年传入日本，被日军奉为军人的圣经，日俄战争后成为推动日本走上侵略道路的"加速器"；1911 年辛亥革命前期，该书还被保定陆军学校的士官们译介到中国。这从一个侧面反映了克劳塞维茨的战争观在当时是如何受到各国广泛的推崇和重视，堪称是一战前主流国际战争观的另一证明。

然而，1914 年爆发的第一次世界大战成为现实主义战争观的滑铁卢。作为工业化时代的产物，一战本质上是一场空前的总体消耗战，其破坏力远远超出人们的想象。据统计，一战期间双方兵员死亡人数接近 1000 万人，其中德国 180 万、奥匈帝国 170 万、俄国 130 万、法国 140 万、英国及英帝国 100 万、意大利 61.5 万；罗马尼亚、土耳其、保加利亚、塞尔维亚分别损失 33.5 万、32.5 万、9 万和 5.5 万；俄、奥、德、法、英等国共有 1860 多万人受伤。战争给各国经济带来的巨大破坏以及庞大的人力、物力损失大大超出了人们的预期，被战争残酷现实震惊了的精英们开始反省自己对战争的认识。在此背景下，战前居主导地位的传统的现实主义理论受到冷落，富于理想主义的和平主义思潮兴起，基本观念是任何战争都是不道德的。正如英国国联协会领导人谢波德所言："任何战争，不管其原因如何，不仅是对基督教的一种否定，而且是对人类的一种犯罪。"在这种思潮影响下，战争不再被顶礼膜拜，甚至成了人们害怕、厌恶的词汇。1928 年，由法国和美国发起、15 个国家签署了《关于废弃战争作为国家政策工具的一般条约》，即《非战公约》，核心内容就是宣布在国家关系中"废弃以战争作为推行国家政策的工具"，强调"可能发生的一切争端或冲突，不论其性质或起因如何，只能用和平方法加以处理或解决"。起初签约的只有 15 个国家，1933 年已达 63 个（包括但泽自由市）。尽管《非战公约》缺乏任何实质性的条约约束，但作为人类历史上第一次公开以缔约的方式宣布放弃战争手段、和平解决国际争端的声明，充分反映了国际社会的战争观已经发生根本变化：昔日对于克劳塞维茨战争观的盲目崇拜已经让位给带有浓厚理想主义色彩的和平主义非战观。

这种理想主义战争观在国际危机频发的 20 世纪 30 年代风行一时，人们希望能够通过裁减军备或和平谈判解决争端并避免战争。在此背景下，英国面对德意日法西斯的挑衅，固执地推行绥靖政策，企图通过理性妥协解决争端、实现和平。但是，盲目的让步并没有换来和平。1939 年 9 月 1 日，随着德国对波兰的闪电入侵，新的世界战争再次爆发，这标志着和平至上的理想主义战争观彻底破灭。

战后国际战争观的转向与衍生

二战期间，反法西斯战争的现实需求催生了战后国际战争观的转向，衍生出新的战争观，标志就是正义战争观的提出和兴起。第二次世界大战波及 84 个国家、20 亿人口，人员伤亡近 1 亿，造成财产损失近 4 万亿美元。这场战争不仅在物质上给人类带来严重损失，而且在思想上带来极大冲击。在经历长达 6 年多的战争浩劫后，特别是在了解了战争期间法西斯的疯狂侵略以及种族灭绝的非人道做法后，各国有识之士开始认真反思战前和平主义战争观的合理性。因为战前那些认为一切战争都是错误的，不应该以任何形式进行或参与战争的看法，在事实面前被证明过于幼稚，客观上甚至起到了纵容战争爆发的作用。因此，当各国被迫起而抗击法西斯侵略的时候，当战争结束后法西斯的残暴统治和种族灭绝的非正义性被揭示出来时，人们不得不重新考虑以往对战争的认识：简单地否定战争并不能永久地保住和平；战争的定性将直接决定战争这个工具是否会被利用。这种认识直接导致国际战争观在二战后的又一次转向，结果是国际关系学中和平主义的落寞与现实主义的卷土重来，同时伴随着一种新的流派——正义战争论的衍生。

二战后异军突起的正义战争论的奠基者是迈克尔·沃尔泽教授。在1977年出版的《正义与非正义战争：通过历史实例的道德论证》一书中，他系统阐释了正义战争论。其核心观点是把战争区分为两类——正义的和非正义的，涉及的主要原则是"开战正义"和"交战正义"。前者主要涉及在哪些特定的情况下使用暴力具有合理性的问题，后者主要涉及对这些合理使用的暴力应如何加以限制的问题。迈克尔·沃尔泽的著作呈现的是一种全新的战争观，出版后多次再版，至今仍是国外大学相关专业的必读书，同时也奠定了正义战争观在学界的地位。2004年，迈克尔·沃尔泽在新作《论战争》中，进一步补充完善了他的正义战争观，在"开战正义"和"交战正义"之外又提出"战后正义"的主张，强调对战后政治重建过程中的武力使用问题加以道德约束，这是正义战争观的最新进展。

战争观演变的启示

人类对于战争的认识是逐步深入的。战争作为一种社会现象，与人类社会发展相伴相随，其动因和形态随着历史发展不断变化，人类围绕战争的观念和认识也在不断演进。20 世纪前半期的两次世界大战，对于世界各国战争观的演变起到了直接促发的作用，不仅导致国际战争观的变化，而且后果相当明显。

战争观的演变与战争形态变化紧密联系，特别是与战争爆发原因和特点密切相关。从一战时的消耗战到二战期间的整体战、再到冷战期间的核战争，国际主流战争观的每一次新的进展和修正都是对以往战争观的升级和完善。战争观具有鲜明的时代特征，其形成受历史发展不同时期客观条件的限制，如经济基础、文化传承、社会思潮、时代特点等。与战争形态演变相比，人类的认识存在一定滞后性。如这些客观条件不变，则战争观在相当时期固定不变。这在 20 世纪全球战争与战争观的互动方面表现尤为明显。

总之，第二次世界大战不仅极大改变了世界历史发展面貌，而且从理论层面深化了人们对战争自身的认识。时值中国人民抗日战争暨世界反法西斯战争胜利 70 周年，从历史角度对二战前后国际社会主流战争观的演变进行梳理，不仅是国际关系学界关注的热点问题之一，而且对我们今天理性认识战争、守卫和平有着重要的启迪意义。

（原载《中国社会科学报》2015 年 9 月 15 日第 7 版）

追忆恩师篇

为学为师的典范：追忆恩师齐世荣先生

齐世荣先生是我的授业恩师。自 1990 年我有幸被先生纳入门下，屈指一算，已逾 26 载。今年是先生九十华诞，原本同门计划搞个聚会给先生祝寿，但谁知年前先生竟因恶疾突然离世……这个噩耗引发的震惊和懵懂，恍惚就在昨天。当时想写些文字寄托哀思，但一时间头绪纷乱，竟不知如何下笔。如今先生诞辰日已近，却无法再见到恩师，每思及此，不禁悲从中来。以往追随先生问学的亲身经历如过电影般历历在目，先生一生为学为师的独特风采亦一一重现眼前。不过限于弟子的眼界，本文只能敬述点滴有关恩师为学为师的故事和自己的感悟，以志纪念。

一

我是 1990 年 9 月正式成为齐先生的门下弟子的，但对先生的大名却早在上中学时就知道。因为当时我们用的高级中学课本《世界历史》是改革开放后编写的全新教材，齐先生作为世界现代史部分的主要参编者之一名列书中，这可谓我和先生师生缘分的开始。事实上，我对历史的兴趣始自高中阶段，教我们历史课的林老师是最初的启蒙者，他见多识广,曾介绍说齐先生原来当过中学老师,现在是北京师范学院的教授,很有学问云云。那时我对国内史学界的情况一无所知,但主观上认为能编写全国通用的高中历史教材的人必定是了不起的大历史学家。因此,我在 1986 年高考时三个志愿都填写了北京师范学院历史系,并最终以全校文科第一的考分如愿以偿。要说本科阶段就有要追随先生求学的心思未免过于夸张,但毕业后继续攻读研究生,争取做一名像先生那样的大学老师的目标还是有的。

经过四年的学习,我在毕业前以连年获得奖学金的优异成绩获得了 86 级唯一的保送攻读研究生的资格。在选择硕士阶段的专业方向时,我毫不犹豫地选择了齐先生指导的世界现代史。第一次和先生正式见面是在 1990 年 4 月的一个下午,在原来的东风楼(现已拆除)四层东侧历史学院的大会议室里,先生对我进行了面试。由于平时见过先生高大威严的样子,又听说过先生对学生的要求极严,因此在等候的时候心中忐忑不定。不过,出乎意料的是,见面后先生态度很和蔼,他让我坐在他身旁的沙发上,只是简单地问了我几个问题,如外语什么程度?是否过了六级?课外读过哪些世界现代史方面的书?读外文书速度如何等等,待我一一作答后,先生只是说了句"好,就这样了"便起身离去。令我终生感到幸运的是,通过这次短暂的面试,终蒙先生不弃,获得了忝列门墙的机会。从 1990 年 9 月开始,我正式师从先生攻读世界现代史方向的硕士学位,1993 年 7 月毕业后留校工作,先在首都师范大学学报编辑部做历史编辑,后于 1995 年初调回历史系任教。这期间,我报考了先生的博士,经过严格的考试,在 1994 年又幸运地得以继续跟随先生在职攻读现代国际关系史方向的博士学位,直至 1998 年毕业。

在长达 7—8 年的学习过程中,亲耳聆听先生的教诲,学习先生传授的知识、体悟先生治学的方法,通过一件件大事小事,渐渐地对于先生的治学风格有了一些较为深入的了解,先生贯通中西的学识和教书育人的风范也给我留下了难以磨灭的印象。

二

先生年青时曾受教于我国著名历史学家陈寅恪、雷海宗、邵循正、齐思和、翁独健、周一良等诸位先生，老一辈学者贯通中西的史料功底和融会贯通的治史风格对先生影响很大，这首先体现在他独特的授课内容上。当时先生开设了一门名为《史学方法》的专业必修课。记得第一次上课先生就论及陈寅恪等大师的著述及其治史料的经验，并要求我们课后到图书馆去把课堂上提及的著述都借来看，这大大出乎我们的意料。先生强调史料是治史的基础，研究中国史和外国史都一样，必须重视史料学的知识。作为世界史的研究生决不能只关注外国史而忽视中国史，这不仅是因为中国史是世界史的一部分，而且是因为在中国研究外国史必须立足于为中国服务，不懂中国史就无法进行中西比较。由于世界现代史学科是个很年轻的学科，在研究方法和史料整理方面都还需要完善，中国治史前辈积累的宝贵经验值得认真借鉴。为了帮助我们记全笔记以便课后能够按图索骥，先生的讲稿课后都会留给我们参考一段时间。因此，上述课的笔记我都记得比较完整，其中引用古今中外资料的丰富程度着实令人敬佩。

伴随先生身边的时光流逝得很快，不知不觉先生已年过八旬。2010年的一天，先生把我叫去家里，指着一摞书和复印资料对我说，他上年纪了，写不动大文章了，这些资料都是他以前收集来的，希望我能够充分利用，写一些有分量的论文。听到先生这么说我心里隐隐地有些感伤，一时不知说什么好，忽然想起当时市面上正流行翻版民国时期的老教材，故灵机一动对先生说，当初听您讲的关于史料学的课印象深刻，那种中西贯通的讲法现在已经鲜有人能做到。能否把讲稿整理出来出版，我相信对后学会有帮助的。先生闻言说，原来的讲稿都有，不过要发表还需要好好补充修改才行。先生说到做到，半年后，便送我一本《首都师范大学学报》2010 年第 10 期，内有《谈小说的史料价值》一文；此后，《谈日记的史料价值》、《谈私人信函的史料价值》、《略说文字史料的两类：官府文书和私家记载》、《谈回忆录类私人文件的史料价值》等文章相继发表，平均一年一篇，直至 2014 年《史料五讲》一书问世。先生以治世界近现代史闻名于当代，而在此书中展示了他在中国历史及中国文献方面的深厚功底。此书出版后，得到学界专家的高度好评，用瞿林东先生的话说就是："论述问题，征引繁富，可谓古今中外，信手拈来，使其所论具有极强的吸引力和说服力。"先生晚年以八十高龄，仍笔耕不辍，历时五年把自己的史料心得流传后人，这种"该罢休时不罢休"的精神永远值得我们学习。

三

先生治学的眼界极高，且很重视学以致用。他的著述涉及世界现代史、现代国际关系史、第二次世界大战史、苏联史、史学理论、史学方法、世界通史等多个领域，成果丰硕，见解深刻。尤为难得的是，其著述从来都是针对一些重大学术问题或全局性的实际问题，决不放无的之矢。作为先生的弟子，我平时注意收集先生发表的各种文字，先生治学选题的特点给我留下了深刻的印象。

作为经历了激情燃烧岁月的那一代人，先生骨子里饱含着一种高度的社会责任感和历史责任感。因此，他的学术关注和论著指向往往与时代发展的需求高度契合，而非仅仅拘泥于个人的研究兴趣。例如 1985 年第二次世界大战胜利 40 周年之际，第十六届国际历史科学大会在联邦德国的斯图加特召开，先生作为首次参会的中国代表团成员，在大会上作了题为《论中国抗日战争在第二次世界大战中的地位和作用》的专题报告，针对西方学界长期忽视二战期间中国抗战贡献的实际情况，第一次从世界全局的宏观视角，论述了中国战场的存在及其长期抗战对于牵制和消耗日本侵略者、配合与支援反法西斯盟国取得最终胜利等方面所做出的实际贡献。这篇论文运用了中日英美等多国一手史料，论证扎实有力，获得了与会各国学者的重视和好评，其观点至今依然是中国学者有关中国抗战贡献的代表性看法。在我读硕士期间，先生曾多次在上课的时候以这篇论文为例，谈及从世界史视角研究中国史的可能性，谈及掌握外语对于运用第一手史料的必要性，特别是国际关系史研究需要多国史料互证的重要性等等，把他的研究成果运用于教学中。

此外，针对苏联解体前后社会上对于十月革命道路选择的混乱认识，先生先后发表了《论有关十月革命的几个问题》、《从俄国十月革命到中国社会主义初级阶段——纪念十月革命 80 周年》等文章；针对国家改革开放大国崛起的时代要求，他应邀给中央政治局领导讲课，阐述历史上主要发达国家的崛起之路，先后编写了《世界近现代史干部读本》、《十五世纪以来世界九强的历史演变》、《十五世纪以来九强兴衰史》（2 册）、《二十世纪的历史巨变》，主编了《强国兴衰史丛书》、《帝国史译丛》系列丛书等等，上述种种，充分展示了老一代历史学家强烈的历史责任感和学以致用的现实关怀。

四

在治学方面，先生博学睿智，对自己的要求极为严格，对于学生也一样。他容不得对学问的丝毫懈怠和马虎，对于学生的论文都是认真审阅批注，而且常常还要核对引注的原文，发现问题绝不姑息，这一点在同门中是众所周知的。我第一次被先生狠批就是因为硕士论文的标点符号，因此印象极为深刻。事情发生在 1993 年初，我硕士毕业前夕，由于知道先生对于论文的审核极为严格，因此我在撰写硕士毕业论文时非常小心，在资料收集、行文结构、引证规范等各个方面均严格按照先生的要求，生怕在大的问题上有疏漏。不过当时电脑还不普及，因此学生的毕业论文一般都是手写的初稿，我提交先生的论文稿也是自己誊写的，结果恰恰在这里出了问题。记得先生把我叫到办公室，指着桌上的稿子，非常严厉地批评我不认真，其中一句我终生难忘："标点符号都写不好，怎么当研究生！"原来稿纸上所有逗号，我都习惯性地点成了点，先生用红笔圈改了多处，在旁边空白处画了个大大的叉，还附上几个大大的惊叹号！

起初我对于先生的批评表面上接受，心里却有点不以为然，觉得有点小题大做。直到后来先生上课期间多次提到"研究历史必须要养成严谨的学风""精细认真的习惯有助于培养见微知著的能力"后才有所醒悟。记得他曾在课上就二战爆发前签署的《苏德互不侵犯条约》是否附有秘密议定书一事提问我们：在《苏德互不侵犯条约》的秘密议定书未被证实之前，如何从条约本身发现端倪？见我们面面相觑，先生拿出他主编的《世界通史资料选辑》现代部分第一分册，找出条约文本，指着最后一句"本条约签字后立即生效"说，这句就能说明问题。因为一般的国际条约签署后并不立即生效，还要等待国会的批准。如《凡尔赛和约》，虽然美国总统威尔逊在巴黎和会期间作为主要缔造者已正式签了字，但最终却因国会没有批准，而在美国没有生效。那么"互不侵犯条约"是否例外呢？先生说他对比了其他同时期的类似条约，都没有立即生效的。这就说明《苏德互不侵犯条约》特别增加的这一句，幕后肯定别有深意：一方面说明时间紧急，有某种重大的需求要求立即生效，另一方面也说明苏德之间就这种重大的需求已经事先达成了完全的一致。事后证明，德国既定的9月1日进攻波兰的计划和苏德之间关于东欧和波罗的海势力范围的划分达成共识是增加该句的背景。课后我按先生说的一查，果然如此。苏联在战后坚决否认秘密议定书的存在，以致学界对此一直有争论。先生在此事被证实前的 1980 年即将该秘密议定书全文编入《世界通史资料选辑》，附在《苏德互不侵犯条约》之后，显示了其对于历史判断的高度自信和勇气。当时我对先生这种明察秋毫、见微知著的严谨学风便极为钦佩，自己开始指导研究生后，对当初先生"小题大做"的深意又有了更深的体会。时至今日，看到有些学生一而再地犯马虎的错误，我就常常引用自己因标点符号挨先生训斥的故事，告诫学生们养成细致认真的治学习惯的重要性。

但是，跟随先生久了，就会发现先生的批评虽然严厉但往往只是针对错误的，对于好学、上进的学生则有着更多的帮助和关爱。我在读硕士初期就萌发了想继续跟随恩师学习的想法。当他得知我有意报考他的博士继续深造后，他要求我再选学一门外语，说要想研究国际关系史，只懂英语不够，起码要懂两门，否则无法利用第一手史料进行两国互证。在问清我的意向后，他推荐我到外国语学院法语系插班学习，后来又帮助我联系了一位法语教师进行一对一的指导。这充分体现了一个老师对于自己学生的关爱和支持。

在我硕士毕业留校工作后，先生要求我首先要站稳讲堂，讲好课，其次再读博。在先生的指导下，我先后承担了世界近现代史、世界当代史、第二次世界大战史、世界现代史史料学等本科和研究生课程的教学任务，在教学过程中日益深刻地体悟到了先生所说的教学相长，教学与科研相互促进的乐趣。在这期间，我曾应约为《炎黄春秋》写了一篇《中国放弃日本战争赔款的来龙去脉》的文章，被《新华文摘》全文转载，发表的几篇学术论文也连续被《人大复印资料》全文转载，先生得知后特意把我叫去，说他看了我的文章，写得不错，但离"好"还有距离，要我不要自满，要继续努力。记得当时先生的原话是："要我说好，还差得远呢。"2006 年起我开始担任历史系科研副主任，2007 年改系建院后又先后担任学院科研副院长和党委书记，这期间先生时常结合自己的经验提醒我，行政事务会耽误不少时间，要合理安排，不要丢掉了学问，也别脱离教学。先生常说："一个好（大学）教师应当在教学、科研两方面都作出优秀成绩。"管理工作是为大家服务，只是阶段性的工作，最终还是要回归学术，因此学术研究应该是个人的终身目标。这些叮嘱我谨记在心。

五

"将相无种，事在人为"这八个字是先生在首都师范大学建校六十周年纪念大会上对于学校创建初期"白手起家"精神的精辟总结。其实这更是他个人长期治学、管理的经验总结，相对于世界史学科来说尤为贴切。首都师范大学世界史学科今天在国内位居前列，与先生等奠基前辈的这种自信和努力进取是分不开的。

伴随先生身边，时时能感受到他身上所拥有的这种与生俱来的自信与大气，2014 年是首都师范大学建校 60 周年，我当时任历史学院党委书记，如何筹备相关活动自然是分内之事，由于前期每年教师节前后都组织摄影展，因此想搞一次书画摄影展。我找到先生，希望他带头做点贡献。先生欣然答应，挥笔写下了八个大字："将相无种，事在人为"。他对我讲这是他作为首都师范大学创业者的真实感悟。在他任系主任和校长期间，曾经遇到无数困难，但由于心中怀有"王侯将相，宁有种乎"的高度自信，既不盲目迷信权威，也不畏惧困难，而是用扎扎实实地努力工作，推动各项事业的开展。他希望我们在自己的工作中既要对自己有高度的自信心，又要甘于踏踏实实地努力进取。我想，这八个字就是先生在治学方面那种大气和自信的由来。

这种自信和大气，使得先生在面对任何困难，乃至生死考验时都能从容不迫。2015 年 11 月 5 日傍晚，先生的女儿齐卫华打电话告诉我先生突发病症，跌倒昏迷，已送中日友好医院急救。这让我觉得非常惊讶，因为尽管先生近年来身体消瘦明显，但每问及他的身体状况，都得到非常乐观的回答。看情况紧急，我立即将情况向学校领导和郝春文院长做了汇报。当晚我和刘新成教授及其夫人王勤榕老师一起赶去医院探望并协助联系床位，半夜方回。次日上午再次到医院，仰卧在病床上的先生已经清醒，看到我后脸上微微露出笑容。我担心先生头脑是否清醒，便故意问先生："您知道我是谁吗?"先生似乎看穿了我的心思，顿了一下，微笑着说了两个字："废话。"这是先生对我最后的"训斥"。虽说被批了，但我的心情一下轻松了许多。也许是注意到了我紧张的样子，先生缓缓地挥挥手连说了两遍"这算不了什么"。卫华姐说先生早在一年前就查出了癌症，但当时瞒着没有告诉别人，这次住院也不让惊动别人。以后几天，我先后到上海和台湾出差，只能从电话短信中了解先生病情。回京后又和师兄王祖茂一起去探望过先生，当时看先生身体虽虚弱但还能说笑，并不时关注新编中学教材的进展情况，精神状态还好。我以为先生可以度过这一劫，至少能坚持三个月到过年。但谁知到了 12 月 3 日早上 6 点 58 分，竟接到了卫华姐的短信，说先生凌晨 6：15 去世了! 这消息如同晴天霹雳，惊得我很长时间都不知所措，我不敢相信那个睿智自信、笑对病魔的恩师竟然会走得如此突然!

敬爱的恩师永远离开了，离开了他亲身开拓并终身致力的世界史学科，离开了他服务了一生的首都师范大学和历史学院，离开了他始终关心与提携的学界朋友和学生们。作为先生的亲传弟子，把先生毕生积累的治学经验和学术思想传承下去是义不容辞的责任，但总结和提炼先生对于世界史研究的独到心得不是轻而易举的事，那需要后人细致、认真的梳理、体验和领悟方能将之继承与传承下去……我们会努力的，先生放心!

（原载《首都师范大学学报》2016 年第 6 期）

精于治学、敏于致用

——记新中国成长起来的第一代世界史专家齐世荣教授

齐世荣教授，河北省南皮县人，1926 年 10 月生，1945 年考入成都燕京大学历史系，1947 年转入清华大学历史系，1949 年毕业后分配到北京育英中学教授世界史。1954 年调入北京师范学院（今首都师范大学）历史系，长期从事世界历史的教学和研究。作为新中国建立后成长起来的第一代世界史专家，他专长世界现代史和现代国际关系史的研究，是我国世界史学科的开拓者之一。

齐先生求学时期曾受教于我国著名历史学家陈寅恪、雷海宗、邵循正、齐思和、翁独健、周一良等诸位先生，这些先生各有专门的研究领域，但共同特点是学术功底深厚、学识贯通中西，视野开阔、勇于创新。这种学术特点极大地影响并塑造了齐先生的治学风格。笔者以为，齐先生从事世界史研究的特点可以用十六个字概括，即功底扎实、中外兼通、精于治学、敏于致用。几十年来，齐先生的史学研究涉及世界现代史、现代国际关系史、第二次世界大战史、苏联史、史学理论、史学方法、世界通史等多个领域，研究成果丰硕，学术见解深刻，在国内有较高的声望，在国外也有一定的影响。限于篇幅，本文仅从治学和致用这两个方面来介绍一下齐先生的学术成就。

一、精于治学

精于治学是齐先生治史的突出特点之一。这反映在他的治史视野开阔，研究领域宽广，考证严谨、立论有据。下面从现代国际关系史、第二次世界大战史、苏联史和世界现代史等四个方面加以介绍：

1. 现代国际关系史方面

作为世界史学工作者，齐先生专攻现代国际关系史，特别是两次大战之间的国际关系史，几十年来成绩斐然。其中最显著的成就是齐先生写过的一系列关于绥靖政策的论文，如《三十年代英国的重整军备与绥靖外交》、《试析意埃战争前夕英国的"双重政策"》、《论 1936 年 7 月至 1938 年 11 月英国对意大利的外交政策》、《论"不干涉"政策的创始者及其动机》、《慕尼黑危机的真相不容歪曲》、《论 1939 年 3 月英国对波兰保证的原因及其破产》等，这些篇论文根据大量史料，针对西方学者中流行的种种错误论点，提出了自己独到的见解，具体而又深刻，论战性很强，具有很强的说服力。

其主要研究结论如下：（1）分析澄清了两次大战间英法等国外交政策的主要动机。齐先生指出，无论是英国对意埃战争所奉行的"双重政策"，还是英法在西班牙内战问题上所实行的"不干涉"政策；也无论是慕尼黑协定，还是英国对波兰的保证，英、法的目的都在于避免与法西斯国家发生冲突，以牺牲其他国家的利益来换取与德国的和解，最终实现以英、德为核心，英、德、法、意四国共同主宰欧洲的局面。英、法统治阶级认为，这种局面出现后，定会大大有助于繁荣不景气的资本主义经济和稳定不巩固的资本主义统治秩序。这是他们的根本利益。（2）从政治、经济、军事等方面阐述了绥靖政策产生原因。在政治方面，英、法资产阶级不仅"害怕对德战争引起本国革命"，并"为苏联所利用"，而且"把纳粹德国看作防止共产主义在欧洲扩张的屏障"，"在这个意义上，希特勒非但不是打击的对象，反倒是必须联合的盟友。"在经济方面，"最根本的一点，就是日益没落的英、法资产阶级一心要保住既得的经济利益"，害怕战争会破坏经济复兴，以致在大敌当前的时候，仍然不肯加大财政拨款，加速扩充军备。在军事方面，英国充满失败主义情绪，认定自己没有力量同时对付德、意、日三个敌人，又不愿团结法、美和中小国家，因而采取消极防御的战略方针，并企图通过绥靖外交来弥补国防力量的不足；法国统治阶级则盲目相信并依赖马奇诺防线，错误地以为藉此可以自保求和。（3）揭示了绥靖政策的实质及其带来的严重后果。齐先生认为，绥靖政策是20世纪30年代走向衰落的英国和法国，面临德、意、日法西斯国家的挑战，为保存自己的既得利益所采取的一种以牺牲其他国家为手段换取与对手妥协的政策。然而"绥靖外交推行得越彻底，欧洲的局势就越遭到破坏，英、法的战略地位也就越加恶化"。当英、法"把西班牙、奥地利、捷克斯洛伐克一一牺牲给法西斯侵略者，世界危险地点的'局部化'似乎成功了"的时候，"世界大战在总体上却更加迫近了"。因此，第二次世界大战固然是德、意、日三个法西斯国家发动的，但战前英、法推行的纵容侵略的绥靖政策无疑也是促成战争爆发的一个重要原因。齐先生对绥靖政策问题所作的这种系统而深入的研究，得到了我国史学界的充分肯定和重视。

2. 第二次世界大战史方面

在第二次世界大战史方面，齐先生深感于外国史学家对于中国抗战的地位和作用往往估计不足，甚至有意贬低，因此曾在抗战胜利四十周年前后围绕中国抗日战争与世界反法西斯战争的关系等问题发表了几篇论文，如《论中国抗日战争在第二次世界大战中的地位和作用》、《中国抗日战争与国际关系（1931—1941)》和《中国抗日战争与国际关系（1937—1945)》等，引起了广泛的影响。

在《论中国抗日战争在第二次世界大战中的地位和作用》一文中，齐先生充分利用了战后出版的中、日、英、美、苏各国的文献资料及各国最新的研究成果，以世界全局的眼光，把中国的抗日战争的全过程放在世界反法西斯战争的全景画面中进行整体考察。他运用宏观与微观、世界史与中国史相结合的研究方法，旁征博引、言必有据地说明了中国战场在以下几个方面所起到的至关重要的作用：使苏联避免两线作战，从而能集中力量打击纳粹德国；推迟德、意、日三国同盟形成，从而大大减轻了英、法在远东受到的打击，并有利于欧洲和北非战场的盟军行动；推迟太平洋战争的爆发，使英、美争取到更多的备战时间；在太平洋战场牵制日本百万大军。这些例证和分析，令人信服地说明了中国人民坚苦卓绝的八年全面抗战为最终战胜法西斯集团做出的不可磨灭的贡献。该文曾提交第 16 届国际历史科学大会宣读，获得了参加大会各国学者的重视与好评。日本茨城大学伊集院立教授在日本杂志《历史学研究》1986 年第 6 期上撰文评论道："这个报告是把中国历史中的抗日战争放到世界史中而作的分析。它把中国人民对于欧洲、东亚及美洲大陆的国际反法西斯战线所做的贡献及所占的地位进行了冷静的分析论述。这一分析，给予人们深刻的印象。"日本立命馆大学名誉教授池田诚在《抗日战争与中国民众》一书中也将齐先生的论点作为中国学者有代表性的看法。

而《中国抗日战争与国际关系（1937—1945)》一文则是在前文研究的基础上，进一步从国际关系的角度，阐述了中国抗日战争史。该文曾在 1987 年在日本京都、东京两地举行的"卢沟桥事变五十周年中国学术讨论会"上提交，受到了日本与会学者的赞赏。专门研究中国现代史的日本茨城大学教授石岛纪之评论说："该报告对美、英等国以及苏联对中日战争所采取的态度进行了精确的分析，明确了中国抗战在国际关系中的地位，把抗日战争看作中国全民族的抗战，这些都给人留下了深刻的印象。"齐先生对于二战期间中国战场的深入研究提升了我国抗日战争史研究的层次，同时也为相关研究的进一步拓展奠定了基础。

3. 苏联史

齐先生对苏联史也有研究，虽然数量不多，但多有创见。如他在1980年撰写了《列宁论无产阶级专政的实质》一文，文章鲜明地指出：列宁关于无产阶级专政非有暴力不可的观点是人们所熟知的，但列宁关于无产阶级专政的实质主要不在于暴力的论点却被许多人忽视了。先生详细阐明了列宁的论断："无产阶级专政不只是对剥削者使用的暴力，甚至主要的不是暴力。这种革命暴力的经济基础，它的生命力和成功的保证，就在于无产阶级代表着并实现着比资本主义更高类型的社会劳动组织。实质就在这里。共产主义的力量源泉和必获全胜的保证就在这里。"[①] 此文还进一步指出，列宁关于无产阶级专政实质的精辟论述，不仅对于一切无产阶级专政国家具有普遍指导意义，而且对于那些革命前经济、文化比较落后的国家尤其具有特殊的重要意义。落后国家在建立无产阶级专政后，应当清醒地看到自己向社会主义过渡的长期性和特殊困难，更有必要竭尽一切努力不断完善新的社会劳动组织，大大发展生产力，体现出社会主义的优越性。显而易见，在改革开放刚起步的特定历史时期，齐先生敢于提出上述独到的见解，是需要胆识的。

20世纪90年代苏联解体后，在西方和俄罗斯内部都有一批人攻击、否定十月革命。针对这些谬论，齐先生发表了《论有关俄国十月革命的几个问题》一文。深刻说明了十月革命不是"早产"，十月革命没有失败，它在历史上留下了巨大的影响，是不容抹杀的。齐先生还写了《从国际共产主义运动史看社会主义初级阶段理论的伟大意义》，

---

① 《列宁选集》第4卷，人民出版社1995年版，第9—10页。

《从俄国十月革命到中国社会主义初级阶段——纪念十月革命80周年》等文章，从总结国际共产主义历史和苏联历史的经验教训的角度，论证社会主义初级阶段理论的伟大意义。

此外，齐先生还编译了《苏联历史论文选辑》第一、二、三辑（与余绳武等同志合译，三联出版社1964—1965年版）、《西方资产阶级学者论苏联历史学》（商务印书馆1964年版）等著作，向国内学者介绍苏联史学研究的重要成果和国外有关苏联史学的研究进展情况。

4. 世界现代史和世界通史

世界现代史是古老的历史学科中的一个相对年青的分支。我国各高等学校开设世界现代史课是1949年新中国建立以后的事。齐先生从教几十年来一直从事这门课程的教学和研究工作，为中国世界现代史学科的奠基付出了辛勤的劳动，他的相关成果大致可以概括为如下几个方面：

其一，从理论和学术层面对于世界现代史进行总体探讨。

齐先生曾在《关于开展世界现代史研究的几个问题》、《漫谈世界史和世界现代史》、《世界史·现代史编》等论文和著作中对世界现代史的断限、特征等问题提出自己的看法。关于世界现代史的断限，齐先生明确指出大体上指从20世纪初到今天这一段时间。之所以把上限定在20世纪初，是因为：（1）20世纪初，资本主义发展到帝国主义阶段；（2）两大帝国主义军事集团为重新瓜分殖民地、势力范围和争夺世界霸权而展开的斗争，导致了第一次大战；（3）在大战的过程中，俄国无产阶级进行社会主义革命，建立了人类历史上第一个社会主义国家；（4）由于帝国主义力量在战争中的削弱，由于十月社会主义革命的影响，战后出现了殖民地半殖民地民族解放运动的高潮；（5）国际格局发生了重大变化。19世纪欧洲资本主义列强支配世界的局面告终。美、日两个新兴的帝国主义国家崛起于北美和东亚。社会主义国家苏联在地跨欧、亚两大洲的俄罗斯帝国废墟上兴起。这一系列的重大历史事件和变化都发生在20世纪初，故把世界现代史的上限定在20世纪初，是比较合适的。过去苏联史学家都以1917年十月革命作为世界现代史的开端，西方史学家则或以1914年第一次世界大战开始，或以1919年凡尔赛和会召开作为世界现代史的开端，齐先生认为这些分期的方法虽各有一定的道理，但比较片面，不如综合多种重要因素，定在20世纪初为妥。

关于世界现代史的特征，齐先生认为，世界在经济、政治、文化各个方面日益联系成为一个息息相关的整体，也就是世界历史的全球化运动，是世界现代史最主要的特点。近代资本主义大工业创造了世界市场，从而"首次开创了世界历史，因为它使每个文明国家以及这些国家中的每一个人的需要的满足都依赖于整个世界，因为它消灭了各国以往自然形成的闭关自守的状态"。① 世界历史虽然从近代已经开始，但到了20世纪，特别是1945年以后，随着经济的全球化，世界才在经济、政治、文化各个方面密切联系起来，因此，在一定意义上可以说世界史（完整意义的世界史）就是现代史。反过来看，现代史只有用全球眼光去观察，才能认清它的实质和各种问题，因此在这个意义上又可以说现代史就是世界史。

齐先生还与中国社会科学院世界历史所廖学盛研究员共同主编了《二十世纪的历史剧变》一书。这是国内第一部全面论述20世纪历史的专著，出版后被评为全国社会科学规划领导办公室《国家社科基金成果文库》首批优秀成果。2006年该书又获北京市第九届哲学社会科学研究优秀成果一等奖。

其二，在世界现代史资料的建设方面做出了独到而显著的贡献。

史料是研究历史的基础，然而直到20世纪70年代末，我国一直没

---

① 《马克思恩格斯选集》第1卷，人民出版社1995年版，第114页。

有自己编纂的用于教学与科研的大型的世界现代史资料汇编。有感于国内世界史资料的匮乏和工作的需要，齐先生在 1980 年、1982 年和 2007 年先后编辑出版了《世界通史资料选集·现代部分》第一、二和第三分册（商务印书馆出版），这是我国第一部关于世界现代史的原始资料汇编，而且也是迄今为止内容最为丰富的史料集录。已故著名史学家周一良教授认为："本书的总体安排、章节提法、繁简取舍等方面，体现了正确的立场观点"，"取材丰富、反映出主编者在本学科中较高的学力和修养"。国内世界史的同行们也公认它是"教学与科学研究的必备参考书"。此外，齐先生还主编出版了《当代世界史资料选辑》三册，以及《世界史资料丛刊·现代部分》（美国、法国、德国、印度、朝鲜等）8 册。可以说，一大批从事世界现代史教学与科研的中青年学者都从这些史料汇编中获得益处，这是齐先生对世界现代史学科基本建设所做出的一项突出贡献。

其三，主编有中国特色、有影响的世界通史教材。

齐先生一贯重视世界史教材的编写，先后主编了多种多卷本的世界通史教材。其中最重要的是 20 世纪 90 年代出版的 6 卷本《世界史》和今年刚刚出齐的四卷本《世界史》。6 卷本的世界史是武汉大学吴于廑先生与齐先生共同主编的，其前身是 20 世纪 60 年代周一良、吴于廑两位先生主编的 4 卷本的《世界通史》。80 年代，国家教委鉴于周吴本的内容需要更新，遂请吴先生和齐先生合作，主编一套新的 6 卷本《世界史》。这套书的体系是由吴先生生前定下来的，吴先生去世后，齐先生具体负责完成了各卷的编写工作。该套教材问世后曾获 1995 年国家教育委员会颁发的第三届普通高等学校优秀教材一等奖，并被许多高等院校采作教材，至今已发行 15 万套，80 万册，堪称国内世界通史教材方面迄今为止最具影响力的代表作。而新版的四卷本世界史则是受教育部委托，由齐先生担任总主编的国家高等教育"十五"规划教材。该版教材于 2006 年至 2007 年底由高等教育出版社出版，古代、近代、现代和当代各一卷。各分卷参加主编和撰写的均是近年来国内影响较大且在各自领域学有专长的中青年学者，他们吸取了国内外研究的最新成果，在某些内容上颇有新意。

此外，2002 年，齐先生还主编出版了面对广大领导干部的单卷本简明教材《世界近现代史干部读本：1500—1945》（中共中央党校出版社 2002 年版），以简明、通俗的文笔，系统、全面地回顾了自地理大发现以来直至第二次世界大战结束的历史演变，是一部集思想性和科学性于一体的普及教材。

二、敏于致用

如果说严谨治学高质量产出的"精于治学"是齐先生的学术特点之一的话，那么可以说"敏于致用"则是先生治学的另一个鲜明的特点。齐先生在治学过程中始终注重发挥史学的功能，他有着敏锐的历史责任感，时刻注意以自己的学识和学术研究成果服务于社会，其表现主要在以下几个方面：

1. 发挥史学的资政功能

关于历史学的阶级性及其与政治的关系，这是一个十分重大而人们看法又多有分歧的问题。1980 年齐先生应武汉大学吴于廑先生之邀，在当年举行的全国世界史学术讨论会上作了一个报告，会后根据报告撰成《谈历史学科为无产阶级服务》一文。文章指出：历史学科为无产阶级服务，要从根本途径上着手，例如阐明历史发展的规律；总结阶级斗争、生产斗争等方面的经验；培养人们观察问题的历史意识和方法等等。文章同时强调指出，历史研究要与现行政策的宣传有所区别，它不是也不应是某项具体的现行政策的历史注解。文章列举了以往苏联某些史学家为了迎合当政者的政治需要，不惜歪曲史实，在陈述和评价历史人物和事件时变来变去的荒谬做法。此文发表于 1980 年，距打倒"四人帮"不久，它对肃清"四人帮"推行的"影射史学"的流毒和纠正过去史学界某些过"左"的做法，起到了积极的作用，颇得同行的好评。另外，齐先生在《学习世界史与建设有中国特色社会主义》一文中指出：世界史可以从以下几个方面为中国特色的社会主义建设服务：第一，学习世界史可以了解今天开放世界的历史渊源，加深对改革开放重要性的认识；第二，学习世界史，可以总结世界各国发展的历史经验，作为建设中国特色社会主义的借鉴。第三，可以通晓人类社会发展的规律，坚定走建设社会主义道路的决心。

2003 年 11 月 24 日，齐先生应邀为中央政治局常委进行了有关大国兴衰的历史的专题讲解。题目是《15 世纪以来世界主要国家发展的历史考察》。事后，齐先生撰写了《创新是国家兴旺发达的不竭动力——历史考察》、《从中外历史看抓住机遇的重要性》[①] 等文章，从总结历史经验的角度对于如何面对我们这个时代所赋予的机遇和挑战发表了深刻看法。

同时，齐先生还主编了 6 卷本《强国兴衰史丛书》和《15 世纪以来世界九强的历史演变》等著作。系统地论述了西班牙、葡萄牙、荷兰、英国、法国、德国、美国、日本等国家跻身世界强国的历史轨迹，为大国的兴衰这个题目提供了更为丰富的历史注脚和读本。

2. 关注和指导世界史学科的建设

齐先生学以致用的另一个表现是身体力行，用自己的学识和经验为推动中国世界史学科的建设和发展尽心尽力。他曾任中国史学会副会长，中国世界近现代史研究会会长，国务院学位委员会第二届、第三届

---

① 齐世荣：《从中外历史看抓住机遇的重要性》，《求是》2007 年第 5 期。

历史学科评议组成员等职，为推动我国历史学科的发展尽心尽力。几十年来，他不断发表文章就世界史学科的发展、教研人才队伍的培养和学风的建设等方面提出自己的见解。

首先，针对近代以来中外历史学家普遍存在的忽视和轻视世界史研究的现实，齐先生鼓励中青年学者要立大志，敢创新，勇于进行世界史研究。他在《攀登世界史研究的高峰——我国世界史学科中青年同志的历史重任》一文中鼓励中青年学者学习第一代学者那种学贯古今，汇通中西的学术品格，努力把中国的世界史研究提升到国际水平。同时他在《学术的生命力》和《关于史学研究的创新问题》等文中指出：研究学问，必须处理好继承与创新的关系："学术的生命力在于创新，但创新的基础和前提条件是继承"。"继承与创新是一根链条上的两个环节，缺一不可"。偏废任何一方都会使学术丧失生命力。此外，齐先生对于某些人认为中国人无法撰写世界通史的论点极不认同。他认为研究世界史、编写世界史不仅是可能的，而且是必要的。他在《漫谈世界史和世界现代史》一文中指出：不论编写世界史有多少困难，"无论如何我们不能在面临编写世界历史的伟大任务时止步不前，而满足于把一批又一批的专题论文和国别史、地区史堆集在读者面前。如果这样作，读者关于世界史的局部的、具体的知识虽然会不断增加，但将永远不会知道'世界'史是什么样子。在历史正在发生迅速变化的今天，'细节'固然需要了解，但'总画面'更需要让人们清楚。否则就会只见树木，不见森林。"他还指出，"随着全球化的趋势日趋增强，今天人们必须用全球眼光来看待历史。今天编写世界史必须注意以下三点：第一，世界历史本身是一个有机的统一体；第二，研究世界史，应运用全球观点（或称世界全局观点）综合考察各地区、各国家、各民族的历史，或运用全球观点来看待某一地区、国家、民族在整个世界中的地位；第三，世界史的主要内容应是那些具有世界性影响的运动、事件和世界各地区的相互关系。"与此相关，齐先生还针对当代人能否写当代史的争论，撰写了《"合之则两美，离之则两伤"——论当代人写当代史与后代人写前代史》一文，深入探讨了这个问题，指出二者各有其优越性，也各有其局限性，不可偏废。这篇文章不仅从理论上说明了这一问题，而且由于结合古今中外许多历史著作的实例，体现了深厚的学术功底，故有很强的说服力。

其次，对于我国世界史学科如何持续良性地发展，齐先生在其先后撰写的《世界现代史学科建设中的几个问题》、《漫谈科学研究与学科带头人问题》、《有关世界史学科建设的两个问题》、《加强队伍建设，是根本大计》等几篇文章中分别从不同的角度强调人才队伍建设对于世界史学科发展的重要性，并提出自己的看法和建议。如他指出世界史学科能否发展，其带头人至关重要；而好的学科带头人的标准应是德才兼备，具体讲即应是精通业务，眼光高远，品德高尚，擅于团结人和培养新生力量。

而针对国内学界存在的一些浮躁现象和不科学的考评之风，齐先生则陆续撰写了《漫谈学风问题和学术批评问题》、《学界要力戒浮夸浮躁》、《书评不要八股化》、《论学术评定工作中过分量化、过分硬性规定的危害》等文章，分别给予了及时的批评和建议，他倡导树立创新和扎实的学风，反对学术浮夸和"泡沫学术"；建议在学术评估方面慎用量化的指标等等，在规范学风和学术道德方面做了应尽的努力，体现了老一辈学者对于现实的忧虑和对后辈学者成长的关爱。

第三，对于国内学界对国际前沿学术的探讨，齐先生也积极支持。2004 年底，首都师范大学成立了国内第一个全球史研究中心。虽然目前全球史的研究在国内还处于起步阶段，学界也有不同的认识，但齐先生对该中心的筹备工作给予了很大的支持，并欣然担任该中心的学术顾问及中心刊物《全球史评论》的编委。这体现了齐先生作为老一代学者对于后辈学术创新的关注和支持。

3. 重视世界史知识的普及工作

齐先生十分重视世界史知识的普及，并身体力行地做了许多工作。他早在 1994 年发表的《我国世界史学科的发展历史及前景》一文中便着重指出："我们生活在一个正在变得越来越小的地球上，如果对外国的事物茫然无知，或所知甚少，那是无法自立生存的。对外国的了解深浅如何，可以作为测验某个国家发达程度的一项指标。"为此，他呼吁要重视世界史知识的普及工作，同时他还辩证地阐述了普及与提高的关系，说我们必须在普及工作方面下功夫，引起广大人民对世界史的兴趣，使他们通过自己的学习认识到世界史知识对于一个现代公民的重要性。在此基础上，才能产生出一大批世界史的爱好者，再从这批爱好者当中涌现一支支世界史的专业队伍和业余队伍。队伍壮大了，人才多了，高水平的学术著作才能出现。齐先生还进一步指出，普及的目的不单是为提高打基础，普及工作本身就具有巨大的社会价值。撰写深入浅出、引人入胜的通俗读物是要付出艰辛劳动才能办到的；不仅如此，这一工作非人人可办，因为能深入者未必能以浅出之。基于这种深刻的认识，为了普及世界史知识，齐先生曾先后编写多部世界历史读物。如《人类文明的演进》等书，该书是齐先生与马克垚、朱龙华、刘宗绪、张象 4 位资深教授合编的精品读物，共 2 卷，以 50 多万字的篇幅，勾勒人类起源到 20 世纪末的文明史，线索清楚，重点突出，文笔生动，图文并茂，非常适合普通读者阅读。此外，齐先生还精心组织人力，编辑了一套 20 册的多卷本《精粹世界史》，内容主要为世界历史上的重大事件，时间从古到今，地域上包括欧、美、亚、非几大洲。例如，古代的有《璀璨的古希腊罗马文明》、《西欧封建社会》、《独特的拜占庭文明》等；近代的有《新世纪的曙光——文艺复兴》、《英、法、美资产阶级革命》、《1848 年欧洲革命风暴》等；现代的有《建设社会主义的第一次尝试》、《从萨拉热窝到东京：两次世界大战》、《法西斯运动与法西斯专政》、《20 世纪科技革命与世界历史进程》等。这套丛书还精选了一些跨度大的专题性历史题目，从总体出发去阐述世界史上的若干重大问题。例如《推动历史进程的工业革命》、《欧洲优势·美苏对峙·多极世界》等。总体上看，这套丛书最突出的特点和优点，就是学术性与通俗性的有机结合。丛书出版后，颇获好评，《世界历史》、《光明日报》等报刊予以报道和评论，称之为"深入浅出，雅俗共善"，"融深刻学术性和史实真实性于活泼流畅的文风之中"。

另外，在工具书编写方面，齐先生还主编了一部《世界五千年纪事本末》（人民出版社 2005 年版），以 200 万字左右的篇幅，叙述了从远古到 20 世纪末世界历史上发生的千余起重大事件。这部工具书的一个重要特点是"略古详今"，古代史和近代史的重大事件有 400 余条，现代史和当代史有 700 余条。《世界五千年纪事本末》叙述准确、具体、观点寓于叙事之中，不做空论，体现了工具书应有的功底深厚的特点，是一部高质量的案头参考书。

与此同时，他还多次著文鼓励人们学习历史知识。发表了《认真地读一点世界史》等文章，阐述了今天我们学习世界史的三点现实益处：第一，通过学习世界史，可以了解人类历史自古至今的发展过程及其规律，从而看清人类的光明前途，坚定我们建设有中国特色社会主义事业的信心。第二，中国是世界的一部分，中国的发展离不开世界，建设有中国特色社会主义的事业要求我们必须了解世界，既要了解它的现状，也要了解它的历史。第三，借鉴世界历史经验，可以知兴替之道。

今天，作为新中国成长起来的我国第一代世界史专家，齐世荣先生虽然已年过八十，但他仍然以敏捷的学术思维活跃于教学与科研的第一线。他"精于治学、敏于致用"的学术风范影响着许多中青年学者在创新世界史研究的道路上刻苦钻研，踏实工作，为实现使我国的世界史学科在国际学术界占有重要地位的目标而努力。

（原载《社会科学战线》2008 年第 11 期）

新中国成长起来的第一代世界史专家

——齐世荣教授学术成就评介

　　首都师范大学历史系齐世荣教授，是新中国成长起来的第一代世界史专家。他专长世界现代史，从事这一领域的教学与研究已历半个世纪，桃李盈门，成绩斐然，是我国这一学科的开拓者之一。

　　齐先生原籍河北省南皮县，1926 年 10 月生于江苏省连云港市。1945 年考入成都燕京大学历史系，1947 年转入清华大学历史系，1949 年毕业。现任首都师范大学历史学系教授，曾任中国史学会副会长，中国世界近现代史研究会会长，国务院学位委员会第二届、第三届历史学科评议组成员等职。

　　齐先生求学时期，正值中国历史上的剧烈变革时代。国家与民族所经历的内忧与外患，危机与革命，不仅培养了先生赤诚的爱国之心，也激励了他研究世界历史的热情。先生在燕京大学和清华大学读书时，曾受教于我国著名历史学家陈寅恪、雷海宗、邵循正、齐思和、翁独健、周一良等诸位先生。这些先生有一个共同的特点，就是中西贯通，视野开阔。他们学术功底深厚，虽各有专门的研究领域，但对其他领域也相当熟悉，故能做到眼光敏锐，发前人未发之覆。这种学术研究的特点给齐先生以很深的影响，是他以后在教学与科研中时刻用以自勉的。如果说齐先生对世界历史的研究兴趣产生于大学求学期间，那么，他实际从事这方面的研究则是在新中国成立之后，在马克思主义理论指导下进行的。

一、世界现代史研究

世界现代史是古老的历史学科中的一个年轻的分支。从世界范围看，这一学科是在第二次世界大战结束以后才逐渐建立起来的。从我国看，解放前各大学极少有人研究世界现代史，也很少有人开这门课程。燕京大学的齐思和教授讲授过西洋现代史，内容也仅限于欧美范围。1949年新中国建立以后，我国各高等学校先后设立了世界现代史课程。从此至今，齐先生一直从事这门课程的教学和研究工作，为世界现代史学科的奠基工作付出了辛勤的劳动。他的相关成果大致可概括为如下几个方面：

1. 总论方面

关于世界现代史的断限。齐先生认为，世界现代史大体上指从 20世纪初到今天这一段时间。之所以把它的上限定在 20 世纪初，是因为：（1）在 20 世纪初，资本主义发展到帝国主义阶段；（2）两大帝国主义军事集团为重新瓜分殖民地、势力范围和争夺世界霸权而展开的斗争，导致了第一次世界大战的爆发；（3）在大战的过程中，俄国无产阶级进行社会主义革命，建立了人类历史上第一个社会主义国家；（4）由于帝国主义力量在战争中的削弱，由于十月社会主义革命的影响，战后出现了殖民地半殖民地民族解放运动的高潮；（5）国际格局发生了重大变化，19 世纪欧洲资本主义列强支配世界的局面告终，美、日两个新兴的帝国主义国家崛起于北美和东亚，社会主义国家苏联在地跨欧、亚两大洲的俄罗斯帝国废墟上兴起。这一系列的重大历史事件和变化都发生在 20 世纪初，故把世界现代史的上限定在这个时期是比较合适的。过去苏联史学家都以 1917 年十月革命作为世界现代史的开端，西方史学家则或以 1914 年第一次世界大战开始，或以 1919 年凡尔赛和会召开作为世界现代史的开端，齐先生认为这些分期法虽各有一定的道理，但比较片面，不如综合多种重要因素，定在 20 世纪初为妥。

关于世界现代史的特征。齐先生认为，世界在经济、政治、文化各个方面日益联系成为一个息息相关的整体，即世界历史的全球化运动，是世界现代史最主要的特点。近代资本主义大工业创造了世界市场，从而"首次开创了世界历史，因为它使每个文明国家以及这些国家中的每一个人的需要的满足都依赖于整个世界，因为它消灭了各国以往自然形成的闭关自守的状态"（《马克思恩格斯选集》第 1 卷，114 页，人民出版社 1995 年版）。但直到 20 世纪，特别是 1945 年以后，随着经济的全球化，世界才在经济、政治、文化各个方面密切联系起来。因此，在一定意义上可以说世界史（完整意义上的世界史）就是现代史；反过来看，也只有用全球眼光去观察现代史，才能认清它的实质和各种问题，在这个意义上又可以说现代史就是世界史。

在人类历史的全球化运动过程中，社会主义制度与资本主义制度的互相依存、互相渗透、互相影响和互相斗争，是关系到人类未来走向的全局性大问题，它们之间的优胜劣败，不能根据一两个或几个重大事件来下结论，至少要到几个世纪以后才能最终见出分晓。过去我们把十月革命的发生看作敲响了资本主义的丧钟，这是过分乐观了。同理，今天资本主义的辩护士把苏联的解体看作社会主义制度的灭亡，难道不是他们的臆想和妄断吗？

以上关于世界现代史的这些看法，见于齐先生所著《关于开展世界现代史研究的几个问题》、《漫谈世界史和世界现代史》、《世界史·现代史编》等论文和著作中。

2. 现代国际关系史方面

现代国际关系史，特别是两次世界大战之间的国际关系，是齐先生的一个研究重点。他认为，严格意义上的国际关系史是从资本主义时代开始的（此前没有全球性的国际关系），它包括政治、经济、文化各个方面，因此其内容应比传统的外交史更为广泛。特别是20世纪以来，国家、民族之间的交往日益频繁、密切，而且异常复杂。要提高现代国际关系史的研究水平，关键是要把国际关系中的政治、经济、文化诸方面因素综合起来加以考察，找出它们之间的相互关系和影响。

齐先生写过一系列关于绥靖政策的论文，如《三十年代英国的重整军备与绥靖外交》、《意埃战争与英国的"双重政策"》、《论1936年7月至1938年11月英国对意大利的外交政策》、《论"不干涉"政策的创始者及其动机》、《慕尼黑危机的真相不容歪曲》、《论1939年3月英国对波兰保证的原因及其破产》等，这些论文根据大量史料，针对西方学者中流行的种种错误论点，提出了自己独到的见解，具体而又深刻，论战性很强，有很强的说服力。其主要内容如下：

（1）分析、澄清史实。齐先生指出，无论是英国对意埃战争所实行的"双重政策"，还是英、法对西班牙内战所实行的"不干涉"政策；也无论是慕尼黑协定，还是英国对波兰的保证，英、法的目的都在于避免与法西斯国家发生冲突，以牺牲其他国家的利益换取与德国的和解，最终实现以英、德为核心，英、德、法、意四国共同主宰欧洲的局面。英、法统治阶级认为，这种局面出现后，定会大大有助于繁荣不景气的资本主义经济，稳定不巩固的资本主义统治秩序。这是他们的根本利益。

（2）从政治、经济、军事各个方面论述了绥靖政策产生的原因。在政治方面，英、法资产阶级不仅"害怕对德战争引起本国革命"，并"为苏联所利用"，而且"把纳粹德国看作防止共产主义在欧洲扩张的屏障，在这个意义上，希特勒非但不是打击的对象，反倒是必须联合的盟友"。在经济方面，"最根本的一点，就是日益没落的英、法资产阶级一心要保住既得的经济利益"，害怕战争会破坏经济复兴，以致在大敌当前的时候，仍然不肯加大财政拨款，加速扩充军备。在军事方面，英国充满失败主义情绪，认定自己没有力量同时对付德、意、日三个敌人，又不愿团结法、美和中小国家，因而采取消极防御的战略方针，并企图通过绥靖外交来弥补国防力量的不足；法国则盲目相信并依赖马其诺防线，错误地以为借此可以自保求和。

（3）揭示了绥靖政策的实质及其带来的严重后果。齐先生认为，绥靖政策是 20 世纪 30 年代走向衰落的英国和法国，面临德、意、日法西斯国家的挑战，为了保存自己的既得利益所采取的一种以牺牲其他国家为手段换取与对手妥协的政策。然而，绥靖外交推行得越彻底，欧洲的局势就越遭到破坏，英、法的战略地位也就越加恶化。当英、法"把西班牙、奥地利、捷克斯洛伐克——牺牲给法西斯侵略者，世界危险地点的'局部化'似乎成功了"的时候，"世界大战在总体上却更加迫近了"。因此，第二次世界大战固然是由德、意、日三个法西斯国家发动的，但战前英、法推行的纵容侵略的绥靖政策无疑也是促成世界大战爆发的一个重要原因。

另外，在一些具体问题上，齐先生也从客观、求实的态度出发，做了研究与评价。例如，一些西方学者认为"不干涉"政策是法国政府主动提出的，其对立派则认为它的真正策源地是伦敦。齐先生分析了英、法外交文件和当事人的回忆录等大量史料，得出结论："就实质而论，英、法两国是这一政策的共同创始者。"又如，西方学者大多数认为 1939 年 3 月英国对波兰的保证结束了绥靖外交，齐先生从"应付国内的压力"、"防止德国的西进"、"勾结德国的新策略"几个方面，说明了英国在宣布保证波兰的独立以后，在军事上、经济上都未给波兰以实际援助，而且一再要求波兰对德国做出让步，因此，"结束绥靖政策"一说不过是西方资产阶级史学家为破产的绥靖政策所作的一种无力的辩护而已。此外，齐先生还研究了一些中外学者从未系统、专门论述过的问题，例如意埃战争中英国推行的"双重政策"问题等。

齐先生对绥靖政策所作的这种系统而深入的研究，得到了我国史学界的充分肯定和重视。在朱庭光、陈之骅提交第 16 届国际历史科学大会的《1980—1984 年中国世界史研究的基本情况》一文中，把先生的上述一系列论文作为我国学者研究二战前史的一项主要成果予以评介。

3. 第二次世界大战史方面

齐先生认为，中国抗日战争在第二次世界大战中的地位和作用是一个值得深入研究的重大课题，但是外国史学家对中国抗战的地位和作用往往估计不足，甚至有意贬低，因此中国史学家有义不容辞的责任去阐明历史真相。他在提交第 16 届国际历史科学大会的《论中国抗日战争在第二次世界大战中的地位和作用》的长篇论文中，充分利用战后出版的中、日、英、美、苏各国的文献资料和各国最新研究成果，旁征博引、言必有据地对这一课题进行了新的探讨。他以世界全局的眼光，把中国的抗日战争放在全球反法西斯战争的巨幅画面中进行全过程的考察，分三个历史阶段（1937 年 7 月 7 日—1939 年 9 月 1 日；1939 年 9 月 1 日—1941 年 12 月 7 日；1941 年 12 月 7 日—1945 年 9 月 2 日）逐一深入地分析，论证了中国抗日战争的重大国际贡献。他运用宏观与微观、世界史与中国史相结合的研究方法，充分揭示了中国战场与"二战"中逐步形成的几大战场之间的相互制约和影响，详细说明了中国战场在以下几方面所起到的至关重要的作用：使苏联避免两线作战，从而能集中力量打击纳粹德国；推迟德、意、日三国同盟形成，从而大大减轻英、法在远东受到的军事压力，并有利于欧洲和北非战场的盟军行动；推迟太平洋战争爆发，使英、美争取到更多的备战时间；在太平洋战场上牵制日本百万大军。这些例证及其分析，令人信服地说明了中国人民艰苦卓绝的八年全面抗战为最终战胜法西斯集团所做出的不可磨灭的贡献。

这篇论文获得了参加大会各国学者的重视与好评。日本茨城大学伊集院立教授在日本《历史学研究》1986 年第 6 期上撰文评论道:"这个报告是把中国历史中的抗日战争放到世界史中而作的分析。它把中国人民对于欧洲、东亚及美洲大陆的国际反法西斯战线所做的贡献及所占的地位进行了冷静的分析论述。这一分析,给予人们深刻的印象。"日本立命馆大学名誉教授池田诚在《抗日战争与中国民众》一书中对齐先生的论点作了详细介绍,认为这是中国学者有代表性的看法。

在上述研究的基础上,齐先生又进一步从国际关系的角度,阐述了中国抗日战争史。1987 年在日本京都、东京两地举行的"卢沟桥事变五十周年中国学术讨论会"上,先生提交了名为《中国抗日战争与国际关系(1937—1945)》的论文。这篇文章受到了与会日本学者的赞赏。专门研究中国现代史的日本茨城大学教授石岛纪之评论说:"该报告对美、英等国以及苏联对中日战争所采取的态度进行了精确的分析,明确了中国抗战在国际关系中的地位,把抗日战争看作中国全民族的抗战,这些都给人留下了深刻的印象。"

4. 苏联史方面

齐先生学识渊博,对苏联史也有深入的研究。1980 年他发表了《列宁论无产阶级专政的实质》一文,观点鲜明地指出:列宁关于无产阶级专政非有暴力不可的观点,是人们所熟知的,但列宁关于无产阶级专政的实质主要不在于暴力的论点,却被许多人忽视了。齐先生详细阐明了列宁的这一论断:"无产阶级专政不只是对剥削者使用的暴力,甚至主要的不是暴力。这种革命暴力的经济基础,它的生命力和成功的保证,就在于无产阶级代表着并实现着比资本主义更高类型的社会劳动组织。实质就在这里。共产主义的力量源泉和必获全胜的保证就在这里。"(《列宁选集》第 4 卷,9—10 页,人民出版社 1995 年版)此文还进一步指出，列宁关于无产阶级专政实质的精辟论述，对一切无产阶级专政国家具有普遍指导意义，对于那些革命前经济、文化比较落后的国家尤其具有特殊重要的意义。落后国家在建立无产阶级专政后，应当清醒地看到自己向社会主义过渡的长期性和特殊困难，因而更有必要竭尽一切努力不断完善新的社会劳动组织，大大发展生产力，体现社会主义的优越性。在20年前，齐先生提出上述见解，是需要胆识的。

苏联解体后，在西方和俄罗斯内部都有一批人攻击、否定十月革命。针对这些谬论，齐先生发表了《论有关俄国十月革命的几个问题》一文，深刻说明了十月革命不是"早产"，十月革命没有失败，它在历史上留下了巨大的影响，其历史地位是不容抹杀的。齐先生还撰写了《从国际共产主义运动史看社会主义初级阶段理论的伟大意义》、《从俄国十月革命到中国社会主义初级阶段——纪念十月革命80周年》等文章，从总结国际共产主义运动和苏联历史的经验教训的角度，论证社会主义初级阶段理论的伟大意义。

齐先生目前与中国社会科学院世界历史所廖学盛研究员合作，共同负责由全国哲学社会科学规划办公室资助的国家委托研究重点项目"二十世纪的历史剧变"，其中亦包括苏联史研究。现在这一项目已出版了中期成果《20世纪的历史剧变》（论文集），2002年全书即可脱稿。

5. 世界现代史资料建设方面

史料是研究历史的基础，史学发达的国家无不重视历史资料的编辑工作。它们历年都出版各类专题的史料汇编，而且有些还是由一流学者亲自主编的。1949年以后，我国的世界史学科逐步建立起来，但直到70年代，我们仍然没有自己编纂的、配合教学与科研的大型世界现代史资料汇编。在原始资料不易觅得的情况下，面对因各国政府文件保密期限缩短而解密的浩如烟海的档案材料，以及大量私人文件，如何帮助从事世界现代史教学与研究者看到这些最重要的史料，便成为这一学科建设的当务之急。为此，齐世荣先生经过多年努力，终于在1980年到1982年先后出版了《世界通史资料选辑·现代部分》第一、二分册。它不仅是我国第一部关于世界现代史的原始资料汇编，而且是迄今为止内容最为丰富的史料集录。已故著名史学家周一良教授认为："本书的总体安排、章节提法、繁简取舍等方面，体现了正确的立场观点"，"取材丰富，反映出主编者在本学科中较高的学力和修养"；世界史的同行们也公认它是"教学与科学研究的必备参考书"。此后，齐先生又主编了《当代世界史资料选辑》第一、二、三分册，以及《世界史资料丛刊·现代部分》（包括美国、法国、德国、印度、朝鲜等）共8册。可以说，一大批从事世界现代史教学与科研的中青年学者都从这些史料汇编中获得了益处，这是齐先生对世界现代史学科基本建设所做的一项突出贡献。

二、世界通史研究

齐先生治学范围宽广，在世界通史方面也做出了贡献。齐先生读大学时，中外历史学家普遍忽视、甚至轻视世界通史，不把它当作一门独立的历史学分支。当时的风气是重视窄而深的专门论文，认为那才是学问。20世纪初，英国小说家韦尔斯写了一本《世界史纲》，名噪一时，极受普通读者欢迎，但被专业历史学家挑出了许多"硬伤"。一直到2000年于挪威奥斯陆召开的第19届国际历史科学大会上，仍有人认为撰写世界通史是不可能的。齐先生认为，随着全球化的趋势日益增强，今天人们必须用全球眼光看待历史。他在《漫谈世界史和世界现代史》一文中指出：不论编写世界通史有多少困难，"无论如何我们不能在面临编写世界历史的伟大任务时止步不前，而满足于把一批又一批的专题论文和国别史、地区史堆集在读者面前。如果这样做，读者关于世界史的局部的、具体的知识虽然会不断增加，但将永远不会知道'世界'史是什么样子。在历史正在发生迅速变化的今天，'细节'固然需要了解，但'总画面'更需要让人们清楚。否则，就会只见树木，不见森林。"他还指出，最近几十年世界通史日益受到重视。时至今日，中外史学家大致已达到以下几点共识：第一，世界历史本身是一个有机的统一体；第二，研究世界历史，应运用全球观点（或称世界全局观点）综合考察各地区、各国家、各民族的历史，或运用全球观点看待某一地区、国家、民族在整个世界中的地位；第三，世界史的主要内容应是那些具有世界性影响的运动、事件和世界各地区的相互关系。

1. 主编 6 卷本《世界史》（另一主编为吴于廑先生）

20 世纪 60 年代，由周一良、吴于廑两位先生主编，出版了 4 卷本的《世界通史》。80 年代，国家教委鉴于这套书的内容需要更新，遂请吴先生和齐先生合作，主编一套新的 6 卷本《世界史》。这套书的体系是吴先生生前定下来的，吴先生去世后，齐先生具体负责完成了各卷的编写工作。

6 卷本《世界史》在广泛吸收国内外学者的研究成果基础上，更多地体现了撰写者自己的研究心得，具有以下几个特点：（1）在分期上不囿于成见。如该书上古、中古不分作两个阶段，统一为古代部分。古代上、下两卷的分界，大致为公元 1 世纪开始直到 5、6 世纪结束的横贯亚欧大陆东西的民族大迁徙运动，这一迁徙导致亚欧大陆南部文明地区政治格局的巨大变化，有些地方（只是有些地方）则伴以社会形态的更迭——奴隶社会的终结和封建社会的开始。近代以 1500 年为起点，而不是像过去多数教材那样以英国资产阶级革命为起点。这是因为 1500 年前后的一系列重大事件，如地理大发现、文艺复兴、宗教改革等，导致了西方资本主义的发展，从而引起了遍及世界各地的社会经济的重大变化。正如马克思所说:"资本主义时代是从十六世纪才开始的。"(《马克思恩格斯全集》第 23 卷,784 页,人民出版社 1972 年版)现代则以 20 世纪初为起点,不以十月革命或第一次世界大战为起点(理由见上文)。(2)反映中国学者自己的世界史观点。例如,过去苏联学者都以巴黎公社作为划分世界近代史两个阶段的标志,《世界史》不再沿用这种划分办法。又如,过去苏联学者一贯谴责法国热月政变,《世界史》则运用相关史料,说明热月政变是结束恐怖统治,恢复和建立资本主义正常秩序的重大转折点。再如,关于纳粹党与大资产阶级之间的关系,过去苏联与东德学者一致强调纳粹党是德国大资产阶级豢养起来的,而西方学者则否认纳粹党受到过大资产阶级的扶植。《世界史》全面地分析了这个问题,指出纳粹党经过十几年的经营,到上台前已得到广大中下层群众,特别是城乡小资产阶级的支持,从而在 1932 年成为议会第一大党。20 年代,统治阶级对它还不重视。但进入 30 年代后,由于纳粹党是唯一能够对抗共产党、维护资本主义秩序的有组织的力量,所以得到了大资产阶级、容克地主和国防军的认可,并在他们的支持下取得政权。(3)在体例上包括中国部分。把中国史放在世界范围内探讨其地位和作用,才是完整意义上的世界史,而非外国史。当然,《世界史》中的中国部分,具体写法与专门的中国史有所不同。(4)在时间跨度上包括现、当代史,一直写到 20 世纪 90 年代。"文革"前很有影响的 4 卷本《世界通史》,限于当时的条件,不包括现代部分。《世界史》率先打破禁区,敢写世界现、当代史,开学界研究之风,今天大家对这一阶段的研究已少有顾忌了。(5)在内容上加强或增添了文化、科技和社会生活等方面的研究成果。例如,古代部分,有专节介绍阿拉伯—伊斯兰文化、拜占庭文化;在近代部分,有专节介绍自由主义思潮,特别是专门有一节介绍了资本主义社会的物质和精神生活,包括物质生活(社会财富分配、服饰、饮食、卫生与健康等)、人口、家庭、教育、高层文化、低层文化娱乐等。

由于具有诸多创新与成就，《世界史》已被许多高等学校采作教材，具有广泛的影响。1995 年获国家教育委员会颁发的第三届普通高等学校优秀教材一等奖。

2. 世界近代史研究

齐先生擅长世界现代史研究，但对世界近代史也有比较深厚的修养。1996 年，江泽民同志先后邀请八位学有专长的教授，就有关中国历史和世界历史的一些专题进行讲解，并共同加以研究。齐先生应邀讲了《略论英法美三次资产阶级革命》和《文艺复兴及其与资本主义发展的关系》两个题目（文章见《中外历史八人谈》一书）。在前一讲中，除概要介绍三次资产阶级革命外，着重论述了三次资产阶级革命的特点，并做了比较，最后总结了四点启示：（1）三次资产阶级革命的发生有其必然性；（2）革命道路是曲折的；（3）资产阶级革命胜利以后还要进行改革；（4）三次资产阶级革命的成果不容抹杀。在后一讲中，除概括介绍史实外，着重阐发了文艺复兴的历史意义，指出它是欧洲从中世纪封建社会向近代资本主义社会转变时期反封建、反教会神权的一场伟大的思想解放运动，代表欧洲近代资本主义文明的最初发展阶段，也是人类历史上一次伟大的、进步的变革。具体地说，（1）文艺复兴把人们的注意力从来世转到现世，从以神为中心转到以人为中心。人文主义者强调人的价值，人的理性，人的力量，人就是尘世的上帝。（2）兴起了欣赏自然、描绘自然、研究自然的新风气。（3）出现了新兴市民阶级的财富观。（4）揭发、遣责罗马天主教会及神职人员的腐化堕落和黑暗愚昧。（5）批判封建等级制度，公开宣布人类是平等的。

3. 世界史知识普及工作

齐先生十分重视世界史知识的普及，并在这方面做了许多工作。他在 1994 年发表的《我国世界史学科的发展历史及前景》一文中着重指出：人类即将进入 21 世纪，世界各个国家在政治、经济、文化等方面的联系必将日益频繁和密切。"我们生活在一个正在变得越来越小的地球上，如果对外国的事务茫然无知，或所知甚少，那是无法自立生存的。对外国的了解深浅如何，可以作为测验某个国家发达程度的一项指标。"他还阐述了普及与提高的关系，说我们必须在普及工作方面下大功夫，引起广大人民对世界史的兴趣，使他们通过自己的学习认识到世界史知识对于一个现代公民的重要性。在此基础上，才能产生一大批世界史的爱好者，再从这批爱好者当中涌现出一支支世界史的专业队伍和业余队伍。队伍壮大了，人才多了，高水平的学术著作才能出现。齐先生进一步指出，普及的目的不单是为提高打基础，普及工作本身就具有巨大的社会价值。撰写深入浅出、引人入胜的通俗读物是要付出艰辛劳动才能办到的；不仅如此，这一工作非人人可办，因为能深入者未必能以浅出之。

为了普及世界史知识，齐先生精心组织人力，编了一套 20 册的《精粹世界史》，内容主要为世界历史上的重大事件，时间从古到今，地域上包括欧、美、亚、非几大洲。例如古代的有《璀璨的古希腊罗马文明》、《西欧封建社会》、《独特的拜占庭文明》等；近代的有《新世纪的曙光——文艺复兴》、《英、法、美资产阶级革命》、《1848 年欧洲革命风暴》等；现代的有《建设社会主义的第一次尝试》、《从萨拉热窝到东京：两次世界大战》、《法西斯运动和法西斯专政》、《20 世纪科技革命与世界历史进程》等。这套丛书还精选了一些大跨度的专题性历史题材，从总体出发去阐述世界史上的若干重大问题。例如《推动历史进程的工业革命》一书，写了从农耕的"前工业社会"，直到当前的"全球工业化与新科技革命"的历史。《欧洲优势·美苏对峙·多极世界》一书，宏观地描述了人类历史从 16 世纪起，走向世界性整体发展的国际关系格局的演变，即从以欧洲为中心，到美苏对峙的两极格局，再到当今走向多极世界的发展。这种适应读者需要、大跨度的专题性历史阐述，使人们从世界历史发展中，得到发人深思的启迪。从总体上看，这套丛书最突出的特点和优点，就是学术性与通俗性的有机结合。各书的编写者都是对本专题做过专门研究的学者，如《独特的拜占庭文明》的作者陈志强，是南开大学历史系教授，曾在希腊留学6年，获博士学位；领衔写《第三世界的历史进程》的作者彭树智，是西北大学中东研究所教授，我国著名的中东史、印度史专家。他们以多年的专门研究为基础，在写法上力求深入浅出，引人入胜。丛书出版后，颇获好评，《世界历史》、《光明日报》等报刊予以报道和评论，称之为"深入浅出，雅俗共善"，"融深刻学术性和史实真实性于活泼流畅的文风之中"。

为了普及世界史知识，齐先生还与马克垚、朱龙华、刘宗绪、张象4位资深教授合编了《人类文明的演进》两卷，以50多万字的篇幅，勾勒人类起源到20世纪末的文明史，线索清楚，重点突出，文笔生动，图文并茂，非常适合广大干部阅读。此外，齐先生还主编了一部《世界五千年纪事本末》，以200万字左右的篇幅，叙述从远古到20世纪末世界历史上发生的千余起重大事件。这部工具书的一个重要特点是"略古详今"，古代史和近代史的重大事件有400余条，现代史和当代史有700余条。齐先生认为，"我们毕竟是生活在20世纪的人，对本世纪的了解理应超过以往各个世纪。如果颠倒过来，越是远古的事情，我们了解得越多，那么历史的重担就要把我们压垮了，我们对现实的认识反而会模糊不清了。"《世界五千年纪事本末》叙述准确、具体，观点寓于叙事之中，不做空论，体现了工具书应有的功底深厚的特点。

三、史学理论与史学方法研究

1. 史学理论研究

齐先生十分重视史学理论与史学方法的研究，认为一个成熟的历史学家必须对史学理论和史学方法有深厚的素养。他一贯强调，史料是研究历史的素材和基础，十分重要，而如何驾驭浩如烟海的史料，必然涉及理论问题。那种认为史料会自己说话，史料学即历史学的说法是根本不能成立的。每一个历史学家都有他的历史观，只是有人自觉地承认，有人不承认而已。然而，有历史观不等于具备完整的历史理论。要想成为一个优秀的历史学家，就必须具备系统的理论训练和修养。马克思主义是一个博大精深的体系，迄今为止还没有任何学说超过它。因而，齐先生要求学生必须认真学习马克思主义，并指定四本书让学生精读，即：（1）《共产党宣言》，这是科学共产主义伟大的纲领性文件；（2）《〈政治经济学批判〉导言》，这篇文章对唯物主义历史观作了精辟的论述；（3）《反杜林论》；（4）《路德维希·费尔巴哈和德国古典哲学的终结》。关于（3）、（4），恩格斯说："我在这两部书里对历史唯物主义作了就我所知是目前最为详尽的阐述"。对于攻读世界现代史的博士和硕士研究生，齐先生要求他们再精读马克思的《路易·波拿巴的雾月十八日》，以便学习经典作家是如何写现代史的。

关于历史学的阶级性及其与政治的关系，这是一个十分重大而人们看法又多有分歧的问题。齐先生在《谈历史科学为无产阶级服务》一文中明确指出："历史学从来都是为一定阶级服务的。"马克思说："哲学把无产阶级当作自己的物质武器，……无产阶级也把哲学当作自己的精神武器。"齐先生认为，马克思这里讲的是哲学，但其基本精神也适用于历史科学。历史科学为无产阶级服务，必须把严格的和高度的科学性与革命性内在地、不可分割地结合起来。革命性是建筑在科学性基础之上的。齐先生强调，历史科学为无产阶级服务，要从根本途径上着手，例如总结人类历史发展的规律；通过总结阶级斗争、生产斗争等方面的经验，为无产阶级政党制定路线、方针和政策提供借鉴；培养人们观察问题的历史意识和方法，等等。历史研究要与现行政策的宣传有所区别，它不是也不应是某项具体的现行政策的历史注解。他举出了苏联历史学中许多这类的错误例子，发人深省。比如，对高加索的一个穆斯林穆里德教派的宗教、军事领袖沙米尔，时而把他看作反对沙俄殖民主义的民族解放运动的伟大战士，时而又把他贬作为英国资本主义和土耳其苏丹服务的反动的民族主义者，就在损害了历史学研究的科学性的同时，也影响了现实政治的一贯性。

关于当代人能否写当代史，许多人认为不宜。齐先生深入探讨了这个问题，撰写了《"合之则两美，离之则两伤"——论当代人写当代史与后代人写前代史》一文，指出二者各有其优越性，也各有其局限性，不可偏废。这篇文章不仅从理论上说明了这个问题，而且由于结合古今中外许多历史著作的实例，体现了深厚的学术功底，故有很强的说服力。

齐先生一向注重研究西方有影响的史学理论和历史哲学著作。早在1963 年，他就与傅任敢、戚国淦几位先生合译了西方历史哲学名著《西方的没落》，并写了中译序言《德意志中心论是斯宾格勒比较文化形态学的比较结果》。这篇力作纠正了一种流行的误解，指出：单就书名看，斯宾格勒似乎是承认西方没落的，其实不然。《西方的没落》是一部以比较文化形态学为理论体系的历史哲学著作，但书中也包含一系列的政治主张。斯宾格勒自称是反对"西欧中心论"的，表面上不谈各个文化之间孰优孰劣的问题，但却强调西方文化的特殊"宿命"。按照他杜撰的体系，世界上共有过 8 个文化，其中 7 个（埃及文化、巴比伦文化、印度文化、中国文化、古典文化、阿拉伯文化、墨西哥文化）已经死亡，只剩下一种无历史、无生气的存在，只有西方文化还有生命。斯宾格勒还把德意志民族看作西方最后一个民族，负有完成西方历史最后一个阶段"帝国时期"的伟大使命。通观全书，可以看出这部洋洋百万言的巨著，无非是要说明一个核心思想：西方文化是世界上唯一还有生命的最优越的文化，20 世纪是西方人的世纪，德意志民族的历史"宿命"就是主宰全球，建立起一个世界大帝国。这就无怪乎斯宾格勒的历史哲学以及由这种哲学导出的政治主张，成为纳粹意识形态的一个来源。如果说《西方的没落》还有一点积极意义的话，那就是与作者的本意相反，它扩大了历史学家的视野，使他们更宏观地观察历史。

除此而外，齐先生还编译了《苏联历史论文选辑》三辑（与余绳武等同志合译）、《西方资产阶级学者论苏联历史学》；翻译了［美］希蒂：《黎巴嫩简史》（合译）、［苏］兹拉特金：《蒙古近现代史》（根据大量中国史料，加了许多译者注，纠正了近代史部分的若干错误）等。

2. 史学方法研究

齐先生对史学方法高度重视，每年都给研究生讲授《史学方法》课。在这门课程中，他向学生详细介绍了各种类型的史料及其使用价值，所举例子广涉古今中外，使学生收获很大。他要学生重视材料的积累，强调研究世界史的人尤其要注意国外新公布的史料。他在《漫谈学风问题与学术批评问题》一文中，引用陈寅恪先生的话："一时代之学术，必有其新材料与新问题，取用此材料，以研求问题，则为此时代学术之新潮流。治学之士，得预于此潮流者，谓之预流。"以之为确论。今天，许多国家都规定存留 30 年以上的档案可以解密，一些发达国家还大量出版历史文献，这为世界史特别是世界现代史的研究者提供了大量的史料，是极其有利的。齐先生还指出，对史料要加以鉴别，对史实要予以考证。针对当前一些青年史学工作者忽视考据，在文章中往往出现"硬伤"的缺点，他写了《杨妃入道之年考读后——兼论考据在史学研究中的作用和地位》一文，以两位史学大师陈寅恪、陈垣身居南北两地，考杨妃入道之年同一问题，得出同一正确结论为例，说明如果方法正确，运用得当，考据是有科学性的。文章指出，考据在史学研究中占有提供可靠资料的重要地位；考据与整个研究的关系是局部与全体、原料与成品的关系。对考据的作用和地位既不应夸大，也无需贬低。我们应当向马克思主义经典作家学习，把观点与材料融为一体，达到高度的统一。

齐先生在讲史学方法时，还要求学生不断积累书目知识。他常以清代学者王鸣盛在《十七史商榷》中所说"目录之学，学中第一紧要事，必从此问途，方能得其门而入"来教育学生，强调积累目录知识对于治学的重要性。他常对学生说，中国古代目录学水平很高，但后来落后了。今天，西方学者很重视目录学，一些目录学书籍都是由知名学者编写的，嘉惠后学，功劳很大。例如，要研究现代国际关系史，就不能不利用八九十年代出版的《1918—1945 年英国（法国、德国、意大利、苏联）外交政策研究和研究资料指南》这套书。齐先生平时也十分注意史籍目录的积累，下了很大功夫，他密切注意西方新出版的史学著作，并写过专门的评介文章，如《西方对世界现代史的研究》、《现代国际关系史的一个"热门"——评介西方学者关于绥靖政策形成原因的研究》等。他还专门为研究生开了"世界现代史要籍评介"课，以开拓他们的眼界，丰富他们的书目知识，很受欢迎。就连校外的博士、硕士研究生在写作论文时也常常向他请教。在这方面，先生为我们树立了榜样。

齐先生是一位诲人不倦的好老师。他对学生高标准，严要求。为了使他们成为建设社会主义现代化事业的合格人才，先生在思想上十分关心学生，要求他们热爱祖国，献身教育事业，安贫乐道。先生还从遵守纪律、言行一致、遇事考虑他人利益等具体事情抓起，教育学生"学会做人"。在业务上，先生不仅教育学生要"取法乎上"，攀登科学高峰，而且从基本功教起，训练学生搜集、鉴别和使用史料的能力，写作论文的能力，等等。对学生的论文，他不仅要求立论有据，史料及译文准确，就连引文出处、标点符号使用，以及抄写是否工整都不放过，凡错误之处都予以指出并亲自核对修改，学生们无不为之感动而深受教育。今天，先生虽然已经七十多岁了，但仍然以敏捷的学术思维活跃于教学与科研的第一线，为实现使我国的世界史学科在国际学术界占有重要地位的目标而奉献着自己的一切。

（原载《高校理论战线》2002 年第 2 期）

为治国而治学

在 1949 年之后的新中国世界史学科的发展史上，有一位大师级的人物，历史学家、教育家，首都师范大学原校长齐世荣。他是我国在世界史学科的主要奠基者和开拓者之一，从历史教材的编写到人才队伍的培养，从史料的基础建设到世界历史叙事体系的构建，都做出了开拓性的贡献。

比如，齐世荣是我国世界现代史和现代国际关系史的主要奠基人。他对 20 世纪上半期的国际关系史、特别是"二战"前夕英法对德绥靖政策的研究，已经被学界所公认。在涉及第二次世界大战史、苏联史、史学理论、史学方法、世界通史等多个领域，他的研究成果也十分丰硕。

在 1985 年召开的第十六届国际历史科学大会上，齐世荣作为首次参会的中国代表团成员，作了题为"论中国抗日战争在第二次世界大战中的地位和作用"的专题报告，获得与会各国学者的重视和好评，其观点现已成为中国学者的代表性看法。

尤为值得一提的是他与吴于廑先生主编的教材《世界史》（6 卷本，被称作"吴齐本"），发行至今已超过百万册；他自己主编的《世界史》（4 卷本），也已发行数万册。这些教材不仅引领了一代代学子进入世界史研究的殿堂，更重要的是，它们以整体史观为基础，构建了全新的世界历史编纂体系，对于年轻一代形成正确的历史观和世界观具有十分重要的作用。此外，齐世荣还主编了《世界通史资料选辑·现代部分》（3册）、《当代世界史资料选辑》（3册）、《世界史资料丛刊·现代部分》等，并在88岁高龄出版了《史料五讲》，堪称是我国世界现代史史料学的奠基人。

齐世荣治学，始终注重发挥史学的功能，具有敏锐的历史责任感，时刻注意以自己的学识和学术研究成果服务于社会。他曾先后两次应邀给中共中央政治局讲课，给国家最高领导人讲授文艺复兴与大国的兴衰，切实发挥史学的资政功能。同时，他作为教育部基础教育课程教材专家咨询委员会的副主任委员，参与世界史知识的普及工作，并指导中学课程大纲和课程标准的制定与中学历史教材的编写。他曾经主编过200多万字的《世界五千年纪事本末》以及《精粹世界史》（20册）等普及读物。在去世前夕，他受教育部委托主编的6册初中历史教科书刚刚完成，另一套35卷的《世界史丛书》已开始编写。

齐世荣祖籍河北南皮，1926年生于江苏连云港，19岁考入当时在成都的燕京大学历史系，后转入清华大学历史系。毕业后，他到北京市育英中学任政治教员，后兼任历史教员、教导主任，1954年调至北京师范学院（今首都师范大学）历史系任教至退休。期间，他先后担任历史系主任、历史研究所所长、北京师范学院院长、首都师范大学校长等行政职务。

作为首都师范大学的奠基人之一，他参与创建了北京师范学院历史学科和历史系。初创时期，师资队伍年轻、设备简陋，历史系没有一个教授，多是从中学调来的年轻老师。有些人对能够办好这所高校心存怀疑，但当时28岁的齐世荣怀着一种"王侯将相，宁有种乎"的自信，与同事们一起努力耕耘，大大提升了首都师范大学的科研与教学水平。经过60年的努力，首都师范大学和历史学院如今都已迈入国内先进行列。他还是首都师范大学世界史学科、历史教育学学科的创建者，长期担任世界史学科负责人。他参与创建的首都师范大学的世界史学科，今天已跻身全国仅有的六个世界史国家级重点学科之列。在 2014 年建校60 周年庆典上，他将建校时期白手起家的奋斗精神总结为八个字"将相无种，事在人为"。这其中包含了他毕生的心血和智慧。

自 23 岁开始从事教育工作，齐世荣任教 60 余年，培养了大批中学历史教师，今天在北京市几乎每所中学的历史教师中都有他培养的学生。自 1979 年招收硕士生起，先后培养了数十名历史学硕士和博士，其中有些人已有较大成就。齐世荣还对全国世界史学科的建设和人才培养付出了大量心血，厚待嘉勉后学。今天活跃在中国世界史学科一线的专家学者几乎都直接得到过他的教诲、提携。

近九十高龄的他依然笔耕不辍，不想 2015 年 11 月 5 日，齐先生突发脑溢血住进了中日友好医院。笔者在短短一个月内前后四次去探望，每次他都报以淡淡的微笑，说"这算不了什么"。12 月 3 日晨，齐世荣悄然离世，享年 89 岁。

（原载《财新周刊》2015 年第 48 期）

后　记

　　本书为自选集，共收文 37 篇，全部为 1994–2017 年间笔者在学术期刊和相关报刊上正式发表的学术论文和文章。根据文章的主题和性质大致分为"理论思考""专题研究""教研探究"和"追记恩师"四类，内容涉及世界现代史、国际关系史、全球史、第二次世界大战史、抗日战争史等多个领域，除版式与个别错漏字略加修订外，其余一概保持原样。其中，理论思考篇收文 5 篇，主要是笔者在国际关系理论与全球史理论方面的一些零散思考；专题研究篇收文 21 篇，这是笔者研究的重点，主要以两次世界大战之间的英法关系及战时英国外交为主，兼及中国抗日战争专题等个案研究；教研探究篇收文 7 篇，皆为围绕课堂教学、史料收集等方面的学术动态介绍和教学心得；最后一部分追记恩师篇收文 4 篇，其中两篇关于恩师齐世荣先生学术成就的文章发表时间较早，且均经先生亲自审定，另外两篇是新近的追思纪念文章。笔者自 1990 年起师从齐世荣先生攻读硕士研究生，初入学术研究门径；1993 年毕业留校后，蒙先生不弃继续在职攻读博士学位，继续受教承恩；1998 年博士毕业后仍有幸留在先生身边任教，直至 2015 年底先生驾鹤西去。25 年间，笔者一直在先生身边学习、工作，深蒙先生的关爱和教诲，高山仰止，心向往之。只因自身愚钝，成果寥寥，没有大的作为，实感愧对师恩。

"将相无种，事在人为"，这八个字是恩师在校庆六十周年时激励后学的寄语，令人没齿难忘。人生如白驹过隙，继起更当争先。本自选集书名"思齐"，含意两层：一是取古人"见贤思齐"之意自勉，二是表达对恩师齐世荣先生的思念和感恩之情。

是为记。

梁占军

2018 年 12 月

于北京西三环北路 105 号

责任编辑:宫 共
封面设计:源 源
责任校对:吕 飞

图书在版编目(CIP)数据

思齐集:梁占军史学文集/梁占军 著. —北京:人民出版社,2018.12
　(2022.1重印)
ISBN 978-7-01-020168-9

Ⅰ.①思… Ⅱ.①梁… Ⅲ.①国际关系史-文集 Ⅳ.①D819-53

中国版本图书馆 CIP 数据核字(2018)第 276402 号

思齐集
SIQIJI
——梁占军史学文集

梁占军 著

人民出版社 出版发行
(100706 北京市东城区隆福寺街 99 号)

北京兴星伟业印刷有限公司印刷 新华书店经销

2018 年 12 月第 1 版 2022 年 1 月第 2 次印刷
开本:710 毫米×1000 毫米 1/16 印张:28.75 字数:398 千字

ISBN 978-7-01-020168-9 定价:78.00 元

邮购地址 100706 北京市东城区隆福寺街 99 号
人民东方图书销售中心 电话 (010)65250042 65289539